都江堰创新：以院落为基本单元的党引民治

徐　勇　主编
邓大才　史亚峰　白雪娇　等著

中国社会科学出版社

图书在版编目(CIP)数据

都江堰创新：以院落为基本单元的党引民治／徐勇主编，邓大才等著．
—北京：中国社会科学出版社，2016.6
ISBN 978-7-5161-8706-7

Ⅰ.①都… Ⅱ.①徐…②邓… Ⅲ.①地方政府—行政管理—
研究—都江堰市 Ⅳ.①D625.713

中国版本图书馆CIP数据核字(2016)第177065号

出 版 人 赵剑英
责任编辑 冯春凤
责任校对 张爱华
责任印制 张雪娇

出 版 中国社会科学出版社
社 址 北京鼓楼西大街甲158号
邮 编 100720
网 址 http://www.csspw.cn
发 行 部 010-84083685
门 市 部 010-84029450
经 销 新华书店及其他书店

印 刷 北京君升印刷有限公司
装 订 廊坊市广阳区广增装订厂
版 次 2016年6月第1版
印 次 2016年6月第1次印刷

开 本 710×1000 1/16
印 张 31.5
插 页 2
字 数 512千字
定 价 115.00元

目　录

理论篇

个案篇

经验篇

社会反响篇

《智库书系·地方经验研究》

总　序

地方经验研究是由华中师范大学中国农村研究院推出的系列著作。

中国作为一个古老的文明大国，能够在20世纪后期迅速崛起，展现出强大的活力，得力于改革开放。20世纪80年代兴起的改革开放，重要目的就是“搞活”，在搞活经济的过程中确立了市场机制。市场竞争机制不仅激活了经济，而且激活了地方和基层的自主性和创造性。极具战略眼光的顶层设计和极具探索精神的地方基层实践以及两者之间的良性互动，是中国政府推动现代化建设取得巨大成功的秘诀。中国改革开放的路径就是：先有地方创造的好经验，中央加以总结提高上升为好政策，然后经过若干年推广再确定为好制度。本书系正是在这一背景下推出的。

我们华中师范大学中国农村研究院自20世纪80年代就开始关注农村改革，研究农村治理，并以实地调查为基础和主要方法。调查一直是立院、建院和兴院之本。在长期实地调查中，我们经常会与地方和基层领导打交道，也深知地方和农村基层治理之不容易。地方和基层治理的特点是直接面对群众、直接面对问题、直接面对压力。正因为如此，地方和基层领导势必解放思想，积极开动脑筋，探索解决问题的思路和方法，由此有了地方创新经验。促使我们自觉主动与地方进行合作，通过理论与实践相结合，共同探索地方发展路径并总结地方创新经验，起始于2011年。2011年年初，地处广东西北部的云浮市领导为探索欠发达地区的科学发展之路，专程前来我院求助请教，我们也多次前往该市实地考察、指导和总结。至此，我们开启了地方经验研究的历程，并形成了基本的研究思路和框架。

地方经验研究的目的，主要是发现地方创造的好经验、好做法、好举措，突出其亮点、特点和创新点。中国的现代化是前所未有的伟大实践，必然伴随大量问题。对不理想的现实的批判思维必不可少，需要勇气；而促进有效解决问题的建设思维也不可或缺，需要智慧，两者相辅相成，各有分工，共同目的都是推动社会进步。作为学者，不仅要持公正立场评点现实，更要参与到实际生活中，理解现实，并运用自己的智慧与实践者一同寻求解决问题之道。历史的创造者每天都在创造历史，但他们往往不是自觉的，学者的参与有可能将其变为自觉的行为；历史的创造者每天都在创造历史，但他们往往并不知道自己在创造历史，学者的总结则可以补其不足。地方与基层的探索是先行一步的实践，需要总结、加工、提炼，乃至推介，使更多人得以分享。地方与基层的探索是率先起跑的实践，需要讨论、评价、修正，乃至激励，使这种探索能够可持续进行。我们的地方研究便秉承以上目的，立足于建设性思维。

地方经验研究的方法，绝不是说“好话”，唱“赞歌”。在地方经验研究中，我们遵循着以下三个维度：一是地方做法，时代高度。尽管做法是地方的，但反映时代发展的趋势，具有先进性；二是地方经验，理论深度。尽管是具体的地方经验，但包含相当的理论含量，具有普遍性；三是地方特点，全国广度。尽管反映的是地方特点，但其内在价值和机制可复制，具有推广性。正是基于此维度，我们在地方经验研究中，非常注意两个导向：一是问题导向。地方和基层实践者之所以成为创新的主要动力，根本在于他们每天都必须直接面对大量需要处理的问题。解决问题的过程就是实践发展的过程。二是创新导向。解决问题是治标，更重要的是寻求解决问题的治本之策，由此就需要创新，需要探索，也才会产生地方好经验。怎样才是创新呢？需要有两个标准：一是历史背景。只有将地方经验置于整个宏观历史大背景下考察，才能理解地方创新由何而来，为什么会产生地方创新；二是未来趋势。只有从未来的发展走向把握，才能理解地方创新走向何处去，为什么值得总结推介。

我们正处于一个需要而且能够产生伟大创造的时代。地方经验研究书系因时代而生，随时代而长！

主编　徐勇

2015 年 7 月 15 日

序　言

党的十八届五中全会提出创新发展，目的是通过创新获得发展的动力。创新是全方面的，包括理论创新、制度创新、治理创新等；创新是多层次的，基层治理创新是基础性的层次；创新还是一个领跑接续的接力过程，基层治理创新需要领跑者、探索者，都江堰以“党建引领”创新基层治理，探索并形成了一套全新治理模式，实现了都江堰领跑。治理创新也与其他创新一样，体现“二八定律”，即20%的领跑者，80%的分享者，领跑难能可贵。中国的国家及其国家治理与水密切相关，都江堰水利工程充分反映了国人的治理智慧。当前都江堰的基层治理创新与古人的智慧一脉相承，在因势利导中兴利除弊，从而探索出了一条融党的领导、人民参与和依法治理为一体的基层治理之道，成为地方善治的样本。

一　基层治理创新势在必行

创新是指在特定的环境中，为满足社会需求和实现理想化目标，而改进或创造新的事物、方法、元素、路径、环境，并能获得一定有益效果的行为。基层治理创新是当下中国农村社会发展的必然要求。治理是以社会为基础和对象的，并形成相应的治理模式。

传统中国主要是“礼治”。传统中国是一个以土为生的国家，人们世世代代居住在一个村庄，是一个血缘与地缘叠加的乡土社会。自给自足的小农经济使他们不必与外部交往，他们主要依靠在封闭的血缘与地缘关系基础上形成的“礼俗”进行自我调节。

近代以来的中国主要是“力治”。近代以来，国家要解决的重大问题是从各自为家的家族社会转变为国家至上的国族社会，国家权力因此下沉到乡村，传统的礼俗权威流失，“礼俗社会”向“行政社会”转变，乡村治理主要依靠自上而下的党政组织以行政强制力进行治理。

改革开放以来的重要变化，是社会自主性的成长。随着温饱生活的实现，社会有了更多和更高的自主性要求。干部依靠动员、依靠资源分配，甚至依靠强制性力量进行单向的管理愈来愈失效。党群关系、干群关系紧张，群众维权、干部维稳成为政治生活中重要内容和尖锐矛盾。传统单一的“力治模式”难以为继，由此需要从根本上转换治理方式，由“管”向“治”转换。

基层治理不创新，基层治理就会陷入困境，就缺乏活力，国家治理就缺乏稳定的基础。就如都江堰一样，不加以有效治理，就会发生水患。

二　党组织在基层治理创新立于势头

治理需要有权威。李冰父子通过治理都江堰而获得权威地位。从当今世界来看，执政地位的获得和认可有两种路径：一是通过竞争性选举；二是通过有效治理。中国共产党是长期执政的党，不是通过若干年一次选举获得地位，但需要持续有效的治理获得并巩固执政地位。执政党的生命力不在于执掌政权，而在于不断适应新的形势，成为创新的引领者。任何政治组织都一样，不在创新中强大，就在僵化中衰退。

治理像驾车一样，有三大关键性元素：第一是方向，第二是动力，第三是刹车。三个关键因素缺一不可，这三个元素协调好了治理就有效，就成功。但是我们过去在相当长时间，基层党组织更多的扮演的是稳定者，而不是创新者的角色；更多的是依靠执政地位，而不是创新能力获取权威。在基层治理创新中处于被动地位，也制约了整个基层治理创新发展。

从都江堰创新治理的探索历程可以看出，地方和基层党组织愈来愈成为地方和基层创新的发动机和引领者，立于势头，而不是落在势后。主要有两个因素造就了这一变化：

一则在于社会倒逼。因为党组织居于权力中心地位，大量社会矛盾最终集中到党组织面前，要求党组织加以解决。如不能有效解决这些矛盾，党的领导地位就会受到质疑。

二则在于科学设计。因为党组织具有先进性，大量社会需求要通过执政党的整合，确立为共同目标和转化为公共政策，从而引领基层治理创新。党组织将自己置于基层治理创新之外，就是自动放弃领导权。

此外，立于势头，并不是高高在上发号施令，而是将自己融入基层治理创新过程之中，在基层治理创新中发挥积极引领作用。都江堰最为宝贵的经验就是走出一条融入型党建的路子，不是在社会生活各个方面简单嵌入党的组织，而是融入党的组织，在有机融入中发挥党的引领作用。国家在推进基层党组组织的建设过程中，主要有两种方式：一种是嵌入式，党可以依据其执政地位，在任何地方建立党组织，但是这种以嵌入的党组织为中心的团结只能是一种机械团结，党组织并没有也很难有效地发挥作用；另一种是融入式，也就是将党组织有机融入社会生活各个方面，依靠党组织与社会各个方面的有机融合充分发挥它的积极引领作用。

立于势头，必须强身健体，经得起风吹雨打。党组织在基层治理创新过程之中，不断提高自己的引领能力。如果思维陈旧、方法不当，就无法适应新的形势，发挥引领作用。都江堰市委针对新情况新问题，善于发现新经验新做法，并加以总结提升，形成一整套新思路新体系，确立了自己在基层治理创新上的主动地位。

三　基层治理创新的关键是因势利导

都江堰治水的最大成功之处是因势利导。大禹治水也是如此。

当今基层治理面对的“势”是什么？是由“统”而“分”，再到“合”的趋势。

中国长期历史上，除了宗族小共同体以外，民众呈“一盘散沙”状态，相互之间缺乏有机的横向联系，只有政府与民众之间的纵向联系。人民公社体制更加强化了纵向联系，但自上而下统得过死。随之实行分户经营，充分调动了农民个体的积极性，但公共性相对弱化，基层治理仍然沿用的是单一的纵向治理。纵向治理可以形成政府与民众之间的依赖，也可能造成政府与民众之间的对抗。相对有组织的政府而言，单个个体是软弱无力的；但也是最危险的，很容易走极端。由此形成政府与民众之间的“信任悖论”，即政府做得愈多，愈为民众所不信任。

基层治理创新的关键点是如何因势利导，满足社会需求，调动、激发和整合民众的力量，培育公共性，实现参与式、组织化的共同治理。都江堰市为了推动群众自治，满足不同的需求，以发育社区社会组织为治理载体。如推动合作社和协会建设，实行经济自治；推动老年人协会等社会组织建设，实行社会自治；推动广场舞协会建设，实行文化自治。

四　基层治理创新的着力点是建构支点，形成网状体系

都江堰治水的目的是化水患为水利，通过分流，形成水利体系，造福民众。一直以来我国纵向治理发达，但属于单通道治理。当今，社会发展日益多样化，需要寻求有效的治理支点，形成多通道治理的网状体系。

都江堰市为了推动群众自治，主动划分合适的单元，以利益认同、诉求认同为依据，对基层社会进行了重组。如从公共生活的角度，根据人们的居住方式及其关联度的标准，提出以“院落”、“小区”为基本自治单元。在此基础上形成乡镇（街道）、村（社区）、院落（小区）多层次的治理体系。按照“群众自愿、服务到位、产业支撑、便于自治、便于管理”原则进行新型农村社区单元的治理，由此形成了一个纵横交汇的网状治理体系。

这种网状治理体系超越了一般的网格化管理，更加重视多元参与。以往以村（社区）为基础的自治，主要是选举，自治形式单一，甚至出现新的矛盾，如贿选、派系争斗等。随着治理单元的重新划分和社区社会组织的发育，不同的单元、不同的组织，有不同的自治形式。如院落理事会、议事会等协商民主形式，有事大家共同商议，促进了和谐。

五　基层治理创新要乘势而为，形成长效机制

都江堰水利工程历经数千年而不衰，在于治理者掌握了治理的内在规律，能够获得长效性。

以往的基层治理创新往往是“问题导向”，问题倒逼，缺乏前瞻性和系统性，因此很容易造成量“孤岛效应”。都江堰的基层治理创新处于领跑地位，要能持续下去，并能够放大和扩展，则需要进一步探索基层治理创新的规律，“问题导向”和“规律导向”并重，以治理创新是否受惠于民为检验标准，形成可持续、可推广、可复制的长效机制。

中国改革发展的路径是先有地方创造的好经验，然后中央加以总结，形成好政策，政策经过若干年的实践检验，才能确定为好制度。好经验—好政策—好制度，这是中国特色社会主义政治发展的基本路径。我们之所以关注和研究都江堰的改革探索，就在于尽我们的微薄之力，帮助其进一

步完善改革，并总结其改革经验，向中央、学界传递地方改革的最强音，以此服务于中央改革的顶层设计和理论学术的创新发展。

都江堰以“党建引领”实现了基层治理的创新发展，离不开都江堰干部的改革勇气和创新意识，也离不开都江堰人民的辛劳付出，它是都江堰所有干部群众集体智慧的结晶。尽管都江堰的改革还有进一步完善的空间，但我们相信，在都江堰市委的领导下，依靠都江堰人民群众的卓越智慧，都江堰的改革探索定能迈上一个新的高度！

徐　勇

2015 年 11 月 20 日

理 论 篇

导 论

当前，我国正处在前所未有的历史大变革时期。伴随着经济社会的快速转型，传统的治理方式的弊端日益凸显。基层治理是国家治理的基础环节。在农业现代化和城乡一体化进程加快的背景下，基层政府普遍感受到群众不好管了，治理的难度大了，这说明中国进入到一个新的历史时期，社会发生了变化，对治理的要求提高了，需要从根本上更新治理理念，变革过去那种以单位为主体、以行政权力和资源垄断为依托、依靠自上而下的动员和命令来开展工作的传统治理方式，以推进基层治理现代化为突破口，实现由"管"到"治"的转换，为国家治理体系和治理能力现代化奠定良好的基础。

党的十八届三中全会提出了"创新社会治理体制"的改革要求，为新时期的基层治理指明了方向。作为地方治理创新的领先者，都江堰市通过农村产权制度改革和新型城镇化建设，实现了历史性的巨变，走在了全国的前列。然而生产方式和居住方式变革带来了基层社会的重构，带来了一系列全新的挑战，这就要求都江堰站在新的历史制高点上，积极探索基层治理之道。基于此，都江堰围绕"推进基层治理体系和治理能力现代化"的改革目标，以划分院落为基本单元，以融入性党建为牵引，以党引民治为治理核心，在支持人民参与治理中实现党的领导，将党的建设融入于基层治理创新之中，探索出了一条融党的领导、人民参与和依法治理为一体的中国基层治理之道，成为地方善治的样本。

一 由"管"到"治"：双重转型背景下的治理变革

我国的基层治理是伴随着国家建设和经济社会发展而形成和发展的，在长期的历史发展进程中形成了以"管"为主的传统治理方式，依靠单一的、自上而下的行政命令和动员治理社会。然而随着经济社会的转型和国家宏观战略的变化，传统治理方式的弊端日益显现。一方面政府治理资源有限，治理能力明显不足，而治理的难度空前加大；另一方面群众参与严重滞后，蕴藏在群众中的活力开发不够，从而造成了治理困境。基层社会发展的内生需求与动力推动基层治理的转变，以更好回应社会的诉求，提升基层治理能力。

（一）传统治理方式的特点

我国传统的治理方式是在长期的历史进程中形成的。我国传统的基层治理体制形成于计划经济时代。新中国成立以后，伴随着农业合作化的推进和人民公社的建立，我国在农村逐步建立起了人民公社制度。人民公社制度的主要特点是政社合一，既是基层的行政单元，同时又是一个经济单元、社会单元。农民生产活动的安排、生活资料的获取以及社会交往等都受公社支配，公社和生产队干部具有很大的管理权，个人依附于公社、受制于干部。而在城市，个人则依附于单位，单位包办个人的所有事务，个人离开单位无处托身。单位如同一个个蜂窝，将无数的个体吸纳进去，从而造成了一个总体性社会。农村的公社制度和城市的单位制度高度一致，成为传统治理方式的两大依托，其共同特点就是通过行政化的方式控制所有的资源，通过控制资源来控制人，依靠各级干部自上而下的“管”成为基层治理的重要特点。由于政治体制改革的滞后和历史的惯性，计划经济体制破除以后，传统管制型的治理方式被延续下来，成为基层主要的治理方式。

总体来看，传统的治理方式有两个方面的显著特点。一方面是自上而下的纵向治理发达，举国体制，动员能力强。众所周知，中国的现代国家建设是依靠政党的力量加以推动。通过“政党下乡”，党的基层组织将农村社会整合为国家的基础性力量。由于历史的规制，党的领导方式主要是自上而下的群众动员，由此形成群众路线和动员型政治。新中国成立后，自上而下的群众动员体制与自上而下的政权体制及其自上而下的计划经济体制结合起来，形成了一种前所未有的举国体制。这种体制具有超强的动员能力，可以充分调动一切可以调动的资源，在短时间内完成某一目标，实现“集中力量办大事”。这种动员能力在解决全国性问题，尤其是应对突发事件上具有明显优势。比如面对2008年汶川大地震造成的空前损失，举国体制可以迅速动员全国的力量投入抗震救灾，同时保证“三年任务两年完成”，高速度、高水平实现灾后重建。

另一方面是党政推动能力强，压力型体制，效率高。民主集中制是党的重要组织制度。民主集中制要求下级服从上级、全党服从中央，这是确保党中央决策贯彻落实、提升党的行动能力的重要保证，也是党能够在革命时期战胜内外敌人、在建设时期集中建设国家的关键。新中国成立以来，在党的领导下，民主集中制的原则也在政府体系中得以贯彻。在政府各个层级之间的关系上，下级服从上级，地方服从中央，从而形成了强有力的党政体系。在计划经济时期，党政体系发展为高度一体的动员——命令体制，在集中力量建设社会主义国家的同时也压制了社会活力。在市场经济条件下，党政推动的体系演变为压力型体制，通过层层传导压力，集中上下各方注意力，使得中央政策能够及时、有效的执行，保证了决策和执行效率。改革开放以来，以经济建设为中心的压力型体制推进了经济体制改革进程，实现了经济的飞速发展。

（二）传统治理方式的不足

物有其长必有所短。传统治理方式在具有显著优势的同时，也存在着突出的不足。其问题主要是造成政府主办和包办，群众依赖和依从，社会活力严重不足。市场化改革虽然释放了经济活力，但是社会管理体制改革滞后、“经济建设腿长，社会建设腿短”的现实，依然制约着社会的活力。

首先，自下而上的群众参与不足。由于传统治理方式的规制，长期以来，基层治理的特点就是一个“管”字。“管”有其内在的规定性，其政治主体主要是专门从事管理的人员，政治运行方式主要是自上而下的命令式，公共事务主要是政府主办或者政府包办，而作为管理客体的群众则很少参与或被动参与到公共事务中。中国历来就有“父母官”的说法，各级干部如父母，包办一切，享有无限权力，也负有无限责任，造成了群众参与严重不足。一方面政府的大包大揽减少了群众参与的必要性，群众参与缺机会、缺引导；另一方面参与平台和参与渠道的缺失也造成了群众的参与诉求得不到及时回应，影响了群众的参与热情和积极性。

其次，蕴藏在群众中的活力开发不够。群众是历史的创造者。在群众中蕴藏着巨大的活力。但是蕴藏在群众中的活力需要引导和开发。在传统政府主导和包办型治理方式下，主要是政府动手、群众拱手，政府唱戏、群众看戏。计划经济时期，资源为权力高度垄断，政府无所不包、无所不能，农村的公社制度和城市的单位制度使得社会和个体的空间被极度压缩，从而造成了一个高度行政化的社会，个人的生老病死完全由体制负责，没有了灵活性和多样性，也失去了创造力和活力。正是由于蕴藏在群众中的活力开发不够，导致政府承担了大量不该管、管不了也管不好的事，政府不堪重负，群众也不买账。

再次，治理手段过于简单，不能适应经济社会发展的要求。传统治理方式下，治理手段过于简单，主要有两个方面的表现。一方面治理仅仅是政府的治理。治理包括自治和他治，自治和他治互为补充，共同构成了人类社会的基本治理方式。然而长期以来，在传统治理方式下，政府成为唯一的治理主体，他治成为唯一的治理方式，社会的自治被压缩甚至压制，同时社会组织“行政化”，无法在治理中发挥补充功能；另一方面治理靠强制性。举国体制和压力型体制下的治理手段比较简单，主要是靠自上而下的强制。伴随着市场经济体制改革的推进，经济手段等治理手段逐步发挥重要作用，但治理手段总体上过于简单，无法满足社会多元化条件下的治理需要。

伴随着经济体制改革和社会的快速发展，群众的自主性和权利意识持续增强，社会的期盼和要求不断提高。这种情况下，传统的治理方式日益失效、传统的治理手段日益失灵，政府无法对群众的诉求及时进行回应，不能充分满足群众的多样化要求，干群之间缺乏有效的沟通和交流，难以互相理解，造成了治理难题。结果政府辛辛苦苦做了大量工作，群众还是不满意，政府与群众之间的隔阂增大，群众对政府的抱怨、指责和不满增多，产生社会危机。

（三）传统治理方式的转换

在社会自主性增强的背景下，干部依靠动员，依靠资源分配，甚至依靠强制性力量进行单向管理愈来愈失效。党群关系、干群关系紧张，群众维权、干部维稳甚至成为基层政治生活的“常态”。这表明，中国站在一个新的历史起点上，原有的治理思维和治理方式不适应经济社会的发展变化，需要从根本上转换治理方式，由“管”向“治”转换。党的十八届三中全会因此提出“创新社会治理体制”、“推进国家治理体系和治理能力现代化”的重大命题。

“管”和“治”的内涵完全不同。相比管理，治理具有如下显著特点：

一是治理主体的多元性。改革开放以来，社会主体日益多元，社会利益日益分化，社会关系日益复杂，社会矛盾日益多样。在现代治理条件下，传统以政府为单一治理主体的状况越来越难以满足治理的需要，治理主体多元化成为必然趋势。无论是党、政府、社会组织还是个人，都必须正确把握自身在治理体系中的角色和定位，在多元主体之间形成平等、密切的合作关系，适应国家治理体系和治理能力现代化的要求。从我国的现实来看，多元的治理主体至少应该包括党、政府、社会组织和民众。社会治理是全社会的共同行为，因此要加强党委领导，发挥政府主导作用，鼓励和支持社会各方面参与，培育和发展社会组织，拓宽民众参与渠道，从而实现政府治理和社会自我调节、居民自治良性互动。

二是治理手段的多样性。如果说强制性的治理手段在计划经济条件下尚有特定的治理功效，那么在市场经济条件下这种治理手段愈来愈失灵。随着由“管”到“治”的转换，治理手段将更加灵活、多样，需要更多运用法治、协商、服务等手段开展治理活动。首先，治理手段从依靠单纯行政手段走向依法治理。法律法规、行业规范、社会组织章程、村规民约、社区公约等社会行为准则成为规范治理行为、协调社会关系、约束社会行为、实现社会自我调节的主要方式。其次，治理手段从单向强制手段走向民主协商。开展形式多样、方法灵活的平等对话、相互协商，以协商化解不同利益主体之间的利益冲突，将成为治理的新常态。再次，治理手段从单一管理手段走向服务为主。在治理条件下，政府的职能主要定位为服务，通过提升服务优化治理，同时寓管理于服务中，以服务实现管理，以服务促进管理。

三是治理方式的多类性。面对日益复杂的治理难题，需要综合运用多类型的治理方式，以法治化、市场化、社会化、信息化的方式，实现有效治理。法治是治理的准绳，要坚持依法治理，加强法治保障，运用法治思维和法治方式化解社会矛盾。伴随着经济体制改革的深入推进，市场化方式在治理中将发挥越来越重要的作用。政府购买服务、利益引导等将成为主要的治理方式。越是复杂的治理越需要激发社会活力，发挥社会组织的主体作用，引导群众依法自治，增强社会自我调节功能。在信息化时代，信息治理的重要性不言而喻。充分运用现代信息技术，以网格化管理、社会化服务为方向，健全基层信息互动综合服务平台，及时反映和协调群众各方面各层次利益诉求。

二 因势利导："两场革命"催生下的治理创新

作为基层治理的先行者，自2003年以来的短短十年间，都江堰的农村社会发生了历史性巨变。通过农村产权制度改革实现了"民有"，农民有了稳定而清晰的产权；通过城乡统筹实现了"民享"，农民享有了城乡统筹发展的成果。伴随着改革的持续推进，农村社会的深刻变革，产权制度改革、居住形态变化和农民观念行为等的变化，也带来了一系列治理难题，对基层治理能力提出了新的要求，对现有的基层治理体系构成了新的挑战。如何在新的形势下因势利导，创新基层社会治理，成为摆在都江堰面前的课题。

（一）经营方式的革命

1978年以来土地承包到户的推行，极大地解放了农村生产力，迅速改变了农村的面貌，数亿农民解决了吃饭问题。土地承包制度改革在促进农业生产发展的同时，也造成了土地的细碎化。小块经营制约了农业生产技术的推广和应用，难以有效地降低生产成本，造成了农业生产经营收益有限，农民增收致富缓慢。被誉为"中国农村改革第一村"的安徽省凤阳县小岗村，更是"一夜之间脱贫，三十年未能致富"。都江堰市是四川省较早实行分田到户的地区。1980年，柳街镇鹤鸣村被选为灌县（今都江堰市）实行家庭联产承包责任制的首个试点村，分田到户给处于饥饿边缘的村民带来了希望，村民很快过上了"大米吃都吃不完"的幸福生活。但是"热热闹闹"分田之后，村庄很快又陷入了沉寂。"黄土地刨不出金娃娃"，分得土地的村民跟他们的世代祖先一样无法改变贫穷的状况。在土地上没有"赚头"又要负担高额农业税费的村民对种田失去了信心，1982年开始村里青壮年陆续外出务工。鹤鸣村的遭遇代表了绝大多数农村的普遍现实，都江堰的难题也是全国绝大多数地区的共同困境。

农民问题的本质是权利问题。城乡二元结构带来的城乡居民权利不平等是城乡差距拉大、农民长期贫困的制度性原因。只有打破城乡二元结构，让农民平等参与现代化进程、共同分享现代化成果，才能保障农民的合法权益，从根本上解决农民问题。农民问题的核心是土地问题。土地是农民的命根子，也是农民的最大财产。但是土地要从潜在的财产变为现实的财富，必须实现土地的流动和土地收益的合理分配。而土地流动和土地收益合理分配的前提和保障是土地权属要清晰。通过土地确权赋予农民完整的土地承包经营权利，是实现城乡均衡发展、农民享受平等权利的关键。因此，加快土地的确权和流转，实现土地规模化、集约化经营，是农业发展的必由之路，也是都江堰改革的方向所在。

党的十六大做出了“统筹城乡发展”的战略部署，2004 年胡锦涛总书记提出了“工业反哺农业，城市带动乡村”的重要论断，为统筹城乡发展、解决“三农”问题提供了清晰的方向和路径。中央的政策需要转化为先行一步的地方行为。2003 年，成都市开始“城乡一体化”改革，力图打破城乡二元结构，缩小城乡差距，实现城乡经济社会发展一体化，赋予城乡同等的发展机会。作为成都下辖的县级市，都江堰市被确定为成都市 5 个试点区（市）县之一；2007 年国务院批准成都市为统筹城乡配套改革试验区，都江堰市又成为农村产权制度改革首批试点区（市）县。产权制度改革是“统筹城乡配套改革”的核心。都江堰的统筹城乡改革首先从户籍制度改革开始，然后是社会保障，接下来是产权制度改革。产权制度改革就是将农村集体资产所有权确到村民小组（生产合作社），使用权确到户包括农村集体建设用地（宅基地）、房屋、承包地、林权，以及耕地保护基金合同卡的发放，俗称“五证一卡”。2008 年都江堰加快了改革的步伐，至 2010 年年底，历时两年多的大规模确权颁证基本完成。

土地确权的目的是明晰权属，从而减少权属纠纷，保障农民权益。但是因为土地确权本身就关系到权属的分配和利益的调整，不可避免地会遇到各种各样的问题，特别是难以厘清的历史遗留问题。如何协调村民之间，村民与村集体之间的利益和权属，对村庄治理提出了全新挑战。以村两委为核心的村庄传统治理机制由于行政化、代表性不强等原因，无法有效地化解确权中的矛盾纠纷。为此，都江堰市大部分试点镇村均成立监事会、议事会等代表性更加广泛的自治组织。以“产权制度改革第一村”鹤鸣村为例，为了破解因土地权属不清、人口变动大等带来的确权难题，该村采取个人申请、投票选举等民主推选的方式，分别在村组成立了议事会和调解小组（监事会的前身），村议事会采取结构席位制，每个村民小组都有自己的代表，保证每个村民小组的利益都能被兼顾。在村组议事会、调解小组的努力下，确权工作得以顺利开展。随着土地确权的完成，议事会、监事会等被保留下来，但是新的问题相伴而生。这些新型的村级自治组织如何定位，如何理清其与村党支部、村委会等村庄现有治理组织之间的关系等，成为都江堰不得不进行探索的全新领域。

作为传统的农业地区，都江堰大部分村庄都是以农业作为主导产业，村集体收入渠道少，集体经济十分薄弱。土地确权后，土地权益固化到了农户，村庄集体经济被进一步掏空。由于集体经济薄弱，村级组织在村庄治理中处于一个尴尬角色。产权改革后，村民对村级组织提出了更高的服务要求，而村级组织却没有资源为村民提供各种公共服务，难以在村庄管理中发挥作用，村民对村级组织的指责抱怨增多。同时，由于村级组织无钱办事，在村级公共事业、公共事务中产生了“等、靠、要”思想和“上头热、下面冷”的现象。

此外，产权制度改革一方面维护了农民的财产权益，促进了农民增收和农业发展；另一方面也固化了农村产权，进一步疏离了干群关系。特别是随着土地的流转和外出务工，农民与村集体的联系进一步疏远，农民的利益外在于村庄，村干部也失去了通过土地来调节和约束农民行为的有效手段。因此，产权制度改革后，都江堰农村面临利益格局调整、传统管理模式和工作方式变化的挑战，如何构建新形势下的基层治理模式，都江堰需要继续改革的步伐。

（二）居住方式的革命

居住方式是人类生存方式的重要体现。居住方式以及在其基础上形成的生活方式、行为方式和交往方式共同影响着社会的特点和结构，进而决定了治理方式。都江堰传统村庄依林盘而建，村民散居在大小不一的自然院子里，自然院子的规模一般在 20 户左右。在这种小而散的居住环境下，形成了独具特色的川西林盘文化。村民的日常生活开始于林盘院子，也结束于林盘院子。蔬菜、柴火等日常生活资料取自于林盘，生活垃圾堆放于林盘，庭院经济收入来自于林盘，人去世以后埋葬在林盘。林盘构成了都江堰农民生活的全部，同时以自然院子为边界形成了一个个小而散的生活单元。依托林盘院子，形成了一套成熟的村庄治理模式。同时，村庄仅负责基本公共事务，农民的卫生、垃圾、污水等日常生活事务则在林盘内自行处理，村庄承担的公共服务极为有限。

然而，2003 年开始的“统筹城乡配套改革”以及 2008 年突如其来的大地震，彻底改变了都江堰农民世代以来的居住方式。2003 年都江堰开始了统筹城乡发展的进程，在近十年的统筹城乡发展的实践与探索中，特别是灾后都江堰市农村采取统规统建、统规自建等方式实现了高度的集中居住，有的乡镇集中居住率达到了 98%。集中居住改变了农民原有的生活方式，极大地提升了农民的居住环境和生活水平，农民享受到的公共服务提前了 20 年。然而，快速的变迁也带来了一系列相伴而生的棘手难题。集中居住后农民旧的生活方式亟待转变，劳动生产半径增大，居住生活成本增加，原有的庭院经济收入减少，社区管理模式落后等。这些问题需要都江堰站在新的高度进行思考。

一是集中居住后农民生产生活方式不适应的问题。集中居住后，不少农民失去了土地，没有了收入来源；同时，生活成本相应增加，包括水、电、气费等在内的日常开销大幅增加，平均每户每个月要多支出 200 元左右。集中居住后，一些居民受原有长期散居的影响，随意在绿地内种菜、绿化内乱牵挂、垃圾随手扔、楼道内乱堆放等现象较为普遍。原来散居时垃圾等随意堆放，集中居住后要交物业费，不少居民一时间观念转变不过来。此外，由于灾后重建安置时间紧、任务重，文化、体育等公共配套设施建设跟不上，安全技防设施缺失；很多细节问题考虑不周全，比如纯农业社区，农民没有地方堆放农具、养殖家禽等，给居民的生产生活带来了不便，不少居民怨言增多。

二是集中居住后社区管理服务方式不适应的问题。从散居村庄到集居社区的转变，不仅仅是居住方式的改变，更涉及管理方式的变迁。实现集中居住后，社区的管理服务不能有效适应快速转变的问题日益凸显。一些规模较大的新社区，入住了多个村的村民，比如会元桥社区的居民来自原来 11 个村庄，一些涉及经济利益的事务，如征地安置保障、集体资产分红等，还在原村办理；一部分日常生活事务如环境卫生、治安保安等，由社区管理；而其他的一些事务，如党员活动、计划生育、民主选举等，存在原村与新社区交叉管理的现象。在散居到集居的过渡时期，这种“双轨治理”的状况无可厚非，也有其必要性，然而随着时间的推移，原村与新社区职能衔接不畅的状况，必然会造成管理上的混乱，滋生矛盾和问题，也会影响居民服务的开展。

三是集中居住后政府公共服务供给的成本问题。对于都江堰而言，地震后大规模的集中安置，产生了一场“居住革命”，超前的基础设施建设和公共服务投入极大地增加了政府治理成本。比如都江堰的集中居住点一般都没有建立房屋维修基金，随着小区后续绿化更新、管网更新、道路维护、房屋维修等支出项目的增多，后期费用难以为继。如果不解决长效管理经费问题，最终会影响到实际的管理服务水平和老百姓的生活水平。以蒲阳镇为例，集中居住区仅物业管理费一项每年政府就要支出1000多万元，如果全市的物业费都由政府包办的话，每年可能需要上亿元，这对于经济尚不发达的都江堰而言无疑是沉重的负担。这表明，单一依靠政府大包大揽的方式无法适应发展的需要，如何在满足群众需求的前提下减轻政府负担，成为都江堰必须面对的问题。

此外，集中居住点和散居院落形成的“新二元结构”也是居住方式转变后不得不正视的问题。在集中居住点，由于得益于特殊的政策，基础设施和公共服务相对完善，环境整洁、管理有序、居民水平较高。相比之下，散居院子管理滞后，林盘杂草丛生，庭院杂物堆放无序，路边沟边垃圾遍地，塑料农膜随风飞扬，卫生秩序较乱。集中居住点和散居院落的对比鲜明，这样下去，将会在农村形成“新二元结构”，散居村民的不满增加，认为自己没有享受到城乡一体化的成果，“都是农民，凭什么给他们修得那么好，不管我们呢?”

三　党引民治：以院落为基本单元推进地方善治

基层治理是国家治理的基础环节。基层治理的能力在很大程度上决定了国家的治理状况。基层治理的有益探索将为国家治理提供好的经验，进而推进国家治理。面对生产、生活和居住方式变革带来的治理难题，都江堰积极回应中央“创新社会治理体制”的改革要求，以“党组织领导、村（居）委会管理、群众主体、多元支撑、依法治理”为原则，以院落（小区）为基础划分自治单元，从群众需求出发寻找基层治理的结合点，完善党组织领导下充满活力的乡村治理机制，重构了基层治理体系，取得了显著的成效。

（一）以划分院落为治理依托

群众自己创造自己的美好生活，就是群众自治。自治需要有合适的单元作为治理依托。新中国成立以来，我国的基层组织单元经历了两次大的变动。一是人民公社时期“三级所有，队为基础”，建立生产队的主要标准是便于生产。二是人民公社体制废除后在原生产大队一级设立村民委员会，其划分标准主要是便于自上而下的国家管理。村民委员会是法定的自治组织，由于它必须承担国家公共管理的任务，因此村民委员会的管辖区域又被称之为“行政村”或“建制村”。但是，“行政村”规模较大，人口较多，村庄内部缺乏内在的联系，村民自治难以有效开展，在很大程度上陷入“空转”。然而，村民自治作为一种“草根民主”，其重要特点和价值在于强大的生命力，总是会在实践中为自己开辟道路。为了便于群众自治，都江堰主动划分合适的单元，从公共生活的角度，以“利益认同、诉求认同、便于自治、便于服务”为依据，划分“院落”、“小区”为基本自治单元，重组基层社会，以院落为依托开展自治。

都江堰划分院落（小区），不是一时冲动，更不是无中生有，而是为了有效挖掘川西院子的自治根基。自然院子是川西农民在长期的生产、生活以及相互交往中自然形成的一种自治单元。农民世代居住在林盘院子里，在生产中共同抵御自然灾害，互相合作；在生活中守望相助，相互扶持；在公共事务中相互协商，通力应对。独立的自然条件和长期的历史积淀，同一个院子的村民之间形成了一些约定俗成的习惯和准则，形成了一定的自我约束和管理机制。此外，现在的都江堰居民其先祖多是清初“湖广填四川”的移民，移民社会的历史底蕴造就强烈的自主意识和责任意识。来自不同地区、没有亲缘关系的移民居住到一起，必须先相互协商以制定交往规则，从而形成共同的行为规则和社会规范。正如四川的麻将一样，“打法不同，规则先行”。在都江堰，无论是普通百姓还是干部们常说的一句话就是“万事不能一刀切，要让大家自己商量……”这些都为以自然院子为基础的院落自治奠定了基础。

以自然院子为基础的院落，继承了传统自然院子乡里乡亲、邻里相熟，有共同认同感、归属感、凝聚力的特点，同时也是居民按照自治的标准再组合的过程。院落是一个泛化的概念，是村居之下的生活共同体。院落作为一个纯自治单元，既不同于作为行政共同体和集体经济共同体的行政村，也不同于作为产权共同体和行政共同体的村民小组。因此，都江堰在划分院落的时候，院落的规模有一定的弹性，讲求规模适度，由村民自主掌握。在农村散居院子，以50—100户为标准进行划分；在农村集中居住区，以小区为单位进行划分；对于规模较大的小区，进一步划分片区、楼栋等。以院落为基本单元，成立院落管理委员会、调解委员会等自治组织，开展环境整治、发展院落经济等，进行自我管理、自我服务。

都江堰按照便于自治的原则，在行政村以下划分自治单元，将村庄、社区以下的自治做实，将基层组织延伸到院落，解决了基层组织落地的“最后一公里”问题。院落的划分实质上是都江堰经营方式、居住方式变化后自治单元的重构，通过院落自治弥补治理体系最基础、最关键的环节，从而建立起完备的治理体系。划分院落单元不仅是都江堰改革的起点、特点，也符合中央一号文件“探索村民自治有效实现形式”的指导精神，走在了全国的前列。

（二）以融入性党建为治理牵引

现代政治本质是政党政治。政党的重要功能是实现社会的有机整合，促进社会的有效治理。中国共产党作为执政党，重要使命之一是支持和领导人民当家做主。只有在党的领导下，人民才能持续有序地参与公共生活。党的基层组织建设是基层治理创新的前提条件。抓好农村基层党组织建设，健全党组织领导下充满活力的乡村治理机制，是巩固和加强党在农村的执政基础、推进基层治理体系和治理能力现代化的重要内容。

植根人民、服务人民，是党的最大政治优势，也是党永远立于不败之地的根本。但是在实践中，不少基层党组织和党员干部仍然习惯于站在群众之上代民做主、与民争利，脱离群众，甚至站在群众的“对立面”。近年来，随着城镇化的快速推进，都江堰市农村的经营方式、居住方式深刻转型，社会问题持续增多，社会矛盾日益凸显，尤其是灾后重建和历史原因造成的遗留问题化解难度加大；社会格局深刻调整，党组织高居社会多元主体之上的相对闭合的联系方式日益失效；经济社会结构深刻变迁，过去党组织与群众相对单一的利益联结方式作用日益有限，新兴经营主体和社会组织大量涌现，增强利益整合能力迫在眉睫；居住方式转型和城乡一体化的快速推进，党的群众服务难以满足群众日益增长的多样化需求。然而都江堰传统嵌入式的党建难以适应基层的变化，党组织有效覆盖难展开，党员的引领作用难发挥，尤其是以往比较重视村级以上的基层组织建设，党组织的微循环没有充分发挥作用。

群众诉求是党的一切工作的出发点和落脚点。找准党建工作和群众生产生活发展共同诉求的结合点，才能探索基层党建的有效实现形式。为此，都江堰创新融入性党建新思路，以融入性党建为治理牵引，党融入社会之中，引领社会、整合社会。所谓“融入型党建”就是将党的基层组织融入基层治理过程之中，在基层治理过程中发挥主动积极创造作用，以此牵引基层治理持续健康发展。具体来说，就是将党小组建在院落（小区）里，建在产业体上，建在社会组织中，让党在群众身边时刻发挥作用，让党的服务引领基层发展，将党组织的血液输入到群众生活的各个方面，畅通党的微循环机制，进一步融洽党群关系，加强党组织对基层治理的引领力和凝聚力。通过融入型党建，将党凌驾社会之上的命令式、动员式社会管理，转变为党融入社会之中的引领式、参与式社会治理，创新基层党建的有效实现形式，打造基层善治的组织标本。

（三）以党引民治为治理核心

改革发展中的新问题和新情况都需要从根本上转换基层治理方式。由自上而下的单一的治理，向自上而下的管理与自下而上的参与双向互动转变；由依靠单一的党政外部推动力，向依靠党政外部推动力与激活内生的社会活力双力结合转变。

一是以群众为主体。长期以来，政府的主导和包办，导致民众直接参与治理相当有限，民众的主体地位被虚化。当下，创新社会治理必须确立群众的主体地位，促进民众直接参与基层治理，共同建设自己的美好生活。都江堰市建设美丽院落，群众参与打扫，自家清理自己院子，自己缴纳卫生费。广大群众参与治理，成为“演员”，切实感受自己的主人地位并体验到治理的艰难，从而拉近党群、干群关系，将水与油的“悬浮式治理”转变为水乳交融的“共同性治理”，从而巩固党的执政基础和治理的群众基础。同时，创新社会治理要坚持需求导向。需求是群众参与治理最大和可持续的动力。通过不断的“走基层”联系服务群众，真正了解群众需要什么、不需要什么；通过不断的“走基层”化解问题，让群众相信党、理解党、依靠党。都江堰探索的最大亮点就是从实际情况出发，从群众需求出发，从办得到的“小事”出发，积极回应群众对改善卫生环境的需求，由“清洁革命”进而引发“治理革命”。

二是以组织为载体。治理是有组织的参与行为。中国历史上，除了宗族小共同体以外，民众呈“一盘散沙”状态，相互之间缺乏有机的横向联系，只有政府与民众之间的纵向联系。纵向联系可以形成政府与民众之间的依赖，也可能造成政府与民众之间的对抗。相对有组织的政府而言，单个个体是软弱无力的；但也是最危险的，很容易走极端。以往群众参与不够，在相当程度上是组织化程度不高，缺少载体。组织起来是我党的传统优势，但以往更多的是外部性包办组织，难以持续。当今的农民属于社会化小农，社会化程度高，对外部社会的依赖度愈来愈高，由此需要通过内生型的社会组织让农民自愿结合组织起来，共同创造自己的美好生活。都江堰为了推动群众自治，满足群众不同的需求，大力发展社区社会组织，丰富治理的载体和平台。如推动合作社、工匠协会、民宿旅游协会等的建设，实行经济自治；推动老年人协会、群宴协会等的建设，实行社会自治；推动成立楹联、诗歌协会等，实行文化自治。

三是以规则为保障。无规则即无治理，有规则即是治理。改革开放以来，人们的利益意识、权利意识大大增强，义务意识、规则意识却未能同步。人们共同生活需要有共同规则，群众问题群众管，群众管理有规则。这种规则是内生的，群众自愿缔结的契约，能够转换为自觉的行为。就都江堰而言，划分院落（小区）重组的基层社会，需要建立新的规则；而集中居住区改变了以往分散居住的私人性、随意性，也需要强化共同生活的公共性与规则性。群众依制依规自治与政府依法治理相互衔接与良性互动，保障共同生活的有序性。都江堰通过“美丽院落”、“清洁之家”、“星级农户”等评比规则，促进群众自我服务、自我管理；通过党员活动手册、社会组织章程、村民自治章程、院规民约、物业管理公约、入住公约等规则体系，发挥规则的约束和规范作用，规范村居自治和院落自治运转，构建依法治理和依法自治的制度基础。

第一章　改革背景：多重转型下的治理难题

自党的十八大之后，“治理”、“治理创新”、“治理能力”、“改革”等是全国农村基层治理改革创新的主旋律和主题词。党的十八届三中全会报告指出：“全面深化改革的总目标是完善和发展中国特色社会主义制度，推进国家治理体系和治理能力现代化。”2014 年中央一号文件也再次提出了“改善乡村治理机制”的命题。都江堰市作为成都市下辖的县级市，一直是改革的“试验田”、“先行兵”，是全国统筹城乡一体化改革的示范区。不过，改革从来就不是一蹴而就、一次性的，它是长期性的、连续性的。虽然相比全国其他地区而言，都江堰市有着先行先试的优势，但是随着都江堰市各项改革的不断推进，也暴露出很多问题。截至 2010 年，都江堰市农村基本实现了社区化，全市农村共有 69 个城市社区和 187 个农村社区。当前，都江堰市面临着经济社会双重转型，形成了“城乡二元格局”、“新农村二元格局”等，导致农村社区公共服务供给滞后、社区缺乏产业支撑、基层党建难落实、农村社区何以治理等问题逐渐凸显。正是在这一大背景之下，都江堰市为解决农村基层治理难题，发挥基层党组织和党员的引领作用，提升农村公共服务供给水平，打造农村基层善治样本，探索出了一条以基层党建为核心的农村基层治理创新的新路子。

第一节　政府改革动力：基层重构后寻求地方善治

政府部门是农村经济社会改革中的推动者与倡导者。在灾后重建的过程中，都江堰市整合资金，对农村基层社会进行了重构：一是将受灾区集中居住，实现了社区化；二是重新划分散居院落，以院落为单位实施自治。随着农村基层的重构，都江堰市农村基层治理的环境和条件发生了深刻变化，新型农村社区、散居院落等新型农村基层治理单元，对农村基层治理提出了新的要求、新的挑战。如何探索新型农村社区治理、如何实现散居院落的善治等难题摆在了都江堰市政府、乡政府的眼前。“基层治理难运行，公共政策难执行，公共服务难落地”使得都江堰市基层政府面临着改革的紧迫性，这也倒逼政府在困境中寻求创新之法。因此，在新的治理环境下推进农村基层治理改革与创新，不仅是新形势下政府的基本任务，更是农村基层群众的切实期盼。

一　以“统筹城乡综合改革”为开端的政策推动

加快形成城乡经济社会发展一体化新格局，是破解农业、农村、农民工作难题的根本出路，是推动城乡生产要素优化组合、促进城乡共同繁荣的根本举措，是缩小城乡差别、实现城乡共同繁荣的根本途径。都江堰市改革亦是从城乡一体化改革开始的，其改革源流可以追溯到2003年开始的“统筹城乡发展综合配套改革”。

2003年以来，成都市紧紧抓住大都市带大郊区、城乡发展不协调这一主要矛盾，坚持不懈地深入实施城乡统筹、“四位一体”的科学发展总体战略，着力从统筹城乡发展、解决“三农”问题入手，探索成都科学发展之路。经过6年的努力，目前已初步形成了城乡经济社会发展一体化新格局。到2007年中央批准成都市为“统筹城乡综合改革试验区”，到2009年《成都市统筹城乡综合配套改革试验总体方案》通过国务院批复，全市进一步加快了统筹城乡改革的步伐。都江堰市作为成都市下辖县级市，紧邻成都市区，区位优势明显，交通便利，发展资源雄厚，政府和民众改革意愿强烈，自然而然地成为“统筹城乡综合配套改革”的重点试验田。

都江堰“统筹城乡一体化改革”的主要做法是：一是将财政性资源向农村和农民倾斜，而且启动了土地制度方面的改革，通过重新界定权利，使经济资源的积聚和集中所带来的土地级差收益，在分配上更好地兼顾城乡人民的利益；二是大规模开展以土地整理为主要内容的“金土地工程”，为农业现代化和农民集中居住创造了条件；在此基础上，规范推进城乡建设用地增减挂钩试点，既回答了城市发展“地从哪里来”的问题，又解决了农村发展“钱从哪里来”的问题。[①]

通过“统筹城乡综合配套改革”，都江堰市农村面貌发生了巨大变化，城乡发展和谐，农民的生产方式和居住方式也发生了剧烈的变化。截至2012年年底，都江堰市全市农民人均纯收入达到了6481元，比2003年增长了77.3%。城乡居民收入差距开始缩小，城乡居民收入比例由2003年的2.64∶1缩小至2.61∶1。截至2012年年底，新建城乡新型社区602个，建成居住区2110万平方米，入住农户达37万人，全市城镇化率达到了68.5%，基本实现了城乡规划一体化、城乡基础设施一体化、城乡市场一体化、城乡管理一体化和城乡公共服务一体化。

随着“统筹城乡综合配套改革”不断推进，都江堰市农村基层治理环境发生了巨大的变化：一是产权改革改变了农民的生产方式，从传统小农到土地流转给大户，从个体经营到合作社规模化经营；二是社区化改变了农民的居住形式，从散居到集居，从川西林盘到新型社区；三是农村基层治理体系的变化，伴随着户籍制度改革，农民农村户口转变为城镇居民户口，从村民委员会自治到社区居民委员会自治；四是农村基层治理内容的变化，社区化带来了公共问题，拓展了公共空间，基层群众对多样化公共服务的需求强烈增强，治理内容进一步得以扩展，涵盖了基础设施建设、公共服务供给、社区环境卫生、社区养老医疗、社会救济等方方面面。

因此，“治理”也成为“统筹城乡综合配套改革”后都江堰市农村基层治理创新的关键词。如何结合当前农村基层治理环境，如何利用农村基层现有资源，如何发挥农村基层的积极性、打造基层善治样本，是都江堰市农村基层治理改革创新的主要内容。“城乡治理一体化”则是都江堰市农村基层改革创新的重要目标。对于生产方式、居住方式均发生变化的都江堰市农村基层，如何治理、治理什么等现实性难题摆在了各级基层政府面前。对此，都江堰市针对农村基层治理难题，大胆提出了“党委领导、政府负责、社会协同、公众参与”的社会管理机制。但是，这一机制的健全、实施，重点在基层，难点也在基层。在基层社区，建立完善基层自

① 资料来源于2011年《成都市统筹城乡发展综合配套改革调研报告》，具体参见：http://www.china-reform.org/?content_164.html。

治组织，切实做到“知民情、解民忧、化民怨、暖民心”，充分尊重人、理解人、关心人，寓管理于服务之中，实现管理与服务的有机统一，让群众实现自我管理、自我服务，成为都江堰市农村基层治理环境大转变之后面临的紧迫性任务。

可以说，“统筹城乡综合配套改革”既是都江堰市当前改革的开启，也是当下改革的动力。正是在“统筹城乡综合配套改革”这一较大的政策背景下，都江堰市开启了“以基层党建为核心的农村社会治理创新改革”，开始探索基层重构背景下农村社会的治理模式。恰如都江堰市委张余松书记所说：“都江堰市的改革以2003年的统筹城乡改革为开端，从户籍制度改革开始，然后是社会保障，接下来是产权制度改革。随着改革的不断深入，农村生产方式、居住方式以及农民观念行为的变化，对基层治理构成了新的挑战。如何在新的形势下进行村庄管理，成为摆在基层面前的课题。”

二　新型农村社区有效治理的内在需求

党的十八大报告第一次将“社区治理”写入党的纲领性文件；继而，党的十八届三中全会进一步指出：“建立健全居民、村民监督机制，促进群众在城乡社区治理、基层公共事务和公益事业中依法自我管理、自我服务、自我教育、自我监督。”民政部李立国部长在《在推进社区治理中维护基层社会和谐稳定》一文中明确提出：“推进社区治理，增强社区自治和服务功能，对于提高居民群众的参与程度和社区服务水平，巩固党在基层的执政基础，促进基层社会的和谐稳定具有重要意义。”① 对于完成社区化的都江堰市农村基层，如何有效治理新型农村社区，显得尤为重要。党的十八届三中全会之后，“治理能力现代化”成为基层治理的新目标。都江堰农村基层治理改革不仅是对“治理现代化”的有效回应，更是新型农村社区有效治理的内在需求。

一是农民居住方式的变化改变了农村基层治理单位。社区化之前，农村基层治理的有效单位是《村民委员会组织法》下的建制村，实行的是村民委员会自治。但是，伴随着户籍改革、产权改革，都江堰市农村基本

---

① 李立国：《在推进社区治理中维护基层社会和谐稳定》，《求是》，2014年第1期。

实现了社区化，农民集中居住。农民在由散居到集居的过程中，其治理单位也由建制村转变为新型农村社区。治理单位的改变必然带来治理理念、治理模式、治理方式的转变。2015 年中央一号文件《关于加大改革创新力度、加快农业现代化建设的若干意见》也提出了“探索以社区为基本单位的村民自治”的基本命题。

二是新型农村社区的治理内容增多，对治理提出了新的挑战。伴随着农民的集中居住，农村公共空间的拓展，公共问题的产生，必然带来公共需求的增加，带来农民对各种公共服务的需求和渴求。治理内容不仅仅涵盖选举、决策、管理与监督，而且还包含各种与社区农民生产和生活息息相关的事务，比如社区环境卫生、社区安全、社区医疗、社区居民养老、社区文化活动等。都江堰市新型农村社区治理内容的多元化，包含经济、社会和文化的方方面面，对农村基层治理提出了新的挑战，是都江堰市基层政府面临着的一项治理难题。

三是新型农村社区治理的有效性难度加大。公民素质、公民参与直接决定了民主的发展程度。农村的社区化决不仅仅只是农民居住方式的转变、农民身份的转变，更关键的是农民素质的社区化。如何转变农民的思想观念并提高农民的素质、进一步提升农民参与社区治理的积极性，直接关系着新型农村社区治理的有效性。长此以往，都江堰市农民习惯了川西林盘的散居方式，由于社会流动较大、经济发展落后，一直以来，村民自治陷入“空转”困境。社区化之后，对于都江堰市政府而言，只有最大程度地发挥社区积极性，实现社区自治，才能解决农村基层治理有效性难题。新型农村社区的有效运转必须靠自治，自治的落地也离不开政府的引导和培育，二者高度契合。

三　农村“新二元格局”的现实性倒逼

伴随着“统筹城乡发展综合配套改革”的深入，尤其是经历 2008 年汶川地震灾后重建的大变革之后，都江堰市农村农民的生产方式、居住方式、生活方式都发生了较大的转变。目前，都江堰市农村普遍存在两种居住形式，一是集中居住区，二是散居院落。在改革不断深入的当下，集中居住区与散居院落在服务供给、服务管理上形成了农村“新二元格局”。对于基层政府来说，最重要的任务就是突破这种新的格局，公平、有效地提供公共服务，实施有针对性地治理。

一是集中居住区与散居院落的公共服务供给的公平性问题倒逼政府寻求新出路。集中居住区主要是那些受灾较为严重的农村，在灾后重建的过程中，依托灾后重建资金的支持，借助“产权制度改革”、“宅基地确权”、“增减挂钩”等政策项目，集中建设农村小区，推进了农村的社区化。由于有政策、资金等方面的支持和支撑，集中居住区各项基础设施建设相对完善，环境卫生相对优越，各项公共服务供给较为充分。但是，对于散居院落而言，由于村落众多、居住零散，加上川西林盘的居住特点，散居院落各项基础设施建设相对落后，公共服务供给难以落实。因此，在服务供给、基础设施建设等方面，散居院落与集中居住区形成了鲜明的对比，政府治理的公平性问题较为突出。柳街镇金龙社区黄家大院的村民黄怀根回忆说：“以前村中环境实属‘脏、乱、差’，院落房前屋后垃圾成堆，蚊虫满天飞，生活垃圾到处堆放；看着集聚区那么优美的生活环境，我们都很羡慕，也希望政府帮我们改善一下。”

二是集中居住区与散居院落的公共服务供给的持续性矛盾迫使政府转变旧思想。在3.98万农业人口中，共有散居院落364个，涉及农户11423户、共34199人，由于散居院落区域广泛，人口多，较新建成的农民集中居住区相比，院落环境管理滞后，院落林盘中杂草丛生、庭院杂物堆放无序、路边沟边垃圾遍地、塑料农膜随风飞扬，卫生秩序较乱。灾后重建后，都江堰市财政缺口较大，为了解决公共服务资金的难题，成都市和都江堰市两级财政共同出资，每年给予每个农村40万元以上的村公资金支持，主要用于村庄公共事业建设，“通过资金注入，来激活农村的活力，让村民有事可议，有事能议”。但是村公资金分摊到每个院子，资金已经是杯水车薪了。例如水月社区每年40多万的村公资金分摊到50个院子，每个院子连1万都不到，谈何公共事业建设。解决大量的资金缺口，只能发动群众、依靠群众，回归“群众主体”，采取群众自筹、群众自治的方式，仅仅依靠政府是难以做到的。这就给都江堰市政府创新改革提供了新思路，也逼迫政府的改革理念回归群众本位。

三是散居院落的治理“落地”难题，倒逼基层政府谋求新路径。集中居住区借着灾后重建的“东风”，得以整村社区化，开展以新型农村社区为单位的自治。但是，对于居住较为分散的散居院落来说，自治的有效开展确是一道难题。任何改革措施落实到农村基层，都要靠群众自治的方式予以落实。自治的有效开展直接决定着各项改革深入开展的进度。散居院落具有“居住分散、地域广泛”等特点，不利于自治。在深化城乡环境综合治理过程中，柳街镇积极以实施散居院落整治为突破口，以100户为单位重新划分院落，加强院落居民自治为核心，使自治落地运行。也正是在以“美丽我家、美丽我院”为主题的“柳街经验”取得一定的成效的时候，都江堰市在全市展开以“环境整治”为突破口的改革，转换思路，探索以“院落”为单位的自治新路径。张余松书记也多次强调指出：“提升城乡治理水平，决不是简单的扫扫地、管管垃圾，而是一项事关城乡面貌、社会和谐、干群关系的大事。”都江堰市农村基层重构之后的基层治理，要从治理理念、治理模式、治理方式等方面转变思路。

第二节　村庄发展困境：产权改革后谋求农民增收

在“统筹城乡综合配套改革”推进5年后，都江堰市于2008年开始了农村产权改革的“破冰之旅”。改革者们试图通过市场化取向的改革，让农民脚下的土地从资源变成资本，进而推动各种生产要素的自由流动，为破除城乡二元结构寻求持续的动力。① 产权改革的目的主要是为农民增收寻找出路，实现城乡经济发展的一体化。对于村庄来说，村集体经济的壮大、农民收入的增加是最主要的任务。农村产权制度改革提供了一条新思路，成为成都造就新型城乡形态的关键环节②，但是具体到实践层面，究竟如何实现农民增收，却又是都江堰市农村基层面临的一大难题。

一　农村集体经济发展需引导

在“统筹城乡综合配套改革”中，都江堰市的做法不单是将财政性资源向农村和农民倾斜。2008年，成都市发布“一号文件”，即《中共成都市委、成都市人民政府关于加强耕地保护，进一步改革完善农村土地和

---

① 《成都农村产权改革始末》，2009年3月4日，新浪网。

② 《成都农村产权制度改革试水》，《南风窗》，2010年3月8日。

房屋产权制度的意见》，正式启动成都农村产权制度改革。通过重新界定权利，使经济资源的积聚和集中所带来的土地级差收益，在分配上更好地兼顾城乡人民的利益。几年来，都江堰市在城乡一体化实践中，大规模开展以“土地整理”为主要内容的“金土地工程”，为农业现代化和农民集中居住创造了条件；在此基础上，规范推进城乡建设用地增减挂钩试点，既回答了城市发展“地从哪里来”的问题，又解决了农村发展“钱从哪里来”的问题，为城乡一体化发展提供了基础。

产权改革后的村庄发展问题就更加明确了，即：土地确权使土地、劳动力等要素实现了自由流动，便于村庄发展产业、规模经营，增强集体经济。但是，具体到每个乡镇、每个村庄，又该如何发展集体经济呢？

一是村庄差异性带来集体经济发展的难度较大。都江堰市 17 个乡镇、333 个村民委员会，地势西北高、东南低，高山、中山、低山、丘陵和平原呈阶梯分布，素有“六山一水三分田”之说，各个乡镇资源占有量、区位优势、土地规模等的差异性较大，无形之中增加了发展集体经济的难度。如何因地制宜、因人制宜、因时制宜，结合村庄特点，发展有特色的集体经济产业，不仅需要村干部的积极支持与参与，也需要调动村民的参与热情，更需要都江堰市基层政府在宏观层面把握内外市场环境，在政策和资金上基于一定的支持。向峨乡棋盘村委会书记李天平说：“像我们山区，人多地少，山地多平地少，交通又不好，要发展集体经济，政府不支持是发展不起来的。”

二是村集体“空壳化”的普遍现象使集体经济发展难以起步。“集体经济不发展，村集体没收入，村庄的管理和服务就成了无源之水、无本之木。”[①] 因此，作为传统的农业大县，都江堰市大多数农村主要以经营第一产业为主，由于农业经济的经济附加值相对较低，客观上导致许多村庄的集体经济收入来源渠道少、收入低，使得集体经济发展缺乏起步资金。在都江堰市 300 多个农村中，无资源、无土地、无产业优势的“三无”村庄占 70% 以上，尤其是对于山区乡镇来说，发展劣势更为突出。如何趁着产权改革的“东风”，发展集体经济，增强集体收入，以“先强集

① 徐勇主编，邓大才、赵德健、胡平江、万磊等著：《东平崛起：土地股份合作社中的现代集体经济成长》，中国社会科学出版社 2015 年版，第 18 页。

体、再强村民”的思路破解村庄发展困境迫在眉睫。柳街镇金龙社区黄主任说：“村集体没有收入，啥都干不了，老百姓也不信任村干部，总觉得是干部们不作为、不干事。”

三是村集体“规模化”低，难以形成连片效应。2008 年之前，都江堰市一部分农村已经开始发展产业，并已形成了一定的规模效益，如棋盘村的猕猴桃产业、天马镇的生态农业、柳街的农家乐等，但是这些产业的发展，或是一些农户的个体行为，或是一部分农户参与的集体行为，规模化低，没有形成连片发展，产业优势不明显，村集体、农户双重增收见效慢。农村产权制度改革给村集体经济的发展带来了机遇，但是如何连片发展，形成有特色、有优势的农业产业，需要基层政府适当加以支持和引导。也正是在这一背景下，都江堰市开启了第二阶段的改革，即：农业特色产业规划。向峨乡党委龙书记说：“山区农村要致富，就必须搞规模化经营，必须搞产业，传统产业不能致富；但是，没有政府的引导和支持，也是不行的；同时还要发挥村干部、村民的积极性。”

二　农村社区亟须产业支撑

李克强总理在 2013 年 3 月视察江苏、上海时提出了“现代农业能否支撑城镇化?”的命题。继而，有学者指出：“要以现代农业支撑城镇化，但绝不仅仅是第一产业的农业支撑，而应该是接二连三、功能多样的现代农业支撑，是产城一体、城乡一体、工农共赢、城乡共赢的现代农业对城镇化的支撑。”[①] 也就是说，农村城镇化需要一定的产业支撑，没有产业支撑的社区化是不可持续的，就会出现“农民扛起锄头下田、扔下锄头上楼”的窘境。对于居住方式发生改变的都江堰市农村来说，新型农村社区改变了农民的居住方式、生活方式，产权改革改变了农民的生产方式，在这种现实环境下，新型农村社区的持续性、有效性运转亟须一定的产业支撑。

一是社区产业发展缓慢，统筹城乡改革中资金压力大。总的来说，都江堰市“统筹城乡发展改革”的基础还很薄弱，面临的突出问题是欠缺

---

① 黄祖辉：《现代农业能否支撑城镇化?》，《西北农林科技大学学报》（社会科学版），2014 年第 1 期，第 1—5 页。

相应的经济基础和实力，政府的财力不足以完全承担城乡统筹改革的所有成本，广大农民基本上处于温饱和低质量的小康之间，无法承担城乡统筹制度改革的过高成本。[①] 突出表现在：第一，耕地保护基金来源不稳定；第二，缺乏资金配套；第三，公共服务向农村延伸财政压力较大。尤其是那些完成社区化的农村，农民集中居住后，相应地产生了许多公共问题，各项基础设施、公共服务亟须供应，给政府部门带来了较大的资金压力。经测算，都江堰市仅灾后重建的公共服务类项目，每年就需要投入约3000万元，大量的刚性支出与财政短收的矛盾日益凸显，推进城乡公共事业发展难度加大为了支撑社区运行，利用产权改革的契机，最有效的途径就是发展社区产业，以产业促进集体经济增收和壮大，带动社区基础设施的建设及各项公共服务的有效供给。因此，产业化是继产权改革、社区化后第三大改革措施，旨在增强村庄经济实力，促进农民增收，支撑社区各项事业建设。

二是居住的社区化与生产的传统化的不可逆矛盾凸显。经过一系列的改革，都江堰市农民的居住方式由传统型的家户散居转变为现代型的社区集居，如果不转变农民的生产方式，居住的现代化与生产的传统化必然带来矛盾。习惯了散居的农民，如果不转变生产方式，必然给社区环境、社区服务、社区治理等带来极大的问题。那么，社区就仅仅只是一个居住单位，而不是一个服务单位、治理单位，以往那种“脏、乱、差”的散居环境将会在社区重演，而这样的改革无疑是没有意义的。因为缺乏产业支撑的信息农村社区，其服务的持续性、治理的有效性是值得怀疑的。正因为此，都江堰市在建成新型农村社区之后，必将启动一项改革，即农村产业发展规划与改革。

三是集体意识淡薄与村组织的涣散，不利于社区治理。以往，由于城乡二元体制的推行，使得农村公共基础设施建设相对滞后，各项公共物品和公共服务的供给存在严重的不足。加上乡村集体经济的薄弱，资金不足，致使许多农村公益性建设项目不能按期完成，村集体负债加剧，村集体呈“一盘散沙式”状态，村组织涣散，凝聚力不强。加之20世纪80

① 资料来源于2011年《成都市统筹城乡发展综合配套改革调研报告》，具体参见：http：//www. china – reform. org/？ content_ 164. html。

年代承包到户之后农民的个体化经营，农民的集体意识淡薄，集体观念不强。村民之间利益关联性不强，村民与村集体的利益相关性不高，不便于集中居住的新农村社区治理。利益相关是村民自治必不可少的经济条件。[①] 都江堰市发展社区产业一方面是为了增强村集体收入，实现农民增收，同时也可以重构利益相关性，便于社区治理。

三　农民个体化经营难增收

2003 年成都市实施“统筹城乡综合配套改革”的主要目的就是实现城乡发展一体化，缩小城乡差距，其中实现“城乡经济一体化”是改革的主要目标之一。土地产权制度改革保障了农民对土地的权利，释放了土地、劳动力等生产要素的活力，便于土地流动、土地流转，使土地的规模化经营、集约化经营、农业产业化转型成为可能。但是对于都江堰市农村来说，实现农民增收依然是城乡一体化改革的重点内容。在新的城乡一体化格局之下，都江堰市依然面临着严峻的农民增收难题。

一是农民增收意愿“慢不得”。目前，一家一户的小农生产依然是都江堰市农业生产的主要方式，农户的种粮规模普遍较小，这种分散的家户经营模式，不仅造成了土地支离破碎、零星分散，给家庭经营管理带来了不便，而且增加了农田水利基本建设的难度，不利于农业科技的推广，制约农业生产力的发展，导致农民难增收。都江堰市虽然紧邻成都市，地理区位优势明显，但是农村生产效率不高，导致农民收入较低。在已经入住的 47 个居民安置点中，绝大多数农民年收入在 1 万元左右；低保及以下收入的共有 929 户，占已入住安置点总人口的 7.8%；年收入 3 万元以上的共有 1382 户，占已入住安置点总人口的 11.2%。这一点在都江堰市山区农村表现得较为突出，如向峨乡、柳街镇等地区。鹿池社区的村民感叹说：“自从住进社区之后，就想着怎么挣钱致富。如果还是种地，怎么对得起这么巴适（好）的居住环境呢。”

二是个体化经营低效率困境。都江堰市农业经营主体是一家一户的小农，经营方式以小规模分散经营为主，难以满足现代农业的发展要求，难

---

① 邓大才：《利益相关：村民自治有效实现形式的产权基础》，《华中师范大学学报》（人文社会科学版），2014 年第 4 期，第 9—16 页。

以促进农民收入的增加。生产要素较为单一、传统，现代农业生产要素很少或者没有，阻碍了农业生产的集约化和机械化水平，加大了农业技术推广和应用的难度，从而阻碍了土地使用率和农业生产效率的提高。这种低效率的传统农业是无法实现农民增收愿望的；对于都江堰农村来说，土地是唯一可以利用的资本，只有实现规模化效应、与都江堰市“旅游城市”相结合，发展现代农业产业，才能实现增收，这也是突破传统以家户为单位的小农经营低效率困境的破解之道。

三是单一化的土地流转难以实现增收。在都江堰市农村，人多地少，全市耕地面积121万亩，人均耕地1.35亩。土地确权之前，由于种地难以增收、进城务工农户多，农村土地抛荒现象严重。土地确权之后，增强了土地要素的自由流动效率，但是对于单个农户来说，由于土地规模小、面积少，仅仅靠土地流转费是难以提高土地收入的。在柳街镇鹤鸣村，一亩地一年的土地流转费平均只有800元，最高才1200元。村民赵志华说：“靠这么一点（土地）流转费，怎么增收呢？跟种地差不多，要致富还是要搞产业。”正如向峨乡龙书记所说：“产改之后，农民增收就要发展‘短、平、快’的农业产业。”因此，对于都江堰农村改革来说，“产业发展领跑”是最有效的改革思路。

第三节　农民现实需求：集中居住后期盼服务落地

在“统筹城乡综合配套改革”的推动下，都江堰市先后经历了两场革命：一是经营方式的革命。通过产权制度改革改变了原来单家独户、自我经营的经营方式，通过土地流转、经营方式的变革打破了传统小农经济模式；二是居住革命。通过新型农村社区建设，将以往单家独户、散落的居住方式转变为社区居住、集中居住。[①] “治理”、“服务”等是新型农村社区的建设的后期话题，也是衡量新型农村社区能否持续、有效运行的关键指标。社区化不仅仅只是意味着居住方式的集中化，更多的是意味着公共服务的有效性供给。截至2010年，都江堰按照省委“三打破、三提高”和成都市“四性”原则的要求，建成了205个农民新居，安置农户6

① 2015年7月29日下午，徐勇教授在与都江堰市委组织部的座谈会上提出。

万多户，使得全市已建成的新型农村社区总数达到了360多个，进一步推进了社区化、城镇化；但随之产生的公共服务供给难题，主要包括道路、水电气、光纤、绿化、路灯、健身场所等，都成为都江堰市各级基层政府面临的一大难题。

一　社区物业服务亟须落实

物业服务是现代社区的重要标志，也是社区有效运行的关键指标之一。农民由一家一户的散居形态转变为以社区为单位的集中居住形态，伴随着居住环境的明显变化，农户与农户之间的关系变得紧密起来，生活共同体、居住共同体得以建构起来。共同居住自然产生共同的问题、共同的空间以及共同的需求。那么，新型农村社区的物业服务自然是首当其冲，成为集居区农户的紧迫需求。

一是物业服务的供给问题给基层政府带来挑战。以往，都江堰市农民习惯了“川西林盘”那种单家独户的分散居住，散居不涉及物业服务，仅仅涉及个体农户私人环境问题；但是集中居住之后，物业服务随之产生，无论是都江堰市基层政府还是普通农户，对物业服务的供给都是模糊的。新型农村社区的物业服务供给模式是什么？由谁供给？资金何处来？供给什么？采取何种方式供给？社区在物业服务供给中扮演何种角色？这些问题对于都江堰市基层政府和社区来说，都需要进一步地摸索，结合自身特点，逐步将改革推向深入。也正是在这一背景下，柳街镇开展了以“环境整治”为主题的改革创新，在全镇农村社区开展“美丽我院、美丽我家”为核心内容的环卫行动，旨在实现物业服务供给的“自我化、自治化”。

二是物业服务的一体化供应跟不上社区居民的需求。截至2010年年底，360多个新型农村社区全部建成并完成农户入住，伴随着农户的入住，一系列的物业需求随之产生。社区道路、排水沟渠、路灯、绿化、垃圾处理、水、电、气、社区清洁、社区保卫等各项基础性物业服务，是每个新建成的农村社区面临的最主要的难题。如果各项物业服务跟不上，就会造成新社区“脏、乱、差”的局面，与以往散居形态无异了，这也与新型农村社区建设的基本宗旨大相径庭了。因此，基础性物业服务的供给是都江堰市新型农村社区亟须解决的问题。棋盘社区的村民回忆说：

“2009年春节住进来的时候，社区里就只有房子，其他基础设施都没有建好，感觉还不如以前单家独户好。”

三是物业服务的落地困境。社区化之前，很多公共服务均以行政村为单位进行供给，服务往往直到村委会，再由村委会予以落实，而不是直接地“进村入户”。现在，都江堰市农民入住新型农村社区之后，物业服务随之产生，农民对物业服务的需求量大，要求物业服务“进社区、入农户”。将公共服务的最后一公里延伸至农户家门口，使每个农户都能享受到最基本的物业服务，对于刚刚完成新型农村社区建设的都江堰市来说，无疑是一项巨大的挑战。与以往散居不同的是，社区化之后，农民的物业服务需求趋于多样化、多元化，给物业服务的落地造成了极大的困扰。正如村干部感叹说：“自从住进社区，农民的要求就多了，各种各样的诉求，以往整齐划一的服务供给模式完全不适应社区……下来的服务不一定是村民最想要的服务，下来的服务也不一定能满足每一个农户的真实诉求。”

二　文化服务的诉求趋于强烈

随着“统筹城乡综合配套改革”的深入推进，为了进一步增强都江堰市的经济发展实力，打造特色产业，都江堰市委、市政府紧紧围绕国际旅游城市和成都旅游休闲度假卫星城建设，高度重视文化事业发展，强化公共文化服务体系，积极开展文化惠民活动，将“以文化人”的各项工作落到实处。一方面，为繁荣农民文化生活、促进社区治理，提供有力的文化支撑；另一方面，回应农民社区化之后对文化服务的强烈诉求，满足农民的文化需求。

一是社区居民对一般性文化生活的渴望较为强烈。现在，农民集中居住之后，农民依然渴望那种熟人社会的交际形式，渴望那种传统的文化生活，如坝坝会、坝坝宴、八大碗、闲暇时刻的“摆龙门阵”和串家门等休闲娱乐方式，但是集中居住后，农民上楼居住，以往那种习以为常的社交模式、交际形式被居住形态打破，以村为单位的农村熟人社会依然存在，日常交际是农村熟人社会里农民生活不可或缺的一部分。但是，都江堰市农村文化活动基础设施建设显然跟不上社区居民的现实诉求。目前，在都江堰市已建成的47个集中居住区中，公共卫生场所61个，每个安置点平均1.3个；文化娱乐设施43个，每个安置点平均0.9个；商业网点场所213个，每个安置点平均4.53个；已入住安置点文化娱乐设施偏少，部分安置点甚至没有文化娱乐设施。可见，加强文化基础设施建设，为农民提供多样式的文化场所，是回应和满足农民对一般性文化生活的诉求的主要内容。

二是“草根艺人”对有针对性的文化服务的诉求强烈。在都江堰市，一部分乡镇历来拥有丰厚的文化底蕴，在农村文化生活建设中起着重要的促进作用。天马镇有着丰厚的文化底蕴，草根音乐人、歌唱能手、作词手、吹拉弹唱行家云集，民间文化组织较为活跃。柳街镇素有“中国诗歌之乡”之称，目前已经形成了“柳风农民诗社”、“柳风艺术团”、“柳风诗刊”等多种文化形式。居住方式发生改变之后，行政村、农户的居住规模趋于固定、狭小，但是这些文化爱好者、草根诗人、草根艺人依然渴望文化生活，希望政府部门提供文化场地，提供资金支持。“集中居住后，社区空间有限，我们都找不到搞活动的场地了，特别希望政府多考虑我们的文化诉求。”

三是农村基层治理环境的重塑期待文化服务注入新活力。经过“居住方式”革命的都江堰市，农民的身份转变为社区居民，培育并提高社区居民的基本素质，对于社区自治至关重要。但是，如果采取自上而下的宣传、说教式的方式，在提高公民素质方面的作用是有限的。只有采取老百姓喜闻乐见、习以为常的方式去宣传党的政策、居民公约，才会起到“立竿见影”的积极作用。基于此，天马镇依托于自身深厚的文化资源，采取“文化建村”的策略，大力开展“以文化人”活动，鼓励民间成立各种文化组织，通过举办各种文化活动，在活跃社区文化生活氛围的同时，提高农民的素质，增强凝聚力，为社区治理奠定了良好的民意基础。也正是在天马镇“以文化人”工程取得一定的成效的背景下，都江堰市鼓励各个乡镇自主创新，围绕“柳街经验”，探索乡村治理的创新模式。

三　农民的个性化服务有所缺失

新型农村社区的居民既是国家公民，也是社区成员，其对服务的需求，哪些是公民性的，哪些是社区性的？这就涉及服务提供主体的差异……但是农民对均等化服务的诉求与平等公民身份话语宣传相切合。[①]"城乡服务一体化"既是都江堰市统筹城乡改革的基本目标之一，也是当前都江堰市新型农村社区居民切实的期盼。都江堰市农村务工现象比较普遍，随之带来留守人群较多，老年人、儿童等人群住进新型农村社区之后，切实期盼与之相适应的个性化服务的"进社区、入农户"。

一是老年人养老、医疗等服务。目前，都江堰市已建成农民集中安置点共47个，入住居民户数达11858户，常住人口接近3万人；在建农民集中安置点166个，常住人口预计将超过11万人；规划中农民集中安置点36个，常住人口预计超过2万人。安置点全部建成后，农民集中居住区容纳的居民将接近都江堰市全部农村人口的50%。通过对已入住集中安置点调查发现，年龄在18岁以下的约有6525人，占19%；18—40岁11117人，占33%；41—50岁9269人，占27%；50岁及以上7091人，占21%。可见，集居区老龄化现象严重。在我国农村，老年人的养老、医疗等服务一直是有所欠缺的，甚至是不足的，伴随着都江堰市"城乡一体化"改革的推进，农村集中居住之后，老年人的养老、医疗等服务相应地凸显出来，由以往单个家庭的责任演变为整个社区的公共责任。一个和谐、健康的社区必须是考虑并尽量满足所有人群的正当需求的。在棋盘社区调研时，整个社区60岁以上的老人数量有70多位，以前分散居住的时候，大家空闲的时候既可以"摆摆龙门阵"，也可以下菜地拾掇拾掇菜园子，或是养鸡。现在，集中居住之后，土地都流转出去了，社区内不允许养鸡，这些老年人的业余生活如何解决呢？80岁的李爷爷感叹地说："以前还有地方养鸡，有地方耍耍，刚住进来的时候，也没有活动场地，摆龙门阵都不知道去哪里了，感觉心里不是滋味儿。"可见，为老年人群提供养老、医疗、活动等服务是社区化之后必须要解决的问题。社区老年人活动室、社区卫生室、社区老年人保健中心、社区服务志愿团队等都是老年人群生活在社区中亟须的服务。

二是留守儿童的教育服务。都江堰市作为劳务输出大县，全县每年外出务工人数达数万人，造成"留守儿童"现象较为普遍。新型农村社区

---

① 罗峰：《农民、社区与服务：三维视野下的农村社区服务边界》，《华中农业大学学报》（社会科学版），2014年第1期，第102—108页。

建成后，留守儿童成为社区发展关注的焦点。未成年人的教育问题可以说是全社区共同的责任和义务，解决好留守儿童问题对于社区良性运行具有重要意义。对于都江堰市新型农村社区来说，留守儿童所需的社会化服务主要包括：义务教育、寒暑假补习及看护、儿童心理健康辅导及儿童医疗等。如水月社区居委会主任说："现在住进社区了，不解决好儿童、老人等特殊人群的服务问题，不把他们安顿好，那就不是社会主义新农村了，住不住进社区也没有什么区别了。"另外，都江堰市基层政府还要回答另一个问题：这些社会化服务由谁供给、如何供给的问题。填充曾经缺失的社会化服务，并实现服务真正落地，是新型农村社区特殊人群的切实期盼。

第四节　基层党建转型：群众路线下探索组织引领

农村基层党组织是党的农村工作和战斗力的基础，也是开展党的群众路线教育实践活动的前沿阵地。近年来，随着经济社会的快速发展和转型以及"统筹城乡发展综合配套改革"的不断深入，都江堰市农村基层社会呈现出思想多样化、利益多元化的特点，基层党组织在整合资源、利益协调、群众服务、经济发展等方面显得有一些力不从心。尤其是在2008年"灾后重建"以来，在都江堰市农村基层"生产方式"、"居住方式"同时发生改变的背景下，农村基层治理体系的重构呈必然趋势。但是，都江堰市传统的党建方式，难以跟上农村基层治理体系的创新，导致基层党组织的覆盖率不高，基层党员的积极性不高、服务意识淡薄，导致党组织的服务功能弱化，基层服务难以落地。党的十八大明确提出："围绕保持党的先进性和纯洁性，在全党深入开展以为民务实清廉为主要内容的党的群众路线教育实践活动。"2013年中共中央号召全党开展党的群众路线教育实践活动，如何依托群众路线教育实践活动，结合实际情况，做好基层党建工作，以党组织引领基层治理体系创新，对于都江堰市基层政府来说意义重大。

一　基层党组织的有效覆盖难题

党的基层组织是党在社会基层组织中的战斗堡垒，是党的全部工作和战斗力的基础。基层党组织的覆盖的有效性，直接决定着党在基层的执政地位的稳固性。2008 年以来，随着都江堰市农村“居住方式、生产方式”的改变，农村基层治理架构得以重构，一些社会组织应运而生，参与社会治理，而农村基层党建的滞后性，导致基层党建难以全面、有效覆盖，党建工作难度增大。

一是新型农业经营主体的党组织覆盖空缺，导致引领作用难发挥。自产权制度改革之后，都江堰市农村生产方式发生了极大的变化，由以“分散经营、家户经营”为特点的传统性农业，逐渐向以“规模经营、集约经营”为特点的现代化农业转变；从而出现了许多新型农业经营主体，如家庭农场、专业合作社、养殖专业户、种植大户。由于基层党员数量的有限性、分散性，加上社会流动性的增强，新型农业经营主体在发展的过程中，并未能建立一个党组织。例如浦阳镇共有新型农业经营主体的数量为 23 个，但是在新型农业经营主体建立党组织的数量却为 0。党组织在新型农业经营主体中的缺失，一方面，使得党员在新型农业经营主体中的服务、引领作用难以得到有效的体现和发挥；另一方面，新型农业经营主体与党组织的关系难以得到明确，它们在村庄经济发展中的定位比较模糊，党组织的引导相对薄弱。康龙葡萄园的党员杨洪道说：“以前，我们都是分散的各自经营，我虽然是党员，但是能力有限，没有党组织的引导，全靠自己摸索。”

二是新型农村社区的党组织建设不完善，导致服务能力低效能。在“灾后重建”的过程中，都江堰市大部分农村得以社区化，到 2010 年年底，全市共建成 300 多个集中居住区，入住率达到了 80%。但是由于各种因素的关系，很多新型农业社区的建设改变了以往“行政村”、村民小组的边界，出现了多种跨行政边界的新型农业社区，如整村型社区、混村型社区、混组型社区。另外，居民入住社区采取混住方式，打破了以往“村民小组”为边界的居住单位。如和平社区整合了原金藤村的 8 个村民小组、原和平社区的 4 个村民小组、原建设村的 3 个村民小组，共计 6200 多人，2100 多户；最多的一个楼栋有 11 个行政村的居民一起居住。在打破“村、组”的边界之后，党组织如何实现引领作用？党员如何起到服务作用？这些都是居住方式转变后社区党建服务面临的现实难题。

三是散居院落的党组织不健全，导致服务能力跟不上。散居院落居住分散，单个院子规模较小，党员数量少。按照《党章》“党员数量超过三人即可设立党小组”的原则，都江堰市很多散居院子无法建立党小组，以至于党组织的覆盖性难题长期性存在。但是，随着“城乡一体化”改革进程的推进，散居院落的生活方式也在发生转变，逐渐向城镇化靠近，进而产生了“村居环境、环卫治安”等公共服务的诉求。由于党员数量的有限、党组织的不健全，使得党组织的基层服务能力较低，难以满足“城乡一体化”之下基层群众的服务诉求。

四是社会组织的党组织覆盖不完备，导致引导作用难发力。随着“灾后重建”的基本完成，新建成的新型农村社区亟须大量资金，以支撑基础设施建设和公共服务的供给。但是，对于刚刚完成灾后重建的都江堰市基层政府来说，这无疑是一项巨大的财政资金压力。在“城乡一体化”之下，以往政府“大包干”式的供给模式已经不能适应当前的发展，这就需要社会的参与。在此背景之下，近些年，都江堰市农村社会组织蓬勃发展，仅柳街镇就成立了79个产业协会，其他一些娱乐性质的草根组织更是不计其数。这些社会组织有着较强的群众基础，大多为群众自发组织、自发参与，在村庄经济发展、村级治理、服务供给等方面开始发挥重要的作用。但是，如果没有党组织的引导，没有党员在其中发挥模范带头作用，它们很容易偏离国家政策方向。

二　基层党员的积极性难调动

抓好农村基层党组织建设，健全党组织领导下充满活力的乡村治理机制，是巩固和加强党在农村的执政基础、推进基层治理体系和治理能力现代化的重要内容。基层党组织的引领示范作用的正常发挥，依赖于基层党员的积极性，直接取决于基层党员的工作作风、行事理念。都江堰市由于基层党建的滞后性，带来党组织老化，难以调动和发挥党员深入人民群众，党员积极性不高，引领力、带动力不强，制约了农村基层党组织的微循环机制的通畅。

一是基层党组织大而不强，党员积极性难调动。目前在全国，中国共产党拥有8000万名党员，平均每15个人中就有一名党员。在基层工作中，真正能够发挥作用的党员数量有800万名左右，基本上都是担任各种职务的党员。那么对于人数众多的无职党员来说，如何调动他们的积极性，发挥党员示范带头作用？这不仅是全国性大课题，更是身处改革浪潮中的都江堰市农村基层的重要课题。在基层重构后的都江堰，基层党建跟不上，很多社区只有一个党支部、没有党小组，很多散居院子共有一个党小组，使得党员与党组织的联系程度较低，很多党员都不知道自己隶属于哪一个党小组，加上党组织活动频率较低，导致很多党员脱离群众，带领群众发展经济的积极性不高。

二是党员作风涣散，活力不高。多年以来，都江堰市农村基层党建工作浮于表面，"为了党建而抓党建"，一方面，基层党员干部习惯了行政命令式的工作方式，"上面发文件，叫干什么就干什么"，脱离了人民群众；另一方面，基层党员干部长期坐在办公室指挥工作，不了解农村基层的真实情况，对社情民意较为模糊，疏远了人民群众。2008 年后，随着"城乡一体化"的不断推进，以往那种缺乏积极性、创造性的党建完全不能适应新的发展要求，作风涣散的党员干部完全不能满足人民群众日益增长的服务需求，使得干群矛盾不断增多。更为严重的是，有一些党员对自己"该干什么、怎么干"不甚了了，党员的服务意识、责任意识逐渐淡化。柳街镇干部说："那些村里的党员，有的长期外出打工，有的忙于自己的事，完全无心考虑人民群众的需求，更不用说为群众服务了。"

三是基层党员的发展失衡，造成党员服务能力弱化。都江堰市农村基层党员的发展失衡主要表现在以下几个方面：年龄老龄化、文化层次低、性别比例异化等。以年龄结构为例，截至 2014 年年底，都江堰市共有党员 35604 人，其中 46 岁以上的党员有 20616 人，占比 58%；其中 71 岁以上的党员有 6210 人，占比 17.5%。这说明，都江堰市党员的老龄化、党员新老失衡较为严重。在改革的深水期，基层党员的发展失衡，严重制约了党员带头示范作用的发挥。另外，市场经济已经深入人心的当下，很多党员外出务工，无心服务群众。在调研中，很多党员感叹地说："在农村，稍微有本事、能力的党员，都出去打工、挣钱去了，谁还猫在家里种地呀，没能力的也起不到带头作用。"尤其是在"居住方式、生产方式"发生剧烈变革的今天，都江堰市农村基层党员的作用凸显，如何激发党员积极性、密切党群关系，这对于基层党建提出了新的挑战。

三　基层党建服务落地困境

随着“统筹城乡一体化”改革的不断推向深处，都江堰市农村经济与社会迅速转型，人民群众的利益诉求逐渐多样化、服务诉求逐渐多元化；长期以来，党建工作脱离群众基础，党群沟通不畅，不了解民情，导致党建服务工作难以落到实处，使党群关系日益紧张。

一是群众利益的差异性与多元化，导致服务落地难。以往，都江堰市农村居住形态基本呈散居状态，以传统农业为主导产业。但是，随着“统筹城乡综合配套改革”的深入，都江堰市农民的“居住方式、生产方式”同时发生了巨大的变革，产生了“集居与散居”两种居住形态，产生了“农业、旅游业”等多种产业兼具的生产形态。在不同的居住方式、不同的生产方式下的农民，自然而然会产生不同的利益诉求。不同的社区、不同的村民、不同的产业等对利益诉求表现出极大的差异性，利益诉求呈现多元化态势。这给都江堰市基层党建服务带来了困扰，以政府部门为主的单一式服务主体，难以满足人民群众日益增长的多元化利益诉求。在向峨乡，鹿池社区希望党组织提供更多的社区服务，而棋盘社区则希望党组织提供更多的产业支持。

二是群众诉求的专业化与系统性，导致服务难满足。都江堰市传统农村的诉求较为单一，主要集中于改善型公共服务，如扶贫帮困、农田水利、危房改造等，由政府采取“大包干式”的供给模式即可满足群众诉求。但是，随着全市300多个新型农村社区的建成，社区群众的诉求趋于多元化的同时，更加趋于专业化。现在，群众的诉求主要集中于发展型公共服务，如产业协助、销售信息、金融政策、技术辅导等。以政府为主的供给主体再也无法满足群众日益增长的现代性服务诉求，基层党员由于文化水平、经济实力等因素的限制，基本无法满足群众诉求。建华社区的经济产业发展较好，成立了以种植葡萄、蓝莓等果蔬为主的专业合作社，很多党员在经营管理、技术等方面根本起不到任何指导作用，满足不了合作社的发展需求。

三是群众需求表达的不通畅，导致服务供求失衡。以往，都江堰市党员干部习惯了坐在办公室工作，“下基层”成为一件“罕见的事”，群众很难见到村干部，导致很多工作脱离实际情况，缺乏群众基础。“城乡一体化”之后，原有的行政边界被打破，“混村、混组、混楼栋”的居住情况的大量出现，致使很多村的村书记找不到本辖区的党员、村干部、小组长，小组长也无法准确辨识本小组村民，导致村党员干部与人民群众的进一步疏离，群众的真实诉求无法得到及时、准确地表达。因此，服务的供求失衡进一步导致党群关系紧张。水月社区的村民说：“在村里根本找不到干部，乡镇干部更是很少进村。他们也不知道我们老百姓真正想要的是什么。”对于党员来说，政府与群众之间的桥梁或纽带功能正在逐渐弱化，党员不能准确将群众所需所想反馈给政府部门，群众也无法通过党员将自己的真实诉求反映给政府部门，在这种群众需求表达不通畅的局面下，农村服务始终不落地，处于悬置状态。如何以党的群众路线教育实践活动为突破口，将服务群众与基层党建结合起来，密切党群关系，为进一步深化改革成果提供良好的党群基础，是都江堰市基层政府面临的党建难题。

第二章 主动探索:创新社会治理的全新思路

基层社会治理作为国家治理的基础部分，其治理的有效程度直接决定着国家治理的发展。随着基层社会的转型发展，政府传统的治理理念和治理方式明显不能满足现实发展需要，创新社会治理势在必行。党的十八届三中全会明确提出“推进国家治理体系和治理能力现代化”、“创新社会治理体制”的新要求，并指出创新社会治理，必须着眼于维护最广大人民根本利益，最大限度增加和谐因素，增强社会发展活力。这一要求适应了基层治理发展的需要，也为基层政府创新社会治理明确了方向。

作为社会治理创新“试验田”的都江堰，在社会、经济、文化等各方面的建设和发展中都取得了较大的成绩，尤其是农村的发展建设走在国家的前列。与此同时，都江堰在全国城镇化进程中进入了农村“新二元格局”，不均衡、不协调、不可持续问题日益凸显。面对新的问题，“唯有主动探索创新、深化改革，才能确保都江堰的持续发展”，都江堰在市委书记张余松的带领下，再次发挥创新精神，主动探索。在柳街镇先行先试，成功找到破解新困境的路径。以此为基础，逐渐形成了“党的领导、村庄管理、群众主体、依法治理、多元支撑”的全新社会治理思路和改革共识，通过氛围营造、分类引领、制度创新等搭建了全面治理改革体系，为实现基层治理的创新发展奠定了基础。

第一节 先行先试,应运而生的“柳街经验”

在都江堰市委的领导下，都江堰以柳街镇为试点展开了创新社会治理的探索。在市委“创新完善党的领导，夯实基层治理基础；突出群众主体地位，激发基层社会活力”的总体指导思路下，柳街镇以转变政府作风为切入点，深化党政干部对社会变革的认识，通过院落环境整治引导群众自我服务、自我管理，撬动基层治理活力，逐渐形成了“政府引导、支部带头、群众做主、全民自治”的“柳街经验”。柳街镇的探索不仅为都江堰社会治理改革创新探索积累了经验，其对于推动都江堰各级政府形成全新的治理理念，凝聚全社会的治理改革共识都具有重要意义。

一　深化认识，寻找探索新起点

政府作为治理创新探索的直接推动者，革新传统的思维认识是实现社会治理创新发展的首要前提。受长期计划思维的影响，政府习惯于以自我为中心，以行政命令的方式进行社会管理，致使矛盾集聚、社会发展失衡，社会治理的发展明显滞后于经济、社会发展需要。柳街镇在都江堰市委的指导下，以转变政府认识、改善干群关系为突破口，将探索转变治理观念与践行群众路线相结合，促使政府转变作风、革新思维。

（一）广泛开展交流培训，深化变革认识

在都江堰市委的指导下，柳街镇将深化变革认识和群众路线教育实践活动相联系，通过举办专题讲座、“走基层”培训会、座谈会、交流会等方式，组织党委政府干部、所有工作人员和各社区干部、党员深入学习党的群众观点和群众路线，使其更加牢固地树立民本意识和群众观念。仅在2013年开始探索的前3个月，柳街镇就开展这样的专题讲座5次，各类培训交流会不少于10次。同时，变被动学习为主动研讨。在培训和交流的过程中，将群众观点和群众路线与当前乡村社会的变化发展相结合，引导一线工作人员讲述乡村社会治理工作的变化、难点、困惑，以开放的氛围推动激烈讨论，以此激发基层工作人员的思维活力。通过这些系列的培训和交流，使原本平静的基层掀起“涟漪”，广大基层党政干部进一步认识到了基层社会发展的深刻变革，也引发了基层工作人员的变革思考。柳街镇一位干部坦言道：“我们以前只管做工作，真没有想这么多，这次的学习和讨论确实让我认识到了基层环境在不断变化，我们的工作理念和思维也得变了。”

（二）“走院子”集民意，转变政府作风

除了理论课堂学习、讨论，在柳街镇党委的推动下，为了深化广大党

员干部的变革认识，增强其变革的紧迫感，柳街镇将党政干部、职能部门工作人员以及社区干部通过“走院子”全部“下沉”到乡村一线。党政干部通过利用傍晚下班时间走到院落中、农户家中、田间地头中，以直观感受、近距交流，使广大干部切身感受到了广大农村基本公共服务的缺失、农民发展的滞后、权利的流失、卫生环境与基础设施的落后。柳街镇的唐镇长回忆说：“我们当时去水月社区的时候正在下雨，走一段就全身是泥了，而老百姓们都走了几辈子这样的泥路了，还没有变；院子的林盘里垃圾成山，连下雨的时候味道都很大，老百姓们怎么生活，这对我们的触动很大，心里不好受呀！”农村治理改革迫在眉睫逐渐成为各方共识。同时，通过“走院子”活动，党政干部与群众近距离交流，收集群众意见，直接帮助群众解决困难，干群关系得到了很大的改善。镇干部在柳顺社区在全村19个组分别走访，鼓励群众提意见、问题，通过梳理共总结出60余条关键性意见、问题。仅2013年，柳街全镇通过“走院子”等活动就收集群众意见建议1260条，解决突出问题1100件，报上级部门协调解决40余条，群众满意率达了95%以上。

（三）实化责任分区，增强探索动力

为了推动探索发展，增强探索动力，在都江堰市委的指导下，柳街镇党委政府实现了沿革的责任分区制，以逐层指导、带动，以此增强探索的动力和改革的系统性。在探索中，柳街镇实施了党委班子成员包片负责、驻村干部包村、机关干部包组和村干部、党小组包户的多层级工作机制，以更加深入的了解群众需求、诉求，化解基层矛盾，推动干部改变传统治理思维、方式。“以前没有专门的分工，大家干好干坏都无所谓；实行分区责任制后，哪一部分做得好，都清清楚楚，上至主要的包片领导，下至村组干部都会关心这件事做得怎么样。”柳街镇原党委书记高尚说。通过此工作机制，柳街镇在2013年4—9月院落整治期间共收集群众各类诉求、矛盾1000多项，现场解释、解决800多项，经机关科室合力协调解决300余项，在这些困难和矛盾的处理过程中，各级领导干部不得不转变传统的治理思维和管理方式，政府不得不突破原有的运作机制，有效增强了政府自我革新的动力。同时，也通过严格的责任制，使各个部分可以根据自身的实际情况因地制宜地进行探索，实现其相互竞争、相互带动，激发其探索的主动性，也为探索积累更多有效的经验。由此，通过群众理论和群众实践的教育让柳街镇广大党员干部走出了办公室，深入到社区、群众中切实地感受到了群众的力量、人民的需求、乡村社会的新变化，为治理改革的探索指明了方向。

二　院落整治，探寻自治新动力

经过深入的讨论交流和“走院子”的实践体验，为群众解决现实困难，推进农村公共服务发展，使农民能够享受到更多的服务，为农民带来实惠，逐渐成为柳街镇的共识。在都江堰市委的指导下，柳街镇决定以为群众办实事，推动农村发展为切入点，通过整治院落环境卫生逐渐转变群众认识，引导群众参与，逐步探索激发乡村活力，为乡村治理的发展奠定坚实基础。

（一）汇集群众需求，寻找探索突破

近年来，都江堰在统筹城乡发展的过程中取得了很大的成绩，特别是农村集中居住区的建设更是从根本上改变了部分农民的生产、生活环境，都江堰农村环境有了很大的改善。经过几年的发展，柳街镇也已建设了19个集中居住点。与集中居住点形成鲜明对比的则是广大散居院落，在长期的发展中散居院落的居住环境和基础设施并未从根本上得到改善。虽然，都江堰各级政府都在加大对散居院落改善的投入，但并未从根本上解决问题，致使集聚与散居的“二元分化”逐渐形成。“一位领导在农集区视察时，就问我，敢不敢把散居院落也拿出来看看，我的脸一下子就红了”，高尚回忆说。与此同时，散居院落村民的不满情绪也逐渐增加，“都是农民，凭什么给他们修得那么好，就不管我们呢?”“政府就知道做面子工程”。在“走院子”的过程中，柳街镇党政干部无一没有感受到群众的怨气和尽快改善散居院落公共服务供给的强烈需求。鉴于此，柳街镇党委决定顺应群众需求，并以此为突破口，改善散居院落的治理环境。柳街镇从群众需求出发改善社会治理的思路逐渐形成。

（二）服务宣传进村人心，转变群众认识

散居院落全域整治着实不是一个小工程，按照传统政府主导的整治模式肯定难以完成。唐彬介绍说：“要完善如此大范围、如此彻底的农村环境整治至少需要10年的时间，投入要上千万。”但是结合创新社会治理的新思路，柳街镇党委决定通过发动群众，依靠群众的参与来解决这个难

题。高尚在介绍最初探索思路时说道："在政府看来不可能完成的投入，如果每一个群众都参与其中，依靠群众的力量，就会变成很小的一件事。"而这样的理念也符合现代治理发展的需要。为了动员群众参与，柳街镇一方面通过前期"走院子"经验，利用晚饭后时间到院落中召开"三无坝坝会"（没有固定会议程序、没有正规场所、没有照本宣科发言），通过与群众拉家常、话乡情，让群众在潜移默化中转变认识；同时，全镇推动召开镇、村、组、院落的四级宣传动员会和开展"党委会进农家"活动，动员群众参与。在此期间，柳街镇共召开"四级"宣传动员会447次、10余次千人动员会。另一方面，在走院子的过程中建立"问题台账"，为群众解决现实困难。坚持实行领导干部和党员包片到户，镇、村、组三级干部以院落整治工作为主线，主动获取矛盾纠纷和信访事项，分类梳理计入"台账"进行定期研究，并提高处理效率，依靠"三步化解法"对其进行及时的处理和协调。2013年4—6月间，柳街镇在院落整治中共收集群众各类诉求、矛盾事项1260项。现场解释、调节800余项，经机关科室合理协调解决300余项，报市级部门协调解决42项。此外，还通过广播宣传、诗歌宣传、文化宣传、志愿者"一对一"宣传，使村民了解环境卫生和垃圾分类知识。2013年4—9月间共发放宣传卡片2800余份、宣传手册3100余份、宣传资料4000余份，出动宣传车20余次。通过这一系列的工作，化解了基层社会矛盾，和谐了干群关系，加深了群众认识，群众也逐渐认识到院落环境整治不仅是政府的事，更是自己的事。在王家院子座谈时一位老大爷激动地说："让别人来给自己打扫院子，丢不起那人呐！"

（三）院落村民共同参与，激发自治活力

通过改变群众认识、落实群众需求，柳街镇乡村社会的矛盾得到了有效的解决，干群关系得到了很大的改善，在政府的引导之下，村民都主动参与到院落环境整治中。截止到2013年9月，通过宣传动员，群众参与院落整治工作达到了98%。社区以自然院落为单位组织院落村民自主打扫环境卫生，由于林盘垃圾的量太大，在整治的过程中院落村民改变各自为政的局面，以共同清扫的方式互帮互助。水月社区王家院子在院落整治的过程中，院落村民自发每户出1人组成清扫队，帮助每家每户清扫林盘垃圾、整治房前屋后环境，这一由30多人组织的清扫队极大地增强了村

民整治院落的力量，王家院子各林盘如山的垃圾不到一周就清扫完成了。“在走院子的过程中，有位老伯问我，怎么样才能够达标，你们的标准就是标准，你们认为可以就行”，高尚表示，在整治的过程中，政府也转变了传统主导的角色，由群众来做主导，自己来决定怎样整治、整治哪些内容、达标标准。通过激发群众活力，引导群众自主参与，就变传统的政府替群众“拿扫把”为群众自己“拿扫把”，培养了群众的自治意识，激发了村庄自治的活力。

三 依靠群众，探索服务新模式

柳街镇在院落环境卫生整治的过程中，通过汇集民意，为民办实事；下到院落，为民解难题等途径极大地改善了政府形象，也调动群众参与院落环境整治的积极性。在都江堰市委的指导下，柳街镇党委顺势而为，继续在院落环境整治中发挥群众的主体作用，引导群众开展自我服务、自我管理，并创新政府服务方式，突出群众主体，形成了“政府 + 农户”的全新服务模式。

（一）亮出党员身份，引领群众自我服务

党员是推动农村社会发展的中间力量，在基层治理创新探索中积极发挥党员的模范引领作用对于当前农村社会的发展具有重要的意义。在柳街镇探索创新之初就特别注意加强党员的思想认识，因此在培训交流的过程中，党员就是其主要的参与群体之一。院落整治的过程中，在社区党支部的领导下，创造性实行“一岗三帮三联”的党员服务机制，按照“按事定岗、定人上岗、以岗定责、责任到人”的原则，采取自我认岗、支部定岗、引导履岗、考核评岗等方式，设立农村党员义务服务岗；梳理院落党员信息，亮出党员身份，给予实际可执行的任务，让党员切实履行义务、发挥模范带头作用。水月社区王家院子在院落整治和维护的过程中，就发挥党员的作用带头打扫，并建立党员监督制度，由院落党员每天早晨提醒农户打扫卫生。王家院子的一位党员说道：“我们每天早上的第一件事就是去院落里转转，提醒大家打扫卫生，后来大家看到我们来了就知道什么事了。”同时，还建立党员联户结对制度，帮助院落群众解决实际问题。柳顺社区在社区党支部的领导下，以院落为单位逐渐建立了党员服务队，仅在2013年就收集院落群众意见近100条，为群众解决实际困难达

50多件。座谈中一位老党员说："我退伍了二十多年了，平时不晓得怎样给群众起好带头作用，只有今天才真正觉得自己还发挥了一点党员作用。"

（二）卫生自我管理，凝聚群众服务力量

在院落环境卫生整治和维护中，各院落在政府和社区的指导下，充分利用已有资源，引导院落群众开展自我服务、自我管理和自我监督。首先，充分发挥群众的自我示范带动作用，鼓励一少部分院落积极分子先动起来，让其余的群众看到院落整治的效果，实现10%的积极分子带动30%的普通群众，再以30%的群众带动70%的多数，逐步扩大群众自我参与范围。红雄社区在整治过程中通过示范带动，激发了群众参与的热情，使院落又呈现了"集体劳动"的热闹氛围，该社区方家坎院落的残疾人李秀荣被院子集体劳动的氛围所感染硬是要拖着一条残疾的腿，坐在小板凳上，把自家门前打扫得干干净净。实现了从传统的"政府替群众拿扫把"为"群众自己拿扫把"的转变。同时，柳街镇还建立物业自筹机制，村民每人每年缴纳20元，用于支付各院落保洁人员工资和日常维护费用。对此，都江堰市委组织部副部长任明德表示："一年20元根本不够一个清洁工几个月的工资，政府也并不是无法负担全部资金。但群众交了钱，就会开始关心物业，把做好物业当作自己的事。""交了钱之后，村民自己打扫更自觉了，还会主动监督查看保洁员有没有做好工作呢！"水月社区支部书记回忆说："截止到2013年9月，柳街镇共自筹环境整治费用达55.7余万元。"此外，各社区还抓住整治的契机，改善院落基础设施建设。在政府支持和村公资金有效的情况下，群众自发投工投劳，由村公资金和政府支持的建设资金购买材料，群众自己进行建设，群众将其称为"人工剥离"，而创新这一资金使用方式的就是五一社区的群众。2014年，社区投入150多万对本村散居院落基础设施进行提升，改造院落内道路，共硬化路面30000余平方米，到户路8000余平方米，修葺沟渠4000余米，有效地改善了村容村貌。据统计，采用投工投劳的方式进行基础设施建设，资金投入节约了50%。

（三）开展奖优促先，转变政府服务方式

随着农村社会的发展，农村居民公共服务需求日渐增加，内容也更加多元，这就为政府的公共服务供给模式提出了更高的要求。柳街镇在院落

环境整治过程中，变传统的直接补贴为村民、庭院、院落间竞争性补贴，建立“月、季、年”三级评比激励机制。一是月评“星级户”，以院落为单元组织社区妇女、有威望老人、群众代表等对院落住户责任区进行评比，获优的农户每人奖励2元，并在评比栏公示。在黄家院子访谈时，一位大婶给我们算了一笔账，“如果我们家一年12个月都达到标准，那每人就可以奖励24元，不仅把我们交的20元还回来了，还赚了4元，等于说我们不花钱就把院子打扫了。”二是季评“美丽庭院”，共设置30面流动红旗，入围全镇前30名获得流动红旗并可获得相应的建设补贴，以此鼓励群众自愿行动。三是年评“最美院落”，对被评为“最美院落”的院子给予8000元的补贴，用于支持院落开展文化活动，丰富群众生活，并可优先获得村公资金的匹配开展院落建设。除了院落环境卫生，柳街镇还将这种激励服务机制用于村庄其他建设方面，仅2013年柳街镇就采用这种模式共投入资金313万元，通过激励群众参与，共完成各项基础设施建设260余项。经过逐渐发展，柳街镇逐渐建立起了“政府+农户”的服务模式，不仅突出了群众的主体作用，还丰富了广大农村的公共服务供给。用高尚的话来说，这种模式相当于花30元钱办90元的事，群众还越来越满意。

第二节　转变观念，凝聚社会治理改革共识

创新社会治理是一场深刻的政府和社会变革，需要从根本上实现观念、理念的转变和改革共识的凝聚。通过柳街镇的实践、实例，让都江堰各级政府、部门逐渐认识到自身现有治理理念与社会发展之间的矛盾，传统的社会管理方式已然难以满足现代乡村社会发展需要。要推动现代乡村治理的发展，就必须尊重群众意愿，突出群众主体性地位，培育社会力量，激发乡村社会的活力。都江堰市委在此基础上进行进一步的总结提升，使群众主体、协同共治、依法治理等现代治理理念逐渐成为各级政府、部门的共识理念，为推动社会治理的创新发展指明了方向。

一　落实群众主体理念，激发自治活力

尊重和发挥群众的主体作用是实现基层有效治理和发展的重要动力，也是现代社会发展的必然要求。都江堰立足根本，在改革探索过程中积极

贯彻群众主体理念，通过收集民意、汇集民智、解决民困，以群众需求为导向激发群众活力；通过群众自我服务、自我管理，以群众自治实践为动力推动自治发展。都江堰以不断满足群众需求，推动自治发展为抓手，实化群众主体理念，显化群众主体作用，以此撬动基层治理的创新发展。

（一）树立群众需求导向理念

随着社会经济的发展，广大群众的主体意识逐渐增强，其具体体现在群众权利意识增强，参与意愿明显，服务需求多元。而在传统的治理理念下，政府忽视群众的主体性要求，致使基层活力被压制，干群关系逐渐紧张。因此，要改善基层治理，首先需要改善干群关系，重塑政府形象。对此，都江堰市委书记张余松也指出："执政党和政府是治理的核心力量，人民群众是治理的基础力量，目标都是一致的，就是不断满足人民群众的需求。"都江堰一方面让群众提意见，解决群众现实困难。结合柳街经验，将全市乡镇、街道将党政干部和普通工作人员全部下沉，广泛开展"走院子"、进小区等活动，并建立主要领导干部和党员包片到户的负责的机制，让群众直接面对主要党政干部提意见；同时，建立"问题台账"制度等相关制度，帮助群众及时解决困难。另一方面准确了解群众意愿，满足群众需求；通过各种形式的活动，使各级党政干部在下到基层、进入乡村的过程中，听取群众的服务意愿，了解群众发展需求；同时，建立长效的意见、建议和需求收集机制，使政府能够及时地了解群众的公共服务需求和各种意见、建议，从而使相关政策能够融入群众意见、相关服务供给与需求对接。据统计，仅柳街镇在推动院落整治工作时，在服务过程中解决群众生活中的问题已累计达到 2874 个，其中涉及信访维稳的有 206 个。在水月社区王老汉的家中进行座谈时，这位说话有些结巴的老同志认真地说："感觉到现在的干部真的是从群众中来，到群众中去。"

（二）形成群众自我服务理念

经济的快速发展和城镇化的快速推进，都江堰城乡居民的生活水平和思维观念都有了很大的改善。然而与这种改善相伴而生的则是城乡居民公共服务需求的快速增加，且日渐多元。政府传统的公共服务机制明显不能够适应这一变化，城镇地区高成本的公共服务供给使政府难以为继，乡村地区公共服务供给的缺失更使农村社会矛盾重重。鉴于此，都江堰立足于现代社会治理和发展需要，广泛培育群众的自我服务理念，把城乡居民自治作为治理创新的重要着力点。一是坚持将政府服务与群众自我服务相结合，扩大农村公共服务的覆盖面。结合统筹城乡发展，实现城乡基础设施一体化，推进社会医疗、教育等资源逐渐向农村倾斜。并且在这一过程中，充分发挥群众的力量，引导群众投工投劳、自筹资金，增大农村公共服务的覆盖面。2014 年，都江堰各地共筹集整治资金 2162.8179 万元，其中村公资金 1720.8750 万元，自筹资金达 446.7329 万元，极大地改善了农村公共服务环境。二是引导城市社区开展自我服务，改善城镇公共服务供给。通过引导农村集中居住区、新居区、城区老旧“三无院落”、商品房小区成立业委会、社区物业服务中心等群众自我服务组织，建立自治收费机制，破解社区物业管理收费难问题。滨江街道新居区就采取居民自筹物业费，自己选聘人员的方式，形成了自治物业的新模式，为实现都江堰物业管理全覆盖积累了重要经验。

（三）创新群众自我管理理念

推进城乡居民自治发展，引导居民开展有效的自我管理，不但可以增强基层社会的活力，还可以通过自治实践培养居民的权利意识、参与意识、规范意识等。在传统的基层社会治理过程中，受计划思维和管制思想的影响，政府往往管得过多、过死，导致广大群众的自主意识逐渐丧失，基层社会也因此缺乏应有的活力，基层治理难以有效推进。针对这一问题，都江堰创新群众自我管理理念，充分相信群众，增强群众的自主性，引导群众开展自我管理。引导城乡居民因地制宜，在散居院落、“三无院落”等成立院落管理委员会，引导城镇小区成立业委会、住委会等自治管理组织，为群众自我管理创造平台；还鼓励城乡居民自主制定入住公约、院规民约、自治章程等进行自我规范、自我管理。2013 年 9 月26 日，九龙社区两委就通过广泛收集征求意见，经由户代表会议制定了《九龙社区入住公约》。2014 年，仅柳街镇的散居院落就建立了 3000 多个自治管理制度。滨江街道更多通过院落议事会、业主委员会、监事会等组织，建立起了“院落管理大家议、院落大家定、院落事务大家评”的管理体系，得到了广大群众的广泛认可和参与。

二　建立融入式理念，创新引领方式

基层社会的建设和发展及其有效治理的实现都离不开党和政府的领

导、引导。但是，随着基层社会的快速发展，其社会结构、社会观念和社会环境等都发生了很大的变化，这无疑就对党和政府的领导、引导方式等提出了全新的要求。都江堰在深化总结“柳街经验”的基础上，创造性地提出“融入式”理念，将党和政府的领导、引导与城乡社会未来的建设和发展相衔接，这是融入的基础和前提条件，并通过服务供给、组织建设等多种方式使其自然地融入基层社会的建设和发展中。

（一）树立发展融入理念

随着整体经济的发展和城镇化的快速推进，都江堰城乡居民寻求发展的愿望明显增强。都江堰市委准确把握这一趋势，树立发展融入理念，因势利导。一方面，准确把握群众的发展需求，特别是广大农村居民，通过专业的技能培训，面对面的创业培训增强其发展能力。柳街镇、蒲阳镇等多个乡镇结合本地区产业发展特点，就苗木种植、园艺、农家乐经营、生态农业等展开针对性的培训，截止到2014年年底培训2000多人次。同时，在市镇两级建立QQ、微信、网站等就业平台，实时为居民提供创业、就业信息。另一方面，政府降低城乡居民创业门槛，为其提供税收、补贴等优惠政策，推动乡村生态农业、规模农业的建设，实现农村发展。天马镇葡萄、猕猴桃、草莓、蓝莓、绿色蔬菜等特色农业的形成就依赖于政府的引导和支持。同时，在政府政策扶持下，向峨乡棋盘社区目前已建成万亩猕猴桃基地，其他各社区也分别发展起药材、无公害蔬菜、雷竹等6个农业基地。近年来，都江堰还积极引导相关产业进行整合建立合作社，如永新葡萄农业合作社就是由多家葡萄采摘园、生态农家乐联合成立。

（二）深化服务融入理念

都江堰转变传统的行政管理思维，进一步深化贯彻服务融入理念，通过服务供给将党和政府的领导、引导融入社会发展方方面面，从而保障社会的健康发展。鉴于此，都江堰以便民服务、为民服务为着力点，整合社区便民服务中心、劳动保障、计生服务、司法服务等多种服务，建立“社区社会管理综合服务站”，开展组团式服务。柳街镇以此为依托，将健康送到院落中，开展各种健康普查、健康检查共计19次；将技能和就业岗位送到农村手中，共开展各类培训9次，目前正在开展绣娘培训。同时，为解决“三无院落”服务“最后一公里”问题，推动建立集网格服务、居民议事、助老服务、志愿服务等九大服务功能为一体的“连心驿站”。在龙潭湾的“连心驿站”中还会有服务团队定期到“连心驿站”为老年人提供理发、医疗检查等服务；还有的社区通过购买服务引进的社工组织参与在校学生放学后的课外学习辅导、课外活动等。金龙社区的泉水家园就以此为依托建立了“留守儿童之家”，由专业社工辅导留守儿童课后作业和开展活动，有效地缓解了外出务工村民的后顾之忧。

（三）创新组织融入理念

完善的基层党组织和服务组织是实现基层社会治理创新的重要载体，也是实现持续发展的重要保障。都江堰结合都江堰的探索实验和治理发展的需要，创新组织融入理念，不断完善社区组织架构。党的领导是社会建设和发展的根本动力，都江堰在探索过程中以创新和完善基层党组织为抓手，不断夯实党的领导，为治理创新提供坚实保障。一方面创新党组织功能，增强其服务能力和发展引领能力。通过亮出党员身份、无职党员认领岗位等活动建设“五优”服务型党组织；通过“五步递进法”亮诺践诺、“三帮三联”等机制落实其服务和引领。另一方面创新组织建设，完善党组织设置。以整合党员、下层党组织为抓手，建立院落党小组、服务群众先锋队、致富带头先锋队、舆论引导先锋队等，进一步夯实组织基础。2015 年 6 月，向峨乡共建立党员先锋队 26 支，269 名党员参与，并建立了先锋队联席会议制度，制定了先锋队工作手册。除了党组织的融入，都江堰还创新社区组织架构，实现服务组织的融入。都江堰将市级部门政务事项逐项清理审核，最终确定 72 项市级部门下沉社区办理事务，并整合社区办事服务机构建立社区综合服务站，搭建“两委一站一室”社区组织新架构，形成社区“前台一窗服务、后台综合管理”的工作模式，有效完善了社区服务机制。

三　树立协同共治理念，强化治理支撑

随着经济、社会的发展，群众的自我意识和自主意识显著增强，群众的参与热情也不断高涨。但是由于各类组织的缺失，群众的参与没有制度化的依托，缺乏常规化渠道，“群众参与难”也成为社会治理的一大难点。为此，都江堰以创新组织发展为抓手，树立多元主体理念、互动协商理念，通过引入市场组织、培育社会组织、发展社区组织；同时，多种组织与自治组织、政府的协商互动，大力提升社区自我调节能力，扩大社会

自主空间，推动社会治理体制优化升级。

（一）建立多元主体理念

要实现基层社会的多元共治，其首要任务就是引进和培育多元的治理主体。都江堰从不同的需要出发，引进和培育多种治理和服务主体，有效增强了基层社会的活力。一是落实引入市场主体理念。都江堰在推进物业管理全覆盖的过程中，坚持引入市场主体理念，根据各社区物业管理服务的实际需要，在推动物业自治的同时，鼓励社区根据自身的实际需要引进专业的物业管理公司，并通过自治组织和物业公司的合作管理，通过市场化的物业供给推动社区物业提档升级。二是落实培育和引进社会组织观念。社会组织既是改善基层社会服务、实现基层社会发展的重要载体，也是基层群众参与社会治理的重要途径。都江堰在创新社会治理的过程中，坚持培育和引进社会组织理念，特别是注意培育乡村社会组织，引导群众自发成立产业发展协会、农民工协会等，增强其发展能力和自我服务能力。同时，通过购买服务等多种方式，将现代化的城市社会组织引进乡村社会，使其乡村社会居民能够享受到更多、更专业化的服务。在购买服务的激励下，天马镇文联协会不断发展壮大，现已成立象棋协会、舞蹈队等4支队伍。截至7月15日，政府以每场1000元的价格购买其服务20余场。三是落实发展社区组织理念。都江堰在发展过程中，坚持发展社区组织的理念，引导社区群众自愿成立互助组织、义务巡逻队、文艺宣传队、老年人协会等微型组织，增强群众的自我管理、自我服务能力。多元组织的建设和发展为都江堰实现多元共治奠定坚实的基础。

（二）形成协商互动理念

创新社会治理需要多元主体的协商互动，如此才能形成合力，推动社会治理的创新发展。鉴于此，都江堰在发展多元治理主体的基础上，坚持和发展多元主体协商互动理念，引导和推动各主体间互动协商。一是坚持政府与自治组织协商互动理念。充分尊重和注意发挥自治组织作用，通过制定权力清单、事务清单，放权于民，还权于民；同时，通过“党委会进农家”等形式，问计于民，协商于民。此外，通过“院落服务团”与“市民观察团”的“两团互动”等形式各异的互动形式，进一步增强群众的自主意识，提高政府服务质量。二是坚持政府与社会组织的协商互动理念。在社会组织的培育和发展过程中，都江堰极其注意培育其独立性、自主性，采取不干预、不包办的方针，使其自我发展；同时，注意通过购买服务，社会协商会议等多种渠道使其参与到基层社会的治理过程中，增强其发展的持续性。三是坚持自治组织与社会组织协商互动理念。都江堰在发展过程中，特别注意引导自治组织与社会组织的互动协商。龙潭湾街道在连心驿站的运行过程中，倡导“居民当家、协商共治、多元参与、促进和谐”的工作理念，成立了由社区居民组成的协商共治联合会，初步构建起“1+3+N”的社区多元协商共治模式，逐渐形成了融合发展和协商共治的新机制。

四 树立规则治理理念，推进依法治理

依法治理是现代社会治理的基本要求。但是，由于法治理念和法治精神的现实条件的限制，广大农村地区依法治理推进难度较大；鉴于此，都江堰依靠法治思维创新规则治理理念，通过规则治党、规制治村、规则自治，将法治延伸到基层社会的方方面面，并以实践培养基层民众的法治意识、法治精神，由此推动基层依法治理的发展。

（一）形成规则治党理念

基层党员和党组织是基层治理发展的领导力量，其自身行为直接关系到了基层社会治理的有效程度。虽然有党章作为党员的基本行为规范，对党员的行为、作风起到了一定约束作用；但是由于党章过于宽泛，而每一个基层社区又有自己的特殊情况，因此，基层党员特别是广大农村党员行为不规范、不履行相应义务的情况时常发生。为破解此难题，都江堰坚持树立规则治理理念，在党章的基础上推动基层党组织建规立制。一方面优化组织管理理念，都江堰各社区从实际需要出发，创新制定党员积分管理制度、党员责任承诺制度、党员民主评议制度等，进一步细化党支部职责、规范党员学习和完善民主评议，使都江堰各社区党组织的管理得到了进一步的优化。如水月社区、九龙社区等大批社区均实行了“三会一课”学习制度，对支部大会、支部委员会、党小组会、党课的召开时间、流程等进行了详细的规定。另一方面，优化党员管理理念，有针对性地制定党员工作手册，其内容涵盖党支部工作、会议、议事制度以及党员行为准则、党员承诺书、党员积分管理制度、流动党员管理制度等，由此使党员的管理更具操作性。2015 年，蒲阳镇以和平社区为试点展开了《党员工

作手册》制定的探索。此外，优化长效管理理念，建立定期走访、包片住村联户、全天候接访、流动服务等长效机制。如柳街镇以农民散居院落整治为载体，成立了由班子成员率队，社区两委、镇纪委、综治办、司法所牵头，其他科室协同的信访、矛盾纠纷流动服务站。按照农村自治和依法依规办理两大原则，柳街镇共梳理出自治范围内问题46类2855个，将属于法制范围和行政审批程序范围内的2045个问题登记备案。

（二）落实规则治村理念

为了更好地推进村治发展，都江堰在村组法和相关法律的基础上，坚持规则治村理念，进一步完善村治的相关规制。首先，树立规范工作理念，进一步改进村委工作。都江堰各社区通过制定《村委会工作职责》、分门别类的《岗位管理制度》以及与岗位匹配的《工作人员简章》明晰岗位职责，以《便民服务办事指南》、《便民服务限时办结制》严格办事流程，以《服务承诺制》、《首问责任制》、《责任追究制》、《投诉举报制》4大制度实现全程监督，为村委工作树立了清晰的规范。其次，优化议事会运行理念，通过制定议事会组织规则、议事规则、党组织对议事会的领导规则，进一步规范了议事会的运行，为其发挥更大的作用奠定了基础。最后，完善村公资金管理理念。在都江堰政府的指导下，通过制定清晰的项目清单、明确村公资金重点环节操作规范以及其他管理制度，进一步完善了村公资金的使用范围和使用规范。如向峨乡制定了村公资金使用“6步工作法”，中兴镇、柳街镇等制定的“8步议事法”，棋盘社区还专门成立了由工匠组成的预审小组对涉及村公资金的村建筑类项目进行财务预算、结果验收。

（三）完善规则自治理念

为了进一步推进村民自治的发展，增强其运行的规范性，使群众更为有序地进行自我管理、自我约束、自我服务，都江堰从实际出发，贯彻规则治理理念，通过各种草根规则延伸法治触角。一方面以草根规则完善自治规范，都江堰各社区（院落）立足于现实管理的需要，引导村民共同参与制定村规民约、院规民约和入住公约等，以此凝聚村民间的共识，使规约能够内化为村民的自觉行为，增强村民的规范意识。向峨乡、天马镇等地的社区（院落）均制定出适合本地的草根规则，如天马镇《共建公约》、棋盘社区的《文明市民“十要十不要”》、水月社区的《院规民约》

等。金龙村更发扬当地传统，将村规民约以打油诗的形式上墙展示，比如“人活脸面树活皮，家园常扫日日新。秽语污言均陋习，文明张扬好风行。”村干部表示，“《院规民约》的制定让社区内的矛盾纠纷率下降了70%左右。”另一方面通过民主实践规范自治程序。社区（院落）通过制度规范将民意汇集、协商共议、决策监督等明晰化，使自治各阶段有规可循，增强自治的规范性。御柳社区严格按照《都江堰市村民议事会组织规则》收集议题，2014年共收集社区议事会议题544个，其中不涉及村公资金的372个，分别应由院落议事会提前商议的占到了220个。

第三节　强化引领，搭建基层治理全新框架

党的十八届三中全会提出了“推进国家治理体系和治理能力现代化”、“创新社会治理体制”的新要求。产权制度改革、居住形态变化和农民观念行为的变化，则对都江堰市基层治理构成了新的挑战。柳街“美丽我家、美丽我院”活动开展，在都江堰市率先打响农村综合治理攻坚战并取得成效，为都江堰找到了创新社会治理的新抓手和新路子，得到以张余松书记为核心的都江堰市委市政府高度认可和重视。在新的共识下，都江堰因势利导，适时跟进，从中总结出创新社会治理的路径，广泛宣传营造改革氛围，因地制宜分类铺开，创新工作机制保证改革长效有序，为全面突破挑战重构了社会基层治理新框架。

一　广泛发动，营造改革氛围

在政府包办下，群众成为“被宠坏的孩子”。都江堰改革的核心在于激发群众主体参与，重塑权利义务观念，激活基层自治。营造全民参与的氛围成为确保改革工作有序、高效推进的基础性保障。都江堰充分利用传统宣传方式，创新多样化的新型方式，全方位无缺漏、广覆盖无死角地宣传到点、深入到户，让群众全面深层次地了解改革的意义、目的、内容、方式，以提高群众对改革的认知率和认同度，激励群众主动参与到改革中。

（一）借力媒体全面宣传

都江堰借助报纸、电视、广播、宣传栏传统宣传载体，结合网络专

栏、微信微博等新兴宣传平台，不同形式、不同角度、不同层次地宣传，为改革营造氛围。柳街试验成功之后，成都市委政研室便积极进行专题调研并向全市介绍柳街镇的经验，通过成都电视台、都江堰地方电视台生动鲜活的柳街做法、柳街改革的成效更广泛地向群众宣传介绍。都江堰以典型试点——鹤鸣村为蓝本，以“美丽我家、美丽我院”为主题拍摄宣传片，宣传院落整治，更深入宣传整治中的治理理念创新，进一步扩大改革宣传影响力。并在《四川日报》、《成都日报》以“散居院落整治”、“农村社会管理创新”为主题进行专题报道共计 15 次，都江堰市本级媒体开展报道 284 次，深化群众对改革做法、意义的认知。在城市改革工作推进中，都江堰通过四川新闻网、四川文明网、成都全搜索新闻网等媒体持续跟踪报道，让群众时刻掌握改革进度。同时，开通了微博、微信两大新型网络公共平台，定期推送精选改革信息让群众随时随地了解改革动态。

（二）层层宣讲深度解说

结合试点工作方案，都江堰从政府干部人员、村社两委、基层党员到群众居民层层宣传带动。在全市组织乡镇领导干部召开动员大会，开展上百场工作交流会议，让改革的领导班子、核心骨干首先了解熟悉新的改革方案和即将展开的改革工作。还以成都村政学院为平台，邀请各级专家、学者，从“基层党建与村级治理”、“社会建设与村级治理”、“产业发展与村级治理”和“法治建设与村级治理”等不同角度对改革的内涵实质进行专题讲座，对改革进行理论分析。截止到 2015 年 9 月，都江堰以村政学院为平台开展讲座、论坛等共计 21 场。为使改革理念送到每个居民身边，都江堰则广泛发动基层干部与村社党员、网格员、居民等积极分子，组成镇、村、组、院落四级宣传队伍，借助没有固定会议程序、没有正规会议场所的坝坝会、院落会、乡村夜话等轻松随意、居民喜闻乐见的形式，共同到小区、院子中宣讲，用身边的例子、群众性的话语进行巡回宣讲，让群众在潜移默化中明了改革的意义与内涵。试点以来，各类宣传活动、志愿者活动类宣讲达 4200 场，收集意见 30 余万条，通过宣传栏、流动宣传点等发放宣传资料 10000 余份，深入地宣传改革目的意义，广泛收集社情民意。

（二）走进院子现场感受

理论与实践对接才能强化群众对改革理念的认知，增强参与改革的信心。试点工作开展以来，都江堰组织市、镇街、村干部和居民实地走访参观，从正反两方面进行对比，深化感受。分批组织村组党员干部、群众代表，实地察看环境卫生问题严重的院落（小区），让农民群众在触目惊心的现实面前受到思想震动。同时将“美丽我家、美丽我院”行动中，首批成功试点的黄家大院、张家院子等树立为典型样本，并重点打造为宣传学习的示范点。在院内设置展板展示院子基本情况，整治的流程，重现院落工作的开展；在重要节点展示整治前后的对比照片，让参观者直观地感受与对比院落治理带来的村庄面貌变化；同时在院子参观中，参观者与村民面对面交流，让亲身参与改革并直接受益的村民讲述改革带来的影响，以此极大地激发了群众参与改革的意愿。都江堰分期、分批组织参观、走访达200余次。都江堰还积极鼓励典型样本村庄相互之间“比学赶超”，组织院子居民对包片区清洁美化共同评星，营造浓厚的参与氛围，更是激活了群众参与院落治理的积极主动性，使“美丽我家、美丽我院”成为群众的自觉行动。

（四）*活动互动深入人心*

除了单向的政府宣传，都江堰还结合各镇街、村社的具体情况，把宣传融入形式多样的特色小活动，在互动中将改革理念深入人心。2014年都江堰政府组织开展20次以上大型文化活动，在全市范围内广泛宣传。在各镇街，则以本乡镇文艺社团为主体，开展了多样化文化惠民活动。如柳街镇镇党委联合镇内柳风农民诗社，协同都江堰市作家协会、都江堰市摄影家协会共同举办了“柳街巨变美丽家园”为主题的诗歌、散文、摄影比赛，让居民用文字、照片去挖掘柳街之美、家园之美，以此展现宣传院落整治带来的环境变化。天马镇政府组织文艺爱好者创作、编排、演绎体现社会正能量的节目，向社会传播，寓教于乐，收到了良好的社会效果。长虹社区居民表示：“以前我们的垃圾都到处乱扔，现在不一样啦，你看看谁还舍得把垃圾往地下扔，大家都自觉地保护我们的家园。”天马还邀请镇上民间艺术联谊协会老师为蒲家院子空墙题诗作画，无偿提供画笔、颜料等材料吸引居民纷纷动手，亲自装扮起自家房前房后空墙，形成了一条充满诗情画意的“画廊”。74岁的老人蒲国润自豪地说：“以前都不觉得我们院子里还有能写会画的人，这次我们画院墙才发现好多‘泥腿子’也是文化人。”通过多形式、多品种、多艺术层次的活动，都江堰将居民从屋内吸引到屋外，把群众关注点从小家聚集到整个院子，为改革推动开展营造了公共参与氛围，还在公共活动中孕育了公共参与精神。

二　分类突破，因地全面铺开

通过近一年对柳街持续关注，以及对其他多地的实地调研思考，都江堰市委书记张余松将前期试点探索总结提炼为“党的领导、村庄管理、群众主体、依法治理、多元支撑”的基层治理方式，并在中共都江堰市委十三届五次全委会上将此作为创新“都江堰方程式”的基本改革思路。以此为引导，都江堰各镇街、村社因地制宜，大胆探索，形成了物业撬动、党建带动、文化引动等多种突破改革的路径，并根据各地改革现处阶段提出不同推进要求，拉开了重构基层社会治理体系的大幕。

（一）分类找准切入重点

都江堰市政府整体上为改革提供了方法与方向，但实践中复杂的现实情况仍需各地因地制宜，找准推动改革的载体，期以实现事半功倍。在2008年汶川大地震重建之后，都江堰全市形成农村散居院落、农村集中居住区、城市“三无”小区、拆迁安置区以及商品开发区五种类型居民居住小区。公共环境、公共设施、居住安全、日常水电等与居民生活息息相关的物业，是各类型居住小区所期待解决的难题，都江堰将此看得见、摸得着的城乡环境治理作为综合的改革切入点。但五类居住小区具体物业基础情况不一、居住形式差别大、居民组成复杂多样，对物业管理的需求内容和需求层次也不尽相同。为此，都江堰以物业管理为切入点，针对不同类型的院落（小区），形成不同改革重点。农村散居院落、城市“三无”小区紧密结合环境整治，解决“脏、乱、差”问题。新居区的农村集中居住小区和拆迁安置区普遍存在拆迁费未补齐、基础设施未按标准设置，导致群众不满，对政府政策不信任问题，因而将历史遗留问题解决作为开展物业管理的首要任务。商品房小区则着重于理顺业主、业委会与物业管理企业三方关系，破解“物业费不交——管理下降——不交物业费”的恶性循环现象。

（二）分地创新改革方式

在保持整体性、系统性基础上，根据各地方根据具体情况，从不同角度，都江堰制定了三种改革方式。一是从共同需求出发，重构利益单元，撬动自治。全市按“地域相近、规模适度、群众自愿、利益相关”等原则，对3002个自然院落以50—100户范围标准，重新整合为1516个院子。依照柳街实践方法，以院子作为基本单元，提供公共服务、公共政策资金扶持，重新建立一个利益共同体，以此撬动居民参与。二是从群众特点入手，激活党组织功能，带动自治。蒲阳镇在矛盾最多、居民构成最为复杂的和平社区开展试点工作，在深入调查了解到该社区党员群众人数多后，将改革突破的重点放在“党的领导”上。通过强化党组织凝聚力、发挥党员服务能力，带动群众参与。截止到2015年5月，蒲阳镇通过党员带头策划、组织，共开展社区活动达70次；通过建立党员服务先锋队，帮助群众解决困难150余件。三是从精神文化抓起，重塑公共精神，引领自治。文化底蕴深厚的天马镇，面对灾后重建过程中贪污事件频发导致居民对政府不信任，巧妙地把文化与治理结合起来，将涉及人群最广、非直接利益关系的文化组织打造为创新基层社会治理改革的引导者，开展以文“化”人工程，用文化吸引群众参与，在文化活动参与中重塑群众主体意识，以此作为推动全面改革的基础。为了有效地保障以文“化”人工程的顺利推进，2015年天马镇还规定，村公资金用在社区文化建设方面的不得低于10%。

（三）分层指导推进进度

在改革全面铺开之前，不少地区已经开始学习柳街，从环境入手，自我探索，并处于不同的阶段。对此，都江堰采取分层次指导。在环境整治整体方向上，对照成都市标准，形成“提升整治一批、重点打造一批、新增实施一批”的思路，都江堰将全市院落分为需要整治、改善、提升以及示范四类。根据情况将84个“脏、乱、差”的问题院落新增为整治对象。对处于整治初期的朱家花园、刘家大院、柏木河北苑等进一步改善，塔子坪、河畔小院、徐家林盘等被划定为需提升院落，从物防设施、管理制度、自治组织等方面进行规范提升。对前期117个整治好、群众热情高的永丰街道赵家祠堂、石羊镇蒋家院子、灌口街道纸房沟大院等院子，工作重点则为强化环境整治，体现院落风貌，打造为典型。围绕环境整治模式上，都江堰实行分步推进。对于黄家大院、泉水家园等小院子发动群众进行物业自治，在已经实现物业自治的居住区，推行“自治＋准物业管理”相结合的模式，当居住区完全具备市场化物业管理条件后，则由市场来提供专业管理服务，引导小区业主成立业委会同时，以保障居民的物业服务权益。对物业上已经实现有效管理的村社，都江堰进一步推进改革。一方面，发展经济，带领群众致富。引导柳街水月社区王家大院，依托林盘院落资源发展民宿旅游，引导天马镇发挥土地资源优势打造特色农业种植基地和现代农业园区；另一方面，购买专业服务，撬动自我服务。由都江堰政府向社会以购买方式，在社区试点培育发展社区社会组织，为居民提供多样化服务项目。天马镇在开展“百场文艺巡演”的过程通过购买专业服务为社区培养起了自己的舞蹈队、唢呐音乐队、龙灯队等。而蒲阳镇和平社区、向峨乡棋盘社区、鹿池社区等社区则着力发动群众开展环境自管、治安自管、互助服务等多种自我服务。

三　构建机制，注入改革动力

创新社会治理体系作为一项复杂的工程，不可能一蹴而就；作为一项以广大群众为主体的改革，更是一场长久的“战争”，足够的持久力和耐力是基础保障。为此，都江堰依托试点成功经验，确立了群众主体的需求导向机制、激活活力的优先激励机制、借智引智的协同机制，以使改革内容变为政府常态化工作，内化为群众日常性生活。

（一）需求导向机制

政府是人民的服务者，创新社会治理改革以更好的服务群众为根本目的。但长期以来，政府习惯于站在群众之上代民做主，结果政府干得越多，群众越不满意。2008 年灾后，都江堰政府通过研究，制定出台房子置换政策，对此政策群众大大不满。甚至引发群众对政府政策用意的误解：“地震震垮了我们的房子，共产党还想要了我们的土地。”面对此情况，领导亲自带队下基层与群众面对面交流，将原来单一的房屋置换方式变为原地自建、政府统建等 6 种选择方式，最终化解了矛盾与误解，实现家园有序重建。时隔 5 年，柳街成功探索再次证明，只有从群众需求出发，改革才能得到群众支持，政策才能得以推行。为此，都江堰在改革实施过程中，市委、市政府多次强调必须掌握民意，问民所需。将把领导带头，下到一线，到市民扎堆的地方倾听民声，真正群众原汁原味、情绪鲜明的意见采集回来，了解群众需求，真正把人民群众关心的热点、急需解决的难点、关注的焦点作为基础工作方法。试点开始后，市委张余松书记多次带队到试点社区开展调研指导；作为市级联系领导，坚持每季度到柳街镇开展一次专题调研和群众座谈会，现场解答群众疑问，征集群众意见建议。蒲阳镇积极响应，持续开展“回头看”、“走基层”活动，走访群众5000余人次，收集诉求、意见560余条；组织社会服务调查小组进入社区进行社会服务需求专题调研，收集医疗服务、小区管理等方面意见建议236条。奎光塔街道将57名机关干部、所有社区两委干部和网格员组成了9个社区综合服务团，覆盖全镇44个网络，干部成员每周不少于2天时间走进院落，收集群众意见。

（二）优先激励机制

都江堰创新社会基层治理改革不仅是政府的重点工作，更是一场激活社会自治的重大工程。人民群众是改革的主体，其积极性、创造力直接影响到改革的成败。改变以往“政府一手操办，群众全程观看”的工作方式，以“只组织不干预、只引导不拍板、只协调不做主”为改革工作新原则，都江堰创新优先激励机制。对群众先发动起来，群众自主自治性高的小区（院子）优先开展改革。在环境整治中，都江堰推行“三个优先”机制。即群众先自筹齐环境整治资金比例10%的院落，政府先补齐剩余的90%，优先实施整治；在政府引导下，成立院落自治管理组织，且组织作用发挥好，群众意愿强烈的院落优先实施整治；群众主动拆除违章搭建的院子优先实施整治。以此为标准，都江堰优先在97个院落开展整治工作，以及基础设施改造和管理制度建设，44个院落已锁定群众意愿和40个院落正在广泛征求群众意见，即将进入整治，剩余院落则仍需达到基本要求才能进入政府改革规划。另一方面，在改革推进中，效果最优的小区（院子）优先给予资金、政策扶持。为此，都江堰创新三级奖励机制。在院落（小区）评选“五星农户”。由卫生评比小组对每户居民的卫生情况进行评比，五星农户每人月返还2元，如果该户连续10个月以上被评为“五星农户”，就可以收回缴纳的20元保洁费。在社区奖励“文明之家”。每月评选社区“文明之家”，根据评选情况将农户分为数个等级，对排名靠前的农户进行奖励，最多每次发放100元奖金。在市、乡两级都江堰建立了“最美院落”评比机制。每个最美院落都可以获得8000元的奖励资金。

（三）考核监督机制

干部是改革工作的引导者、执行者、推动者，是改革重要参与主体之一，其活力的激活与保持极其重要。考核机制则是一根集合导向作用、鞭策作用和激励作用的有效指挥棒。都江堰将“党支部领导、村（居）委会管理、群众主体、多元支撑、依法治理”治理体系创新行动纳入考核评估范围，并结合改革工作内容和工作需求，由相关单位部门具体细化到考核指标中。并由市委组织部、纪委、目标督查办、综治办、文明办、治理办等部门组成考核验收小组，以随机抽样的方式，对试点工作进行考核验收。在 2014 年的验收中，都江堰散居院落提升率达到了 51.74%，治理覆盖面达 100%，治理合格率在 93.6%，群众满意率达到了 98.6%。为调动基层干部、社区两委、网格员等基础人员工作的积极性和主动性，都江堰还将个人改革推动工作执行情况纳入年终考核，并将结果与行政问责、评优评先等一起捆绑。通过增压和施力，防范不作为、乱作为等现象出现。同时，市委、市政府设专项资金，奖励在综合改革工作中涌现出的先进单位和个人，鼓励先进、勉励后进，以更好地促进治理工作纵深开展。都江堰还实行政府监督和群众监督相结合的监督反馈机制，进一步规范和保障工作执行。政府自我监督上，通过“院落综合治理全域推进半月报表”制度，随时掌握工作推进情况；组织抽查、暗访，将访查情况制成专报上报，对各乡镇和部门形成工作压力，也催生了改革动力。截止到 2014 年 11 月底共发督办通知 60 份，发现问题 1865 个，处理 1849 个，处理率达 99.1%。都江堰还从机制上激活群众监督。实行挂点、包片责任干部身份信息对点公开制度，服务办结群众签字确认制度，并组织群众暗访巡视，将群众监督反馈量化为年终考核评分。

（四）借智协同机制

改革是对社会治理新体系、新方式、新方法的探索，需要先进理论指导与理念支撑。改革中复杂的实践问题，需要专业人才剖析，以此确立改革的科学性与可行性。对此，都江堰大力向内外借智、引智、育智。一方面，都江堰充分利用当地力量，就近与市委党校与都江堰行政学校开展长期合作。结合改革需要定制课程，定期、不定期地组织领导干部、政府人员、村社干部、大学生村官、选调生等工作人员进行了百场专项培训。为全面客观总结基层治理中经验做法，整合提升工作经验，都江堰市委组织部联合市委党校、都江堰行政学校共同进行课题式研究。陆续深入全市5个街道、14个乡镇和经开区进行全覆盖的实地调研，并以“一个乡镇（街道办）一篇简报”的方式对都江堰基层治理与党建工作的现状、主要做法、难点与困惑以及下一步打算进行汇报，为都江堰改革进一步发展摸清了现状，为政府决策提供了基础性资料。另一方面，向外积极邀请外地著名党建和基层治理领域专家学者调研讲学、考察指导。在改革铺开之期，都江堰依托成都村政学院第二届村政主题交流会，以“统筹城乡发展与改善村级治理机制”为专题，邀请中共中央党校王长江教授、中国社科院于建嵘教授、农业部农村经济研究中心研究员张照新等专家学者一起探讨基层治理建设，为都江堰创新社会治理改革把脉、研判。为进一步明确都江堰改革的核心内涵与善治方向，2015年7月，都江堰与华中师范大学中国农村研究院签订合作协议。在徐勇教授、邓大才教授的带领下，中国农村研究院课题组派出13位博士与硕士，开展了近一个月的深入观察调研，为都江堰进行深度的总结与指导。此外，试点以来，都江堰先后组织干部考察团赴浙江、上海、江西等地考察学习先进理念、经验，为试点工作提供借鉴。

第三章　院落单元：寻找规模适度的治理依托

党的十八届三中全会提出了推进国家治理体系和治理能力现代化的总体目标。基层是创新社会治理模式的前沿阵地，基层社会治理创新是我国的社会治理体制改革的重要现实支撑。可以说，基层社会治理体系和治理能力的现代化水平在某种程度上代表着国家治理能力现代化水平。当前，我国正处于社会经济发展的急剧转型期，基层治理方式面临着深刻而复杂的变化。尤其是在农村基层出现了许多亟待解决的新问题、新矛盾，旧的村民自治模式已不能应对农村社会发展的新形势，“创新”就成为突破村民自治困境的一个现实选择。为此，各级地方政府都积极探索基层治理体系的创新，提升基层治理能力。

都江堰市地处川西林盘，地理环境复杂，从古至今，一直延续着分散的居住方式和生产经营模式，社会经济发展程度和城市化进程较为缓慢。近年来，随着城乡一体化的不断推进，农民的居住环境和生活水平不断提高，社会公共服务的需求不断发生变化，这对村民自治的有效实现提出了新的问题和挑战。而传统以村庄为单位的自治模式，由于受到都江堰地理环境的限制，显然无法满足新形势下的自治需求。因此，突破传统村民自治单元的限制，依据“便于自治”的原则，重新划分自治单元，推进村民自治的有效实现已经刻不容缓。为此，都江堰市探索以天然存在的自然院子为基础，重新划分了院落单元，弥补了村庄自治和小组自治的缺陷，以共同的血缘、地缘和文化为纽带，将村民参与自治的意识和热情调动起来，真正实现了自我管理、自我服务和自我监督。都江堰市以院落为单元开展的自治，是对基层社会治理创新的有效探索，也是对自治单元创新的有效实践。

第一节　挖掘川西院子的自治根基

村民自治是基层治理体系的重要组成部分。利益相关、文化相连和地域相近等因素，是村民自治有效实现的重要影响因素。都江堰市由于其特殊的地理和人文环境因素，村民自治在探索过程中面临着诸多的难题，例如管理难有序、服务不到位、自治难运转等。因此，从都江堰的实际出发，探索和挖掘村民自治的根基，推动村民自治的有效实现，是都江堰此次基层治理创新的重要基础。

一　村庄自治面临的难题和困境

多年来，同全国各个地区一样，都江堰各地的村民自治皆以村庄这一行政单位开展。但是受到其特殊的川西林盘地理环境和移民社会环境的影响，以村庄为单位“一刀切”式的村民自治与都江堰市的具体实情难以相融。往往在同一个村庄内，居民之间的血缘和地缘联系相对松散，因此村庄自治难以有效实现。

（一）利益联结度较低

都江堰是移民城市，自古就有“插占”和“湖广填四川”的说法。据史料记载，“康熙二十年，清政府鼓励山西陕西湖广等省民众迁移四川，在沿路设站，接待移民，到了住地，政府贷粮、贷款、贷种，还期为三年、五年、七年、十年。移民来到川西坝柳街镇的土地上，将木片、竹片写上己名，表明范围，插在地上，此地就归属己有，受政府保护，任何人不得侵占”。可见，作为一个移民社会，都江堰的居民大多来自五湖四海，相比华南的以血缘为基础形成的宗族性村庄，居民间天然的血缘和地缘联系相对较弱。在村庄内部，村民间缺乏族田、族产、祖祠等公共性的财产，整个村庄的利益联结度相对较低。同时受到都江堰市的地理区位条件限制，居民散居在林盘里，各个自然院子的居民之间的联系相对较少，共同利益也相对缺乏。例如天马镇的二郎社区，其村庄面积仅有3.9平方公里，辖自然院子135个，平均一个自然院子仅有8户29位居民，由于居住较为分散，给村庄基础设施的完善和维护带来了诸多不便。例如村民要修葺道路，主干道由政府出资立项，统一修葺，而自然院子内部的道路需要居民联合起来共同修葺，但是由于居住分散，修路的共识难以达成，居民很难因此形成自治规模。可见，在此类村庄，由于缺乏共同的利益牵引，很难将村民组织起来共同参与自治，因此，都江堰以村庄为单位的村民自治难以有效实现。

（二）行政化程度较高

多年来，由于压力型行政体制的实施以及传统政治文化等方面的影响，“乡镇—村庄”间的关系距离“指导—协助”的关系尚有一定距离，甚至有些地方存在“命令—服从”的关系，村庄的行政化程度普遍偏高。都江堰市也存在这一现象，据统计，每个村庄3—5名的干部承担着不下100余项的行政事务。一方面，行政指标压力过大。在压力型的行政体制下，各个乡镇为了最大限度地调动社会资源和力量促使业绩达标，往往为各个村庄下达经济收入指标、合作社成立指标、示范基地建设指标等，同时各个村庄需将上访人数控制在安全系数以下等，这些行政化事务的过多承接，直接压缩了村民自我管理、自我服务的空间，严重影响着村民自治的运转。另一方面，由于《村民委员会组织法》相关制度的模糊规定，使得这一法律缺乏可操作性。例如：《村民委员会组织法》第四条规定，“乡镇政府有权对村民委员会的工作给予指导、帮助和支持，但是不得干预依法属于村民自治范围内的事项；村民委员会应协助乡镇人民政府开展工作”，然而并没有对“指导、帮助和支持”的内容、方式和方法以及“协助”的范围和形式进行明确规定，这就为乡镇政府与村委会各取所需提供了一定的制度空隙，也为“让民做主”变为“为民做主”提供了弹性空间。

棋盘社区的李书记表示：“我们当干部的对上要承接乡镇政府下派的指标和任务，对下要对老百姓负责任，这个关系有时候很难协调。好比现在猕猴桃产业发展得很好，但是一开始发展猕猴桃产业是由乡镇政府牵头，与企业合作办猕猴桃基地，当时很多村民并不同意，但是迫于上级压力，我们必须给村民做工作，把土地全部流转出来，但是后来没有搞成功村民意见很大。”可见，村庄在很大程度上承接了过多的上级行政任务，不仅导致村民自治难以运转，同时还因为工作原因，产生村内的干群矛盾，给村庄带来不稳定的因子。

（三）自治规模较大

规模适度是村民自治有效实现的重要条件。数据表明，都江堰市各地的村庄面积大约为4.56平方公里，平均每个村庄的人口为3104人，人口密度为681人/平方千米，每个村庄的干部数量大约为5人，平均一个干部管理居民数量为621人，管理难度相对较大。例如，古桥社区的书记表示："我们的村庄面积有5.76平方千米，总人口为3400人，小组数量为15个，自然院子的数量为75个，因此很难将村民召集起来开大会集体商讨村里的大事小情，这为我们的社区治理带来了很多麻烦，" 此外，以村庄为单位的自治，很难找到村民共同的利益诉求点，最大限度地激活村民参与，村民自我服务难以实现。例如，该社区妇女主任姜平表示："我们一开始以村庄为单位，召集村民以投工投劳的方式进行修路的时候，远离主干道的居民，希望将路修到自家门口，宁愿自筹资金，将路面打宽，而靠近主干道的居民则没有这一需求，双方各执己见，无法达成一致，修路的事情一拖再拖，最后只得划分片区，才最终将道路修好。" 因此，可见，以村庄为单位开展的自治规模较大，给村庄的管理、服务等都带来了诸多不便。

二　村民小组缺乏自治运转的有效条件

村民小组作为国家干预下划分的自治单位，最初的划分动机是方便自上而下的管理，而非自下而上的村民自治。因此，以小组为单元开展自治，并不利于充分挖掘村民自治的潜力，激发村民参与的意识和热情。同时，小组单元本身承接了诸多行政化的事务，这也对自治的开展极为不利。

（一）行政化事务过多，小组自治缺乏条件

村民小组作为村委会下设的行政编组，现阶段仍然承接着农村集体经济组织（原生产队）的职能，例如都江堰市各地青苗费的补贴、种粮补贴的发放等工作仍然由村民小组承接，大多数情况下由村民小组长和小组议事会承担。随着行政体制改革与事权下放制度的推进，这一现象尤为突出。以都江堰市青城山镇为例，该镇面积115.7平方公里，总人口达47711人，辖21个社区、234个小组，每个村庄村民小组的平均数量约为10.66个，而各个小组的村民代表数量约3个，平均每个小组长所承担的

行政化事务约达到50余个，每个小组的村民数量约为203人。再者，小组作为村庄基本的产权单位，村民的土地产权在小组。随着都江堰市各地产权改革的不断推进，农村土地确权与流转的工作，均须通过村民小组一级，由小组议事会进行协商处理，显然承担经济功能的小组单元已经无暇顾及其他自治事务，如果以小组单元作为村民自治的基本单元，并不符合都江堰的实际，小组自治缺乏有效实现的条件。

（二）居民流动性过大，小组自治缺乏抓手

分田到户以前，生产队有队长、保管、出纳等职务，生产小队是一个功能完备的实体单位。分田到户以后，实施家庭联产承包经营责任制，一方面，村民小组的集体生产经营功能逐渐弱化，小组单元逐渐虚设，至此每个村民小组只下设一名小组长管理本组内的事务。然而，四川省作为农民工大省，社会流动较快，外出务工的居民较多，当前往往存在村民小组长常年务工，小组内的管理逐渐退化，若以小组为单元开展自治，难以找到自治抓手。另一方面，若实施小组自治，一旦各个小组之间发生利益纠纷，难以迅速得到协调解决。目前，都江堰市各个村庄每年有40万左右的村公资金，用于村庄日常管理和自我服务。如若按照小组单元平均分配，则每个小组能分到的资金不足2万元，这样一来很难集中力量办大事。同时，各个小组的面积大小不一，居民数量不等，对于资金的分配难免产生小组间的利益纠纷。此外，若小组长常年外出打工，小组内部资金的保管与使用也将成为利益纠纷的重要导火线。可见，从都江堰的实际出发，小组自治并不适宜。

（三）小组型小而量多，小组自治缺乏动力

都江堰除柳街外的14个乡镇里，各个社区村民小组量总计达1652个，村民小组平均户数为104个，平均人数为295人，村民小组的平均面积为0.36平方公里，其中人数最少的居民小组有45人。俗话说，“人多力量大”。而以村民小组为单位开展自治，各组村民很难集中村民力量办大事，例如修路等，由此，小组单元的自我服务和自我管理难以开展。金龙社区的干部表示，“有的村民小组仅有13户，以小组为单位修路，人力不足，同时动用村里的人力财力，单单为这13户居民修一条路也不现实”。其二，村民小组作为国家干预下划分的非自然单元，小组村民很难形成强烈的共同体认同，而集体认同却是激发村民参与活力，强化自治动力的重要影响因素。此时，小组内的居民难以形成联系紧密的情感共同体，单元内的凝聚力相对较弱，这使得自治缺乏村民参与这一内源动力，约束着自治的有效运转。最后，受到都江堰市自然环境的限制，很多小组的划分切断了天然形成的自然院子，一个村民小组内，户与户之间的空间距离间隔较远，小组内的村民难以组织起来，更何谈地缘共同体的搭建，可见，以村民小组为单位并不利于自治的开展。

三 自然院子具备良好的自治基础

从古至今，都江堰地区的居民以林盘为单元散居，形成天然的自然院子。同一自然院子的居民在情感方面与地缘方面相对较近，一个院子便形成一个小的熟人社会，故而形成了良好的自治基础。

（一）熟人社会的历史基础

在中国尤其是农村，大多是由熟人组成的社会。据记载，最先移民至都江堰的外乡人往往“占山为王”，以林盘为界，划分属地，开垦荒地，并在此定居繁衍生息。一个自然院子的农民，祖祖辈辈生活在一起，一个院子就是一个天然形成的熟人社会。直至今日，仍然能找到历史的印记。比如，柳街镇的黄家院子、王家院子、李家院子等等。因此说，自然院子作为一个小的生活共同体，具备地域相近、血脉相连的历史基础。“我们都是熟人，平时打交道比较多，远亲不如近邻看，邻里之间经常互相帮忙”，同时，在自然院子里，由于地域相近，往往道路共享，水资源共享，林盘土地资源共享，村民相互之间的利益联结度较高。由此，在共同利益和共同文化的基础上，同一个自然院子的居民，更加容易组织起来，共同参与村民自治。可见，自然院子拥有自治开展的历史基础和现实可行性。

（二）川西坝子的环境基础

川西坝子林盘众多，居民聚院而居，呈现出大散居小集居的状态。据统计，都江堰各地共有林盘 4745 个，自然院子 4745 个，平均一个乡镇的自然院子 339 个，一个村庄的自然院子 30 个，一个自然院子面积 0.12 平方公里，一个自然院子的农户 36 户，居民 103 人。多年来，村民以院子为基本单元，形成地缘共同体，平时，一个院子的居民聚在一起开“坝坝会”，跳“坝坝舞”，设“坝坝宴”，“摆龙门阵”等。受地理环境的影响，同一坝子（自然院子）的居民居住集中，房屋相连，地域相近，坝子已经成为村民最基本的生活圈。同时，同一院子的居民道路共享，林盘共有，邻里互助，俨然形成了共同利益圈，彼此之间利益相关，一荣俱荣，一损俱损。例如：仙鹤社区的蒲家院子，共有106户，居民祖祖辈辈生活在一起，形成了共同的生活交往圈，同时在乡贤的带动下，形成了共同的文化交往圈，如今蒲家院子作为文化之乡，已经由地域相近的地缘共同体，转变成为以文化为纽带的文化共同体，居民以文化为桥梁组织起来，形成了自我管理自我服务自我发展的自治圈。可见，自然院子得天独厚的地理优势，使得其成为便于自治的基本单元。

第二节　划分规模适度的院落单元

上述可知，就都江堰的实际而言，村庄和小组单元并不适宜开展自治，而天然形成的自然院子具备共同的利益基础、文化基础和地域基础，这些因素就是推动村民自治有效实现的重要条件。虽然自然院子具备这些基础，但是自然院子本身型小而量多，分布较为分散，仍然不符合规模适度的要求。因此，都江堰市探索以拥有共同地缘和亲缘关系的自然院子为基础，本着规模适度的院子，将自然院子重新整合，划分出了规模适度的院落单元，为基层治理的创新夯实了根基。

一　院落划分的原则

由于自然院子虽有亲缘和地缘基础，却因型小而散等原因，难以形成自治合力。为此，都江堰市各地的院落划分本着规模适度、利益相关、便于环境整治等原则，将自然院子划分为适宜自治的院落单元。

（一）规模适度，便于管理

合适的自治规模是自治得以有效运转的重要因素。就都江堰而言，天然存在的自然院子平均规模较小，院子里居民较少，难以集中民力进行自我管理。数据表明，都江堰最小的自然院子才7户人家，居民不足20人，其中自然院子最多的一个村庄拥有135个自然院子，这样小的单元规模难以形成自治合力，主要表现为，公共服务难以提供。就拿通水、电、气等服务来说，如果单独为这20个人通电路，那么公共服务的效能过低，成本过大；再者，如果以投工投劳的方式修路，那么二十几户人家，7—8名青壮年劳动力，难以完成如此艰巨的任务。为此，都江堰依据规模适度的原则，探索将自然院子划分为院落。所谓规模适度，即便于整合管理资源，激活村民自治。一方面是便于整合财力。都江堰的院落划分依据便于管理的原则，以100户左右为单位，将自然院子整合为规模较大的院落，并以院落为单元分配村公资金，将政府的公共服务效能发挥到最大，同时，破解了以小组或自然院子为单元，“撒胡椒面”式的资金分配方式，将环境整治资金集中起来使用，节约了治理成本。另一方面是便于整合人力资源。都江堰的院落划分本着地域相近的原则，将相邻的自然院子进行整合，保证每个院子有300多位居民，由院落管理委员会进行管理，缩短了管理半径，解放了管理的人力资源，并减轻了小组长的管理负担。此外，还破解了流动性较强的村庄，小组长常年外出，缺乏管理抓手的难题。

（二）利益相关，便于服务

都江堰市自推进城乡统筹以来，村庄发展日新月异，居民的社会服务需求越来越多。而借助灾后重建的契机，集中居住区基础设施配套相对齐全，在集居区的对比下，散居区居民的环境整治和基础设施配备需求更加强烈。如果单纯依靠政府来改善居住环境，将为地方政府带来莫大的财政压力，这就要求政府找准居民的利益诉求点，发觉并激活民力，以息息相关的利益将村民组织起来。因此，都江堰各地的院落划分遵循村民利益相关的原则，打破传统的小组单元，将地域相近同时利益联结紧密的自然院子合并为一个院落。这样一来，在共同利益的牵引下，居民更容易联合起来，依靠民力组织自我服务，弥补政府在公共服务方面的空白，减轻政府的财政压力，为村民自治的开展奠定基础。例如，目前，都江堰各地借助城乡统筹发展的契机，基本实现了环境优美，那么居民下一阶段主要的利益需求便是生活富美。因此，水月社区、金龙社区等农村社区，试图借助都江堰优美的环境，以及靠近成都市的地理区位优势，探索发展民宿旅游业，这一产业的发展需要形成规模效应。而恰好以100户左右为单位划分院落，并发展院落经济，满足了农民共同致富的利益需求，触碰到了农民共同利益需求点。

（三）民力凝聚，便于环境整治

划院子的想法最初来源于环境整治，因此集中民力，便于环境整治也是院落划分的重要原则之一。柳街镇前任镇党委书记高尚说："柳街镇有15个社区，364个自然院子，218个村民小组，当时为了便于开展环境整治，就以100户左右为单位，将自然院子划分为107个院落。当时划分院落主要是考虑院落的居民相邻居住，邻里关系好，便于动员大家进行环境整治，同时也有助于节省成本。"在环境整治以前，社区干部给高书记算了一笔账，说全镇的环境整治算上人力财力物力，需要花费4000万元。但是如果以自然院子或小组为单位挖掘民力，迫于规模过小，民力有限，无法有效开展环境整治工作。为此，都江堰本着便于环境整治的原则，将自然院子划分为院落，凝聚了院落民力民力，由村民投工投劳，主动参与到环境整治工作中来。

可谓"人多力量大"，从2014年4月到12月，在半年多的时间里，都江堰各个社区的环境面貌发生了翻天覆地的变化。各个社区的院落一旦划分完毕，立刻成立了院落管理委员会，将村民组织起来，投入到环境整治的工作中来。昔日杂乱的林盘，成了供居民休憩娱乐的小广场；昔日"脏、乱、差"的垃圾堆，成了供居民游玩的小花园；尤其是仙鹤社区蒲家院子，居民将卫生整理完毕后，由院子里的文艺书画爱好者自发将院墙画成了文化墙，既美观又兼具文化氛围。村干部表示，"以前市里干部来参观的示范点主要是集中居住区，又脏又乱的散居院落根本拿不出手，领导问起来我们都会脸红，现在我们的环境搞好了，经济产业也发展起来了，来参观学习的人也越来越多了。这主要还是因为院落划分以后，将民力、民心凝聚在一起了，工作就更好开展了"。

二　院落划分及整治的前期准备

为了探索规模适度的院落单元，保障居民自治的有效实施，在院落划分以前，都江堰市做了充分的准备，包括调研摸底，制订修改方案，发动干部群众等，为院落环境整治奠定了基础。

（一）前期摸底，制订划分方案

为了制订院落划分方案，都江堰市首先以柳街镇作为试点，了解民意。2013年，柳街镇用三个月时间，对全镇90%以上住户开展意愿调查，通过召开院落会议和走访入户等形式，了解群众是否愿意做这项工作，并制作了民意意愿调查片。据统计，为了做好院落整治工作，柳街镇共走院子600余次，召开千人大会10次，搜集梳理群众意见1260条。经调查，全镇98%的老百姓都愿意参与散居院落整治，这为全域院落整治提供了中坚力量。其次是摸底调研。通过在柳街镇黄家院子多次摸底调研，了解院落划分与环境整治的情况，都江堰市综合治理办公室多次开会讨论，最终制订了院落划分方案。根据环境整治所需的人力物力，同时参照地域相近、利益相关等原则，发布以“50—100户”为单元划分院落的基本标准。随后，都江堰各乡镇（街道）清理本辖区散居院落基本情况，借鉴柳街镇农村散居院落环境整治经验，结合实际制订切实可行的散居院落综合治理工作方案。

（二）多方发动，统一干部思想

在方案实施前后，由于党员干部对工作缺乏信心和决心，环境整治工作首先遭到来自党员干部的阻力。而党员干部作为院落整治的领头羊，其思想不统一将严重影响工作的顺利开展。为此，柳街镇采取多种措施，统一党员干部的思想。首先，成立柳街镇院落整治领导小组，全面负责全镇院落整治工作的组织、协调工作。成立院落整治办公室，并配备充分的工作人员，召开了多次党员干部会议，向党员干部宣传院落整治方案与理念。其次，媒体采访晒期盼。2013年，柳街镇邀请都江堰市电视台进村，对全镇364个散居院落进行采访，并剪辑成2小时的视频，组织党员干部集体观看，将村民的需求和意见更加直观地晒出来。群众对环境整治的殷切期盼，让党员干部的思想得以转变，干部工作也从“被动完成任务”变为“主动承担责任”。最后，层层签订目标责任书。政府与15个社区签订目标责任书，15个社区与218个村民小组签订目标责任书，218个村民小组与340余个院落签订目标责任书，340余个院落又与院落各农户签订“门前五包”责任书，层层落实责任，建立工作常态机制，将各级党员干部拧成一股绳，劲往一处使，最终为院落划分与环境整治奠定了坚实的基础。

（三）广泛宣传，激活居民参与

2014年2月15日—3月14日，都江堰市各乡镇（街道）充分利用农村小广播、宣传专栏、宣传车、文娱表演、手机信息及“坝坝会”、乡村夜话等多种宣传形式，对院落综合治理的目的、意义进行了广泛宣传。据统计，2014 年，都江堰市累计召开镇、村、组、院落“四级宣传动员会”3000 多次，发放宣传资料 10 万余份，取得了良好的宣传效果，从一开始召开社区千人大会鲜有人参加，到后来各个社区的千人大会参加率达95% 以上。同时，为了激活村民参与，乡镇干部带领社区干部，多次下院子走场镇，发动群众，向群众宣传院落整治。例如，金马社区的群众反映，“我们书记没事就骑着自行车在村里转悠，监督提醒我们打扫卫生，他提醒的次数多了，我们自己面子上都挂不住了。尤其是有时候你忘记扫地，干部会主动帮你打扫，你看到别人都扫到你家门口了，你怎么好意思不参与呢”？至此，村民的参与热情和积极性被激活。

三　院落划分及整治的过程

都江堰市的院落划分和院落环境整治经历了如下三个阶段，从试点先行到全面推开，最后由市考核小组统一考核验收，历经 8 个月左右的时间，完成了全市的院落划分和环境整治，取得了较大的成效。

（一）试点推进阶段

2014 年 4 月起，都江堰市各乡镇（街道），以 50—100 户为单位，将各个社区的自然院子划分为院落。例如，柳街镇共 13 个村庄，11555 个自然院子，157 个村民小组，最终划分院落 124 个。随后，每个乡镇确定3—5 个散居院落作为试点开展综合治理，据统计，都江堰全市共优先选出 174 个散居院落作为试点，通过宣传发动、自治管理、经费投入等整套工作推进机制，在 2 个月的时间内，全市 174 个散居院落的环境整治全部完成。同时，通过发放问卷的形式对散居院落的环境整治结果进行考核发现，群众满意度达 98% 以上，考核指标包括公共区域的卫生情况、住户责任区域的卫生情况以及院落整治的住户参与率等。其后，在试点的基础上从 2014 年 6 月起，将散居院落分为“纯散居院落”、“安置度较高的散居院落”、“农家乐集中区域”三类，分类实施、全面推广。例如，在试点阶段，全市共评出示范院落 117 个，其中，聚源镇、崇义镇分别建立示范院落 16 个，胥家镇建立院落 12 个，安龙镇建立示范院落 11 个，这些示范院落在各个乡镇形成了试点效益，也成为各个地区争相学习的典型。

（二）全面推广阶段

2014 年 6 月 1 日，都江堰各个乡镇（街道）开始在试点工作的基础上，查缺补漏，调整院落划分及整治方案，完善工作机制，全面开展散居院落综合治理。为了广泛地宣传和发动，推广院落划分与环境整治，都江堰多个地区采用开千人大会、走访动员等方式，取得了良好的效果。就柳街镇而言，在推广阶段，先后召开镇、社区、组、院四级宣传动员大会 600 余次，召开千人大会 10 余次。据统计，仅 2015 年 4 月，柳街全镇干部走院子的次数就达到了 109 次。不可否认，在推广阶段，村庄干部受到了其群众的诸多质疑和工作压力，但是对于这些"钉子户"，干部也动员有方，直接拿起扫帚，帮农户扫地，事实证明，这一方式是行之有效的，在熟人社会，群众因为不好意思，只好参与其中。例如，有个村庄的书记因为开展院落整治工作，受到了其母亲的不理解，"你一个社区干部，一天正事不干，天天给别人打扫卫生去，你做这些有啥意义"，但是长期坚持下来的环境整治取得了诸多成果，村庄环境焕然一新，整治工作获得了群众的认可，书记母亲也加入到了"帮别人扫地"的队伍。

（三）考核验收阶段

最终，都江堰市通过 6 个月的努力，将全市 3020 个自然散居院落 69751 户散居户，整合成为 1516 个院落，并全面完成环境卫生整治，治理覆盖面达 100%，治理合格率在 93.6% 以上。在农村散居院落整治取得了一定成效以后，都江堰各地探索在农集区以小区为单位划分自治单元。目前，在农集区以居住地为单位，划分小区 219 个，涉及 25000 余户，73000 余人，自治率达 100%。为了更系统地对散居院落进行考核验收，都江堰市由市纪委（监察局）、目督办、治理办组成联合考核组，对照《都江堰市农村散居院落综合治理指导意见（暂行）》对全市散居院落综合治理工作进行综合验收，对在整治过程中举措创新、成效显著的院落进行表彰。可谓群众的满意是政府最好的答卷，2014 年年底，都江堰各地按照 1 个社区随机抽 1 个院子的方式，现场查看 145 个院落及相关资料、作 2343 份问卷调查、全市散居院落治理成效合格率达到 93%（100 分制）以上，群众满意率 98.6%。现在，群众普遍反映，"现在院子里干净多了，环境好了，看着心情也舒坦。""以前我们的院子环境那么差，哪里有人跳坝坝舞，现在好了，垃圾打扫了，广场也修起来了，院落整治是个好事情。""要是像以前那样的环境，哪里会有人愿意来我们这里旅游，躲都躲不及，现在我们家里收拾干净，还可以接待游客，赚点钱花”。

都江堰市散居院落全域推进情况统计表

	乡镇（街道）	散居农户数量	2014 年院落数量	2015 年院落数量	示范院落数量
1	永丰街道	1591	24	24	4
2	灌口街道	222	6	3	1
3	银杏街道	411	7	7	1
4	奎光塔街道	194	2	5	0
5	玉堂镇	1612	10	5	2
6	青城山镇	1657	48	41	7
7	胥家镇	5960	125	57	12
8	蒲阳镇	2756	54	54	8
9	聚源镇	6904	145	107	16
10	石羊镇	8979	97	64	8
11	安龙镇	4715	67	67	11
12	大观镇	690	9	9	3
13	天马镇	3142	122	45	8
14	崇义镇	8570	109	60	16
15	中兴镇	4838	82	49	8
16	柳街镇	11555	99	99	6
17	龙池镇	2364	26	28	6
18	向峨乡	66	—	—	—
19	幸福街道	—	—	—	—
合计		66226	1032	724	117

第三节 重塑需求导向的自治内容

挖掘自治内容，是找准自治切入点的重要前提，也是激活群众参与，推进自治有效运转的重要支撑。以往自治开展都从公共服务的大视角出发，收效甚微。而都江堰市从群众的需求出发，从小事情出发，从群众真正关心并迫切需要解决的问题出发，以扫把革命激发了村民自治的热情，激活了群众的参与意识。同时，都江堰鼓励各地农村社区由群众自主选举产生院落管理委员会等自治组织，进行自我管理、自我服务、自我监督，最终取得了良好的成效。

一　广集民意，挖掘自治需求

为了找准村民自治的切入点，寻求居民的共同利益诉求点，都江堰探索以群众需求导向的自治内容，采用代表走院子、群众填表格等方式挖掘自治需求，从小事做起，解决群众真正关心的切身问题。

（一）干部走院子，挖掘自治需求

为了解群众需求，2015 年以来，柳街镇已召开千人坝坝会 20 余场、社区坝坝会 50 余次、林盘院落坝坝会 200 余场。通过“坝坝会”的“亲民”形式，收集群众意见建议 1260 余条。其中，方家院子的村民方革修提出，现在院落环境太差，建议将附近的垃圾池移走，并进行道路维修，现在出门“晴天出门一身灰，雨天出门一身泥”，该意见被采纳并以“院落整治”的形式得以解决。比如，棋盘社区的李天平书记，为了更深入地了解群众需求，早上陪老年人聊天，下午陪男同志喝茶，晚上陪女同志跳舞，在日常生活中以拉家常的方式获取了村民最根本的需求，被戏称为“三陪书记”。再比如，2014 年，蒲阳镇党委共计走访群众 5000 余人次，收集意见诉求 1000 余条，整合梳理建议意见 236 条，其中小区管理类 24 条，群众向党员反映“小区水压太低、楼道卫生打扫不及时”等问题，并得以解决。只有从群众的需求出发，塑造自治内容，才能从根本上挖掘村民参与自治的动力和热情。而户代表走访的制度，恰好能够畅通自上而下的诉求表达渠道，让农民的自治需求浮出水面。

（二）村民填问卷，晒出自治需求

除了自上而下的挖掘，都江堰各社区向群众发放问卷、意见卡、便民服务卡，让群众得以自下而上的晒出自治需求，也是拓宽民意表达渠道的重要举措。近年来，翠月湖镇为充分发挥广大党员、群众在农集区常态化管理中的主体作用，建立多个干群联系载体，转变服务方式，专门制作了干群连心卡、综治便民服务卡等 10000 余份，发到各家各户，从而进一步畅通了信息联系和诉求表达渠道，让农民更加方便地晒出自治需求。再如，棋盘社区为了解居民需求，以户为单位向村民发放村公资金使用意见卡，征求意见，了解需求。2015 年，村干部向社区 258 户村民每户发放一张意见卡（表），村民填写后由议事会收回，整合重复建议后共获得建议 22 条。村民董晓阳感叹道：“以前村里的事老百姓根本说不上话，现在真是大不一样了。”该社区第一小组为了更好地尊重群众意见，了解群众需求，向小组内 36 户居民发放意见表，最终搜集到治安巡逻、路灯改造等 16 条意见，并将意见向村议事会提交，经村议事会表决通过，将群众提议项目作为 2014 年优先实施项目。

（三）代表勤走访，传达自治需求

村民代表、户代表、议事会成员等作为群众与村两委之间的沟通桥梁和纽带，肩负着倾听、搜集和传达村民自治需求的重要任务。一是议事会成员走访，倾听自治需求。根据《都江堰市村民议事规则》，“村（组）议事会成员负有每月走访群众不少于 10 户，且需填写《议题收集单》的义务”，“社区夜话等活动必须有党员干部参加”。通过这一方法，今年 1—7 月，胥家镇土什社区村民议事会共收集基础设施建设、环境综合整治等意见建议 16 件，形成议题 15 件。二是村民代表走访，倾听自治需求。通过村民代表走访，都江堰市 2014 年累计收集议题共千余条。例如，水月社区党员和村民代表经过多次走访农户，搜集和梳理出产业发展需求及环境卫生保护需求等 10 多条建议。为此，党员干部及村内精英就群众需求，分别提出环境卫生保护协会、民宿旅游发展协会和无公害农产品协会等 8 条议题，并提交议事会。三是户代表走访，倾听自治需求。在农集区，各个小区探索选举产生户代表，由代表负责走访挖掘群众需求。例如，泉水家园探索从每 5—10 户中选举产生 1 名户代表，负责走访搜集群众需求，并上报给业主管理委员会，由业委会统一进行处理。

二　激活民力，搭建自治平台

都江堰各地因需制宜，在集居区成立物业管理服务中心、业主委员会，在散居区成立院落管理委员会等自治组织，为居民提供了多元化的自治参与平台，做到民事民管、民资民筹和民事民调等，充分激活了民力，推动了自治的有效运转。

（一）民事民管，搭建院落（小区）管理平台

为调动居民参与自我管理的积极性，2014 年，都江堰市各地共建立院落管理委员会 1032 个、各项院落自治管理制度 3000 多个，基本实现了自我管理和自我服务。一是在散居区成立院落管理委员会，成功打造民间“小物业”。以黄家院子为例，其院落管理委员会由院落居民选举产生，其中 1 名主任，1 名副主任，4 名成员，负责监督和督促巡逻队、保洁员及普通村民的环境卫生整治情况，同时负责收取和管理卫生费（按人头每人收取 20 元），院管会的工作受全院居民的监督。二是在集中居住区成立小区业主管理委员会。例如，鹤鸣社区 8 组集中居住于鹤鸣新村小区，为了方便管理，鹤鸣新村由小区成员共同商议，选举产生小区业主委员会 8 名，负责卫生清洁、治安巡逻和纠纷调解等，同时按照户型收取卫生费，1 人户 35 元，2 人户 75 元不等。此外，鹤鸣新村制定小区入住公约，规定由居民负责房前屋后的菜地管理，其中因罗某长期在外，其菜地被业委会依照公约统一收回管理。

（二）民资民筹，搭建物业管理平台

近年来，都江堰各地为了加快城乡统筹建设的步伐，免费为集中居住区提供物业服务，花费了大量的财力物力，数据表明，仅向峨乡每年投资在物业方面的经费超过 500 万元。为此，都江堰各地探索建立物业管理平台，培养农民花钱买服务的习惯，激发村民物业自筹的热情。以棋盘社区为例，2013 年，棋盘社区选举产生 9 位物管会成员，1 名主任，2 名副主任，4 个巡逻队员，2 个保洁人员，主要负责收取卫生费、维护治安、保持社区清洁等。该村每人每年收取卫生费 40 元，宴席每桌收取 5 元卫生费，这两项资金主要用来发放物管会成员的工资。

此外，柳街镇各个社区均建立了物业管理资金池。一是群众自筹，按每人每年 20 元自筹，共计 80 万元；二是市财政拨付的农垃资金 44.7 万元；三是引导各村在户决同意后合理匹配村公资金（约按 30 元/人进行匹配）用于院落整治，共计 120 万元。同时，各社区将预留 20 万元左右以住户投工投劳人工剥离方式用于各社区最美院落的基础设施建设。据统计，2014 年，都江堰各地共筹集整治资金 2162.8179 万元，其中村公资金 1720.8750 万元，自筹资金达 446.7329 万元。可见，物业管理平台的搭建，大大减轻了政府的财政负担，同时资金自筹的管理方式也成为村民

积极参与自治的重要牵引。都江堰各院落村民每人每年缴纳 20 元卫生管理费，即农垃资金。村民表示，“以前农垃资金由政府支付，钱都给干部亲戚拿走了，卫生也不好好打扫”。自从资金自筹以来，村民因关心农垃资金流向，加强了对农垃人员工作的监督，后撤换该村的农垃人员，重新选举新的农垃人员。这其实是利用村民对自己所缴纳资金的关注度，激发村民的参与意识。

（三）民事民调，搭建矛盾调解平台

随着新农村建设的扎实推进，农村公共服务和社会管理事业的投入不断增加，事关民生的许多公共服务和管理职能延伸到村级甚至村级以下组织，如果处置不当，管理不强，就会引发各种社会矛盾。为此，都江堰各地在开展小区（院落）自主管理工作中，建立了镇—村—小区（院落）三级纠纷调处机制，对于突发矛盾纠纷事件，管理人员做到了第一时间到现场，第一时间做好纠纷调解。同时，定期收集、掌握小区（院落）群众的诉求或问题，梳理入册，定时办结或回复，妥善处理农民群众最关心、最直接、最现实的问题，维护了农村社会的和谐稳定发展。据了解，近年来，都江堰各地区共建立矛盾纠纷调解委员会 1200 余个，发展平安志愿者“红袖套”队伍 1.7 万余人，配备村（社区）专职人民调解员 256 人、特邀调解员 99 名。2015 年 1—5 月，全市发生矛盾纠纷 6401 件。但在各类纠纷调解平台的作用下，纠纷解决率超过 92%。例如：紫坪铺镇望江村 60 多岁的赵大爷老两口，由于没有合理运用和处置政府发放的灾后重建资金而造成几个儿子不满，以至于没有房屋居住，长期蜗居在一个临时棚棚内，成为该村的一大难事。村两委及矛盾纠纷调解委员会多次将赵大爷的 3 个儿子召集在一起调解、商量，通过反复做工作，最后达成由小儿子腾出一间房子供父母居住的解决方案。赵大爷顺利住进固定房屋，居住多年的破烂棚棚也顺利得以拆除。再如，2015 年 6 月 19 日，该院落村民王永春等提出该院落屠宰场排污已经影响到了居民的正常生活，于是将意见提交到矛盾纠纷调解委员会，由调委会出面建议屠宰场申报修建沼气池，最终问题以平和的方式解决。

三　从小事做起，重塑自治内容

都江堰基层治理创新的最大亮点，就是从实际情况出发，从群众需求

出发，从办得到的“小事”出发，积极回应群众对改善卫生环境、维护治安、提升社会服务的需求，以小事情激活村民大参与，重塑村民自治内容。

（一）服务自给

随着生活水平的不断提高，农民对于物业等社会公共服务的要求越来越高，如果所有的社会公共服务都由政府来承担，将会对政府带来巨额的财政压力，因此，发动群众实现服务自给也成为自治的重要内容。一是环境自理。据统计，都江堰各地借助院落管理委员会，整合院落资源，发动院落群众，共清理建渣、垃圾、杂物等6967.5吨。据了解，水月社区王家院子为了清理积累了20多年的垃圾，用卡车装了20多车。为了清理院落环境，社区之前的保洁员劲书君主动申请先整理自家门前的林盘，她说：“我也没想到我们家林盘的垃圾有那么多，我自己用拖拉机拉了好几车，社区的拖拉机也拉了好几次，社区的干部们这次真的是辛苦了。”此外，环境打扫干净以后，卫生的长期保持才是最令干部头疼的问题。为此，鹿池小区为了保持环境卫生，成立了20余人的老年人志愿服务队，每天派出4名老年人戴上“红袖章”进行卫生督导。70多岁的王太婆说，“我每天不到6点就起来监督，看到有乱扔垃圾的就当面指出来，这里住的都是邻居亲戚，他们都听我的，我的话比干部都灵”。二是治安自护。为了维护村庄治安，鹿池小区内有青壮年的农户，每户出一个代表，组成夜间20余人的巡逻队。每晚派出4—5名成员，由议事会、党员、干部等担任队长，进行巡逻。自此以后，鹿池小区再也没有出现过盗窃事件。巡逻队员感慨，“我为大家守一夜，大家为我守一月”。三是群宴自管。棋盘社区实现集中居住以后，居民没有了办群宴的场所。为了方便群众，棋盘社区居民通过户决，用村公资金建设群宴广场，由物业管理服务中心按照桌次每桌收取5元卫生费，不仅防止了村民铺张浪费，同时避免了因群宴造成社区环境问题。

（二）设施自建

政府统一规划的设施建设往往带有“一刀切”的性质，而不同地区、不同农民的需求却存在差异。因此常常存在政府的负担越来越重，群众满意度越来越低的现象。同时，在“走院落”的过程中，路烂、沟渠破是群众反映强烈、集中突出的问题。尽快改善院落的基础实施成为群众最关心，也成为院落整治必须解决的问题。为此，都江堰探索采取院落居民投工投劳的方式，完善基层设施建设，以修路修桥建垃圾池等关系到村民切身利益的小事，将村民的参与积极性调动起来，激活村民自治。例如，水月社区王家院子在社区的组织下，由社区提供建设材料，由村民来进行自我修建，村民将这种方式称为“人工剥离”。社区根据改建计划，计算院子改建需要材料的费用，并由社区使用村公资金统一购买材料，各院落委员会组织村民进行自我修建。在王家院子的道路改建中，院落的公共道路由院落村民每家出 1 个劳动力进行投工投劳，而入户道路则由各农户自行负责，院落只提供标准材料，各农户可以根据自己的实际需要拓宽道路，但其费用只能自筹。王家院子院落委员会主任尧红义说：“村民的积极性很高，这么多年的泥巴路终于可以改变了。”通过这种“小资金”撬动民生“大项目”的方式，水月社区建成了水泥路 5.5 公里水泥道路，3 座桥梁，3.5 公里猕猴桃园区道路，新修沟渠 3000 余米。

再以柳街镇五一社区为例，社区紧紧抓住农民群众迫切需要解决的实际问题，投入资金花大力气进行解决。2014 年，社区投入 150 多万对本村散居院落基础设施进行提升，改造院落内道路，共硬化路面 30000 余平方米，到户路 8000 余平方米，修葺沟渠 4000 余米，有效地改善了村容村貌。据统计，采用投工投劳的方式进行基础设施建设，资金投入节约了 50%。根据调研数据显示，2014 年，都江堰各地共清理园林 76620 平方米，清掏沟渠 782 条 291505 米，建立院落垃圾分类回收点 500 余处，557 个院落基础设施完成适度提升，提升率 51.74%。

（三）发展自谋

2014 年年底，全市 1032 个散居院落全面推开了散居院落整治，通过民主决策对道路、水、电、气、沟渠、林盘、院坝等基础设施和硬件的整治，改善农村散居院落“脏、乱、差”的旧貌，吸引外地游客到此参观游览或居住，从而为当地群众提供了增收门路。如：安龙镇结合院落治理和产业特色，因地制宜，引导卉景社区周家院子、童家大院和泊江社区胡家湾等试点院落近 300 余户群众整治环境，整合开发产业资源，打造盆景公园和海棠公园，发展乡村旅游。仅今年 3 月初至 4 月中旬，就吸引了来自省内外游客 38.18 万人次前来观光旅游，给当地群众商家、饭店和胡家湾农家休闲院业主、花卉苗木种植户带来了 872 余万元营业收入。柳街镇孙家大院在整治后，目前正在探索如何吸引外地游客到院落居住，享受乡村院落良好的空气和生态的生活环境。

再如，水月社区为了发展乡村旅游业，促进村民增收，由村民自发成立民宿旅游协会，工匠协会等，将村民的力量凝聚起来，相互合作自谋出路，同时在此过程中，村民的自治意识和自治能力得到了极大的提升。同时，社区村民在蔬菜种植大户王超的带领下还成立了无公害农产品协会。在未成立产业发展协会之前，王超通过流转附近村民的土地种植了70多亩的蔬菜，并取得了一定收益。为了帮助更多的村民发展，在政府和社区指导下，王超带头成立了无公害农产品协会。“这样既可以扩大我们的销售规模，又可以帮助周边村民共同致富，一个人富不行，要大家富才叫富。”村民作为独立的种植单位加入无公害农产品协会，协会的主要是为加入农户提供技术支持和销售保障。加入协会的农民在种植大户的带领下种植蔬菜，协会为农户提供专业的技术支持，帮助农户提高农产品的质量，达到相关标准的农产品可以借助协会的销售渠道进行销售。

第四节　创新长效运转的自治机制

现阶段，都江堰的基层社会治理创新取得了诸多成就。开展自治容易，长效运转难。因此，如何推动自治的长效运转，建立长效机制，成为困扰都江堰各级政府的一大难题。自治的有效运转需要群众、政府和社会组织等多个自治主体的长期积极参与，同时也需要一套规则完备的自治机制做保障。因此，都江堰市各地探索打造“参与机制”、“奖励机制”和“协同机制”等，推动了院落自治的长效运转。

一　以“参与机制”保障自治长效运转

多元主体是自治的基础，广泛的社会参与是保障自治长效运转的动力机制。都江堰为确保多元主体的参与，建立了居民、社会组织和党员多元参与的自治机制，取得了良好成效。

（一）居民参与机制

村民的有效参与是作实村民自治的必要因素。为此，都江堰定期召开“坝坝会”、设“坝坝宴”、跳“坝坝舞”，将居民的参与意识和参与热情调动起来。一是以激活权利意识调动参与热情。都江堰多个社区采取户代表表决的制度，由户代表投票决定本年度村公资金的使用方式，激发了村民的主人翁意识，也增强了决议的有效性，村民的参与热情空前高涨。有干部表示，“在以前，通知村民开会，得发小礼物才行，居民根本不会主动参加会议，甚至少数党员从来不参与组织生活会，参与积极性很差”。但是如今，棋盘社区每次开坝坝会，全村492名户代表全部参会，投票表决议事事项。二是以社会组织引领居民参与。都江堰多个社区成立了广场舞协会等社会组织，以组织做牵引，吸引了多名农民参加。村民表示，“以前办活动几乎没人参加，现在坝坝修好了，坝坝舞也有了场地，就连残疾人看着活动办得好，也想跟着动起来”。此外，莲花社区为了带领村民致富，成立了绿色农业基地，社区已形成“公司＋基地”经营模式，吸引了78户居民自愿参加，并流转土地1200亩，目前已经发展药用竹栽种600亩。三是以社会活动提升参与积极性。定期设坝坝宴，将农民组织起来，加强沟通交流，增强了居民的凝聚力，同时激发了居民参与院落事务的积极性。例如，在首届“稻田捉鱼”大赛中，原本面向本院落400人的活动，吸引了周围8000余人前来参加，村民参与活动的热情空前高涨，最后为安全起见，捉鱼大赛被迫取消。

（二）党员参与机制

都江堰市探索群众需求导向型的党组覆盖方式，建设功能型党小组，将党的基层服务延伸到院落自治类组织、产业发展类组织和文化娱乐类组织，借此，将党员的优势和力量充分发挥出来。一是党员参与治理服务的机制。罗家大院的院落整治采取党小组成员“带头干、帮民扫”等方式，直到村民“面子上挂不住”，最终将院落121户村民组织起来，自我服务。黄家大院采取党员包片联系群众和党员包公共责任区等方式，每天去群众家里提醒，“地脏了，该扫地了”。群众表示，“天天来监督，我都被催烦了，我现在每天主动打扫干净，免得来催，已经成为一种习惯”。二是党员参与社会服务的机制。都江堰市采用将党组织建在成形的社会组织中和将组织带头人培养为党员的方法，将党组织的服务融入协会，引领协会提供社会服务。例如，天马镇将民间文艺联谊协会中的36名党员组织起来，成立文联党支部，引领协会的发展方向，组织近600名文艺爱好者开展活动。在党员的带领下，以说快板的形式宣传《中国梦》，借助文艺活动推进政策下乡。三是党员参与发展服务的机制。天马镇为带动产业发展，在其产业园区成立园区大党委，下设产业型党支部2个，分别是永兴葡萄园党支部和德宏公司党支部。园区党委采用“社区和产业双重报到”制度，将天马镇683名党员融入产业园区。同时借助产业党支部这一信息共享平台，共同商量销售渠道、进行技术交流，有力地推动了产业发展。

（三）组织参与机制

为了保证社会组织的可持续发展，保障组织持续参与自治，都江堰建立了一系列激励组织参与的机制。一是以“以奖代补”激发组织参与的活力。例如，仙鹤社区创新了以奖代补的组织参与机制，在很大程度上保障了组织运转的持续力以及参与文化服务的动力。蒲家院子舞蹈队每天都进行文艺排练，群众参与热情较高，并多名队员自费购买服装道具。为此，社区决定以奖励的形式对参与文化活动表演的舞蹈队适当补贴，既是物质方面的补贴，也是对组织荣誉的奖励。二是以“购买服务”增添组织参与的活力。目前，天马镇为激励组织发展壮大，同时激发组织参与社区服务的动力，以购买服务代替活动资金发放，激发了各组织的发展热情。例如，在购买服务的激励下，天马镇文联协会不断发展壮大，现已成立象棋协会、舞蹈队等4支队伍。截至7月15日，政府以每场1000块的价格购买其服务20余场。可以说，购买服务的机制，一方面激发了组织比学赶超的热情，提升了各个组织的服务质量，同时激发了组织参与社区公共服务的动力和活力。三是以“考核评价”机制提升组织参与的效果。为了规范组织管理，都江堰市颁布了《都江堰市培育和扶持社区社会组织的指导意见》，明确指出：“加强对社区社会组织设施规模、开展活动的服务质量指标、对和谐社区建设的贡献程度等进行评估考评。同时，对先进社区社会组织和社区公益服务项目给予奖励。”

二　以“激励机制”牵引自治长效运转

都江堰以奖励评优机制为牵引，探索评比农户、院落、楼栋等激励机制，以奖励性资金为牵引，确保了自治的长效运转。

（一）“五星农户”奖励机制

为建立院落自治长效机制，都江堰多个社区打造“社区卫生评分榜”。星级农户评比活动以院落为单位，由业委会每个月底组织不少于50

人次的群众代表参与，对本院落全体住户责任区域当月的保洁情况进行评比。星级户评选每月进行一次，获优的奖励2元/人，并在本院落公示栏中进行贴“星”表扬。每季度由院落业委会组织发放奖励基金。没有评选为星级户的住户当月没有奖励。农户评比奖励机制的本质都是激励农户主动参与院落卫生整治，但是评比形式却不尽相同，例如，黄家院子建立“五星农户”评比机制。由卫生评比小组对每户居民的卫生整治情况进行评比，“五星农户”每人月返还2元，如果该户连续10个月以上被评为“五星农户”，则卫生费又回到自己腰包。棋盘社区更每月评选“文明用户”，对当选住户奖励100元现金。现阶段农户评比机制取得了诸多成效，农民一方面是为了小资金的回笼；另一方面在熟人社会，如果农户评比成绩较差，农民会觉得“面子上挂不住”，因此说，农户评比机制的实施，推动了自治的长效运转。

（二）“最美院落”评比机制

为了激发院落居民的集体荣誉感和自治参与的积极性，都江堰探索评比季度“美丽院落”流动红旗评比机制和年度“最美院落”评比机制。其中，“美丽院落”由本社区自行开展，发动院落业委会和群众代表互评，每个村排名前三至四位的，就用村公资金预留的基础设施资金做院落的基础设施。“最美院落”评比，在“美丽院落”流动红旗评比活动中，测评结果进入全镇前30名的院落，由镇党委授予该院落业委会季度“美丽院落”流动红旗，并获得参评年度“最美院落”的资格，全年各季度均未获得此荣誉的院落不被计入年底最美院落评比范围。例如，柳街镇“美丽院落”流动红旗评比活动在镇域全体院落中开展，共设置30面“美丽院落”流动红旗，每季度末由镇院落整治领导小组牵头，组织镇人大代表、退职干部、社区群众代表对各院落环境卫生和长效机制建立情况进行测评。一旦获评“最美院落”，由镇党委发放奖励基金8000元，此奖励基金由业委会用于组织院落全体住户年终在院子内办坝坝宴和给全体住户发放过年红包，通过此种方式进一步密切院落住户的距离，融洽邻里关系，减少村组矛盾，有效助推新农村精神文明建设。在奖励的同时，对于测评中参评各院落平均分排名最后的院落，所属社区将扣减年终目标分，并不得参与年终优秀社区评选，社区支部书记、包片领导向镇党委作书面检讨。

（三）“楼栋连坐”管理机制

为了在集中居住区做好院落整治工作，多个社区探索完善农户评比机制和院落评比机制，以“连坐”的方式，充分利用熟人社会的优势，激发村民的荣誉感和道德感。鹿池社区为保持卫生清洁，每幢楼选举产生幢长，由热心村民和党员担任楼幢管理委员会成员，负责监督本幢居民的卫生。同时，实行“幢连坐”制，本幢居民有一人违反卫生规定，则影响整个楼幢的居民评选“五星农户”，以此调动了全民监督的热情。这种以楼栋为单位予以卫生评比公示的方法，取得良好效果。居民表示，“我们现在都不好意思乱丢垃圾，因为担心影响最美楼栋评比”。村干部表示，如果大家守规矩，我们也有办法劝阻，“你家孩子马上要娶媳妇了，如果因为不讲卫生这个事情传了出去，影响你们家的形象不说，关键是耽误孩子的一生”。事实上，“连坐制度”就是利用了农村长期形成的交往圈子以及约定俗成的“道德高于法理”的认知，让乡俗成为推动自治运转的助推器。

三 以“协同机制”助推自治长效运转

院落自治是村民自治单元的一次创新。然而，如何将乡镇、村庄、小组、院落等单元的功能和权责理顺，使其功能相互补充，推动院落自治长效运转是必须考虑和解决的难题。为此，都江堰市在横向上推动院落单元和小组单元的协同，在纵向上推动乡镇—村—院落三级的协同以及社区—小区—楼栋的三级协同，取得了良好的成效。

（一）“院落—小组”功能互补

都江堰市自改革推行以来，院落和小组作为不同的单元划分方式，承担着不同的功能。同时，院落和小组的负责人有所交叉，管理人员也有所交叉。如果权责和功能的划分并不清晰，那么很容易造成管理的混乱。为此，都江堰各地区将小组和院落的权责划分明晰，达成了功能的互补。一方面，自包干到户以来，人民公社时期的生产队被划分为村民小组。多数村庄的土地以小组为单位承包到户，村庄的产权单位在小组。时至今日，村民小组仍然承担着诸多经济功能，例如青苗费的发放等等。而院落单元的划分以历史上长期存在的自然院子为基础，成为村庄新的自治单元，主要承担着物业管理、服务等自治的功能。可以说，院落单元和小组单元同时存在，达到了经济功能和自治功能的互补。

在另一方面，由于院落管理委员会选举产生的主任和副主任往往是村民小组长，而小组长由于长期担任这一职务，与村民之间的联系较为紧密，于是在发动群众，开展工作时也更加方便。例如黄家大院由原来的第二村民小组和第三村民小组组成，院落管理委员会主任和副主任分别由2个小组的组长担任。在问到3组组长李亚君，院落划分以后的工作量是否增加，她回答道："以前是小组长，现在还是院落管理委员会的副主任，工作量肯定是增加了。但是既然群众信任你，选举你当副主任，肯定是要把这个事情做好的，并且我们小组长平时和群众打交道的比较多，在分工合作的过程中，负责做3组的工作，还是相对容易一些。"可见，院落自治要想长久地推行下去，必须做到现有传统行政单元和新划分自治单元的完美结合。

（二）"社区—小区—楼栋"三级互动

都江堰在集中居住区的自治以主要以小区（片区）为单位，同时，探索了以社区和楼栋单位来延伸自治，"社区—小区—楼栋"三级互联，实现了权责明晰的自治网络。首先，为了方便集中居住区的自我管理和自我服务，都江堰以楼栋为基础，推选出楼栋长和单元长。例如向峨乡的鹿池社区，在村两委的引导下，村民通过民主推荐方式产生每幢楼的"幢长"1名、每单元的"单元长"1名，由"幢长"管"单元长"，"单元长"发动群众，共同参与楼层和公共区用气用电安全、环境卫生保洁以及规范晾晒衣服、堆放杂物等具体事务。其次，都江堰多个地区以小区（片区）为单位、选举产生业主委员会等自治组织，并制定小区入住公约，自我管理、自我服务、自我监督。柳街的鹤鸣社区就由鹤鸣新村和鸣凤家园两个小区组成。鹤鸣新村小区由小区成员共同商议，选举产生业主委员会8名，负责卫生清洁、治安巡逻、纠纷调解、关爱老人和留守儿童、文化宣传和小区资金管理等。最后，集中居住区在小区（片区）、楼栋基础上，由社区进行统筹协调和指导，提供统一的公共服务和公共管理。金龙社区有散居院落7个，集中居住区1个。金龙社区以社区为单元统筹散居院落和集中居住区，讨论使用村公资金、开展公共活动、评选文明家庭等。2014年，在社区的统筹下，分别在散居院落黄家大院和集中居住区泉水家园以及社区中心举办近10场活动。通过社区村委会和小区业委会的联动，将小区和社区衔接起来。相比金龙社区，完全集中居住的棋盘和鹿池社区，在社区成立群宴协会、文体协会、志愿服务队等社区社会组织，进一步提升小区（片区）自治。

（三）“乡镇—村居”有机协同

在推进基层治理改革的过程中，需要乡镇、村庄、院落、小组等多个自治单元的协同合作，而理顺各个层级之间的关系，并列明三级事务清单，只有这样才能推动院落自治的长效运转。为此，都江堰各地首先理顺了“乡—村—院落”三级之间关系。在纵向上构建了镇（街）统筹、村（居）服务、院落（小区、片区）自治的三级治理体系和框架。乡镇主要提供公共管理，对于自治无法解决的事情进行调控和统筹。村（居）主要发挥公共服务职能，协调和解决院落与院落之间的公共事务。院落（小区）主要是自治，进行自我管理、自我服务的作用，以院落弥补基层治理体系的基础、关键环节，建立起完备的治理体系。其次，理顺了“乡—村—组”三级之间关系。目前都江堰初步形成了社会自治和经济自治的双规体系，以院落为基本单元进行社会自治，以村民小组为基本单元进行经济自治。在理顺“乡—村—院落”三级治理体系的同时，进一步理顺了“乡—村—组”三级之间的关系。同时，充分发挥村民小组作为行政共同体和产权共同体的作用，以村民小组议事会为载体，完成诸如政策宣传等行政和服务事项，同时重点就承包地、村公资金使用等涉及小组成员共同经济利益的事务进行自我管理。最后，理清了“乡—村—院落”三级事务清单。都江堰各地区明确了乡镇、村居、院落各级治理主体的职责范围，形成清晰、完备的三级事务清单，依据清单处理乡镇、村居和院落之间的关系。同时，引导群众制定了院落自治事务清单，通过列举式的方式明确院落中各主体的职责，把院落自治做实。院落作为纯自治单元，不承担行政事务，对于需要由院落协助的管理事项，经院落议事会表决同意后，采用政府购买的方式协助完成。

第四章　党建引领:创新融入式的治理牵引

党的十八届三中全会提出“推进国家治理体系和治理能力现代化”的重大命题，抓好农村基层党组织建设，健全党组织领导下充满活力的乡村治理机制，是巩固和加强党在农村的执政基础、推进基层治理体系和治理能力现代化的重要内容。在党的十八大前后，党中央多次强调基层党建工作创新的重要性。特别是在新的历史条件下，世情、国情、党情发生深刻变化，基层党建遇到许多新情况新问题，面临许多新考验、新挑战。在此背景之下，各基层党组织如何结合新形势，以创新改革精神加强和改进基层党建工作，成为基层党建工作面临的新挑战。

当前，都江堰市正处于社会治理转型的关键时期，随着经济社会的快速发展，都江堰市群众的自治与参与意识不断增强，对党建服务提出了更高的新要求，面对群众的需求，党建工作亟待进一步深化与规范。为此，都江堰结合当地农村的新形势，创新性地开展融入式党建工作，在构建服务型政党的基础上，将党组织融入自治、融入发展、融入服务，实现党组织的有效覆盖，将过去党组织命令式、动员式的治理方式，转变为党融入社会之中的参与式、引领式的治理方式，有效破解了党建工作难题，有效牵引了基层善治的实现。

第一节　基层参与升级亟待党的引领

自 2008 年以来，都江堰市城乡改革不断深化，在推进新型城镇化建设过程中，经历了三场大的变革，即居住从“散居”变“集居”、生产从“分户”到“集中”、生活从“农村”到“城市”，居住、生产、生活方式的重大变革，充分调动了群众参与的积极性，要求基层党建服务工作必须满足群众的需求，将群众组织起来。而目前，都江堰基层党建工作还存在诸多问题亟待解决，在有效激活党员作用发挥的基础上，将其与群众参与相结合，才能实现基层党组织的有效引领。

一 群众参与提升需组织

习近平总书记曾指出："人民群众始终是我们党的坚实执政基础。""检验我们一切工作的成效，最终要看人民是否得到了实惠。"能否有效满足群众需求，是基层党建工作是否到位的标准之一。近年来，随着都江堰的快速发展，群众的服务需求也日趋多样化，对基层党建工作提出了新的要求。

（一）公共服务亟待党的参与

自2008年以来，都江堰市经历了生产方式、居住方式等几场大的转型，在改革发展的过程中，一部分农民从原来的散居院落搬迁进集中居住区（下统称"集居区"），而仍有一部分农民依然生活在散居院落当中。但随着经济社会的快速发展，无论是集居区农民，还是散居院落的农民，对公共服务的提供都提出了新的要求。一方面，对于集居区农民而言，从散居到集居的转变本身带来极大的适应难题，加之随着公共空间的拓展，必然带来公共需求的增加，带来农民对公共服务的渴求，除了一般的选举、决策、管理和监督外，还出现了社区卫生保洁、治安维护、社区文化等一系列与生活息息相关的服务需求。向峨乡是都江堰集中居住率最高的地区之一，在某些村甚至达到了99%的集中居住率，"过去，村民管好自己门前的一块地就可以了，没有绿化、保洁一说，生活用水也是在自家门口倾倒。但是，搬到集居区后，大家都上楼了，有了公共的生活区域，如何维持社区的公共环境，遏制小区偷盗事件的再次发生，成为村委会首当其冲的难题。"鹿池社区村支部书记如是说。另一方面，散居区的村民虽然依然保持过去的生活环境，但是随着城乡一体化的发展，村民经济条件的改善以及生活质量的提高，散居院落村民的生活方式实际上正在逐渐向城市转变，环卫、治安、文化培育、经济发展同样成为亟须有效满足的问题。全新的服务需求，不是村民自身可以快速满足的，这就需要党发挥组织领导力量，充分将基层党员的先锋作用释放出来，通过党组织的参与，来有效解决村民的公共服务问题。

（二）经济增收需要党的引领

过去，都江堰村民分散居住，农民依靠土地和山林，吃饭、烧柴都不需要另外花钱，可以自给自足，生活成本很低。但随着经济社会的发展，都江堰开始推行农村的集体居住。然而，伴随农民上楼的，除了生活方式的转变外，生活成本也大幅提升。过去不花钱的生活必备品，例如水、电、柴等现在都需要花钱购买，同时，还需要支付治安管理、卫生保洁等费用，农民的生活成本与压力大大增强。据向峨乡棋盘社区村民反映，随着融入集居区生活，该村平均每户每个月要多支出200元左右，以每户4人来算，则每户家庭一个月要比过去多支出800元左右，这对于普通村民来说，也是一笔不小的开支。与此同时，在从散居向集居的转变过程中，都江堰很多农民的土地被征用了，或者是流转出去了，失去了土地资源，农民必须外出就业，但大部分农民的工作技能较低，在就业、创业过程中难度较大，收入的增加相对比较缓慢。日益增大的生活性支出，与缓慢的经济增长速度成为都江堰农民面临的首要难题。特别是，近年来，随着城镇化进程的加快，征地矛盾日益凸显，由于征地造成的经济增收难题逼迫村民采取上访、发动群体性事件等形式表现出来，给基层社会带来极大的不稳定因子。如何才能“不仅把房子盖起来，还要让村民的腰包鼓起来”，成为基层党组织必须面对，也是必须引领解决的问题。

（三）文化发展呼唤党的推动

随着都江堰“统筹城乡综合配套改革”的逐渐深入，都江堰的经济发展实力得到了快速提升，伴随着经济条件的好转，农民开始追求丰富的精神文化生活，对文化服务的发展提出了强烈的诉求。一是集居区村民对文化生活的需求更为强烈。过去，散居院落是都江堰的主要居住形态，农民一直拥有着传统的农村文化生活方式，例如“坝坝会”、“坝坝宴”等，同时，四川人还非常热爱空闲时间串家门，和左邻右舍“摆龙门阵”，这种习以为常的文化方式，在散居村民搬迁进集居区后被打破。随着农民上楼，过去熟人社会的交往方式难以在集居区得到满足，农民渴求像过去一样的交往平台，保持过去的交往传统和情感交流方式。二是都江堰深厚的文化底蕴需要展示平台。都江堰很多乡镇文化底蕴非常深厚，草根诗人、词曲家、农民歌手等云集，文化组织历来都比较活跃，比如柳街镇的

“柳风诗社”、天马镇的“天马民间艺术团”等，在农村的文化生活中扮演着重要角色。随着居住环境的转变，文化组织难以找到活动场所，文化活动组织难度加大。三是生活条件改善后对新的文化方式的渴求。自从都江堰城乡一体化的快速推进，无论是集居区，还是散居区的村民，其享受的公共服务都提前了20年，在生活环境改善的同时，村民有更多的闲暇时间，其文化需求也日益强烈。水月社区的何女士说：“以前都是下地干活，现在没有土地了，住进了集居区，饭后就想出来活动活动，跳个舞啥的。”村民的文化需求不断高涨，如何满足群众的文化发展要求，成为摆在基层党和政府面前的又一道难题。

（四）群众参与急需渠道拓展

群众作为公共服务的受益方，是公共服务质量最重要的发言人。党和政府在实施公共服务的过程中，应当全面听取群众声音，以群众的实际需求为出发点，让群众参与其中，才能将公共服务落到实处，切实满足群众需求。目前，都江堰参与渠道狭窄，群众的参与需求只能“悬浮”，难以落地。一方面，居住环境的重构增加村民参与难度。自2008年后，随着改革的逐步推进，都江堰的大部分村民住进了安置小区，打破了原来的村组建制，出现了大量混村、混组、混楼栋居住的情况。混乱的居住管理环境导致很多村的村支书找不到自己辖区内的群众和党员，群众也很难联系上村两委干部，若有诉求需要反映，必须要辗转多次才能联系上，有些问题等到联系上的时候，可能处理的最佳时间已然错过。正因为诉求难，党和政府听不到群众声音，导致群众很难参与到公共服务当中，难以及时享受自己急需的服务内容。另一方面，社区两委行政化导致供需错位现象频发。都江堰各村村委会干部人力有限，加之上级行政任务负担重，两委干部往往疲于应付上级行政任务，很难主动去疏通自下而上的民意表达渠道，群众声音上不去，参与渠道就越来越窄。所以，对于基层服务，群众往往处于被动接受状态，经常出现基层党组织提供的公共服务与群众需求“脱节”的怪现象。和平社区书记说道：“以前的服务都不考虑群众是否需要，服务的时间是否合适，甚至还出现过周二下午组织社区篮球赛，没有一个人出席的尴尬场面。”服务与需求的错位，正是因为群众难以参与公共服务，不能使其真正满足群众需要，为此，必须拓展群众参与的途径，让群众能“说上话”。

二　党员能力整合需规范

目前，都江堰基层群众的组织急需日益凸显，而基层党组织在资源整合、党员能力、社会服务等多方面均显得力不从心，党组织大而不强，有效覆盖难而低效，党员管理杂而失序，均成为影响都江堰有效治理实现的“拦路虎”。

（一）基层党组织大而不强

党组织的自身能力、党员结构的优良，是决定党组织作用发挥的关键因素，然而，无论是全国整体情况，还是从都江堰市来看，基层党组织都存在较多问题，党员缺乏活力、带动力、难以给力，党组织大而不强。一方面，党组织中真正发挥作用的党员人数有限。虽然都江堰基层党组织党员人数很多，但是，作为执政党而言，在基层主要能发挥作用的是担任各种职务的党员，例如村支部书记、村党小组组长等，这个比例在全市基层党员中的人数是很少的，党员的带动能力十分有限。特别是，身处改革浪潮之中的都江堰，基层党建跟不上，部分村（社区）只有党支部，没有党小组，或者几个村小组共设党小组的现象大有存在，导致党员与党组织的联系较为松散，党员的带动力量难以发挥。另一方面，党员结构失衡待优化。截至2014年年底，都江堰共有党员35604人，但是通过分析可以看出，都江堰党员的结构是不平衡的，特别是在党员年龄、文化程度、服务能力等方面较为突出。以党员年龄为例，46岁以上的党员为20616人，占据了党员总数的58%，其中，71岁以上的老党员人数有6210人，基层党员新老失衡的现象十分严重，党员老龄化问题十分突出。党员发展的失衡，严重影响了党员先锋作用的发挥。特别是随着市场经济的发展，都江堰外出打工的党员日益增多，在调研中，很多人感慨道：“有本事的党员都出去打工了，老弱病残才在家里种田。”如何增强党员的积极性与带动作用，是基层党建工作必须当头解决的难题。

（二）有效覆盖难而低效

基层党组织的覆盖有效性，是保障党员作用的充分发挥和保持党在基层的执政地位稳固性的决定性因素。自2008年以来，随着都江堰发展的加速，新型农业经营主体、社会组织等新生社会机体应运而生，基层党建工作的滞后性，导致党建在新生的社会机体中难以实现全面、有效的覆盖，不利于党建工作的开展，制约党组织引领能力的提升。一是新型农业经营主体亟须党组织有效引领。近年来，伴随着产权改革的推进，都江堰从“分散经营”的传统型农业，逐渐向“集约经营”的现代化农业转变，从而，催生出了许多新型农业经营主体，例如家庭农场、专业合作社、养殖专业户、养殖大户等。但由于党员人数的限制，加上其分布的分散性，所以在发展过程中，并没有建立党组织，因而很难使党员在新型经营主体的运行中发挥引领和服务的作用。天马镇康龙葡萄园的党员杨洪道在调研中表示：“过去我们都是分散经营，现在成立了合作社，但是没有党组织来将我们管起来，我虽然是党员，但是能发挥的作用还是太小了。”二是新生社会组织有待党组织积极引导。随着都江堰公共服务内容的扩展，政府单方面的财政支出难以满足社会的需求，此时，社会力量成为弥补政府服务的有效主体，农村社会组织也得到蓬勃的发展，仅柳街镇就成立了产业协会79个之多，各村成立的娱乐性组织更是数不胜数。在村中广泛参与的社会组织中，如果没有党组织的积极引导，将很容易偏离国家的方针政策规定，不利于社会稳步的发展。

（三）党员管理杂而失序

在快速城镇化进程中，都江堰由于集中居住区打乱了原来的建制，党员管理混乱的局面亟待改善；而尚未集中居住的散居院落面临发展等问题也迫切需要将党员凝聚起来，党的组织建设面临不少难题。一方面，散居院落党员分散凝聚不易。都江堰传统的村庄依林盘而建，农民分散居住在大小不一的院坝里。这些院子最小的只有几户居民，最大的也不过二三十户，而里面党员更少，相当一部分院子没有党员。由于党员数量少，居住分散，无法成立党小组。一位社区书记说：“院子里就一两个党员，支部很难管到他们，党员不起反作用就是好事了。”加上城乡一体化的发展，散居院落农户的生活方式逐渐向城市靠近，单个党员有限的能力难以满足农民的要求。二是集居区党员混乱管理无方。2008年以来，都江堰不少农村地区改变散居的生活方式，搬进集中居住区，目前全市集中居住率达到了70%。由于入住时打破了原来的村组建制，结果出现“书记找不到党员、党员也联系不上组织”的情况。一位社区书记愤慨地说，“入住社区后，党员更加散漫了。有的党员看到是你书记的电话号码，直接就把电话挂掉了”。以会元桥社区馨苑小区为例，该小区的56名党员来自原来的 11 个社区（村），由于党员归属不同的党组织，如果不创新管理方式，党员管理将会十分困难。

第二节　党组织建在院落，融入自治

自 2013 年起，都江堰为了探索村民自治的有效实现形式，在自然院子的基础之上，划分了规模适度的院落单元。然而，由于过去的自然院落规模相对比较小，人数少，党员人数就更少，有的院落甚至没有党员，如何在重新组建的院落单元当中，充分发挥党员的先锋模范作用，实现党组织的有效覆盖，推动院落自治的长效发展，是都江堰面临的一大挑战。

一　以重构组织单元搭建引领基础

基层党组织的有效覆盖，是发挥引领作用的前提与基础。都江堰市在院落划分的基础之上，将党组织建立在院落中，根据党员的分布情况，灵活设置党支部与党小组，让党员找到组织、拥有归属，从而进一步激活党员的服务积极性，发挥党员的引领作用。

（一）院落党组织激活民力

都江堰传统村庄依林盘而建，村民小组小而分散，党员也散落在各村小组中，彼此之间联系少、互动少，党组织在基层的引领作用难以发挥。2013 年以来，都江堰以激活党组织运转为目标，摸清院落党员的身份，对部分规模相对较大、党员人数达到 3 人以上的散居院落，按照“便于党组织发挥作用，党员经常开展活动”的原则，突破原有党小组的区域限制，以院落为单位，采取联合组建或单独组建的方式，重新构建院落党小组，优化党小组功能设置。截至目前，都江堰已明确了 2255 个农村散居党小组的归属，成立 1032 个院落党小组，有效提升了党组织在院落的组织覆盖。在村党支部的领导下，通过院落党小组为平台，依靠、联系每一位党员，有利于党组织更好地了解群众所想，从而依靠群众、服务群众，拉近与群众之间的关系。以柳街镇为例，在构建“美丽我家，美丽我院”的行动中，全镇的散居院落共成立党小组 107 个，成功将过去撒在“点”上的党员串起来，每个党员都有了新的“归属”和行动上的依托，增强了党员的服务意识，基层党组织得以有效运转。

（二）院落党支部引领互动

随着城镇化的快速推进，都江堰不少农村从过去的散居转变为集居，有的乡镇集中居住率达到了99%。村民入住社区后，突破了原有村民小组和行政村的建制，出现了大量混村、混组、混楼的高度杂居的情况。和平社区同一个小区居住最多达11个村、69个小组的村民，是全市集居区混居度最高、情况最复杂的乡镇。支书找不到党员，党员也联系不上党组织，党组织难以发挥作用。为此，都江堰以小区为单位，灵活设置党支部，破解党员管理难题。以蒲阳镇和平社区为例，为了有效管理集居区的居民，发挥党员的作用，和平社区党支部于2012年11月15日，针对刚入住建设A区的80名党员，成立了建设A区临时党支部，《建设A区临时党支部党员管理办法》规定，除本社区的原籍党员外，其他社区党员均可将党组织关系移至现居住的安置点临时党支部，按属地原则纳入临时党支部管理，安置点的党员施行“党员报到、双重管理”制度。又如聚源镇创新党员管理，探索“支部进小区”模式。2012年7月在羊桥小区成立临时党支部，由镇机关干部担任支部书记，4名支部委员由属地社区党员推选产生。支部党员既参加原社区支部组织的活动，又参加小区支部活动，实现了“双轨管理”，从而最大限度地发挥了党员的服务能力。通过灵活社区院落党支部，以党员为骨干，发挥模范带头作用，将群众凝聚起来更具有可行性。

二　以引领民主议事拓展自治内容

2007年年底，成都市委前瞻性地提出了完善农村基层治理机制的总体要求，并于2010年，出台了新型村级治理机制的4个配套制度。在院落党组织得到有效覆盖后，都江堰市委从引导建立村民议事会出发，不断加强对村民议事会的领导，积极拓宽民意收集渠道，有效规范了村民自治的内容。

（一）引领村民议事会的成立

村民议事会作为村级自治事务的常设议事决策机构，对村庄的发展起着越来越重要的作用，但由于村民议事会对于我国基层来说，属于新生事物，可借鉴的发展经验少，必须由党委进行政策、原则上的指导，引导各村建立村民议事会。为规范村民议事会的组建与运行，2010年，都江堰市委组织部出台《都江堰市村民议事会组织规则（试行）》，对村民议事会的职责、运行规范、权利义务等做出了明确的规定。同时，村党组织书记天然的作为村民议事会议事长，有利于保障议事会发展的正确方向。除了罢免村议事会成员和村小组议事会成员外必须由村党组织受理外，在更多的时候，各级党组织只是积极地为村民议事会、村民小组议事会成员履行职责创造条件，组织开展各类活动，加强学习培训，表彰优秀议事会成员，调动议事会成员参与村、组自治事务决策的热情，促进议事会成员规范、高效议事。为了保证议事会具有广泛的民意基础，村民小组议事会成员由村民直接选举产生，村民议事会成员从村民小组议事会成员中选举产生。为了保证议事会成员的广泛性，要求村民议事会一般不少于 21 人，村民小组议事会一般不少于 5 人。为了保证村民议事会成员的代表性，村民议事会成员实行结构席位制，每个村民小组有 2 名以上村议事会成员。特别是为避免议事会成为“干部会”，提高议事会的公信力，村、组干部不得超过议事会成员的 50%。通过党组织的引导规范、村民自主建立，村民议事会在都江堰各村纷纷建立起来。

（二）引领村民议事会的运行

在各村议事会逐步建立起来的基础上，都江堰于 2010 年出台《都江堰市加强和完善村党组织对村民议事会领导的试行办法》，致力于进一步加强和改进党的领导，巩固村党组织的领导核心地位。从整体来看，都江堰村党组织对村民议事会的领导主要体现在以下几个方面：其一，由村党组织书记兼任村民议事会召集人，主持和召集村民议事会；其二，村党组织负责接受和审查村民议事会、村民小组议事会的议题，对不符合村民自治权限和违反政策法律的议题，不是议题提出人真实意思表示的议题，不予上会；其三，对涉及本村长远发展和农民群众普遍关心、关注的重大议题，村党组织在提交议事会议决前，召开党员大会讨论，提出建议方案；其四，发挥党员议事会成员的作用：在选举中，鼓励党员参与议事会成员选举；在讨论表决中，要求党员站在全局、整体、长远立场上，积极发表意见，正确行使表决权；在执行中，要求党员主动宣传、带头执行；在监督上，党员广泛听取群众意见，对执行环节严格把关，确保议事会决定落到实处。同时，加强非党员议事会成员的教育培养，将具备条件的优秀骨干及时发展入党。据初步统计，2010 年，全市在议事会成员中党员占

40.1%以上，在农村新发展党员中，议事会成员占50%以上。正是村党组织对议事会的有效领导，充分调动起党员的先锋模范作用，激发村民参与自治的热情与动力，让议事会的运行更加规范，议事能力不断得到提升。

（三）引领社情民意的收集

过去，都江堰的基层党员干部多是坐在办公室等群众上门，党员不下基层，难以听见群众最真实的声音。为有效落实院落自治，2013年以来，都江堰市以转变党员思想为切入点，积极拓展民情民意的收集渠道，让党员来到村民身边，让群众的声音被听见、受重视。一是基层党员干部下“院落”。首先由乡镇党员干部带头，通过入户访谈、“坝坝会”、夜话等方式，从“案头”走到“院头”，了解民意诉求，建立“民意台账”，解决群众问题。大观镇还提供“双休日预约”服务，由村民预约乡镇党委干部，面对面反映问题，使党员干部走到民情第一线。同时，村组党员干部也要主动“入农户”。2015年，柳街镇15个村、218个组的党员干部全部入院进户，亲近群众，梳理院落发展中亟待解决的问题，将能化解的矛盾在家门口立即化解。二是“坝坝会”群聊需求。都江堰市创新性地将过去命令式、动员式的党建“座谈会”，转变为轻松自在、群众喜闻乐见的“坝坝会”，在日常闲聊中发现群众的需求。为了解群众需求，2015年以来，柳街镇已召开“千人坝坝会”20余场、社区坝坝会50余场、院落“坝坝会”200余场。通过“坝坝会”的“亲民”形式，收集群众意见建议1260余条。滨江街道甚至建立起“周会商、月见面、季恳谈”的“坝坝会”制度。三是第三方媒体“晒民意”。为进一步加强党员干部的服务意识，都江堰还通过第三方媒体，采集、报道群众需求。2013年，柳街镇邀请都江堰市电视台入村，对全镇364个散居院落进行采访，并组织党员干部集体观看采访视频，让党员干部重视群众的需求。

三　以发挥党员作用激活群众自治

村民议事是基层民主的重要内容，也是党领导下村民自治的重要组成部分，通过引导村民议事会的建立，领导议事会的运行与规范，来充分凝聚党员的力量，发挥党员作用，最后激活群众的自治活力。

（一）激活群众自治意识

都江堰市通过立足院落，重新寻找群众的利益诉求点，依托院落共同利益，谋求院落的治理发展。随着全市727个散居院落党小组的相继成立，有效地将基层松散的党员队伍重新集结，党员有了归属感、责任感，服务意识大大增强。院落党小组在成立后，积极引导院落群众民主选举成立业主管理委员会等自治组织，推动院落治理发展。2014年在柳街镇各级党组织的领导下，由群众共同协商，确定2015年每人缴纳20元的物业管理费，并通过每个月的“星级”家庭评选，在年终按照2元/人·月的标准返还给群众。群众自己制定的规则，参与热情大幅提高，不仅积极投入卫生整治，还帮助邻里开展互助活动。党组织的有效融入，激发了院落自治的活力。2014年都江堰院落治理合格率超过93.80%，群众对院落治理满意率达98.60%。

（二）提升群众自治能力

都江堰市在实行以院落为治理的基本单元的基础上，高度凝聚院落内党员的力量，充分发挥党员的先锋模范作用，带领群众实行院落事务的自治，使群众从“不愿参与”、“不能参与”变为了“愿意参与”、“乐于参与”。一是搭建了参与平台。在党组织的扶持下，都江堰群众可以通过自治组织和社会组织充分参与到院落的管理和发展中。水月社区村民周仕强通过成立民宿旅游协会，带领17户村民发展民宿旅游，通过党员精英与致富能手的合作，带动了院落中18农户参与旅游服务，村民收入提高了，对院落事务的责任感也变强了，更加积极地参与到院落自治当中来。二是畅通了参与渠道。通过党组织经常召开的院落“坝坝会”、民评民审、院落例会等活动，院落村民即可充分对院落事务发表自己的看法，与村两委交换意见；同时，还可以通过提供志愿服务、带动经济发展等活动的形式，让村民的意见表达出来。三是激发了参与热情。通过群众自主决策和完善的制度保障，村民参与积极性极大提高。金龙社区李家院子村民以有限村公资金购买材料，自己投工投劳的方式，共投1100个工，折价近140400元，整修了村里的通户道路3366米、活动广场2个（共计353平方米）。

（三）促进党群治理互动

都江堰通过创新融入性党建，将党组织建在院落，不仅拉近了党群距离、化解了党群矛盾，更重要的是推动了党群之间的互动合作。民兴社区党支部结合社区实际，积极转变农业产业发展模式，由党支部引导、党员带头、广大群众参与，先后成立了金丝瓜种植农业专业合作社、盆景制作农业专业合作社 3 家农业专业合作社，大大增加了居民的经济收入。同时，党组织积极与各类社会组织合作，提供群众需要的服务，改善群众生活，调解群众关系，增进党群信任。2014 年，柳街镇依托志愿服务组织，开展了邻里互助 126 人次，调解矛盾纠纷 216 人次。柳街镇党委书记说："以前让群众开会不发点东西是不会来的；现在只要吆喝一声，大家就到院子里来了。"现在，党员为群众做实事了，交流互动比以前频繁，将党群从过去"对立"的双方转变成"合作"的彼此，共同为社区发展、农民致富努力，实现了党群关系的和谐发展。

第三节　党组织灵活设置，融入发展

2015 年中央一号文件明确提出，要"激发农村社会组织活力"。在都江堰经济社会快速发展的过程中，社会组织得到培育与发展的空间，现已逐渐成为基层治理的多元主体之一。都江堰市将党建工作与基层发展相结合，将党建工作融入群众最关切的发展领域中，通过活设党组织，将其建在产业链上、融入社会组织中、带入文化活动中，以党组织的有效覆盖，畅通党组织微循环功能，并通过党组织的有效引领，带动党员与群众作用的发挥，推动基层社会的发展，促进党群关系的融合。

一　党组织建在产业链上

增收致富是群众最主要的民生需求之一。过去，都江堰农村的产业发展实行"散打模式"，群众自己干自己的，发展相对缓慢。为此，都江堰将引领产业发展作为基层党建的重要内容，着力提升基层党组织和党员服务经济发展的能力。

（一）落实产业党组织的有效覆盖

为加强基层党组织对产业发展的引领作用，整合产业发展资源，都江堰市依"大园区、大党委、大党建、大产业、大发展"的思路，将党组织融入产业发展之中，在产业园区建立产业党委，在合作社、公司中建立党支部，通过对园区内经济实体实施政策扶持与引领，助推产业的转型升级。以天马镇为例，2015 年 4 月，建华社区召集 4 家葡萄、2 家草莓、1 家蓝莓、1 家蜡梅种植合作社 8 名党员业主和产业工人和社区种植户代表在永兴葡萄园办公室召开永兴葡萄合作社党支部成立大会。合作社党支部的成立，正是都江堰将党组织融入产业的重要表现，通过构建产业型党支部，将分散在各协会、各社区中的党员精英凝聚起来，在提升党员能力和向心力的同时，引领社区经济的发展和转型。6 月，天马镇立足“万亩绿海农趣园”，依托“德弘—四季农庄”为中心，组建“现代农业产业园”产业党委，通过产业党委突出党建对产业发展的引领作用，整合园区内产业、人力、技术、信息等资源，协助编制和调整农业产业发展规划，对园区内农业经济体实施政策扶持、转型升级等工作。同时，“现代农业产业园党委”还下辖德弘公司、永兴葡萄园 2 个产业党支部和金陵、金华等 7 个社区党支部。通过党委和支部的引领，为村民创建了一个沟通、交流、服务的便捷平台，充分发挥党员的先锋作用，由于社区产业规模化、抱团发展，拓展农产品销售市场，打造地方品牌，增强共同抵御风险的能力。

（二）强化产业党委的组织保障作用

经济基础决定上层建筑，在经济社会发展中推进党的建设，关键要发挥好党组织的领导作用。都江堰创新性地将党组织融入经济发展中，以产业党委为重点，加强对农村经济发展的引领。一是制定产业发展规划。为抓住市场发展机遇，尽快推动农村经济的发展转型，都江堰产业党委快速摸清了产业园的人口、土地等基本情况，并在此基础上编制全镇产业发展规划，编制园区控制性规划和详细规划，通过党的领导，保障产业发展的正确方向。同时，还建立起台账制度，凡是群众反映过的问题，党委都将落实其解决情况，做到心中有数。二是领导开展针对性活动。为提升各经济实体的竞争力，都江堰各产业党委根据辖区内的经济需求，开展了多种多样的针对性活动，突出严管土地流转、项目引进、综合服务、技术培训、品牌培育等，有效提高了农民的经营技能，同时，通过网络、电视、电台等信息媒介及新媒体，对辖区内产业发展情况进行宣传，创造本地品牌。三是健全相关工作机制。为规范产业园区内党员与群众的行为，提高产业园区建设的规范化与制度化，都江堰逐渐完善了园区的管理制度、会议制度、活动制度等各项工作制度，形成一套完整的工作机制，并定期召开会议，定期向镇党委报告党建工作推进情况。通过产业党委的组织引领，都江堰各镇的经济发展逐步走上了新的台阶，只有党的有效领导，才能保障经济转型与发展始终走在正确的轨道上。

（三）依托产业协会党组织引领协会发展

农村经济的发展，除了有产业型党委的引领还不够，需要充分发挥群众的力量，鼓励、支持产业协会的发展，并通过协会党组织的引领，有效整合区域优势资源，带动产业发展。一方面，从致富能手中发展壮大党员队伍。为提高协会党支部的经济引领能力，都江堰鼓励从协会党支部中致富能力强、带富能力强的青年农民中，发展党员，壮大协会党员队伍。积极引导协会党支部和党员在社区发展规划中积极建言献策、服务农民增收，不仅提高了党员队伍的能力，还增强了协会党员的凝聚力，有助于更好的服务协会发展。另一方面，采取灵活多样的管理模式。各镇街经济发展模式、治理结构的差异，会产生不同类型的管理方式，“一刀切”是党建工作的大忌。为此，都江堰结合地方特色，因地制宜地采取灵活多样的管理模式。聚源镇作为都市现代农业区，其产业在发展过程中，采取的是“社区支部＋协会＋农户”的管理模式，社区支部指导本社区土地适度规模集中和农业项目招商，协会支部因地制宜指导本协会对农业产业结构进行调整，发挥农户中党员的带头和积极作用，参与项目实施，促进经济发展。都江堰充分发挥协会党支部的带动作用，在各地成功打造出多类特色产业园。聚源镇在成灌高速两侧建立可食用观赏植物产业园区；成灌高速另一侧发展休闲旅游观光农业；沿天府大道两侧的乡村农家特色旅游以及沿聚青线两侧的规模花卉、苗木景观农业经济。崇义镇以新农村综合体“沪都农庄”党支部为代表的产业园区党组织，建立起都市现代农业和乡村旅游，加强了以农村集体经济组织、农民营销大户为核心的专业合作社党建工作。

二 党组织融入社会组织

特别是随着都江堰城乡“一体化”建设的不断深入，农村的服务需求急剧增加，但有限政府难以满足当前基层社会的全部需求，因此，各类社会组织应运而生。都江堰充分引领社会组织的发展，通过党组织的融入，带动群众积极参与，撬动“民力”。

（一）“双培双管”激活党员融入

过去，基层党建最大的问题在于党员的活动内容范围窄，仅限于党支部内的组织活动，很难组织起来，发挥服务群众的效应，为此，都江堰市实行党组织设置的创新，将党组织融入了产业、社会组织以及区域当中，为进一步保障党员在产业型或功能性党组织当中活力的持续性，都江堰探索出“双重管理”机制，即打破原来的社区支部的管理模式，使党员既参加原属社区支部的组织活动，由社区支部管理党员的组织关系，但同时各个党员加入到各类功能性党组织中，由功能性党组织管理党员的服务活动，实现党员的“双重”管理。该管理模式的运行，有效调动了党员参与社区活动的积极性，原来村辖支部的党员现在依党员特长分散到各个功能性党支部，促进了沟通、交流与“融合”，并且以党员的“融合”，带动了社区群众的“大融合”。同时，通过“双重”管理实现了“党员—活动骨干”之间的“双向培养”，激发了党员群众互动融合的热情。柳街镇充分发挥社区党组织和党员示范引领作用和“双培双带”工作机制依托院落整治成果，围绕群众意愿，大力发展院落经济，提高了群众热情，增强了党员队伍的整体能力。

（二）抓实社会组织的多元培育

社会组织的培育是群众主体的重要体现，是结合党建服务与群众需求的重要平台，是都江堰“统筹城乡综合配套改革”进一步深化的关键环节。都江堰市坚持以“党委领导、政府支持，上下合力、部门联动，社区牵头、居民参与”的工作方针，通过调查研究、召开社区居民代表、党员代表等参加的座谈会和设立征求意见箱等形式，广泛征求意见和建议，摸清群众的需求，将社区内的居民急需的服务项目、可为民服务的人员、可利用的服务设施进行梳理，分类建档，为社区民间组织培育发展奠定基础，有效抓实了社会组织的多元培育。一是重点培育孵化本土专业社会组织。坚持分类扶持、公开透明、绩效导向的原则，重点扶持社会需求度高、影响力大、在特定领域能够发挥突出作用，具有典型示范作用和社会影响力的社会组织。二是鼓励社会志愿服务群体成立社会组织。以党员为骨干，群众为主体，充分发挥党员示范带动作用和群众主体作用，鼓励党员个人和所在单位有志愿服务意愿的群体成立备案类社会组织。三是加大外来专业社会组织引进力度。积极引进具有先进管理服务理念的专业社会组织，对社会组织的培育和发展工作进行指导，提升社会组织孵化能力。四是在社会组织运行过程中，坚持党建指导社会组织建设，强调以党的组织要求规范社会组织行为，推进党组织建设与社会组织管理同步进行、协同发展，使社会组织真正成为党组织联系服务群众的桥梁和纽带。自今年4月中旬来，柳街镇在全镇探索培育了58个社会组织，同时在条件成熟的社会组织中建立党组织，并鼓励党员创办、党员领办。

（三）提升对社会组织发展的扶持力度

社会组织的长效发展离不开党组织的扶持与保障。都江堰市党委在社会组织的发展过程中，不断增强对其发展的扶持力度，给社会组织的发展提供充足的空间，让党员的带领作用得到最大效用的发挥。一是降低社会组织备案的门槛，目的就是要鼓励群众根据日益多样化的需求，在自主、自愿的基础上通过合作、协商，自发组建承接社区服务、行业商会、产业发展以及公益慈善类等多元化社会组织，拓宽群众有序参与经济社会建设和社会公共事务的渠道。二是保障充足的资金支持。对于发展困难的社会组织，都江堰为其提供专项的发展资金，重点用于政府向社会组织购买服务项目的配套支持、扶持公益性社会组织的发展。三是提供社会组织的场地支持。为支持社会组织的发展，都江堰基层党组织积极为社会组织提供场地支持。鹤鸣社区留守儿童多，为关爱留守儿童，由社工组织成立了“留守儿童之家”，社区党支部了解后，积极为他们提供了一处场所，用作留守儿童学习和玩耍的地区，保障了儿童的安全，也支持了社会组织的发展。

三 党组织引领文化发展

随着城乡一体化进程的加快，基层群众的文化需求也随之增长，都江堰市基层具有深厚的文化底蕴，但是基层群众对文化活动的参与热情却并非与之相称。都江堰创新性的将党组织融入文化建设中，通过党组织重构、院落文化小组的激活，以及党员的带头示范，充分引领都江堰基层文化的发展。

（一）以文联党组织凝聚党员

自古以来，都江堰市基层文化底蕴深厚，爱好文化活动的群众也非常多，特别是喜爱文艺活动的基层党员很多，但是，由于都江堰党员分布分散，大多党员分散在各自的村小组当中，彼此联系少，文化活动的规模小，大多是感兴趣的几个人举办个小型的活动，参与人数少，在群众中的带动力有限。为此，都江堰建立文化组织党组织，通过党组织的建立，让一定范围内的党员有了组织依靠，有了开展活动的平台。2014 年 3 月，都江堰市天马民间文艺联谊协会正式成立，为充分发挥文化在基层治理中的引领和带动作用，2015 年 5 月，天马镇正式成立天马民间文艺联谊协会党支部，下设 3 个党小组，已吸纳民间文艺爱好者 130 余人，其中党员共有 36 人，并以此为依托，充分发挥党员的先锋作用，积极创作优秀的文艺作品，以文化形式传播国家政策与治理理念，通过以文"化"人实现基层治理的创新。天马民间文艺联谊协会党支部成立后要紧紧围绕党委政府中心工作，把文化宣传与引领工作贯穿到社会治理、产业发展、乡村旅游、公共服务满意度、依法治镇、从严治党的全过程，在各社区、农集区、散居院落开展 100 场巡演活动，持续扩大覆盖面和影响力，创新塑造特色，打造天马文化品牌。6 月 8 日，天马镇在金陵社区金陵花园隆重举办"天马镇 2015 年以文'化'人百场文艺巡演"启动仪式，在文联党支部的引领下，各个村社的党员纷纷带头，与文艺精英一起，编排了 15 个节目，共有 300 多村民参与。节目充分展示天马的历史人文风情，展现时代特色，符合群众文娱生活需要。正是党组织的建立，让党员与群众文艺精英的作用有了发挥的舞台，更带动身边人共同参与到文化活动中，为基层营造良好的舆论氛围打下了坚实基础。

（二）以各类文化组织激活群众

随着都江堰经济社会的快速发展，群众的兴趣与利益诉求多元化的趋势逐渐形成，由于信息化社会的来临，各种思潮、文化对群众的思想分化加剧，社会思想趋向"碎片化"。在基层党建工作的开展中，必须要尊重群众兴趣，通过文化组织的构建，让群众能有序地参与社会文化活动，防范不良思想在群众中的传播。通过党组织的支持，党员的带动，让群众更多地参与到文化活动中来，既能有效满足群众的精神文化需求，提高其思想文化素质，同时还能提升群众的参与能力与水平，提升社区的文化层次。都江堰正是在此基础上，由党员牵头，成立了各类文化活动组织，群众的参与热情空前高涨。在社区中，各镇街纷纷鼓励群众依照个人的兴趣爱好，在党员的组织参与下，成立各具特色的社区文化队伍。例如，柳街镇从村民的爱好出发，在社区建立了柳风农民诗社、柳风艺术团、合唱团、舞狮队、腰鼓队、秧歌队、舞蹈队等多支文化队伍，通过活动的参与，培养了230名文化活动积极分子。同样地，蒲阳镇群众也基于自己的兴趣，自发地在社区建立了舞蹈队、合唱队、老年协会等不同的社区组织激发了群众的热情。此外，随着院落单元的建立，都江堰群众在院落中，也与左邻右舍一起，积极投身到文化活动中来，丰富闲暇的群众生活。如仙鹤社区就成立了6支院落文艺小队，该社区蒲家院子共有居民25户，就成立了舞蹈小队和民乐小队2支文艺队伍，每当夜幕降临，院落内载歌载舞，参与者不少于50人，文艺活动逐渐成为村民们的新习惯。在一些文化组织发展较好的村镇，例如天马镇，则在各级活动组织的基础上，成立了民间文艺联谊协会，协会对各文化组织的有效规范，更能把握好文化活动开展的方向与正确的舆论引导。

（三）以党员带头参与带动文化培育

针对群众日益增长的文化需求，都江堰不断拓展文化服务内容，通过党员的带头示范，丰富群众精神文化生活，转变乡风民风。为在群众中营造良好的文化氛围，都江堰各镇街积极开展村（社区）的文明评比会、分享会，以党员为重要主体，带动群众，以群众喜闻乐见的形式，一起分享身边人的身边事。2014年6月28日，金龙社区开展“文明家庭”评比活动，按照家庭美德、家庭环境等标准，从众多参与者中选出50户“文明家庭”，树立家庭模范标本。向峨乡在各社区轮流开展“讲传统故事，寻身边好人”的分享会，向现场村民介绍邻里互助的真实故事，其互助友爱的行动感染了所有村民。7月在棋盘社区召开的分享会，吸引了近100位群众聆听。在党员的带头分享下，群众纷纷愿意走上讲台，既是一种情感的交流，更是一种宣传良好文化美德的有效渠道。除此之外，都江堰还鼓励党员充分发挥个人特长，主动承担村（社区）的文化建设工作。例如，仙鹤社区的蒲家院子，为了充分弘扬邻里有爱、互帮互助的传统美德，院落鼓励党员干部带头，主动将宣扬传统美德和院落文化的绘画、诗歌等画上自家门前外墙上、走廊上、院落中的“文化墙”，看到党员的家变美了，其他群众也纷纷走入绘画“文化墙”的大军，一起描绘美丽的院落，一起构建美好的院落文化。现在，家庭和睦、邻里有爱、文明和谐已经成为各大院落构建文化氛围的宗旨。

第四节　党组织走进群众，融入服务

习近平总书记指出，“人民群众是我们力量的源泉”。党员融入群众是凝聚民心的基本遵循。融入式党建工作无论融入自治单元，还是引领基层发展，最终的目标都是要服务好群众。过去，我们的党建工作往往是凌驾于群众之上，替民做主，党员干部工作也做了，但是却得不到群众的拥护。因此，都江堰融入式党建的重要内容，就是党员干部走进群众，转变服务方式、打造服务平台、创新服务载体，主动去服务群众，将党建的服务工作落到了实处。

一　转变服务方式，党员走进群众

为了增强党引民治行动动力，都江堰转变服务方式，强化党组织的服务能力，以群众需求为导向，以提升服务为抓手，让群众动起来，最终实现党群互动。

（一）党员下基层，问需求

群众的需求是党员努力的方向。都江堰始终将群众需求作为工作的出发点和立足点，眼睛向下看、工作向下做。一是半月工作法，寻找需求。永丰街道永寿社区推出的“半月谈工作法”，即支部成员每半个月到不同的村民小组开会了解村民的想法、收集民意、化解矛盾、及时反馈。二是融入生活，摸清需求。向峨乡棋盘社区的党员干部，通过与农民喝茶、与农民打牌、与农民跳舞，融入农民生活，摸清群众需求。三是建立台账，跟踪需求。为了跟踪群众需求，都江堰各个社区开始建立台账，将所有关于群众需求的问题全部记载下来，便于开展问题的解决，也有利于后期的责任认定。历史遗留问题较多的灌口街道，也于2015年3月底前建立起三本台账：党员信息台账、困难群众台账、民生诉求台账。都江堰通过众多举措，切实了解到民需，让群众真正感受到党组织的行动力。

（二）党员带头干，送服务

为了挖掘群众的自我服务能力，都江堰基层党组织创新服务方式，打破了“党员干群众看”的局面。一是“定制服务”，暖民心。针对特殊人群，都江堰基层党组织提供“定制服务”，比如永丰街道的有爱社区开展

“幸福里有爱”行动，温暖民心。二是“预约服务”，带民动。从2011年开始，大观镇创新领导干部“双休日预约”服务，把群众反映的热点、难点、棘手问题放在时间相当从容、宽松的双休日，由当事人预约主要领导，自行选择地点，面对面的交流，把问题弄清楚，将思路理明白。三是“联合服务”，凝民力。为了有效补充党的服务，奎光塔街道龙潭湾社区以“两团互动”的形式开展服务，由党员干部组成的综合服务团，与群众代表组成市民协商议事团，上下对接，互为补充，满足群众的服务诉求，带动群众从等待服务为自我服务。

（三）质量群众评，促提升

都江堰以群众评议党员服务，为了提升服务质量，让沉默的大多数获得“发言权”。一是党员给群众“晒单”。为了更好地发挥党员的带头作用，和平社区创新性地采用党员主动“晒承诺”的方式，将党员的承诺张贴于公示栏，主动接受群众监督。二是群众为服务“签单”。党员每次入小区为群众服务之后，由群众对服务的时间、方式、质量等打分并签字确认，以此作为年终党员积分测评的依据。三是群众代表为服务“打分”。都江堰将党员服务与党员积分测评结合起来，以此激励党员的服务热情。2015年4月10日，和平社区召开组织测评大会，由党员和群众代表进行测评，最终党组织测评得分为96分。其中，林先生提出党组织在工作制度中有两项存在不足，应扣4分，得分11分。

二　打造服务平台，便捷党群生活

都江堰为增强服务水平，保障服务质量，在基层搭建起多类服务平台，有效提升基层党建工作水平。

（一）全域设立网格化服务平台

自2013年始，都江堰以“网格化管理、社会化服务”为方向，以信息化支撑，以集中体现“服务于民”与“源头治理、综合治理、系统治理、依法治理、动态管理”为宗旨，开始着手搭建网格化服务平台。2014年，都江堰市进一步推进以信息化为支撑的网格化服务平台管理，落实工作保障，并通过整合资源、强化服务等措施，充分发挥出网格化管理平台优势，切实为群众服好务、办好事，有效拉近了党与群众之间的距离。截至目前，全市共划分543个网格，严格规定网格员的职责和服务内容，通过网格化管理平台的优势，实行党员干部包片区负责机制。都江堰网格化服务平台的关键就是将服务工作明确分工、落实到人。2013 年，柳顺社区在院落整治期间，通过党员干部的包片负责机制，由党员干部联系 1—3 位积极分子，先做通少数群众的思想工作，再经过多次会议讨论、交流，最终得到群众的全部支持。除此之外，棋盘社区也通过党员的包片负责，将所有的群众均分到每位党员那里，包片的党员必须定期走访群众，了解群众需求，并在例会上进行汇报。通过这种网格化的服务平台，党群的关系更近了，群众反映问题的方式更加便捷，更加有利于群众需求的满足。

（二）应需搭建“流动党员服务站”

随着都江堰市的快速发展，越来越多的青年农民从村庄中脱离出来，走上外出打工的道路，党员由于自身素质和能力较一般农民高，因此，外出打工的比率更多。越来越多的流动党员出现，如何做好流动党员的管理工作，如何服务好流动党员，是基层党建工作中必须考虑的问题。为了提升对流动党员的服务水平，让流动党员不至于在外出务工过程中失去组织依靠，都江堰市应需在街道成立了流动党员服务中心，在社区成立了流动党员服务站，统筹设置了流动党员支部，使流动党员找到了“家”的感觉，作用得到充分发挥。如地处安青社区的珍发酒店老板李珍发是一名流动党员，由于组织关系在阿坝州，他已多年未过一次组织生活，更别说参与社区工作了。“流动党员服务站”成立后，他主动到社区报到担任起了联络员，积极参与社区建设与服务等各项活动。社区党组织充分发挥这些流动党员的作用，让他们在社区管理、城乡环境综合治理等方面唱主角，调动他们参与社区建设的积极性，从而使社区党建工作开展得丰富多彩。

三　创新服务载体，打造服务品牌

基层党建工作开展的成效，与党员与群众的参与程度直接相关，都江堰市为提升基层党建工作的水平，不断创新服务载体，让党员与群众的服务参与有平台，同时，通过打造一系列具有都江堰特色的服务品牌，将基层党建服务工作落到实处。

（一）“院落党员骨干队伍”有效带动

为了将党员的先锋示范作用充分发挥出来，通过党员的示范，带动群众的共同参与，都江堰积极鼓励各村社根据实际情况，组建党员志愿服务组织。都江堰市以院落党员为主体，动员在院落居住的“两代表一委员”、离退休老干部、老教师、老工人和企业家等有经验、有威望的人力资源，成立了2362支院落党员骨干队伍，志愿服务对成员带头做服务群众表率，与2013年的236支党员志愿服务队相比，增加了近十倍。同时，金陵社区等多个社区还建立党建服务中心，配备党建工作专职人员，及时解决群众问题。柳街镇将分散的1000余名农村散居院落党员重新凝聚起来，让党员在院落中找到了组织归属，增强了院落党员责任意识，让群众始终感到党组织在身边、党员服务在身边。为了让广大党员“平常时候看得出来、关键时刻站得出来”，及时组建了879支院落党员群众骨干队伍，发动党员争做文明修养、家庭和谐、环境卫生、服务群众的表率，把服务群众落实到党员的日常行为和经常性活动中，使每一名有服务能力的党员有岗、有责、有为。

（二）“服务团”与“观察团”良性互动

“两团互动”是都江堰在网格内探索的独创形式，奎光塔街道为其试点，也是都江堰基层党建工作的品牌之一。一方面，其对应9个社区，奎光塔街道将52名街道干部、72名社区干部、44名网格员整合为9个“社区综合服务团”，每周至少3个半天到网格中开展服务，在服务过程中收集民意、解民所需、激发参与。通过党员走进群众，收集民需、民愿，切实关心群众，快速解决群众难题，将党群关系快速拉近。同时，由社区公开招募“两代表一委员”、社区退休干部、老党员、院落议事长组成“市民观察团”，专门对街道决策事项、重大民生事务、信访案件办理等进行评估和监督，有效提高“服务团”工作的科学性和实效性。正是“服务团”的有效服务与“观察团”的有效监督，在党员与群众的交往中形成了良性的互动，党员在服务中起到了先锋示范作用，通过党员的带头服务，带动了群众服务意识的提升，并积极参与到服务队伍当中，而“观察团”的存在，则保障了党员的服务质量，提升了服务水平。

（三）“乡村夜话”等活动促进党群沟通

基层党建工作要想做得好，必须要深入群众。都江堰积极转变党员的工作作风，让党员干部深入基层，打造出诸多党建的服务品牌。为让党员干部下乡能以群众喜闻乐见的方式进行，都江堰根据基层群众平日里喜欢聊天的性格，积极开展“坝坝会”、“乡村夜话”、“党委会进农家”等活动，在自由轻松的环境中，与群众进行面对面的交流，党员干部的架子没了，群众畅所欲言的氛围出来了。仅天马镇2015年上半年就开展“乡村夜话”活动26次，主动有效解决了93个群众问题。另外，永丰街道永寿社区推出“半月谈工作法”，支部成员每半个月到不同的村民小组开会了解村民的想法、收集民意、及时反馈，有效改变了群众诉求难反映的局面。党员干部亲自到院落“找”需求，构筑了党群新的沟通桥梁。而大观镇则创新“双休日预约”服务，把群众反映的热点、难点、棘手问题放在时间相当从容、宽松的双休日，由当事人预约乡镇主要领导，自行选择地点，面对面的交流，使党员干部走到民情第一线。通过诸多党建服务品牌的创建，有效提高了党员的服务水平，将基层党建服务工作实现了高效“落地”。

第五章　组织培育:打造多元支撑的治理载体

2015年中央一号文件提出要“激发农村社会组织活力，创新和完善乡村治理机制”。随着国家治理能力和治理体系现代化的进一步推进，社会组织愈来愈成为社会治理的重要主体和依托，其参与到公共服务和社会管理实务中，能够有效弥补政府公共服务供给不足，形成政府与群众“共同治理”的良善局面。当前都江堰市正处于改革的攻坚期，伴随着新型城镇化建设的深入推行，基层许多新的社会问题层出不穷，传统政府主导的一元治理不再能够适应基层社会发展的需要，出现了包办型治理难以继续、单向度治理难以奏效的困局。

基于此，都江堰市按照十八届三中全会提出的“创新社会治理体制”的改革要求，转变治理理念，变“一元治理”为“多元共治”，依托社会组织探索基层治理的新模式。具体而言，就是都江堰大力孵化和培育社区社会组织，尤其是根植于农村社会的草根组织，通过这些组织的功能发挥带动群众进行自我管理、自我教育、自我服务和自我监督，弥补政府能力有限、群众参与缺失的不足，从而激发了群众作为治理主体的活力，实现了经济自治、社会自治和文化自治，推动了政府治理、社会参与和群众自治的良性互动。

第一节　政社失衡,呼唤基层多元治理

中国长期以来是一个缺乏公民社会传统的国家，呈现“强政府、弱社会”的格局，政府与社会高度合一，社会被纳入政府的权力体系中，

行政权力体系在经济与社会发展资源配置中占绝对支配地位。[①] 因此，形成了“政府主导、政府包办、政府强制”的治理思维。都江堰市在推行新型城镇化建设之前同样如此。然而，伴随着都江堰新型城镇化进程的推进，人们的社会观念发生了转变，利益诉求逐渐增多，服务需求显著提高，传统的包办型治理不再能够适应都江堰新形势的变化，尤其是基层社会在经历了新型城镇化建设的同时衍生出了不少新的问题。因此，在政社失衡下，都江堰亟须政府治理转型，呼唤以社会组织为治理载体的多元治理模式。

一　新型城镇化下政府治理能力不足

近年来，都江堰市依托成都这座新型城镇化建设加速中的“引擎城市”，以突破性的理念和改革举措，走出了一条运用统筹城乡发展成果促进新型城镇化发展的全新之路。伴随着新型城镇化建设的同时，农民对于公共服务的需求快速增加，要求不断提高。相应地，政府由于服务的方式落后、观念陈旧、资金不足、人力有限等原因，无法及时有效地满足群众日益增长的需要。因此，借助于第三方提供公共服务满足群众需求成了治理创新的必然选择。

（一）政府负担加大，包办型治理难为继

2008年以来，都江堰农村的居住方式和经营方式发生了历史性的变化。就居住变化而言，截至2015年，都江堰市已经建设完成222个农村集中居住点，涉及25000余户，73000余人。与此同时，政府对于公共服务的投入也显著增加，仅2013年，全市就已投入18.9亿元用于城乡基础设施建设和社会民生保障体系建设。然而，更多的服务需求还亟待满足，传统的包办型治理难以为继。以都江堰市蒲阳镇为例，2008年以前农民集中安置点有2个，入住居民946户，而2014年建成集中安置点19个，入住居民达到了10496户，各方面公共服务需求大幅度提高。以城市管理运行问题来说，全镇城市管理面积多达110万平方米，主要涉及日常运行维护、绿化维护、清扫保洁、农垃管理等工作，资金需求量巨大，镇财力

① 刘振国：《中国社会组织的治理创新——基于地方政府实践的分析》，《经济社会体制比较》（双月刊），2010年第3期总第149期。

基本无力承担，2013 年全年需城市管理运行经费 880.09 万元，其中，有资金来源仅 194.4 万元（一是城乡环境综合治理工作经费 120 万元，二是市城管局预算的部分队员及“农垃”保洁员工资 74.4 万元），当时存在高达 685.67 万元的资金缺口。另外，政府主导性和包办型治理的特质也渗透到了社区和村庄的自治当中，同样带来了治理难以持续的结果。包办性治理需要有充足的人力资源，而鹿池社区居民在集中安置后，社区人口达到了 703 人，集居人数 654 人，散居人数 49 人，而社区两委干部只有 5 人，人手紧缺、能力有限，根本无法及时高效地为大家提供服务。因此，为减轻政府负担实现高效治理，都江堰市亟须社会组织来分担一部分公共服务的供给。

（二）群众诉求增多，单向度治理难奏效

与包办型治理相映衬，都江堰政府一直奉行任务型政府的单向度管理方式。这种“任务导向型”的单向度管理方式不仅无法满足国家治理体系和治理能力现代化的要求，也无法实现对基层社会的有效治理，使得政府陷入了进退维谷的治理僵局。2012 年都江堰市天马镇的财政资金用于城镇社区公共基础设施维护的支出为 7.2 万元，农村散居院落公共基础设施维护的支出有 5 万元，而农村集中居住区公共基础设施维护支出达到了 30 万元。随着群众对于环境卫生、设施建设等诉求的增多，2014 年都江堰市天马镇的财政资金用于农村集中居住区公共基础设施维护的支出增加到了 42.5 万元，农村散居院落公共基础设施维护的支出有 6.5 万元，而城镇社区公共基础设施维护的支出几乎增加了 1 倍。虽然城镇化进程中政府的投入在增加，但民众对政府的满意度却并未相应提升。近几年，都江堰在成都市三圈层区（市）县公共服务满意度测评中排名靠后。另外，长期的单向度治理使得群众养成了“坐享其成”、“不愿参与”、“不予回应”的习惯。都江堰市委书记张余松说道：“以前的农村，党支部书记吹声哨子都会召集很多人，还有铁娘子军，现在你还组织得起铁娘子军吗？现在张三不管李四，李四不管张三，隔壁的篱笆墙倒了，没人去管。”所以，以社会组织为依托实现政府与社会的互动共治是破解治理难以奏效的关键。

（三）基层治理转型，治理旧思维难跟上

都江堰市在向服务型政府转变的过程中，“管治”、“硬态度”、“官本

位”、“加大投入”、“摆平就是水平”等思想严重限制了改革的深化，与都江堰经济社会现代化的深入推进造成民众的“需求浪潮”和“期望革命”相背而行。尽管如此，依托于社会组织，以社工人才带动群众参与社会治理的情况更是少之又少。2011 年，都江堰市建立了 200 余人的社工人才库，其中专业社工仅有 60 人，与全市需要服务的人数形成极大的反差，“管治”思想较之于“民治”思想仍占上风。此外，都江堰市治理方式的落后更直接凸显了干部治理思维的陈旧。2013 年都江堰市柳街镇水月社区在探索院落自治初期举步维艰，社区干部长期的工作习惯、思维定式，对于怎样让群众参与进来一时半会“摸不着头脑”，更有干部表现出不情愿。水月社区党支部书记回忆说：“当时干部的情绪很大，没钱怎么开展工作呢，不可能让我们自己去干吧，就连我自己当时都很有情绪。”高尚书记也表示没有想到院落整治的第一步遇到的最大阻力是社区干部。部分社区干部认为院落整治是镇政府为了迎接检查而“作秀”，不但不带头参与整治，还到处宣传镇村领导是在走过场、搞形式。由此可见，传统的治理思维已经严重束缚了基层社会的发展，都江堰市迫切需要引入新的治理主体——社会组织，实现基层治理的提档升级。

二 个体原子化下社会活力激发不够

转型期的都江堰在新型城镇化背景下出现了社会原子化现象，民众呈现出“一盘散沙”的状态。农民“上楼”后，居住方式和生活方式发生了剧烈的转变，同时由于缺少可依托的组织，被迫过起了“关门闭户”的日子，与外界交流不多。因此，互动共治的意识没有形成，基层自治活力也未能激发。

（一）群众的主体意识缺乏

都江堰在全市推行“柳街经验”之前，群众的自我管理、自我服务、自我监督、自我教育的意识薄如蝉翼，很少参与公共事务，个体化思想浓厚。茂盛苑位于都江堰市灌口镇解放社区，原名阿坝州黑水林业局干休所，这个小区于 20 世纪 90 年代末修建，共 4 栋房屋，住户约 154 人，是一个典型的“无门卫、无物业管理、无管理组织”的老旧院落。小区业主委员会主任李良洪说道：“那时候的小区居民思想跟不上，每一栋楼后面有个坝坝，被你占一块地，他再占一块地，你养鸡，他就养鸭，弄得小区环境又脏又臭。大家以前都是一个单位的人，碍于面子问题，也不好计较什么。”然而，对于新集居的社区来说面临着同样的问题。2014 年都江堰在全市推广柳街经验初期，由于群众主体意识缺乏，院落（小区）整治颇为不易。都江堰市向峨乡棋盘社区是一个从散居变为集中居住的社区，刚搬入社区，村民们缺乏环保意识，没有将整个小区视为自己的家园，垃圾遍地，也没人主动清理，有村民表示：“才从高头（散居的山上）搬过来的时候有 60% 的人都是垃圾随便扔，本来（村民们）文化水平就相当低，才搬过来的时候，垃圾袋、牛奶盒、烟头，不管啥子都到处甩，瓜子壳花生壳甩得到处都是，包括这河里头，坎边上。”因此，都江堰亟须发展社会组织来增强群众的主体意识，提升自我管理、自我服务、自我监督和自我教育的能力。

（二）社会的参与动力缺失

都江堰长期的包办式治理使大多数农民对政府产生了严重的“等、靠、要”的依赖心理，认为新农村建设和新型城镇化建设与自己没有什么关系，是政府的事情，所以只是被动地接受。同时，在社会治理过程中，由于缺少利益的撬动和组织的联结，农民看不到直接的好处，更不愿意积极参与。2013 年都江堰市柳街镇经过前期研究，决定拟在水月社区进行院落整治试点后，4 月 25 日由镇政府领导带头到社区的王家院子召开群众会议，应镇党委和镇政府的要求，群众的参与率需达到 95% 以上，但现场的开会情况却给领导和社区干部泼了一盆冷水。会议在水月社区王家院子的林盘召开，第 11 小组的组长提前两天就在院子内公布了开会的时间地点，但真正开会时参会人数寥寥无几。社区党支部书记回忆说：“当时开会除了孩子之外，实际到会的可能不到 20 人，有很多家庭都没来人。”棋盘社区的支部书记同样表示：“过去你让农民去开会，到会率很难保证；现在（改革后）不同了，协会的服务让大家受益了，群众的评价高了，开会也有人来了。”可见，促成社会参与机制的形成刻不容缓，激活群众参与社会治理必须为之。

（三）组织的培育发展缺位

都江堰在进行新型城镇化建设过程中带来了农民居住方式和生活方式的改变，同时也引发了一系列的问题，如拆迁安置矛盾突出、居民素质与就业能力偏低、生活环境有待维护、居民参与意识还有待提高等。由此，小区（院落）进一步发展亟需借助社会组织来满足，主要体现在：居民生活方式转变，需要自我服务型组织进行多样化服务；居民互动不足融合困难，需要互助服务型组织进行针对化服务；特殊弱势群体需求突出，需要公益服务型组织进行专业化服务；社会组织发展瓶颈凸显，需要枢纽型组织进行保障化服务。然而，现实情况却不尽如人意。都江堰在转型升级的初始阶段，社会组织的培育严重滞缓，数量小，种类少，功能不全。都江堰市民政局的周副局长介绍道："都江堰市的社工理念还是自地震后借助上海援建的契机引入进来的。"另外，都江堰市引入社工发展社会组织后，社会组织仍然存在着较浓的行政色彩，自主化程度较低，在人、财、物等方面仍需高度依赖政府，政府和社会组织的关系类似于"父子关系"，有源源不断的供给才能有成长。所以，在都江堰改革之前乃至探索改革之初，社会组织的培育和发展在社会治理体系中都是处于缺位的状态，没有发挥现代社会组织应有的作用。

三　城乡一体化下群众需求难以满足

在成都市委市政府的安排部署下，都江堰市率先进行了深化城乡统筹综合配套改革。城乡一体化进程的加速使大量的农村人口转变为城市人口，数量众多的人口在相对较短的时间内变为城市人口增加了群众对于生活环境、公共服务和增收致富的需求。但是，由于政府的财政资金不足、基层社区组织的建设缺乏活力等原因，猛增的群众需求一时间还难以得到有效满足。

（一）对生活环境的需求

在城乡一体化背景下，虽然都江堰村民们的居住形态发生了变化，但是生活习惯却很难改变，仍然保留着原来的生活状态。在旧居住形态下，私人居住面积大，自然对农民生产生活的负荷能力较强，农民在生产生活中产生的垃圾可以自然消解。而集中居住后人口密度变大，私人空间变少，公共空间增多，环境的自然承载能力下降，旧的生活习惯与新的居住环境摩擦碰撞必然带来环境问题，比如乱扔垃圾、在小区内私搭乱建等。向峨乡棋盘社区的村民表示："刚进社区的时候，夏天的蚊虫苍蝇到处飞，臭味熏大，小区居民都很无奈，非常希望能有人来清理垃圾。那时候环保志愿者一个都没有呢！"由此，改善生活环境的迫切需求应运而生。

以都江堰市青城山镇为例，2012 年城镇社区公共环卫（如聘请环卫工人的工资）支出为 10 万元，农村散居院落公共环卫（如聘请环卫工人的工资）支出和农村集中居住区公共环卫（如聘请环卫工人的工资）支出分别为 3 万元和 13 万元；而到了 2014 年，环卫支出迅猛增长，用于城镇社区的支出较 2012 年涨了 3 万元，农村散居院落和农集区的环卫支出翻了几倍，分别为 22.4 万元和 50 万元。但是，完全由政府出资帮助全市各小区进行环卫清洁很难实现，一是财政资金不富足，二是很难促使居民形成自我管理的意识，所以，城乡一体化的同时亟需寻找新的途径解决农民的生活环境问题。

（二）对公共服务的需求

公共服务一体化是城乡一体化的重要内容，让农民享受跟城里人一样的公共服务，是统筹城乡发展的重要目标。在城乡统筹发展下，都江堰市群众对生活品质的要求愈来愈高，比如小区的硬件设施，高效便民的细节性服务等。2012 年天马镇用于社区的公共服务支出为 80.2 万元，2014 年的社区公共服务支出为 119 万元，两年的时间内公共服务支出整整增加了近 40 万元。这些全是以镇政府为主导进行的公共服务供给。而现代化的公共服务体系主要是以政府为主导、以社会团体和私人机构等为补充的供给主体，最主要表现为政府主导、社会参与与体制创新，这样既可以减轻政府的压力，又可以激发群众自治的活力。以都江堰市灌口镇为例，2012 年灌口镇用于社区公共服务的支出为 899110 元，2014 年实行物业自治后，通过政府补贴和居民自筹的形式开展公共服务，当年政府用于社区公共服务的支出便减少了 326875 元，仅支付了 572135 元。由此可见，满足群众的服务需求不仅仅只依靠政府，更需要群众和社会组织的共同参与。

（三）对增收致富的需求

从农村到城市，生活方式发生了巨大的变化，同时伴随着生活成本的增加，用农民的话说便是“什么都要买、什么都要花钱”。都江堰市的农民群众同样如此。农民上楼后，居住环境变了，消费方式也在转变，他们更加迫切地希望同时能够实现收入的增加。因此，都江堰市的外出务工人数近几年逐渐增加。从都江堰市胥家镇来看，2015 年全镇总人口数为 36943 人，其中劳动力 27806 人，外出务工人数为 12645 人，外出务工人数占到了全镇总人数的34%，其中接近一半的劳动力选择外出务工。从城乡收入差距来看，2008年地震前城镇居民人均可支配收入为14849元，农村居民人均可支配收入为4580元，城乡收入相差约1万元；而到了2014年，胥家镇城镇居民人均可支配收入涨到了32665元，农村居民人均可支配收入为13085元，二者相差19570元。可见，城乡收入的差距进一步拉大，农民的生存条件被迫进一步提高。同时，都江堰市的农业经营方式是以一家一户为单位进行分散种植，经营规模小、组织化程度低、服务体系不健全，人均年收入不高，很难满足农民增收要求。农户们认识到要实现规模经营快速致富，只有通过组织引领，抱团发展才能办到。因此，都江堰政府和群众大胆探索，积极培育发展了多种产业类社会组织，试图借助组织的优势帮助当地农民增收致富，破解收入难增的难题。

第二节　草根助力，推动服务提质增效

草根组织是由民间自发成立、自主开展活动的自上而下的民间组织，它们是中国公民社会成长的重要途径之一。为突破上述政社失衡的困局，都江堰市先行先试，立足新型城镇化建设，以问题为导向，以需求为牵引，以深化城乡统筹为契机，以发育社区社会组织为治理载体，引导群众依托社会组织，实行经济自治、社会自治和文化自治，进而实现自我管理和自我服务，推动服务提质增效，在村（居）层面的治理机制创新上取得一定的成绩。

一　立足资源成立产业类协会

当前，都江堰处于转型升级的关键环节，把强化“多元支撑”作为基层治理的主要抓手。都江堰市各领导干部以此为工作指导方针，以帮助群众增收致富为切入点，引导群众充分依托本土资源优势，积极成立产业类协会，让资源变资本，资本变资金，进而让群众的“口袋鼓起来”、“笑脸多起来”。

（一）能人带动搭平台

都江堰的农村社区以“民有、民办、民享”的经营理念，将产业协

会作为经济发展的核心纽带，构建了“政府＋协会（合作社）＋农户＋市场”的互相联动的运作模式，吸引和带动了当地农民走上致富奔康之路。当然，在此过程中，一直都离不开村庄能人的带动。在产业类协会成立之初，水月社区的院落管理委员会副主任周仕强、种植大户刘超、工匠达人王怀松三人充分考察了水月社区，他们发现社区旁边的青城线，是成都通往都江堰青城山的一条必经旅游专线，人流量和车流量巨大，为发展当地的经济提供了便利的交通条件，区位优势显而易见。其次，水月社区经过前期的环境整治，已真正实现了水月“生态美”的目标，所以，环境优质更是为发展旅游经济锦上添花。于是，三位村民将发展社区产业的想法告诉了村干部，令人惊喜的是，社区书记表示上级政府和村两委也早有此意，双方的想法可谓不谋而合。随即，三位代表拟成立三个功能不同的产业类协会，即周仕强带领成立民宿旅游协会、刘超带动成立无公害农产品协会、王怀松牵头成立农民工匠协会。种植大户刘超首先流转了村内200亩土地种植无公害蔬菜，然后动员号召社区群众积极加入。同样地，在周仕强的示范引领下，部分想发展民宿旅游的村民也自愿以提供住宿的形式加入协会中。

（二）组织协同整资源

“一个人富还不行，要大家富才叫富。”村民刘超如是说。水月社区三大产业类协会以实现“致富全社区”为目的，既有组织内协同，也有组织外协同。首先是内部协同。村民作为独立的种植单位加入无公害农产品协会，协会的首要任务是为加入协会的农户提供技术支撑和销售保障，即一方面帮助农户提高农产品质量，另一方面帮助农户广开销路。当然，前提是内部成员达成了一个一致意见，就是为了不破坏协会和社区自身的信誉，坚决杜绝滥用农药和催化剂等现象，所以，只有达到相关标准的农产品才能够借助协会的销售渠道进行销售。其次外部协同。协会与协会之间也有相互协作的关系，这也是水月社区能够持续发展产业经济的亮点和关键。协会之间不会为了客源等问题形成恶性竞争；相反，彼此会相互促进，共同致富。民宿旅游协会成立之初，各社员需要对自家的房屋进行改建，王家院子的村民王大姐在改建之初就遇到了这个难题：“谁来建？怎么建？成本高不高？”后来，农民工匠协会的会长主动出面：“我们协会规定了所有入会的会员每年都需要义务为社区工作30个小时，这样村里和政府才会将一些工程项目转给我们做。我看不如这次修建就由工匠协会义务承担吧。”听到这句话，王大姐打消了自己的顾虑。最终，民宿协会因需分类负责设计游客喜好的居住环境、工匠协会负责投工投劳，最终社区在发展产业的同时实现了组织间的合作共赢。

（三）政策优惠促增收

都江堰市为促进产业类组织持续发展，带动当地村民增收致富，特别给做得好的产业类协会提供政策扶持。2015 年 5 月在市委市政府的支持下，无公害农产品协会在成都市锦江区获得了专门的销售摊位，规定达到相关标准的农产品可以直接在摊位上进行销售，这就将农户有规模有计划地组织了起来，真正地实现了“带动一片，致富一方”的宏伟目标，农民在村庄中也实现了自我的发展。而在此之前，协会虽然成立，但是协会成员们却一直为如何找到合适的摊位进行销售而发愁。现如今，政府的优惠政策出来了，“我们的摊位现在还在装修，过一段时间就可以直接使用了，村民的产品就可以直接卖到市场上，减少了中间环节，农产品的收入肯定会比以前高。这样的好政策实实在在方便了我们农民群众”，刘超说道。柳街镇的唐镇长是水月社区的包片领导，他同样表示：“有什么困难就向政府提出来，如需资金向镇上打报告，所有资源都要利用起来。”看到了政府提供的便利——免去了摊位费，越来越多的村民加入其中，如今已有 167 人成为协会会员，在协会组织内获得了不小的经济收益。

二　聚焦公益建立志愿类协会

在打造志愿服务平台方面，都江堰各村（社区）以需求为导向，功能实用为准则，采取多类型并存的思路探索创新各类载体，在各类活动中有机融入志愿精神和服务意识，使志愿活动的形式呈现百花齐放的局面，从而使得村（社区）志愿者们在奉献的同时，能够发挥自己的特长，满足自己的兴趣，进而提高志愿者参与的积极性。

（一）以志愿共力创设美丽社区

村（社区）的本质不是地理空间，而是村（居）民的生活空间，是促进邻里交往的重要场域。村庄（社区）环境只有干净整洁，村（居）民生活得才会舒心舒适，才能发展和培育村（居）民对村庄（社区）的归属感和认同感。都江堰市在全面铺开“柳街经验”之后，各基层单位高度重视本村（社区）的环境问题。水月社区的居民经历了第一阶段的院落整治之后，享受到了“美丽我家，美丽我院”的丰硕成果。为了继续保持这种良好的态势，水月社区的居民积极主动地组建环保组织。在村民胡理友的牵头下，成立了水月社区第一个环境卫生保护协会，社员民主推选出了村民周玉春和姜平为理事长，社员人数达到了268户，占到了整个社区总户数的1/3。协会成立后，协会成员带动社区身边群众共同发力，从规范车辆停放和杂物堆放、维护公共设施到监督各家各户房前屋后的垃圾清洁，从评选“最美院落”到推选“清洁家庭”，处处都能看见社区环保协会的社员们与社区群众志愿共力创设美丽社区的身影。社区的空气更好了，院落的花香更浓了，一位老人感慨道：“我活了80多岁了，从来没有觉得自己林盘这么安逸。”

（二）以志愿互助构建和谐社区

伴随着越来越多的“农村人”变成“城市人”，居民对社区服务类型和质量的要求不断提高，但是完全依靠社区和政府提供服务很难实现。因此，依托社区内生的草根组织成为社区完善服务的首选。都江堰市金龙社区的“相理乡帮志愿者协会”以调解邻里纠纷、共建和谐社区为主打目标，实现矛盾“不累积”、矛盾“不过夜”；水月社区的“邻里互助协会”以倡导左邻右舍相互帮扶为专长，鼓励社区群众见面问好、急事支招。王家院子的张大爷说：“大家都住在一堆，难免有些事需要邻居帮忙，俗话说远亲不如近邻嘛，比如说，要收割谷子的时候，大家都是你帮我家，我帮你家。”相理乡帮志愿者协会的会长何宝全介绍上个月他们还调解了一起母子纠纷，实际上也没什么大问题，但是如果小矛盾不及时发现，没有及时处理，那就会产生隔阂嘛。此外，由于在农村地区宴席较多，金龙社区的相理乡帮协会会长主动找到农宴厨师协会的会长黄建国，他建议：“既然农村宴席这么多，以后咱们社区农户的宴席就由厨师协会全部承办，以成本价出工；以后社区群众也会积极帮助社区厨师收集信息和招揽机会。”这种以社区为单位依托草根组织开展志愿互助的模式逐渐成了构建和谐社区的一大品牌。

（三）以志愿服务营造幸福社区

美国学者迈克尔·沃尔泽提出，对公共事务的关注和对公共事业的投人是公民美德的关键标志。[①] 社区治理最重要的是助人自助，发动民众广泛参与，发挥志愿服务精神，共同建设自己居住的家园。所以，志愿服务成为居民参与社会建设的重要形式。都江堰市棋盘社区号召社区的热心人士组成志愿者小组，开展"我为社区当义工"的志愿服务，调动居民参与到社区建设中来。2012 年，在社区干部的引导下，棋盘社区志愿者服务队正式成立，发展至今，已吸纳了 15 名成员。这些志愿者既维护社区公共设施，又深入到残疾人、"空巢"老人、留守儿童家中，帮忙打扫卫生、更换灯泡、送玩具等。任永长是社区的一位热心人士，也是志愿者队伍中的一员。在"我为社区当义工"活动启动开始，任永长便是第一个响应的人。他利用自己懂电的优势，自己找来梯子、电线、胶布等工具逐一将小区路灯线路检修了一遍，把不亮的灯泡替换了，社区变亮了，居民生活更加方便了。幸福镇友爱社区的"幸福里有爱助老"服务队成员每月为 60 岁以上的老人集体过生日，定期探访社区"空巢"、独居、孤寡、"五保"、残疾等特殊老人，了解社区老人需求，用真情服务打动老人。

三　丰富生活发展文化类协会

农村社区文化建设是农村社区公共服务建设的有机组成部分，也是构建农村和谐社会的内在要求。从农民需求出发，是农村社区文化建设的前提。近年来，群众对文化活动的需求热情不断高涨，都江堰在大众文化的品牌活动创建中，以趣缘为联结点丰富村（居）民文体生活，同时鼓励各社区打造个性化的文化活动。

（一）健身进村，开展体育文化活动

在进行新型城镇化建设过程中，都江堰市积极开展社区文化建设，不仅让村民的居住形态发生变化，更要改变村民们的生活状态，引导群众在文体活动中创建和谐社区，主要表现为大力培育社区文化类协会，动员社区群众积极参加到自我组织的活动中去。集中居住后，向峨乡棋盘社区陆续建立起了一支 42 人的文化队伍，编排了舞龙灯、打腰鼓、太极表演等各具特色的文化节目。春节期间是棋盘社区舞龙队——双龙队最为活跃的时候，由 20 人组成的双龙队伍走街串巷、敲锣打鼓，彩龙在他们挥舞的

① 罗伯特·帕特南：《使民主运转起来》，王列、赖海榕译，江西人民出版社 2001 年版。

手中时而腾空而起，时而盘旋游走，整个社区都弥漫着节日的气氛。除了舞龙队，逢年过节社区腰鼓队也会为村民们献上一支舞。18 个队员穿上统一的大红色表演服装，踩着欢乐的鼓点，将喜庆和欢乐送到了千家万户。社区二组的村民李春秀说："早上打打太极，晚上跳跳舞，既打发时间又可以锻炼身体，比天天坐着打牌打麻将好多了，我现在每天都去。"金龙社区文艺队的队长王莉每天傍晚都会自带音响在广场上张罗起广场舞，并定期在院落内进行舞蹈排练，吸引了大批的群众自发参与。2014 年 9 月 30 日，为庆祝九九重阳节，社区文艺队在金龙社区活动中心进行了一场以"弘扬传统文化节日，丰富群众文化生活"为主题的文艺演出，受到了社区群众的一致好评。

（二）诗歌入户，打造美育文化活动

都江堰市各乡镇积极依托本土优势资源，培育特色文艺品牌。柳街镇人民群众借助"柳街薅秧歌"衍生出了两支民间文化、艺术队伍，一支是在以薅秧歌歌词作为农民诗歌表现形式的基础上成立了柳风农民诗社；另一支是以薅秧歌的音乐渲唱形式促成了柳风艺术团的诞生。柳风农民诗社成立于 2003 年，现有会员 100 余人，15 个村、3 所学校分别成立了诗歌活动小组。现已创作新诗、传统诗词、民歌、儿歌、故事、散文、短篇小说、通讯、曲艺节目等 3 万多首（篇）；在各级各类报刊发表作品 3000 多首（篇）；获得各类奖项 60 多人次；编印柳街镇农民诗歌丛书 18 集；柳风诗报 28 期；在全市发起感恩上海诗歌比赛征文，编印"诗寄上海"诗集；举办诗歌讲座 12 期，笔会活动 60 余次；举办了 9 届柳街镇农民赛诗会；承办了都江堰市首届农民赛诗会和首届农民诗歌研讨会；承办了 2013 年都江堰市"诗意柳街、月映中秋"乡土散文、诗歌大赛以及 2014 年都江堰市"诗意柳街，美丽家园"散文、诗歌、摄影大赛。向峨乡棋盘社区成立的楹联小组同样深具历史底蕴，社区内很早就有颇多的书法爱好者。楹联小组成立后，受到了社区群众的高度赞誉，小组人数也在不断增加，老支部书记董宗明的书法更是受到了四川省书法协会的好评。美育文化活动为社区注入了独具特色的血液，成为了棋盘社区对外宣传的明信片。

（三）讲堂入心，举办德育文化活动

都江堰市在积极推进社区体育文化活动和美育文化活动的同时，不忘及时满足群众的德育文化需求。全市各社区先后都建立起了志愿者队伍、“爱老敬老协会”、“环保宣传协会”等各类志愿性草根组织。依托这些草根组织，各个社区陆续举办了很多场大大小小的道德大讲堂，传播正能量。都江堰市柳街镇的金龙社区就是其中的一个典型。2014 年 4 月 13 日上午，由社区志愿者协会承办的中华母亲大讲堂宣讲活动就在柳街镇金龙社区泉水家园隆重举行，此次讲座由中华母亲大讲堂导师刘冰先生进行宣讲，参与此次活动的人数达到了 200 余人。2014 年 6 月 12 日市文明办携手柳街镇在金龙社区泉水家园开展了“流动道德讲堂暨道德模范巡演到村镇活动”，此次活动亦是由金龙社区志愿者协会承接举办的，通过歌曲、朗诵、楷模演讲、小品等形式倡导讲道德、尊道德、守道德的社会风尚，提升市民文明素质，助推国际旅游城市建设。类似于这样的讲堂还有很多，比如“爱学习、爱劳动、爱祖国”主题教育大讲堂、“一粥一饭当思来之不易，半丝半缕恒念物力维艰”的勤俭节约大讲堂等，极大地升华了社区居民对“德育”精神内涵的理解，培养了社区居民的优秀品质。

第三节　三社互动，夯实群众自治根基

根据成都市民政局意见，2013 年都江堰市在积极开展社区调研的基础上，为满足社区居民多元需求，在多个社区同时试点推进社区、社工、社会组织的“三社互动”工作，即社工充分发挥专业优势、社区搭建平台主动配合支持、社会组织积极参与的良性互动，大力推进各类社会服务项目，进一步促进社区、社会组织和社工服务能力的提升，实现社区自治职能的回归，进而夯实群众自治的根基。

一　“三社互动”的模式探索

都江堰传统的服务供给模式是“上传下达”式服务，即政府要求做什么，社区就提供什么，群众也就接受什么。在这样的背景下，社区社会组织活力不足，回应沟通机制缺失。但是，随着都江堰新型城镇化进程的加深，群众的需求在不断增多，要求也在逐渐提高，“互动共治”逐渐成为都江堰市各个社区采取的一种治理理念，“三社互动”的治理模式便是都江堰采用的具体表现形式。

（一）“三社互动”的背景

“5·12”汶川特大地震后，在上海市的援助和引领下，都江堰市开始以社会工作的理念和专业方法介入公共服务与管理领域。社会工作作为都江堰市政府社会救助和公共福利体系的补充，在抗震救灾和灾后重建工作中充分发挥了扶危助困、缓解社会矛盾、维护社会秩序、促进公平正义的积极作用。随着城市建设的巨大变化，社区架构和社区关系的不断重组，社区管理与服务面临着新的课题。2011 年 12 月开始，成都市温江区积极探索建立农民集中居住区治理新机制，通过政府购买服务的方式，以社区建设为平台、社会组织培育发展为载体、社会工作人才队伍建设为重点，推动社区、社会组织、社工之间的“三社互动”。2013 年，按照成都市开展“三社互动”工作的统一部署，都江堰市在前期社区社会工作的基础上，以群众需求为导向，在社区开展试点工作，最大限度地激发社会活力，实现党委领导、政府负责、社会协同、公众参与、发展保障的社会管理新格局，构建政社分开、权责分明、依法自治的现代社会公共管理体系。在“三社互动”试点工作中，都江堰市结合社会工作中的中长期发展规划和发展现状，由民政局牵头，通过实地调研、专题会研究、学习借鉴其他地方先进经验，从加强领导、政策制定、平台建设、整合资源、多点探索和资金扶持等方面入手，积极制订工作方案，多措并举，大力推进“三社互动”工作。

（二）“三社互动”的机制

机制创活是都江堰市打造“三社互动”的一大亮点。首先，以社区两委统筹机制开展“三社互动”。各个社区两委积极发动和组织居民群众参与社区的“自我管理、自我教育、自我服务”，鼓励支持居民自发组建本土化的社区社会组织、社工服务机构。其次，以项目创设机制引领“三社互动”。2010 年 10 月，都江堰市发布了《关于建立政府购买社会组织服务制度的意见》，将购买社会组织服务项目专项资金列入财政预算，规范购买社会组织服务项目办法，明确了项目的收集与发布、实施机构确定、项目的运行监督、绩效评估及结算验收等，并支持和鼓励社会组织参与社会管理与服务。2013 年仅上半年，都江堰就确定了 10 余项社工服务项目，投入资金 80 多万元。再次，以“两社”培育机制助推“三社互动”。2013 年以来，都江堰市努力探索构建社区社会组织孵化基地，落实场地、资金和配套措施，广泛设立社区社工服务站或社工服务中心，为社区社会组织和社工人才植根于社区发展搭建服务平台和提供保障支撑。最后，以需求导向机制扩大“三社互动”。针对不同社区的突出问题和群众需求，都江堰市各社区召开社区居委会与社会组织、社工的三方见面会、项目需求评估会，充分发挥社会工作专业特点，采取人性化服务，主动深入开展社区居民的入户探访。根据收集到的不同信息，分类设计了老年关怀、留守儿童关爱、民族团结和谐社区、邻里共荣社区关怀、社区矫正帮扶等服务项目，在社区两委的支持下，调动志愿者力量，全方位开展“三社互动”工作。

（三）“三社互动”的定位

“三社互动”，顾名思义，即社区、社会组织和社会工作者之间的联系，通过社区、社会组织之间的合作和社工人才作用的发挥，用社会化、专业化的服务弥补政府管理和公共服务的不足，满足人民群众日益增长的物质文化需要。因此，都江堰市的“三社互动”一方面是以居民需求为导向，培育发展多样化的社会组织。幸福镇友爱社区的“幸福里有爱”“三社互动”试点项目就在社区内培育出了“怡众艺术团”、“幸福里有爱助老服务队”和“友爱社区志愿服务队”等社区社会组织。另一方面，都江堰的“三社互动”是以社区活动为载体，拓展社区群众参与的途径。如开展跨代融合服务，促进了代际沟通和交流。在母亲节、三八妇女节、重阳节等传统佳节到来之际，社区社会组织开展了“我健康我美丽我快乐”欢庆妇女节、“浓情五月天，感恩慈母情”母亲节等活动，通过这些活动促进了青少年、妇女、老人等群体之间的代际交流，增强了相互理解。此外，还开展了邻里互助活动，促进了社区融合。针对居民互动不足等问题，社工站带领社区社会组织一起开展了“欢乐过大年喜乐闹元宵”元宵节联欢会、“‘爱心里程碑’社区义卖及拍卖会”、“‘彩色生命，你我同行’日营”等活动，以活动为载体搭建了居民互动平台，促进了居民互动。

二　“三社互动”的运行方式

基层社区治理难题促使都江堰市积极引入社会工作，培育社会组织，创新社区治理。通过多主体协同，实现建设服务型社区的目标。都江堰市在“三社互动”中，注重发挥社工专业特点，突出社区发展重点，着力提升群众的自我服务能力。

（一）社会工作为支撑，保障服务专业化

2013年都江堰成立了以市委常委、市政法委书记为组长、35个相关单位为成员的社会工作领导小组，建立成员单位联动机制，加强完善社会工作人才队伍建设的工作机制。2013年4月23日，都江堰市又出台了《社会工作专业岗位设置办法》，通过多种渠道吸纳社会工作人才，提高专业化社会服务水平。2013年都江堰市共有9家专业社工组织，70名持证社工，随着近两年的发展，已经可以保证无论城市还是农村，每个社区至少分别拥有1—2名专业社工人员。此外，都江堰市社工协会也牵头在各个社区成立了5支志愿者队伍，包括党员志愿者、团员志愿者、“三新”宣传志愿者、夕阳红志愿者、金玫瑰志愿者（女青年）等。在专业知识的指导下，规范志愿者的注册、培训和管理等，用活了社会服务资源。在具体服务层面，社工依托社会组织这一载体，综合采用个案、小组等专业方法，在社区开展形式不同的服务。2013年9月17日，友爱社区“幸福里有爱”之“岁月长歌”老年人缅怀往事活动隆重举行。社工曾玉辉放映了反映都江堰新旧风貌的幻灯片，组织了16位老人观看。受到启发后，老人们纷纷述说起陈年往事。王淑华老人说：“自己第一次买黑白电视机时，左邻右舍都来看电视剧《陈真》，那场面比现在看坝坝电影还壮观。”

（二）基层社区为平台，实现服务体系化

社区是社会管理的重点领域，是社会治理的基础单元，是提供公共服务的主要平台。为了促进社会组织之间的交流合作，使社会组织服务与居民需求无缝对接，都江堰市高度重视基层社区的平台工作建设。一是政府重建服务场所，福泽社区。蒲阳镇针对社会组织缺乏活动场地等问题，在社工站的协助下对原有的服务中心进行了重修，打造了蒲阳镇现代服务业功能区。该功能区下辖壹街、上游、上阳3个社区，辖区面积4.686平方公里，人口约4万人。华循社会工作服务中心、老年人志愿者队、心启程残疾人爱心服务站等社会服务机构纷纷入驻其中。二是社区吸纳社会组织，完善服务。滨江街道金江社区内建有都江堰市社会组织孵化园，建筑面积1000平方米，现已入驻社区的组织有上善社会工作服务中心、香港康复会等，配备有青少年活动室、长者活动室、社区学校、慈善爱心超市、社工书屋等服务功能室。三是社区建立网上互动平台，实现“三社互动”便捷化。针对社会组织与社区居民互动不足，服务与需求对接不良的情况，都江堰市龙潭湾社区建立了社区微公益互助平台，如微信群、QQ群等，通过这些平台及时收集和发布居民的需求，并通过链接社区社会组织、社会工作者及其他社区居民等内部资源去解决困难、满足需求。

（三）社会组织为载体，推进服务精细化

社会组织是推进社区服务精细化的重要载体。一方面，引入公益组织，开展公益服务。公益组织是完善社区服务的重要力量。都江堰市大观镇和向峨乡鹿池社区皆为沿山社区，地形较为复杂，是都江堰市灾害多发之地。社区青壮年大多外出打工，在家多为妇女、儿童和老人，防灾减灾意识不足，技能不高。鉴于此，两个社区从春晖社会工作服务中心分别引入了3名社工成立了防灾减灾志愿服务队，运用个案、访谈等专业手法开展活动。此外，春晖社会工作服务中心还为社区分析社区致灾因子，建立致灾因子档案，帮助社区制订应对方案。另一方面，培育自治组织，开展自助服务。社区社会组织包括自管小组、兴趣小组、互助小组等多种形式。社区社会组织是依托于居民的具体需求而自发形成，能更好地回应居民的具体需要。都江堰市幸福镇友爱社区的老人们希望自身老有所为，自发成立了社区老年协会。王志华阿姨就是其中的一员，每月月底，她都会和协会里的老人们一道为辖区内60岁以上的老人举办生日同乐会。戴生日帽、唱生日歌、吹蜡烛、吃蛋糕，很是欢乐。像老年协会一样，在都江堰的大大小小社区，越来越多的居民主动联结，成立了舞蹈队、象棋队、太极表演队等各种各样的自治组织。这些组织的成立明显地提高了居民们的生活质量。

三　“三社互动”的特色项目

项目制是“三社互动”的特色和品牌。都江堰市为改变政府大包大揽的社会管理方式，通过购买第三方服务实现对社会服务的供给。每年年底，都江堰市社工领导小组办公室都会联合该市有关部门征集下一年度的社会服务项目，并通过社工协会面向社会组织进行公开招标。到第二年年初，评审通过的项目就会以政府购买服务的形式予以实施。目前，这些项目在很大程度上消除了发展的衍生问题。

（一）“民族团结，和谐社区”项目

“民族团结，和谐社区”项目旨在发掘多民族聚居社区的民族文化特色，创新基层民族宗教社会管理工作，提高少数民族居民自我管理、自我教育、自我服务、自我发展的能力，促进民族团结。都江堰市灌口镇南桥社区就是这样典型的一个社区，共有居民 1038 人，含回、藏、羌、满四个少数民族；滨江街道龙潭湾社区同样如此，常住人口 9000 余人，阿坝州人口占 60% 以上。社区居住者有来自阿坝州和本土的藏族、回族、羌族等民族同胞。都江堰市文广新局以龙潭湾社区为试点，通过社工介入开展了“民族团结，和谐社区”项目。一是招募、培养一支约 50 人的社区志愿者队伍，为社区提供服务；二是发掘民族特色元素，组织志愿者培育以“民族文化”、“民族饮食”、“民族服饰（民族绣品）”、“锅庄”等少数民族歌舞为主题的文化类居民兴趣小组；三是开展以圣纪节等少数民族节气为主题的大型社区活动，以达到促进民族交流，实现社区共荣的目的。后来该项目被推广引进了南桥社区。到 2013 年 8 月底，仅一年的时间内南桥社区依托此项目就完成了 4 期宣传栏制作，跟进个案 10 个，开展兴趣小组培训 10 次、志愿者培训 4 次，开展希望主题活动 10 次、社区居民文化讲坛 4 次、大型社区民族文化活动 4 次，大大促进了和谐社区的建设。

（二）“邻里共荣”社区项目

自“5·12”地震后，都江堰的大部分社区属于再造社区，人们的居住方式发生了变化，人际关系也因此有了改变，从过去的熟人社会进入了相对陌生的半熟人社会，社区融合问题亟待解决。为此，都江堰市因地制宜地分类设计了若干服务项目，其中就包括“邻里共荣”社区项目。都江堰市蒲阳镇和平社区建设 A 区就是“邻里共荣”社区项目介入的重点区域，为灾后重建的农民集中安置点。和平社区由原来的金藤村 8 个村民小组、建设村 3 个村民小组、和平社区 4 个居民小组和金凤场镇组成，总户数 2098 户，户籍人数 5609 人，常住人口 5737 人。这种多村组居民共住的社区同时面临着新的问题，如邻里关系断裂的问题、对新社区的归属感问题、社区公共事务参与积极性不高及社区融合的问题等。为了更好地推动以参与式社区发展为目的的社区治理，蒲阳镇依托此项目在和平社区内成立了上善社会工作服务中心和平社工站，

其中有2名专业社工，2名社工带动成立了和平社区志愿者服务队。项目成员根据事前申报的项目内容逐一提供服务。一是社区关怀探访，即每月不定期地走访社区空巢、独居、孤寡、五保、残疾等特殊群体老人，在传统佳节进行慰问走访；二是每周常规活动。社区志愿者每周开展丝网花手工教学和“我爱红歌”常规活动，为社区居民搭建一个交流、沟通、融合的互动平台；三是举办以“中国梦、少年强”为主题的青少年夏令营；四是“和谐邻里一家亲”系列活动，即开展珍爱“夕阳”普法互动大讲堂——预防诈骗普法讲座、“文化乐民共筑梦想”庆国庆文化惠民演出、“缘来一家促共融”秋季运动会与“和谐邻里一家亲”茶话会等活动。项目里各式各样具体的活动将社区居民紧密地联系在了一起，传播了互助友爱的正能量。

（二）“童缘”留守儿童项目

孩子是祖国的未来，民族的希望。都江堰市天马镇金陵社区根据社区现实需求，借助“童缘”留守儿童项目关爱留守儿童。金陵社区位于都江堰市天马镇西部，常住农户1201人，总人口3379人。在地震中房屋基本损毁，经济损失较大，许多村民都没有固定经济来源，生活较为困难。为维持生计，家庭主要劳动力在市区或外地打工，留守家中的大部分为老人和儿童。上善社会工作服务中心通过购买政府服务，在金陵社区成立了金陵社工站，并介入引导成立了金陵社区志愿者服务队。针对农村留守儿童，社工通过各种小组活动，提升留守儿童应对困难的能力，协助建立正面的人生观和价值观，从个体、家庭和社区多角度地建立社会支持系统。具体而言，一是提供个体服务，开展以儿童为核心的“留守儿童课余辅导班活动”、“传递微笑、放飞梦想”成长系列小组活动；二是提供家庭服务，社工带动志愿者通过日常家庭探访和重点走访相结合，开展“与你同行”家长沙龙活动；三是提供学校服务，开展“童缘圆梦”的主题活动，收集到了174个儿童心愿；四是在社区营造爱的氛围，社工、志愿者和社区群众携手举办“扬帆起航，放飞中国梦”的社区夏令营和“童缘有爱，亲子趣味运动会”等大型社区活动。在“童缘”留守儿童项目的帮助下，金陵社区的留守儿童找到了家的感觉。

第四节　社会组织的发展成效及发展方向

都江堰市大力培育社区社会组织，搭建多元支撑的治理载体实际上是一场基层治理创新，落脚点是要推动全体村（居）民共同参与到社会治理当中，实现“党领民治”，增进人民福祉。都江堰市委书记张余松表示：“都江堰的改革是在政府组织、村两委组织等正式组织之外引导农民成立了更多的社会组织，这些草根性的社会组织在党支部的领导下，发挥党员的带头作用，改变传统单一的、村两委动员开会的低效管理方式，通过让这些组织充分地发挥作用，实现自我管理、自我服务。”实践证明，都江堰市以社会组织为抓手创新基层治理的做法有力地延伸了政府的服务触角，极大地激发了群众的自治活力，有效地完善了基层的治理体系。

一　社会组织的发展成效

提升公共服务的供给水平、提高居民的社区认同，是塑造居民共同体意识，增强社区凝聚力，进而增进社会共识的关键点，对构建活力社区、和谐社会具有不同寻常的意义。同时，社区社会组织又是基层社会领域中最为重要的组织形式之一。随着都江堰市改革的深入进行，社会组织在社区治理方面扮演着越来越重要的角色，发挥的作用越发地突出，成效显著。

（一）提高了政府的治理绩效

社会组织的培育和发展推动了政府职能的转变，政府不再是“授人以鱼”的“包办者”，而是“授人以渔”的“引导者”。同时，都江堰市社会组织的协同发展对政府的工作也起到了“拾遗补阙”的作用，提高了政府的治理绩效。一方面，推动了服务横向到边。都江堰市社会组织发展后，为群众提供各种类型的服务，覆盖了各类人群，最大限度地满足了服务对象需求的多样化。目前，善行社会公益服务中心已为蒲阳镇 300 户特困家庭、50 名特困学生，近 40 名残疾人等特殊困难群体提供了帮扶服务，并出资 60 余万元为旗松社区修建了一座桥梁；虹口乡多次组织卫生院志愿者为下辖社区的各类人群做义诊。另一方面，实现了服务纵向到底。都江堰市社区社会组织利用自身的优势，可以把服务送到院落坝子、田间地头，让服务真正"进村入户"，实现服务"零距离"。向峨乡棋盘社区46栋3号楼的王玉琴老人今年83岁，因患气管炎每年到冬季呼吸困难、行动不便，常年在家中，郁郁寡欢。同社区的志愿者王宜芬女士了解情况后，每周都会上门前去照看3次，帮忙洗被子、换床单，与其谈心聊家常。老人表示："感谢这些志愿者，现在的生活巴适（舒适）得很。"都江堰市社区社会组织的良性发展有效提升了服务的速度和质量。天马镇的张书记说道："现在不用政府兜底的，尽量让社会组织参与进来。"

（二）激发了群众的自治活力

都江堰市社区社会组织是基层群众参与社会治理的一条重要途径，其开展的活动贴近生活，紧接地气，效果明显。一是唤醒了群众参与的意识。群众的观念开始从"我向社区要什么"到"我能为社区做什么"转变。棋盘社区在决策涉及老年人切身利益的重要事项之前，比如环境绿化、优抚救济和家庭美德建设等，老年协会成员都会召集社区老年人召开听证会，让老年人自己讨论自己的事。社区支部书记也表示："过去你让农民去开会，到会率很难保证；现在不同了，协会的服务让大家受益了，群众的评价高了，开会也有人来了。"同时，参与的程度加深了。社区居民由基于自利的兴趣参与，发展到基于公共的自治参与，进而形成基于互利的互助参与，甚至达到了基于利他的志愿参与。二是丰富了群众自治的内容。社区社会组织的有效运行将自治的内容和形式进行了极大扩充，从修建场地到购置设备，从居家养老到纠纷调解。协会组织已经成为丰富群众自治内容的重要平台。三是激发了群众自治的热情。例如天马镇247名社区文艺爱好者带头在各个社区成立了群众自己的文艺队伍，主动开展"院落广场舞"、"百姓故事会"、"棋艺PK赛"等活动，让昨天的围观群众变成今天的活动"主角"。棋盘社区"绣娘工坊"里的28名绣娘在专业老师的指导下穿针引线，完成蜀绣作品订单130余件，创收一万余元。村民易图洪更是靠着精湛的技艺成为都江堰地区唯一一位进入四川省首届金针杯蜀绣大赛决赛的"绣郎"。

（三）充实了基层的治理主体

社会组织是社会政策的实践者，也是社会公共服务的提供者，更是推进社会治理体系和治理能力现代化的重要力量。都江堰市通过多类型的组织充实了基层的治理主体，逐步完善了基层的治理体系。一方面，丰富了基层的治理主体。从一元主导到多元参与，都江堰转变过去的“家长式”作风，探索出多元共治的治理模式，使社会、市场、群众等主体都能参与治理。如都江堰市青城山镇的社区社会组织从过去的几个发展到了如今的经济合作组织 24 个，民间社会组织 21 个，文化娱乐性组织 5 个。从组织内的成员构成看，棋盘社区志愿者协会的成员除了党政人员外，还包括事业单位人员、企业人士和村（居）民议事会成员等。另一方面，优化了基层的治理层级。都江堰打破以往垂直的治理格局，实现了治理的“扁平化”，即大量的公共服务项目不再由政府逐级下达，层层告知，而是交由草根组织直接代办，2014 年青城山镇政府就支付了 14.9 万元向社会组织购买服务，实现服务“直通车”。伴随着治理主体充实的同时，社区社会组织的参与还提升了基层治理主体的治理能力。都江堰市以社区为平台、社会工作人才为支撑，社会工作专业方法为指导，培育出了一大批有特色、有亮点、实用性强的社区社会组织，如传统手工艺协会、计生协会、环境卫生保护协会等，极大地夯实了基层治理的基础，提高了群众参与社会治理的能力。都江堰的实践证明，社区社会组织是助推基层治理提档升级的中坚力量，是不可或缺的治理主体之一，能够为政府“减压”，为社区“减负”。

二 社会组织的发展方向

由于都江堰市社会组织的培育起步较晚，因此不可避免地存在一些发展的问题，比如农村地区的草根组织规模较小、资金不足，社会组织参与社区治理的规章制度不完善，组织孵化机制尚显不足等。鉴于此，当前，都江堰市委市政府应进一步思考社会组织的发展方向和未来需要改进的地方，着力打造出以社会组织为多元支撑的治理载体。

（一）加大社会组织外部扶持

良好的外部环境是社会组织能够良性发展的必要条件，因此都江堰社会组织的后期发展离不开外界的进一步扶持。首先要改革登记制度，打破双重管理体制。条件严苛、限制较多、多头主管等问题严重制约了社会组织的新生和发展。目前都江堰对社会组织的登记门槛仍然设置较高，无法有效激发基层的治理活力。因此，建议在全市逐步扩大无业务主管单位改革试点范围，采取许可与备案双轨管理机制，对社会公益、文化体育和法律类社会组织实行直接登记制度；对仅仅在街道（社区）内开展活动，尚不具备登记条件的社区社会组织实行备案管理。其次要加大资金支持力度，创造发展条件。都江堰政府对于社会组织发展的支持，除了直接的财政支持以外，应当进一步扩大政府购买服务的范围与力度，加大税收优惠政策。2014 年都江堰市向峨乡政府向当地的社会组织购买服务仅有两次，均是社区服务类，而公益类和文化类的服务购买尚未涉及。最后就是要加大对外宣传力度。都江堰是一座旅游城市，更多的是依赖于第三产业的发展。因此，农民增收致富的途径也更多地依赖于它。但实际上，由于产业类协会的外宣力度不够，很多的游客来到此处选择著名的景点观光，并在宾馆下榻，而未涉足于农家乐。2015 年上半年柳街镇水月社区的民宿旅游协会仅迎来了一批客人。所以，扶持社会组织发展还需要借助于媒体宣传。

（二）加强社会组织自身建设

都江堰的社会组织不仅需要外部帮扶，更需加强自身建设。一是规范社会组织运转，优化内部治理结构。都江堰市的社会组织并不是简单地为群众提供服务的第三方，更是群众参与社会治理的组织载体，因此规范其内部建设，优化内部结构对于群众有序参与社会治理至关重要。而实际情况是，都江堰的很多社区社会组织仍是处于零散的状态，规范性不强，制度很不健全。如都江堰市向峨乡共有社区社会组织 69 个，而正式备案（建档）的社区社会组织数量只有 13 个。可见，在大力培育孵化社会组织的同时还需要进一步优化其治理结构，使其达到登记注册的水平。二是规范社会组织的财务管理。当前都江堰市社会组织尤其是草根类组织在财务管理方面仍亟待完善，很多草根组织在财务管理方面缺乏专才，对于资金如何使用的规定模糊不详尽。如柳街镇水月社区的部分协会制定的章程中对于财务管理的说法大体雷同，并未针对本协会的可能和实际进行说明。因此加强社会组织的财务管理对于都江堰社会组织的健康发展尤为必要。三是都江堰要重视社会组织的人力资源建设。在都江堰市，社区社会组织的牵头人多为本社区的能人或红人，如工匠协会会长王怀松，其在社区内的公信力较大，但是文化水平有限，且缺乏专业的管理经验。不仅如此，整个组织内部成员的文化素质也普遍不高，人力资源难以转化成人力资本。为此，都江堰市社会组织成员在今后的发展过程中一定要不断提高自身的专业技能，提升自己的管理水平。

第六章　民主协商:扩展灵活多样的治理方式

党的十八届三中全会提出要“健全社会协商对话制度，畅通公民利益表达渠道。”随着社会的发展，人民群众的需求日益多元化，传统“自上而下”的单向度管理模式，越发满足不了群众“自下而上”的多维度需求。倾听百姓的利益诉求，不仅仅是政府“体恤民情”的善意之举，更是成为维护社会和谐的必然要求。只有让广大百姓参与到社会事务的管理中来，才能最大程度地维护群众利益，化解矛盾纠纷。协商民主作为一种公开透明的利益表达机制，是发扬基层民主，维护社会和谐的有效组织方式，是衡量社会文明程度和国家治理能力现代化水平的重要标志，也是实现地方善治的有效途径之一。

自2003年起，都江堰市开始探索实行统筹城乡综合改革，随着改革的深入，广大农民的生产方式、居住形式、公共服务的提供形式和提供内容等方面发生了巨大的变化，整个社会利益被打破重构，群众之间、干群之间出现了信任危机，社会管理陷入困境，社会矛盾日益发酵。基层政府迫切需要找到一种行之有效的组织机制，推动工作的顺利开展。群众对村两委“代民做主”的管理方式也提出异议，越来越多的人希望可以参与到村庄公共事务的决议与管理中，从而维护自身利益。在这种背景下，都江堰市积极搭建公众协商平台，为干部和群众之间、群众和群众之间搭建信息交流平台、事务共议平台和合作执行平台。在此基础上，通过创新协商互动机制，引导群众有序参与公共管理，引发干群良性互动。在实践中，逐渐探索出了“两级议事”“两团互动”“双向反馈”的表现形式，有效化解了社会矛盾，促进了干群融洽、社会和谐，取得了良好的社会效应，丰富了协商民主的实践形式，提升了社会的文明程度，促进了国家治理能力的民主化与现代化。

第一节　在利益多元中引入协商民主

2003 年都江堰市在全国率先开启了“统筹城乡发展”的探索，随即，全市于2008 年开始进行产权制度改革，同年，又遭遇“5·12”地震。在一系列的改革和自然灾害的背景下，社会发展遭遇阻碍，社会资源面临重构，各方利益竞相角逐，基层社会矛盾凸显，社会治理遭遇困境，在这种境况下，都江堰市迫切需要找到一种新的治理机制来协调各方利益，维护社会和谐。

一　主体多元，利益难协调

利益具有竞争性和排他性，利益分享主体越多，矛盾就可能越大，在都江堰的集中居住区，来自不同地域、不同生活习性、不同社会阶层的居民混杂在一起，给社会治理带来了一系列的困扰，对传统的社会管理方式提出了挑战。

（一）不同村庄的居民聚居，管理不力

2003 年以来，都江堰市大力推进城乡统筹发展，其中以农村“社区化”为代表的居住环境一体化工作，一直是一项重要的基础性工程。都江堰市打破原有行政村建制，按照地域相近、规模适度的原则，在全市范围内逐渐普及新型农村社区，造就了全市范围内普遍存在着不同村庄的居民聚居在同一社区的情况。2009 年以来，蒲阳镇进行了大规模的拆迁安置工作，全镇累计拆迁安置群众 9000 余户，2 万余人，涉及全镇 48% 的家庭和 90% 的村组。以建设 A 区安置点为例，该安置点包含 5 个小区，共有楼房 36 栋，单元 103 个，家庭 1076 户，居民 3022 人。全部居民中，569 人来自金凤社区，1385 人来自和平社区，4 人来自银杏社区，478 人来自建设社区，343 人来自凉水社区，181 人来自同义社区，23 人来自蟠龙社区，32 人来自互助社区，5 人来自拦箱社区，2 人来自场镇。不同村庄的居民聚居在一起，任何一个村庄的干部都难以得到广大居民的支持，社区干部面对社区内的需求和矛盾束手无策，利益主体的混杂和管理主体的交叉，导致新居区实际上处于无人管理状态，公共服务匮乏，居民的基

本利益难以得到落实和保障。在这样一个陌生的环境中，熟人社会的信任被打破，为了保障公平，维护自身利益，居民们自己参与自身事务管理的呼声日渐高涨，民主和协商成为居民的现实诉求。

（二）不同习性的居民杂居，协调不顺

都江堰新型社区的建设，不仅打破了地域限制，也突破了户籍限制和生活习性的限制。同一个社区内的居民来自农村和场镇，他们有着不同的生活习性和日常需求，这也导致了新成立的社区居民之间需求难以协调。2010 年，为了提升社区服务质量，原和平社区被拆分重组，金藤村的 8 个村民小组、建设村的 3 个村民小组、原和平社区的 4 个村民小组合并到一起，组成了新的和平社区。新成立的和平社区很快就遭遇到了管理上的困难，由于居民分别来自场镇和农村，原有生活习性差异较大，对于社区发展的诉求也大相径庭，都江堰市干部任明德问道："像和平社区，特别复杂，既有场镇，又有农村，它们面临的问题不一样，在管理的时候以哪一部分为主呢？"对于原先金藤村的 8 个村民小组和建设村的 3 个小组来说，他们来自农村，他们保持着很多农村的生活习性，他们更关心的是征地、拆迁、入保等遗留问题，而对于原和平社区的 4 个小组来说，他们来自场镇，他们难以接受农村邻居的一些"陋习"，他们更加关注院落管理、养老服务等问题。不同生活习性的居民居住在同一个社区，居民之间难以协调，导致矛盾冲突不断，社区管理遭遇困境。

（三）不同收入的居民混居，融合不畅

都江堰市的社区建设具有重构性、广泛性的特点。同一个社区的居民不仅来自不同村庄，不同乡镇，在生活习性上有着地域和城乡的差别，更是来自各行各业，分布在不同的收入阶层。城市商品房社区通过价格机制的过滤，居住在同一小区内的居民收入水平较为均衡，而在灾后重建和统筹城乡的背景下，都江堰的社区人员构成非常庞杂。以龙潭湾社区为例，一个社区内不仅同时居住着农民、工人、个体户、公务员、老师、医生、商人、艺术家等不同行业，甚至还有因地震迁徙而来的其他县市的难民。不同的职业背景决定了他们有着迥异的收入水平，而居住在同一社区的生活成本相当，这就造就了小区内乱象丛生。在棋盘社区，居民董正前是一位患了食道癌的农村老党员，一人独居，无人照料。由于上了年纪，又身患重病，既不能种地做重活，也找不到临时工可做，生活很艰难。董正前因此希望能靠养鸡赚一点医药费，于是就在自家的阳台上养起了鸡，结果闹得整栋楼怨声载道，居民冲突时有发生。不同的收入水平决定了居民们不同的思想观念和行为方式，实际生活中难以协调，更难融合，而面对这些现实状况，社区干部往往显得有心无力，社会治理常陷入困境。

二　诉求多样，需求难满足

与利益主体多元化相伴而生的是利益诉求的多样化，不同主体有着不同的实际需求，都江堰市的双改（统筹城乡发展改革和产权制度改革）刚刚推行不久，各项配套机制发育不全，社会资源相对稀缺，不同的诉求之间产生了竞争，矛盾也因此产生。

（一）环境整治的需要

习惯了农村生活的农民，搬到社区居住后，仍旧保留着原来的生活方式，缺乏公共生活的意识。全市普遍出现了一种现象：农民刚刚搬入新居不久，社区内的街道就被垃圾所占据，河道里、绿化带、废水沟也都被各种生活废弃物填满，刚入住的新社区不到一星期就变得脏乱不堪。有居民表示："才从山上刚搬过来的时候有60%的人都是垃圾随便扔，农村上嘛，都是这样子的，没有意识的垃圾到处丢撒，本来这些村民文化水平就相当低，才搬过来的时候，垃圾袋、牛奶盒、烟头，不管啥子都到处甩，瓜子壳花生壳甩得到处都是，包括这河里头，坎边上，到处都是"。随着入住时间的深入，新的问题不断暴露，居民们为了堆放农具和杂物，修建了各式大大小小的棚屋，使得社区街道被堵。甚至还有村民把养鸡养鸭的习惯也带到了社区里，没有院子就用竹条或木头围起一块地圈养，致使社区内家禽乱窜，粪便满地，居民感慨道："路上都是大家围起来的鸡笼子，刚开始的时候真的是不得了，（社区里）到处都是他们养的鸡，路上都是鸡屎，那个味道好大的。"脏乱不堪的居住环境不仅严重降低了社区的居住质量，也影响到了居民的身心健康，同一小区内的居民为此多次发生冲突，可是，大家"公说公有理，婆说婆有理"，冲突一再发生，问题却没有得到缓解。居民们对环境整治的需求与日俱增，百姓们迫切地希望可以寻找到一种有效的方法来解决环境问题。

（二）治安维护的需要

都江堰的农村社区虽然在外观和硬件条件上不比城市社区差，但是在日常的服务方面却几乎处于空白状态，农村居民大规模搬入社区居住后，由于人员混杂，居民防范意识和防范能力弱，出现了大量治安案件。棋盘社区一位居民，刚刚搬入社区居住，摩托车就被偷了，没过多久他买了辆新车，可是紧接着又被偷了，过了两周他又买了辆电瓶车，结果电瓶又被偷了。连续三次被盗，导致他气急败坏，就把整个小区丢过车的人组织起来闹事，抬了一个大花圈送到物业公司的办公室，争闹整整持续了一个月。同样是在棋盘社区，一位住在 A 区四楼的住户，出去耍了会儿，结果一转身，液晶电视被偷了，周围的邻居知道后，大家都感觉缺乏安全感，人越聚越多，事情越闹越大，派出所闻讯出警，小区居民扣住警察不让走，非要给个说法，最后市里刑警大队出警，镇党委政府出面才把群众疏散。居民们对维护治安，保护自身生命财产安全的需要越发急迫，亟须切实有效的方式来维护治安，重塑秩序，满足群众需求。

（三）增收致富的需要

在集中居住的新型农村社区，农民们的生活方式改变了，生活成本大幅增加。散居在村里时，村民做饭主要是靠烧柴，只要勤快点，不需要花钱，而在新社区，通了水电气后，村民煮饭用的是电，烧菜用的是气，样样都要花钱。散居时，村民冬天取暖靠烧炭火，不需要花钱，而集中居住后，取暖变成了用“小太阳”电暖器、电火箱等大功率电热器，给村民的日常生活增加了一大笔电费。散居时，村民吃菜自己种，吃家禽自己养，成本低廉，集中居住后，不能种菜，不能养鸡，吃什么都要花钱购买。散居时，村民们分散在广阔的土地上，自家住所离自家土地一般比较近，而集中居住后，大部分村民从家到地里的距离变远了，许多村民为了方便都购买了摩托车，养车又形成了一笔新的开销。居民们的生活成本较之以前有了明显提高，据统计，棋盘社区居民入住后的生活成本每月增加了 200 元左右。与此同时，居民的收入却没有增加，甚至比以前更少了。对此，刚入住新型社区的居民董宗书抱怨道：“现在在家里，做个饭要用气，洗个衣服要用电，晚上看个电视也是电，更别说还一天到晚开着冰箱，真是打开门就要钱。”生活成本的突增，对居民们提出了增收致富的现实压力，也为社区管理制造了新的瓶颈，群众的怨言在社区中暗涌，随时可能造成新的冲突。

三 矛盾多发，秩序难维持

在改革过程中，社会资源被重新整合，社会利益被重新分配，这不仅导致一系列历史遗留问题浮出水面，还进一步造就了新的矛盾与纠纷，原有矛盾还没解决，新的纠纷就接踵而至的现象，给社会治理带来了棘手的困扰和压力，政府和群众都迫切需要一种新的力量来化解矛盾，维护社会和谐。

（一）征地拆迁意见不一

为了建设新型农村社区，都江堰市在全市范围内进行了大规模的征地拆迁。土地和房屋是农民的命根子，在征地过程中，村民之间、干群之间、村民与工作队之间出现了各种各样的矛盾与纠纷。自 2009 年起，和平社区开始进行大规模的征地拆迁，征地刚开始采用租赁土地的方式，以青苗费的形式给农民补偿，后来部分年轻村民担心日后的租金没有保障，要求采用征断的方式，一次性付清所有费用，并且给被征地村民办理社保，保障村民们日后生活有所依靠。但是，由于办理征地入保是以小组为单位，并且资金有限，每批次只有非常有限的名额，所以好多被征地农民的入保迟迟办不下来。于是，矛盾就此产生。对于村里的中老年人而言，土地是他们的命根，由于身体素质和文化技术的限制，中老年人往往很难在失去土地后再就业，失去土地，又办不了社保的农民失去了晚年的生活保障，开始对征地拆迁工作百般刁难，造成了村里中老年人和年轻人之间的意见分歧，也造成了村民和征地拆迁队之间的冲突与矛盾。拆迁工作难以推进，村民困难难以解决，造就了“双输”的局面，愈演愈烈的社会矛盾迫切需要得到缓和与化解。

（二）物业服务纠纷不止

推行农村社区的目的，在于改善农民的生活环境，提高农民的生活质量。可是当农民搬上楼后，自由惯了的农民和物业公司之间却产生了矛盾，使得住上新居的百姓们，虽然屋子亮堂了，心里却堵得慌。以和平社区为例，农民们习惯了自给自足的生活，刚刚搬上楼生活，大家普遍不愿意交物业费，蒲阳镇政府体谅百姓的心情，决定先由政府财政垫付物业费，等居民们慢慢适应社区生活后，再由居民自行支付。全镇一年的物业费就有 400 多万元，这让镇政府倍感压力，物业费往往不能及时支付。拿不到物业费，物业公司不能按时给员工发工资，员工也就没了积极性，服务越发的跟不上。居民家里漏水了、下水道堵了，找不到人维修，居民对此意见很大，觉得到楼上生活成本高了，可是生活质量却下降了。于是居民开始找物业公司的麻烦，有时会导致物业员工无法正常上班，物业公司埋怨镇政府不按时交付费用，镇政府怪百姓不出钱维护自己的生活环境。居民、物业公司和镇政府都觉得受了委屈，社区管理不畅，社区秩序日益混乱，从居民到镇政府，都迫切需要找到一个平等交流的平台，平心静气地协商解决眼前的难题。

（三）土地流转风险难控

随着土地确权工作的深入，都江堰市出现了越来越多的土地流转现象。而土地流转作为一种市场交易行为，天然地伴随着市场风险。在一些社区，由于社区干部积极参与组织规模化土地流转，当市场风险发生时，群众也自然地将责任推到了干部身上，导致干群关系受损。自 20 世纪 80 年代起，棋盘社区的村民就已经陆续开始种植猕猴桃，2009 年时棋盘社区 80% 以上的农户种植猕猴桃，种植面积达 2300 余亩，人均种植面积达 3 亩。为了挖掘更高的经济效益，也为了提高农户抵御市场风险的能力，在社区干部的牵引下，上海盛为木业有限公司与社区农户合作，成立了申爱猕猴桃专业合作社，流转土地 1000 亩，并建立了爱心猕猴桃园区，修建了 1000 吨猕猴桃气调库。可是半年后，都江堰市国土局出台了农村土地整治的政策，棋盘社区所流转的土地也包含在其中。盛为木业与政府在土地整治问题上发生了冲突，认为整治后的土地已不适宜种植猕猴桃，因此拒付地租给棋盘社区的村民。在多次与村民因租金问题发生纠纷后，盛为木业放弃流转的土地，撤离了棋盘社区。村民非但没有获得收益，土地还成了一片荒地，两年的青苗费亏损了不说，由于梯田已经整成了坡地，连种植粮食都成了问题。社区干部李天平表示："上面政府怪我们，引来公司留不住，下面百姓怪我们，流转土地倒赔钱，公司老板拍拍屁股走了，留下一个烂摊子，我们只能自己想办法收拾。"政策与市场行为之间的冲突，导致盛为木业的撤离，进而使得矛盾演化为群众与干部之间的纠纷，群众将赔钱的责任怪到干部身上，使得村庄管理遭遇困境，村庄秩序受到破坏。

在统筹城乡综合改革的大背景下，农村村民的生产方式、居住形式、公共服务的提供形式和提供内容上都发生了巨大的变化，广大农村村民在改革的受害者和受益者之间变换角色，群众和干部、群众和群众、甚至干部和干部之间的信任被打破，社会管理工作陷入泥沼。为了维护自身利益，在秩序重构过程中，人人都希望能亲自参与其中，表达自身诉求，同时，地方政府也迫切需要找寻到基层治理新的突破口。现实的治理困境和群众参与的强烈愿望，为协商民主的产生和推行提供了强大的基础和动力，各级政府和广大群众顺势而发，开展了一系列协商民主的生动实践。

第二节　在两级议事中扩展协商形式

2003年起的一系列配套改革，催生了大量的基层矛盾，传统的管理手段在集中出现的矛盾面前显得捉襟见肘，为了化解基层矛盾，深化基层民主，都江堰市逐步探索建立起了包含“村民议事会”和“小组议事会”的两级议事组织，将村民们充分动员起来，通过海选的方式，选出议事员，通过议事会的民主协商方式，代替传统村委会“代民做主”的治理方式，通过引导群众理性对话，民主协商，以达到定纷止争，维护社会和谐的目的。

一　以“村级议事会”开拓协商局面

自《村民委员会组织法》颁布实施以来，村民自治成为全国农村的规范化治理形式，但是，按照组织法规定，村庄的最高权力组织是村民大会，而村民大会由于涉及人员众多，实际操作中，召开较为困难，村庄事务多为村委会支配，广大群众的自治权利难以实现。为了发扬基层民主，扩大群众参与，落实村民的自治权利，都江堰市开始逐步探索“村民议事会”制度。

（一）诞生：以村级议事会打破信任僵局

2008年2月，都江堰鹤鸣村被确定为成都首个农村产权制度改革试点村，随着改革的推进，一些深层次矛盾也随之显现：邻里之间地界不清、村组的公共房屋归属、新近迁来的村民是否参与分配等等问题困扰着村庄的发展，村干部被质疑追寻个人私利，所做的事情不被村民接受，村庄事务陷入混乱。

为了帮助村庄摆脱困境，村干部多次向百姓说明状况，争取百姓支持，但是一直得不到百姓的认可，村主任余跃深深地意识到“村两委包揽一切的做法已经行不通了，要想推进工作，必须先化解矛盾”。在民众有气，干部有需的情况下，鹤鸣村在原有村两委以及村民代表大会的组织架构基础上，进行了大胆的创新和尝试。通过一户一票的方式，海选出村民代表 47 人，其中女性 17 人，党员 5 人。最棘手的土地确权工作逐渐由村委会包办转变为村民代表主导。在具体的确权过程中，村民代表需到场确认，对于土地的归属问题，如果村民之间有争议，得到 70% 以上的村民代表支持的村民方能得到土地的承包权。在具体工作过程中，村民代表经常一起开会商讨，逐渐形成了较为稳定的“村民议事会”制度，负责商讨村中较为突出的矛盾与纠纷，尤其是处理集体资产归属的问题。从而将原来干部决定村务的状况，改变为群众共议村务的新局面。同时，为了监督村民议事会的工作，由村内有威望的村民组成监督小组，负责监督议事会以及村两委的工作。

（二）发展：村级议事会的广泛推行

鹤鸣村遇到的困难并不是某个村庄独有的，在全市推行产权制度改革的背景下，各地都遇到了类似的困境，于是，“村民议事会”的组织形式在全市各处自发开展起来。在都江堰辖域内，先后有 191 个行政村组建了村民议事会以及监事会。各村通过民主选举，全市范围内共产生村民议事会成员 4963 名，他们由村民投票选出，直接代表村民的利益，反映群众的心声。在全部议事会成员中，共有党员 2134 名，占议事会成员总数的 43%，普通群众占据了村民议事会的绝大部分席位，从而保障群众的利益能够得到充分的尊重和实现。另外，议事会中，村两委“四职干部”成员的总数为 784 名，占议事会成员总数的 15.8%，从而克服了以往村干部包办村务的局面，避免了村民议事会流于形式。

经过一段时间的探索与发展，大多数村庄开始通过议事会来决定本村的重大事项，从而保障村民们充分参与到村庄事务的商议、决策中来。基层民主得到了有效的发挥和实现，村民议事会制度在都江堰市各农村乡镇逐渐实现全覆盖，在解决村庄纠纷，保障村民利益，维护村庄和谐方面发挥了基础性作用。

（三）成熟：村级议事会的规范化建设

村民议事会在全市广泛开展后，各村执行水平参差不齐，产生了各种各样的形态。在议事会选举的方式上，有的村庄采用先选出小组代表，再由小组代表差额选举村庄代表的间接选举方式；有的村庄采用由村民直接海选出村民议事会成员的直接选举方式。在人员构成上，有的村庄村委会成员自动成为议事会成员，其他成员经海选产生；有的村庄所有议事会成员均需经过选举产生。在议题提出方式上，有的村庄由村两委提出商讨事项，然后议事会成员讨论；有的村庄采用逐户搜集议题的方式，从百姓中收集议题，然后由议事会表决。在议题的表决方式上，有的村庄采用少数服从多数的原则，有的村庄采用一致通过原则，有的村庄实行一一票决。为了规范村民议事会的组织运行，确保村民议事会取得实效，都江堰市先后出台了《都江堰市村民议事会组织规则》《都江堰市村民议事会成员选举办法》《都江堰市村民议事会议事规则》等文件，以制度化的方式规范议事会运作。

2012 年 6 月 12 日，以蒲津村村民议事会的召开为契机，安龙镇结合文件精神，对全镇村民议事会进一步提出要求：首先，进一步提高议事会群众知晓率，加大议事内容、议事结果的宣传力度，让群众充分知晓。其次，严格议事程序，确定议事会真正表民意、谋民事。再次，落实议事会监督管理机制。镇党政办、纪委加大对村民议事会规范运行情况的“三查”，“即一查”议事过程，“二查”会议记录，“三查”议定事项的实施情况。最后，充分调动群众的积极性，保障群众的参与权。确保每次议事会都有 2 名以上群众列席会议，参与“议事”，让更多的老百姓关心议事会的运行，进一步拓展群众参与基层事务的深度和广度，真正实现民事民定。

（四）成效：群众利益得到有效表达

议事会制度推行以后，村民们可以更直接有效地参与到村庄事务的管理中来，事项商议公开化，商议过程透明化，事项决议民主化的新变化，打消了村民对于决议者处事不公的疑虑，村民之间重拾信任，村庄秩序得以重建，村庄发展逐步步入正轨，村民的需求开始有条不紊地得以实现。龙凤村距离都江堰城区 20 余公里，人少山多，经济不发达，阻碍村庄发展的重要因素就是村庄道路不畅，村民们多年来一直期盼修整道路，发家致富，可是村委会拿出的方案几经修改，仍旧得不到村民的赞同，无论怎么改，都有村民觉得自己吃亏了。村民议事会成立以后，村干部果断“退居二线”，由村民们自己商讨方案，解决纠纷。关于修路占用村民土地和附着物的赔偿问题，之前村干部总也做不通工作，总有村民嫌赔偿太少。议事会成立后，21 名议事会成员和 30 名群众代表挨家挨户的和群众交流沟通，最终达成了村干部之前想都不敢想的结果：全体村民一致同意不赔偿。只要能把路修好，村民们愿意为村庄做出贡献。在修路的具体执行监督过程中，议事会不仅请了专门的监理方每天在工地监督执行，路过的百姓，只要对修路过程有意见，随时可以向议事会表达，修路过程中多次返工，只为能让百姓满意。议事会的良好执行效果感染了百姓，很多群众自发参与到施工中来，前前后后为村庄修路节省了 280 多万元的费用。2010 年 3 月玉龙路正式竣工，群众满意率达到 100%。

二　以“小组议事会”提升协商深度

村民议事会实现了村庄重要事项的民主协商，夯实了基层民主。但是由于村庄面积一般较大，事务较多，村庄议事会精力有限，不能事无巨细地商议，导致部分村民的利益得不到保障，为了进一步深化民主协商，满足群众需求，都江堰市在小组一级确立了小组议事会制度。

（一）小组议事会的产生

2008 年，柳街镇鹤鸣村在全市首先开展土地确权工作，而在鹤鸣村内部，第 7 组这个全村最小的组，又是第一个开展确权的小组。第 7 小组有居民 37 户共 84 人，虽然是全村最小的组，但面临的问题却一点也不少。时任村主任兼第 7 组小组长的余跃感慨：“在农村第一难的事就是搞计划生育，但是确权比搞计划生育还要难三分。”最难的地方在于土地的历史遗留问题复杂。第 7 组“丢地”的人很多，有一年，小组 37 户中有 10 户人找余跃要地。为了解决这个问题，小组内召开了组民大会，经过激烈的讨论，组民们认为土地确权工作应该由组民代表参与执行，从而保障公平性。“说实话，这个也不能具体说是哪一个人提出来的，开社员大会的时候，大家你一句我一句，这个想法才产生的。因为确权牵扯到我们老百姓个人的利益，如果让工作组来确权的话，第一，他们搞不清哪块地是哪家的；第二，他们是上面下来的，他们说地是几分几亩，老百姓心里头不服气。”

按照社员大会的决议，第7小组内每5—15户推选出1名德高望重、责任心强的人担任组民代表，共产生组民代表4人，分别为是：王明祥、余廷贵、刘润光和张玉如。每测量一户的宅基地和承包地时，工作组、小组长、组民代表和户主（代表）必须都在场，宅基地的长、宽、高先由工作组成员测量，承包地则是按照两轮台账，然后由小组长、组民代表进行指认，最后由户主（代表）签字确认后方能登记在册。在工作过程中，遇到比较复杂的情形时，代表们经常在一起讨论协商，形成了“小组议事会”的雏形，随着工作的进一步开展，“小组议事会”的组织形式逐渐得到村民的认可与拥护，成为一种行之有效的解决村民矛盾的方式。

（二）小组议事会的发展

在多次的实践中，“小组议事会”的组织形式逐渐在鹤鸣村第7小组确立起来，并很快向全村甚至全市推广，对于议事会的日常运行，也逐渐摸索出了一套较为固定的运作规则。小组议事会本着民主的原则，由群众民主推选议事员。村中实行“一组一榜”制度，小组议事员选举前，在入户广泛宣传动员和充分征求意见的基础上，以村民小组为单位，张榜公布具有选举权和被选举权的参选人名单，确保所有符合资格要求的村民都能参选。村民们本着“一户一票”的原则进行公开投票选举，在整个村民小组内实行村民“海推”，从得票过半数的人员内，按照票数由高到低的原则，选出5—7名人员组成本小组的议事会，负责本小组内村庄事务的协商与决议。为了协调小组议事会与村庄议事会的关系，实现最大程度上的公平公正，都江堰规定村组干部不超过议事会成员的50%，同时每个村民小组要有2名以上村议事会成员，以充分保障群众和每个村民小组的话语权，更好地协调村民小组间的利益差异。2009年3月24日，在鹤鸣村首届村民议事会选举中，选举产生的22名村民议事会成员中，村组干部有8名，每个村民小组有2人进入议事会。为了加强议事会成员与群众的联系，所有议事会成员都有大约10户的固定联系户。同时，从村民议事会成员中选举5人组成村务监督委员会，负责村庄日常事务的监督和督促。小组议事会作为一项固定的治理机制在各村逐步确立起来。

（三）小组议事会的成效

由于行政村的面积较大，人口较多，同一行政村内的村民往往出现互不认识的情形，而同一小组内的村民往往居所相近、利益相连，彼此知根知底。较之“村民议事会”，小组议事会具有天然的优势，尤其是在解决历史遗留问题方面，发挥出了重要的作用。胥家镇土什社区第八组村民杨学英，多年在外打工，回村后无地可种，为此多次向村干部交涉，因时间较长，村干部弄不清杨学英失地的原因，给出的答复不能令其满意，杨学英开始到镇里、市里上访，寻求解决途径。社区八组获知这个情况后，立即组织村民代表召开“小组议事会”协商讨论。由于八组成员都是杨学英的街坊邻居，大家你一言我一语的，很快就还原了事情的真相：17 年前，杨学英与丈夫离异，杨学英带着孩子外出打工，当年，杨学英主动找到组长张青年将自己和孩子的 2.2 亩耕地退还给集体，第八组依法将该耕地分配给了新生人口。因此，杨学英是自己自愿将土地退还，村中并无过失。可是，考虑到杨学英的生计问题，小组代表们商讨决定一旦日后有可分配土地，第一时间分配给杨学英，小组成员对这个决议表示一致同意。街坊邻居们专门为自己的事开会讨论，并做出了决议，杨学英也就不好意思再找村干部，更不好意思去上访了。一个村干部苦口婆心劝不回的上访“钉子户”，在小组的一次会议后就消失得无影无踪了。小组议事的作用和地位得到大家的认可，由“小组议事会”和“村民议事会”组成的两级议事会制度，被确立为村级自治事务的常设议事决策机构，在全市推广开来。

三　以组织共建巩固协商效果

村组议事会的协商议事形式有效化解了社会矛盾，受到了群众的广泛好评，但是议事会毕竟是新生事物，与村庄其他组织间的关系必须梳理明确，否则可能会发生不同组织间互相争权，或者互相扯皮的情况，从而对基层治理产生负面影响。

（一）理顺与村民大会关系，明确权力归属

村民（组）议事会的生动实践取得了良好的效果，但是，一切探索和实践都要在法律的框架下进行。按照我国《村民组织法》等相关法律的规定，村庄的权力机构是村民大会及村民代表会议，法律中对于村民议事会这种组织形式并无相关规定，这就为村民（组）议事会的推广提出了难题，议事会的决议到底有没有法律效力？约束力从何而来？

为了解决这个问题，都江堰市组织专人进行研究，并发布了《都江堰市村民议事会讨论决定村级自治事务授权范围导则（试行）》（都组发〔2010〕19号），文件规定，村民（村民代表）会议应向村民议事会授权，明确其讨论决定村级自治事务权限范围。通过委托授权的方式，议事会和村民大会的关系得以理顺，村民大会是村庄的最高权力组织，议事会接受村民大会授权，作为村民大会的常设组织负责处理村庄日常事务，并对村民大会负责。这样的制度安排有效解决了议事会决议合法性的问题。为了规范各村村民（村民代表）会议向村民议事会授权事宜，都江堰市委组织部进一步制定了《村民（村民代表）会议授权村民议事会讨论决定村级自治事务表决书》《村民（村民代表）会议授权村民议事会讨论决定村级自治事务范围表决书》和《村民（村民代表）会议向村民议事会授权书》三个范本，各乡镇（街道）参照范本，组织和指导各村制定本村的村民（村民代表）会议向村民议事会授权表决书，并按照《导则》规定的程序，组织开展授权表决，表决通过后，及时向村民议事会授予《村民（村民代表）会议向村民议事会授权书》。从而通过法治的方式实现了权力的合法转移，理顺了村民议事会与村民大会的关系，明确了权力归属。

（二）理顺与村两委关系，确保执行效果

村两委是村庄传统的管理主体，在村庄事务管理上一直发挥着顶梁柱的作用，村民议事会的出现，使得村两委的地位遭到了挑战甚至是颠覆。为了理顺议事会与村两委的关系，都江堰市颁发了《都江堰市村民议事会讨论决定村级自治事务授权范围导则》《都江堰市加强和完善村党组织对村民议事会领导的试行办法》等文件。文件中规定，村民议事会讨论决定的自治事务范围由村党组织负责提出和实施。这样的规定将议事会和村两委的组织功能有机融合到一起。具体来说，首先，议事会的议事范围不能超越村两委的职权范围，议事会的商议范围由村两委提出，并通过书面形式加以确定。其次，议事会的议事结果由村两委负责组织执行。这样的组织构成，使得大部分村庄日常事务经由议事会讨论决定，而村两委的主要功能是把握议事会的方向正确以及保障议事会的执行效果。议事会与村两委相辅相成，既体现党的领导，又最大程度上发挥群众主体作用，发扬基层民主，共同维护村庄和谐。为了方便各村开展职能衔接工作，《都江堰市村民议事会讨论决定村级自治事务授权范围导则》中，对议事会的职权范围做出了简要的规定，主要包含：村两委承接上级政府的村庄公共服务职能、社会管理职能、村庄重大项目工程、村务公开、“低保”“五保”的确定、听取和评议村委会年度工作报告以及涉及全村利益的重要事项等。在新的制度框架下，议事会和村两委形成了“互掎”之势，议事会承接了村两委的大部分职能，村两委承担着议事会决议的执行功能；村两委可以约束议事会的议事范围，议事会要听取村委会的工作报告，并进行评议。全新的制度安排，为群众广开言路，为基层协商民主的广泛开展开拓了道路。

（三）理顺与监督委员会关系，规范权力运行

权力的规范运行需要相应的监督机制保障实施，监督委员会就发挥着这样的作用。在议事会成立之前，多数村庄就存在了监督委员会，当时的作用主要是监督村两委的工作。但是，由于村两委成员在村庄中往往权力过大，而监委会成员的产生又不规范，常常出现村委会成员兼任监督委员会成员的情况，“自己监督自己”的权力设置模式，导致监委会功能大大减弱，甚至形同虚设，沦为摆设。议事会成立以后，为了适应新的治理模式，规范权力监督，多数村庄重新选举了监委会，监委会成员由村中威望较高的非村组干部组成，规模一般在3—5人。以九龙社区为例，九龙社区重新商议推行了《九龙社区村务监督委员会工作细则》，对监委会的产生、职能、成员的权利与义务、换届选举方式等方面作出了全新的规定，该细则明确赋予了村民监督委员会对于村民议事会决议事项的监督权力，监委会对议事会以及村两委的选举、决议、执行实行全程监督，从而理顺了议事会与监督委员会的关系。在此基础上，村庄重大的工程项目必须由监委会审查验收合格后，签名盖章，工程方才能拿到工程款，这就为监委会赋予了实权，使得议事会与村委会都不能轻视监委会的作用，监委会对于议事会和村两委的监督职能在实践探索中落到了实处。

“两级议事会”的推行，为满心怨气的百姓提供了倾诉的平台，为互不理解的群众提供了交流的平台，也为陷入困境的村务管理探索出了一条行之有效的路径。但是，“两级议事会”较之传统的村委会独大局面虽然有效扩展了基层民主，可是两级议事的制度设计仍旧是单向度的，民众的参与程度依旧不足，干部和群众之间没有形成有效的互动。为了进一步激

活社会活力，促进干部从根本上转变观念和作风，提升民主协商深度，都江堰市继续进行了一系列的探索和实践。

第三节　在两团互动中丰富协商内容

为了贯彻落实党的十八届三中全会上关于“健全社会主义协商民主制度，积极推进协商民主广泛、多层、制度化发展”的精神，增进基层社会组织、人民群众的相互沟通联系，激活社会活力，拓展基层民主。都江堰市奎光塔街道结合近年来开展社会管理创新和基层治理的探索和工作基础，创造性地提出了组建“综合服务团”和“观察协商团”的构想，并依托两团之间的良性互动，激发社会活力，丰富民主协商内容。

一　以“服务团”扩展协商主题

随着社会的发展，民众的需求日益多样化，传统的行政管理机制越来越难以满足群众与日俱增的需求。为了扩展基层民主，创新基层治理方式，都江堰市奎光塔街道整合现有行政力量，组建了一支活跃在民众身边的“综合服务团”，从而促进干部密切群众联系，广纳群言、广集民智、增进共识，共建和谐社区、和谐院落。

（一）“服务团”的诞生

2015 年 5 月，都江堰市奎光塔街道把原有的干部驻社区、为民办实事、院落入户宣传等要求，全部进行了项目归类整理和权责明晰，在此基础上组建了 9 个全新的“社区（院落）综合服务团”推进服务群众工作。社区（院落）综合服务团主要结合科室职能，强制干部每周利用两个半天时间到居民院落，向群众宣讲平安城市建设、城市管理、就业劳动保障、全国文明城市创建和全国卫生城市创建等工作，收集整理群众个人关心并长期未解决的事情。

在人员配置上，奎光塔街道依照社区事务繁重程度、区域面积和人口规模，把辖区 9 个社区划分为甲、乙两类社区，分别按 7—10 名机关干部和 4 名机关干部的规模，将 57 名机关党员干部划分到相应社区（院落）综合服务团，全面覆盖了 44 个网格、53 个老旧院落和 14 个商住小区。服务团的诞生，改变了原有的办公方式，原来长期待在办公室的干部们纷纷走进社区，走进院落，通过更加直接有效的方式传达党和国家的政策，了解普通群众的困难，从而开启了干群关系的新篇章。在院落（小区）卫生整治服务中，综合服务团成员进入包片院落（小区）带头修枝剪叶、清除“牛皮癣”、拔除杂草。干部们的辛苦劳动，逐步感染了群众，10天内先后有300余人次群众参与进来，干部和群众之间开始互动互助。

（二）“服务团”的功能

服务团成立后，成员们积极扎根到群众身边，了解群众心愿，解决群众困难，实现群众愿望。今年6月试运行以来，57名机关干部累计走访群众616人次，累计建账26件。其中，收集到关乎民生的问题14件，办理完毕14件，联系帮扶困难群众12人。在轻工校片区棚户区改造项目过程中，奎光塔街道创造性地运用了“服务团入户服务”的模式，充分尊重和发挥群众的主体作用，仅用时18天就签约完成96.7%的家庭，成为全成都市用时最短达到生效条件的棚户区改造项目。

在一些尝试性的探索后，服务团逐渐寻找到了社区群众最关心的事项，并在此基础上，各个社区因地制宜地提出了“干部服务十到家”的工作内容，主要内容是：“老人生日祝贺服务到家，特困人群关爱服务到家，丧事办理悼念服务到家，政策政令宣传服务到家，矛盾纠纷调解服务到家，法律援助提供服务到家，创业创新推广服务到家，群宴手续办理服务到家，房屋招租信息服务到家，特殊人员帮教服务到家”。通过“干部服务十到家”制度，服务团的职能有了更清晰的界定，服务团的服务也由推行国家政策更多地向服务群众需要转变。“带上一份礼，送上一份心，祝您老人家越来越开心。”都江堰安顺社区党委书记晏岷江把家住安顺小区年满82周岁的汤素华婆婆逗笑得合不拢嘴。从今年6月起，奎光塔街道为辖区内80岁以上老人过生日，像汤婆婆这样的老人社区内还有14位。晏岷江书记带着5位社区工作人员逐一为老人祝寿。像这样的“走亲戚”式的干部入户工作，目前，正在都江堰奎光塔街道逐步推广开来。

（三）“服务团”的成熟

服务团的工作日渐走上正轨，但是随着服务工作的进一步深入，群众的需求越来越细碎，越来越零散，服务团成员之间出现了信息衔接上的不畅，甚至是互相推诿的情况，为了进一步完善服务体系，奎光塔街道对服务资源进行二次整合，明确各方主体责任，并依靠现代科技通信手段，健全民意收集渠道，建立了“街道统一监测 + 责任科室按责认领 + 责任社区按片落实 + 网络群众平台反映”的微信群网络服务平台，通过微信群快速受理群众诉求，从而使得政府的服务能更加及时充分，有的放矢。微信群成立后，受到了广大群众的好评和欢迎，也多次在实践中展现了即时通讯的重要性和强大功能。奎光塔街道观江社区违规搭建临时菜市场，群众反映后，小区网格员第一时间就赶到现场，用手机拍照并将情况发送到街道城市管理微信群平台，不到半个小时，这条诉求被街道城管办公室认领，整治随即启动。微信平台凭借其及时性和直观性大大方便了干群联系，降低了执法成本，同时调动起了民众的积极性，使得干部与群众在服务群众方面实现有效互动。

二　以“协商团”拓展协商载体

为了监督“服务团”的工作，同时更好地了解和反映群众心声，促进基层社会的互动，奎光塔街道组织力量，成立了一支较为庞大的“市民观察协商团”。

（一）“协商团”的产生

为保证社区（院落）综合服务团工作落到实处，2015 年 3 月，奎光塔街道颁布了《关于组建奎光塔街道市民观察协商团的实施意见》，明确要求在 5 月 12 日之前完成“市民观察协商团”的组建。协商团面向机关、街道辖区内企事业单位、社区公开招募“两代表一委员”、律师、社区退职老干部、信访老户、院落议事员、常住异地户籍人员等，通过群众推荐、个人自荐、组织推荐多种方式共遴选产生 52 名团员。协商团定期组织成员对社区（院落）综合服务团开展情况以及物业全覆盖、棚户区改造、流动人口管理及一些重要工作和民生项目实施监督考评。同时，对综合服务团服务院落实效进行每月工作点评、季度述职打分，协商团任期与所在社区居民议事会任期相同。在具体分配名额方面，结合街道群众人数的实际情况，观察协商团和领导小组办公室成员总名额控制在 80 人以内。其中，社区市民观察协商团人数（包含驻社区企事业单位）各社区控制在 5—7 人，机关市民观察协商团领导小组办公室成员 9 人，驻街道和社区律师 5 人。社区市民观察协商团召集人由居委会主任担任（召集人不在市民观察协商团名额之内)。

(二)“协商团”的工作内容

市民观察协商团一方面对服务团的工作进行监督；另一方面主动搜集民意，主动向上传递和表达民众的需求，在《关于组建奎光塔街道市民观察协商团的实施意见》中，奎光塔街道对协商团的工作职能做出了明确的界定。具体来说，协商团的工作内容包含以下几方面：一是向群众宣传党和国家的政策法规，提升群众对国家的认知程度和认可度。二是全面、真实地收集群众意见和建议，以书面形式向社区两委进行反馈，并及时将处置情况向居民进行答复，保障群众的需求能够得到及时有效的满足。三是落实群众评议机制，引导群众对干部行为做出客观评价，主要涉及全国文明城市、卫生城市的创建，物业全覆盖、环境综合治理、民生信访积案调处、社会治安、街道和社区为民办实事等事项。从而保障干部的工作落到实处。四是每周开展不少于 1 次辖区（社区）巡视，每月开展不少于 1 次与辖区（社区）综合服务团沟通交流，每季度开展不少于 1 次分析会商，开展年度考核工作，直接对服务团的工作进行监督和考核，履行监督职责。此外，文件中对协商团成员的个人品行也做出了相应的规定，比如不得收受街道和社区相关人员的馈赠和宴请，带头践行党和国家的号召等。通过系统化的规约，协商团的功能被定义为三个方向：一是对服务团的工作直接进行监督；二是引导群众对干部进行全面监督；三是积极收集群众心愿，满足群众需求。协商团的运行，改变了以往干部单向度输出，群众单向度接受的局面，群众在社会治理中由被动接受向主动参与转变。

(三)“协商团”的发展与成熟

观察协商只是手段，通过有效的监督，实现干群之间的信息共享，家园共建，从而提升干部工作质量，提高群众满意度才是社会治理追求的目标。为此，奎光塔街道整合“服务团”与“协商团”力量，形成以协商议事团为主导，多样形式为辅助的协商格局。首先，在议事组织的构建方面，在小区（院落）、社区、街道建立三级协商议事团，实现协商议事组织的全层级覆盖。通过小区（院落）协商议事团、社区协商议事团，让居民自我商讨内部事务，实现居民事务的民主自治。在街道层面，通过建设社会议事团，为“服务团”和“协商团”提供互动交流的固定机制，保障干群之间信息互通，服务互补。其次，创新基层协商议事会，扩展协商渠道。街道不仅开办了社区夜话、坝坝会等非正式会议，还以龙潭湾社区为试点，探索建立由党员代表、商家代表、院落议事长等15类代表组成的基层民主自治代表大会，从而最大程度上扩展基层民主，优化社会治理效果。再次，搭建新型协商议事网，实现平等协商。奎光塔建立“街道＋社区＋网格”的三级联动服务微信群，将协商从同一地点的“面对面”延伸到不同空间的“网对网”。目前，在微信群中各种不同身份、职业、年龄的400多名居民及干部平等协商公共事务，开创了协商民主的新局面。在“两团互动”的实践之前，各社区普遍实行以居民代表或党代表为主体的代议协商，这种协商模式往往难以真正表达多元利益主体的需求。奎光塔街道通过多样化表达渠道的构建，打破“户户闭门”带来的沟通不畅，大大降低了协商门槛，拓展了协商深度。龙潭湾社区马书记说道：“原来社区活动只有老年人参加，现在上至50多岁，下至20多岁的上班族也能随时与社区互动”，所有民众都可以随时随地自由表达诉求。

三　以“规范化”制约协商程序

“没有规矩，不成方圆”。良好的基层实践需要相应的制度来保障实施效果，都江堰市积极探索协商议事程序的规范化建设，确保协商程序合法，决议合理。

（一）民权民赋，使协商有法可依

“服务团”和“协商团”的探索实践发扬了基层民主，密切了干群联系，取得了良好的社会效果。但是，在现有法律框架下，协商议事同样面临着法律渊源从何而来的问题。按照我国有关法律的规定，村庄或者社区的最高权力机构是村民（代表）大会或者居民（代表）大会，村民大会或者居民大会做出的决议具有当然且最高的法律效力。为了将协商创新纳入法治框架下，奎光塔街道下辖社区组织召开了村（居）民代表会议，经过全体代表投票表决，正式委托协商议事团处理社区内日常事务，从而通过委托授权的方式，将属于民众的权力合法转移给“两团”，从法律上赋予协商组织合法协商议事功能。在此基础上，各社区进一步讨论了“两团”的授权范围，并约束其在授权范围内讨论决定日常事务，一方面使得协商议事的模式可以有效地进行推广；另一方面又保障了不会出现因为缺乏规约而导致权力过大，侵害民众利益的情况发生。

（二）定规制章，让协商有章可循

为了保障协商有序规范进行，各层面制定了不同的规则与章程。为了规范村庄议事程序，都江堰市颁布了《都江堰市村民议事会议事规则》的规定。在“两团”互动、协商议事方面，奎光塔街道明确要求街道内所有协商议事的开展参照《村民议事会议事规则》实行，并在此基础上，逐步探索《协商议事规则》。具体而言，在长期的探索实践中，都江堰市逐渐摸索出了一套协商议事的“八步议事法”。在具体操作过程中，各方主体必须遵循“八步议事法”的流程，所谓“八步议事法”，依次是“提出议题、审核议题、公告议题、讨论议题、表决议题、公告决定、执行决定、监督反馈”。“八步议事法”涵盖了民主协商的全过程，从议题的提出，到执行效果的监督反馈，全部有据可依，有章可循，使得协商民主看得见摸得着，具备了较强的操作性，促进了协商民主的落地。

（三）奖惩有度，保协商有规必守

民主协商的有效开展和运行，不能单单依靠干部和群众的自觉，一套机制的长久运行须有与之配套的机制发挥作用。为了保障干群协商议事的热情，同时也为了给协商组织良好运转提供必要的物质基础，奎光塔街道规定，对辖域内的协商议事组织给予1万元的会议召开补贴，从而为会议的正常运转提供物质保障。在此基础上，根据会议运转情况，将不同协商议事组织分门别类，区别对待，对于严守规则，有效运行的议事组织给予额外的4000—6000元的奖励，从而进一步激发其积极性，促成更好的协商效果。对于未依规议事的组织进行通报批评，对相关责任人进行批评教育甚至处罚，对于不符合规定产生的决议，街道有权取消决议结果。通过奖励先进，惩罚违规的机制，都江堰市奎光塔街道两团互动的模式逐步步入正轨，发挥了越来越重要的作用。

四　以“制度化”落实协商效果

“两团”设立的初衷是为了深化基层民主，密切联系群众，更好地满足群众需求，但是，要实现这一目标，不能单单依靠干部和群众的自觉，良好的制度是保障互动效果的必要手段。

（一）以“服务团述职”制度落实服务效果

在服务团的服务过程中，出现了两种截然不同的倾向。一方面，有的干部积极投入，默默无闻地为群众办了很多实事，可是由于缺乏沟通，很多群众不了解，对相应人员的工作没有正确的认识，从而减损了干部的积极性。另一方面，有的干部热情不高，对群众的诉求爱搭不理，甚至置若罔闻，对干部的形象造成了不良的影响。为了让认真服务群众的干部得到正确的评价和奖励，让偷懒的干部得到相应的惩戒。都江堰市奎光塔街道规定，对于协商会议决议的结果，综合服务团成员按责任区参与协调、落实，并承担向群众宣传议题落实工作的职责，综合服务团成员每半年向所在社区社会协商团成员述职，就协商团提出的各种疑问进行现场解答。街道根据述职情况对服务团成员进行审核和评定，并将评比结果公示，从而通过舆论的压力督促服务团成员认真工作，为民服务。

（二）以“一卡一表”制度落实监督效果

奎光塔街道创造性地推出了“身份卡制度”和“登记表制度”，通过一卡一表，将干部置于群众的全面监督之下，从而落实监督效果。具体而言，一是“一卡亮身”，便民监督。奎光塔街道将包含服务人员姓名、照片、职业以及联系方式等信息的“身份卡”张贴到院落（小区），向群众公示。都纸小区的陈大爷表示：“通过身份卡，谁落实、监督谁、监督什么，大家都明明白白。”二是“一表晒单”，让民监督。政府每周向综合服务团成员发送一张《走访情况登记表》，对服务对象姓名、服务执行以及群众建议等情况进行记录，详细记录“两个半天”的工作情况，并将重要信息及时报送街道党政办公室，由服务享受者签名确认后，向上呈交。汇总后，每周四统一在镇、社区、院落（小区）全面晒单，让群众监督。此外，街道还定期公布市民观察协商团的工作督导情况，对开展“两团”模式落实情况进行全程督促指导，查看《走访登记表》，对联系的社区（院落）综合服务团和干部的工作开展情况进行考核抽查。

（三）以“定量+定效考核”制度落实协商效果

为了进一步规范服务团的工作，对服务成员的工作做出正确的评价，并给予相应的对待，都江堰市从定量和定效两方面制定了详尽的考评标准，主要集中在《关于服务团及其成员服务基层考核办法》中。在定量考核方面，《办法》中规定：综合服务团成员每周不少于两天到院落，并将收集的问题、宣传的政策、处置问题的情况交由服务团团长签字确认后，每周四将走访情况报送考核组；综合服务团成员每周参与各社区的工作例会，传达街道本周工作安排及相关政策的宣传，考核组不定时进行随机抽查；每半年综合服务团成员需要向所在社区社会协商团成员述职并由社会协商团成员进行测评。在定效考核方面，服务团在规定时间内需提交书面报告，考核组通过资料查看、听取介绍、实地检查（抽查）等方式进行考核，考核汇总情况纳入年终考核总结算。综合服务团（成员）考核实行“百分制”计分，定量考核占40%，定效考核占60%。定量考核和定效考核均实行倒扣制；加分在总分之外。2014年7月23日，全街道“市民观察协商团”成员和社区群众代表共800余人对街办机关干部下社区落实服务的情况进行打分。而这些评分也将以25%的占比进入政府部门及干部年终绩效考核中。

“两团”互动的实践形式，改变了以往干部单向度“输出”，群众单向度“接受”的干群关系局面。在“两团”互动创新实践的影响下，干部工作作风发生了巨大转变，服务质量显著提升。同时，民众对社区事务的参与能力和参与热情也明显提升，干群关系呈现出良性互动的新局面。但是，干群关系的和谐共生，不能仅仅局限于某种“做法”，“为人民服务”更应该是一种理念，体现在日常生活的点点滴滴，为此，都江堰市继续做出了深入的探索与总结。

第四节　在双向反馈中运用协商成果

在实行“双改”以及灾后重建的背景下，都江堰市的基层矛盾大量浮现，然而，其中大部分矛盾的产生是由于干部和群众之间信息交流不畅，彼此缺乏理解和信任。为了打通干部和群众之间的隔阂，化解干群矛盾，都江堰市大力推行“双向反馈”的机制，促进干群的互通、互谅、互敬、互爱。

一　畅通民众参与渠道，倾听民意

民主协商的首要前提在于对民意的广泛倾听，只有充分了解群众的需要，协商才能更有意义，都江堰市通过规范化的制度约束，确保群众的意愿能够顺畅地反映出来。

（一）民意征集，保障群众的表达权

人民群众作为基层治理活动的主要施受者，其意愿需要得到有效的表达，基层治理才能和谐。都江堰市充分发扬基层民主，在各个村庄、社区通过发放“民意收集表”，征集户代表对当年本社区拟实施项目名称、发包方式等的意见，且规定单次调查所回收的有效调查表必须达到95%以上方可有效，从而保障了群众能够将真实的诉愿表达出来。2015年棋盘社区通过“一户一表”的方式，共收集议题5类22项，其中物业管理人员工资及设备、小区绿化分别获得175票和164票提议，成为受关注度最高的两项议题，也因此成为当年村公资金使用优先项目。此外，都江堰市对村组议事会成员的日常工作也提出了相应的要求，如规定“村（组）议事会成员负有每月走访群众不少于10户且需填写《议题收集单》的义务”，“社区夜话等活动必须有党员干部参加”。不到半年时间，仅柳街镇党员干部就收集群众建议1260余条，开放式的意见征集，为居民畅通了意见表达渠道，居民们对家园建设有什么新的想法或者意见，都能在第一时间传递到干部耳中，确保干部的工作不脱离群众需要。

（二）议前通报，保障群众的知情权

为了进一步强化基层协商民主，落实群众对公共事务的知情权，都江堰市规范协商议事流程，突出了议事会召开前的“议前通报”环节。在协商议事之前，将主要议题通报给代表和群众，从而使得代表们可以更有针对性的调研，了解实情，群众也可以更直接地表达自己的意愿，从而提升议事效果。柳街镇在开始院落整治之前，为了及时向群众通报政府院落整治的意愿，也为了进一步了解群众对于打扫院落（小区）的意愿，2013年年初，柳街镇特意邀请都江堰市电视台，深入全镇364个散居院落，利用3个月时间，走访全镇90%的农户，以采访的形式向居民传递政府意愿，收集民众反馈意见，并制成1.5小时的“民意光盘”，组织全镇党员干部观影，倾听民需民意。通过调查了解到，全镇98%的群众表示愿意参与打扫院落。在保障群众知情权的同时，也激励了干部的工作热情。

（三）协商讨论，保障群众的参与权

参与权是协商民主的一项核心权利，都江堰市通过赋予群众实实在在的参与权利，做实协商民主。一方面，村民代表有权利表决村中哪些事项要做。具体操作中，先从农户中征集建议，然后在议事会进行筛选，由组、村两级议事会成员先后投票，得票数量高者优先执行，依次类推直至用完当年村公资金为止。2015 年，棋盘社区征集到了群众关心的议题 22 项，议事会投票后确定将村公资金用于其中的 13 个最受关注的项目。另一方面，群众可以决定哪些事项不可以做。2011 年 3 月，仙鹤社区议事会决议用 20000 元修建连接 8 组和 10 组的桥梁，会后 3 天，8 组议事会成员要求增加 7000 元工程费，社区就此事召开村民代表大会，经全体代表投票表决，85% 的村民代表不赞同增加款项，该提议被否决。通过实实在在地行使权利，群众在公共事项中获得了牢靠的参与权，村庄公共事务不再是个别村干部的事情，而是成了每个村民共同的事情。

（四）执行监督，保障群众的监督权

民主协商的决议需要通过具体的执行来实现，为了做实群众的民主权利，随时倾听民众的声音，都江堰市赋予了民众强大的监督权。以村公资金的使用为例，村公资金的每笔支出都要经过监事会的集体签字确认，使用明细每季度要在村务公开栏公示 1 次，同时打印成清单发放给每户村民，接受全体村民的质疑，对于村民的疑问，相关责任人需作出正面回应，甚至是书面解释。2009 年鹤鸣新村小区新修沟渠 150 米，淘修沟渠 500 米，沟渠修建用时一个月，仅监委会现场监督就不下 20 次，整个工程结束之后，费用比预算节约了 2000 元。向峨乡项目施工队的董师傅说道："每次实施新项目开工，花了多少钱，村里公示栏都要贴出来，村民散步聊天的时候都会看一看，一分钱都不能乱花。"全体村民的实时关注保证了村公资金只能用于提供村内公共服务，也保障了民主协商的果实能够惠及广大群众。

除了在议事前和议事中注重听取民意，都江堰市在议事后和执行后，同样注重听取民众反馈意见，在全市范围内推行"民主评议表"制度，一方面对具体事项的执行效果评议打分；另一方面对干部的表现进行民主评议，从而更完整的掌握民情民意，促进干群互动，社会和谐。

二　完善信息反馈制度，规范政务

"双向反馈"机制的意义在于干部和群众信息的及时互换反馈，从而增进双方的沟通和理解，为了督促政府干部及时将自身信息反馈给群众，都江堰市从不同方面作出了尝试和探索。

（一）完善村务公开制度

为了让群众及时充分地了解到村庄公共事务，都江堰市制定了《村务公开制度》和《村务公开听证制度》，通过一系列规章制度的规约，促进村务公开的科学化、透明化。首先，在公开内容上，不仅涵括了重大财务收支情况、计划生育情况和村干部的任期目标等传统村务内容，更是因地制宜地提出将群众最关心的征地拆迁、青苗补偿费、办公经费、村干部离任财务清理等事务公开，接受群众的监督和质询。其次，在公开频率上，以往的村务监督公开时间不定，村干部视个人需要任意拖后公开时间，有的村庄一年都不公开一次，导致村务公开形同虚设。为了确保公开的效果，都江堰市规定村务实行季公开制度，即每年至少公开4次，确保信息公开的及时性。对于重大的项目，实行实时公开，随时更新项目进展，接受群众监督和质询。再次，在公开方式上，以往的村务公开基本上是通过村务公开栏进行，大部分群众因为不能经常去村委会而看不到公开的内容。为此，都江堰市探索使用“公开清单”的方式，将村务公开内容开列清单，由村干部送到每家每户，确保群众对村务一清二楚。除了正式的公开方式之外，村干部还积极运用“夜话”“坝坝会”“茶会”等形式及时向村民公开村庄事务，解答村民疑惑。2014年12月中兴镇48名村干部进行集体述职，共回答了来自监委会和村民代表的质询24条。

（二）打造服务承诺制度

为保障服务落实，都江堰市探索实行党员干部服务承诺制度。蒲阳镇一马当先，各社区组织召开党员大会，每名党员结合自身情况签订《承诺书》，就“参与服务群众活动，规范自身行为，发挥模范带头作用”等方面进行公开承诺，在公示栏上进行公示。并将党员履行承诺情况与党员积分制管理相结合，各活动小组组长根据组织活动参与程度、作用发挥、群众评价等因素对小组党员进行考核打分，在年终进行考核评议。根据承诺情况，群众代表为服务“打分”。将党员服务与党员积分测评结合起来，以此激励党员的服务热情。2015年4月10日，和平社区召开组织测评大会，由党员和群众代表进行测评，最终党组织测评得分为96分。其中，林先生提出党组织在工作制度中有两项存在不足，应扣4分，得分

11 分。通过“承诺式”服务，群众对干部和党员的工作状况有了更加直观的感受和评价，对政府的工作动向也有了更及时清晰的了解。

（三）创新政策下乡机制

老百姓作为国家政策的承受者，应该对国家和党的政策法规有及时充分的了解，很多基层矛盾的产生，就是由于群众缺乏相关政策法规的常识。传统的政策下乡，多采用宣传会、发传单等方式，覆盖面窄，居民接受程度低。都江堰市创新政策下乡方式，以文化活动为载体，将党和国家的政策法规编成小品、快板，融入歌曲、舞蹈，通过居民喜闻乐见的形式，将政策法规送到百姓门口。通过“百场文艺巡演”计划，都江堰市天马镇将“红色节目”送到全镇大大小小 81 个院落，确保所有居民都能在家门口欣赏节目，学习政策。天马镇民间文艺联谊协会通过编排快板剧《说说咱心中的中国梦》《依法治国就是好》等，将社会主义核心价值观以及传统美德融入艺术表演，从而引导社会风气的好转。建华社区书记赵光全表示：“自从我们开展了文化活动，我们社区里原来喝茶都不愿给钱的人，现在居然主动去买了个大风扇，每天给跳舞的人免费扇。”2015 年 6 月至今，“百场文艺巡演”活动目前已完成 66 场次，受到了群众的广泛好评。

三　“双向反馈”机制的成效

随着“双向反馈”机制的推广和运行，干部和群众的行动惰性被打破，干群互动增多，破碎的干群关系得以修复，基层社会出现了一派其乐融融的景象。

（一）事更顺了，提高公共服务质量

政府公务人员作为国家政策的执行者，他们所做的工作，主要是为广大百姓服务。可是，以往由于信息沟通不畅，干部不了解群众的需求，群众不理解干部的工作，因此有时会出现干部一心为群众服务，却遭到群众指责甚至拒绝的奇怪现象。都江堰市在基层事务处理上实行“双向反馈”机制后，干群之间的信息得以及时交流互通，干部的工作更加有针对性，更加切合实际，从而直接提升了公共服务的质量。在万达项目拆迁户安置房工程中，滨河社区的干部一改以往的工作作风，对提前来了解安置房源的 200 余名群众进行耐心客观的介绍，并主动对接，为安置住户解决水

电、煤气等问题。群众入住后，安置住户的满意度达到99%。在双向反馈机制下，和平社区2014年的上访量较之2010年减少了60%，社区工作变得顺畅，服务质量显著提升。

（二）心更亮了，增强民众政府信任度

群众对干部工作不满，往往并不是针对工作效果本身有意见，而是对干部决议的过程、依据不清楚，导致心里对决议的产生有想法，对干部缺乏信任。通过“双向反馈”机制的广泛推行，都江堰市将堵在群众心口的大石打碎，将阳光投射进了村民心中。为了扶持村庄公共服务的开展，成都市、都江堰市两级财政每年向每个村庄拨付45万元的“村公资金”。在村公资金的使用上，都江堰市各村委会以户为单位向村民发放村公资金使用意见卡，征求意见，了解需求。以棋盘社区为例，2015年，村干部向社区258户村民每户发放一张意见卡（表），村民填写后由议事会收回，整合重复建议后共获得建议22条。村民董晓阳感叹道：“以前村里的事老百姓根本说不上话，现在真是大不一样了，什么事情都要给老百姓个交代，心里亮堂多啦”。通过干部和群众的双向互动，群众的疑虑逐渐被打消，对干部和政府逐渐建立起了新的信任。

（三）情更浓了，促进干群关系和谐

在干部和群众的互动交流中，干群的联系日益增多，关系越来越紧密。柳街镇在“美丽我家、美丽我院”行动中，先后召开镇、社区、组、院四级宣传动员大会600余次，召开千人大会10余次。党员干部和群众的距离越来越近，据统计，仅2015年4月，柳街全镇干部走院子的次数就达到了109次。频繁的接触和联系，打破了干群间的隔阂，使群众对政府工作有了重新认知。居民刘邦文表示：“与政府一起开展工作才能体会基层事情的复杂难办，干部真的是太辛苦。”群众开始体谅干部的辛劳。同时，干部也意识到了自己工作的不足，奎光塔街道综治办吴主任认为：“恰恰那些我们干部认为的小事，是群众最在乎的，街道以前关心不够，落实得不好，造成了群众对政府的不信任，以后要努力改正。”经过干群的双向反馈和双向互动，干群之间猜疑少了，信任多了，隔阂少了，理解多了，抱怨少了，谈心多了。干部和群众之间建立起了深厚的友谊，干群关系朝着和谐共生的方向稳步发展。

第七章　规则导向:强化法治同行的治理保障

党的十八届三中全会从完善和发展中国特色社会主义制度、推进国家治理体系和治理能力现代化的高度，做出创新社会治理体制的战略部署。而法治化是推进城市治理现代化的重要内容，也是创新社会治理的基本途径和根本保证。习近平同志指出，国家治理体系和治理能力是一个国家的制度和制度执行能力的集中体现；运用法律调节社会关系、维护社会秩序、规范人的行为，是依法治理的基本内容，也是古今中外历史反复证明了的有效方法。

当前，都江堰正处于社会改革时期，伴随着城乡统筹一体化的深入推进，基层涌现出许多新情况新问题，社会治理水平亟待提升的同时，治理秩序也亟待规范。党的十八届四中全会明确提出，要推进法治社会建设的重大任务，强调推进多层次多领域依法治理，提高社会治理法治化水平。为此，都江堰在探索农村基层治理的实践中，坚持“法治同行”的治理理念，运用法治思维和法治方式优化改革环境、完善制度保障、树立规则意识，将党组织依法执政、干部依法治村和群众依法自治结合起来，极大地提升了社会治理的法治化水平。

第一节　法治悬浮,激发规则治理

2008 年以来，都江堰市农村在居住方式、经营方式等方面发生了翻天覆地的变化。然而在快速发展的同时，由于社会规则的缺失及不健全，都江堰的基层治理面临着“无规可依”、“有规不依”的双重压力。为破解这一难题，都江堰市积极运用法治思维谋划社会治理，在基层广泛建制、规范运行，以规则治理探索基层法治的新路径。

一　基层无法——规则体系待健全

习近平同志指出，社会治理的重心必须落实到城乡社区，社区服务和管理的能力强了，社会治理的基础也就实了。而社区服务和管理能力提升的必要条件之一就是要有完善的规则体系支撑，但是在都江堰基层社会，规则需求度大于覆盖度的现象却颇为普遍。改革的不断推进，使得社区矛盾涌现、新兴组织成立、公共管理难度加大，治理内容的升级与扩张呼唤着规则体系的进一步健全。

（一）社区矛盾需依规解决

随着“统筹城乡发展综合配套改革”的深入，特别是在2008年“汶川地震”灾后重建的大变革之后，都江堰市农村农民的生产方式、居住方式、生活方式都发生了较大的转变。目前，都江堰市农村存在两种居住形式，一是集中居住区，二是散居院落。在集中居住区，由于生活方式的大幅改变而产生的众多社会矛盾，缺乏相应的规章制度来引导和处理，容易成为社会失序的隐患。2006年都江堰市经济开发区落户蒲阳镇，和平社区正处在经开区规划范围内，是拆迁的核心区域。但征地拆迁带来了后续的征地入保等遗留问题，成为干群矛盾的一大诱因，甚至发生了村民群体性上访事件。而在都江堰的农村散居院落，也存在着无规可依的现实困境。2013年柳街镇进行院落整治的过程中，干部普遍反映刚开始的工作不好开展，局面很难打开。即使干部天天下院子带头打扫卫生，村民也并不积极响应。御柳社区孙家林的党支部书记坦言：“农民早就习惯了自家搞好自家院内门前卫生的生活方式，大家都认为我们又是在作秀，工作根本无法做，开始（群众）理都不理你。”干群矛盾得不到制度的规范疏导，为基层工作的开展增添了阻力。金龙社区黄家大院的主任刘向东说：“院落整治的时候，三组的组长李亚君当时不知哭了多少次，工作压力确实很大，一个女同志！”

（二）公共管理需按规落实

2008年灾后重建的都江堰市不仅在社区矛盾方面存在无规可依的现象，在基层公共管理层面也有着同样的难题。旧农民在新农村中依然保有不良的生活作风，导致无论是集中居住区还是农村散居院落的环境都令人堪忧。向峨乡棋盘社区在集中居住一个月后，社区的街道就被村民们陆陆续续搭建的堆放农具和其他杂物的棚房所占据。村民还把散居时在自家院子里养鸡养鸭的习惯也带到了社区里，没有院子就用竹条或木头围起一块地圈养。这些行为既妨碍了社区的交通，又影响了社区的整体形象。家禽乱窜，粪便满地，臭气熏天的状况更是让村民们到现在都记忆犹新："那时候路上都是大家围起来的鸡笼子，刚开始的时候真的是不得了，（社区里）到处都是他们养的鸡，路上都是鸡屎，那个味道好大的。"彼时，社区还没有落实社区环境整治的制度与规范，村干部苦口婆心的劝说并未对社区环境的改善产生任何帮助。除了农民行为缺乏规范加以引导外，基层还存在干部工作行为不够规范导致群众对干部不信任的管理问题。柳街镇黄家大院的支部书记董德明说："我当书记 30 年了，现在群众和以前不一样，社区 2400 多人，有 1500 人不关心你社区干部做什么，因为大多数都出去打工了。有四五百人在利益面前会站出来，还有四五百人在盯着你，你书记和党员再不把自己的位子摆正，简直无法干。"可见，基层干部在进行公共管理时也迫切需要规则来保障工作的落实。

（三）新兴组织需照章管理

都江堰农村的居住方式和经营方式自 2008 年以来发生了历史性的变化，农村需求爆炸性增长，而政府公共服务能力和居民自我服务能力严重滞后，迫切需要新的服务载体，因此一系列社会组织应运而生。经过新型城镇化建设，都江堰的集中居住率达到了 70%，但一些过去散居时不存在的问题，如物业管理、小区治安、环境卫生等却接踵而至。为此，都江堰基层自发成立了各类社会组织，以满足日益增长的服务需求。同时，随着生产经营方式的变革，农民的生产性需求也不断增加。棋盘社区的农户过去都是以一家一户为单位分散种植猕猴桃，经营规模小、组织化程度低、服务体系不健全，人均年收入不高，很难满足农民增收要求。社区适时成立了猕猴桃合作社，让农民联结起来应对新形势。除生产、生活外，都江堰市的基层新兴组织还包括楹联协会、舞龙舞狮协会等文化组织，志愿者协会等慈善类组织等。新生组织的大量涌现在提升政府服务力、丰富群众生活的同时，对都江堰的基层秩序也提出了挑战。新兴组织由谁领导、如何参与、负有哪些职责和义务等问题，均需有一定的章程和规范作出指引。只有按照一定的秩序将基层新兴组织纳入依法治理的体系，才能使其发挥出应有的效用。

二　制度无效——规则作用难发挥

社会治理规则体系是由不同类别、不同层级、不同效力的社会规范构成的集合体，除国家法律法规外，市民公约、乡规民约、行业规章、团体章程等多种形式的社会规范，对其效力所及的组织和成员个人具有重要的规范、指引和约束作用，也是治理社会公共事务的重要依据和遵循。都江堰基层虽建有一定章程与规范，但在基层治理过程中还面临着治理主体有规不依、规则效用难以发挥的现实难题。

（一）党员：有党章无规范

遵守党章党规是党员的基本行为规范，是政党的立党之本，是党员言行的集中规范。“不以规矩，无以成方圆”。遵守党章党规是党员立足于本职工作，保持先进性，实现党要管党、从严治党的需要。党章是最根本的党规党法，是党先进性的高度提炼、集中概括。因此可以说，党章是党员行动的风向标，为党员行动指明了方向。但是在指导基层党建时，仅有党章不足以规范党员行为、调动党员积极性。随着城乡一体化的不断推进，农村管理难度增大，都江堰市基层秩序处于调整状态，党员不交党费、不参加会议、不参加活动的情况时有发生。市委书记张余松谈到这一问题时说：“今天农村的生产方式和生活方式，包括人们的价值多元和思想多元，跟传统农村及农村党建有很大不同。以前的农村，党支部书记吹声哨子都会召集很多人，还有铁娘子军。但今天，我们要开党支部会、组织生活会、上党课，如果说不发钱，能办吗?”都江堰缺乏具体的行为准则，来进一步规范基层党员的行为。正如市委组织部副部长任明德所言：“为何党员不守纪律？不能为群众办事？没有一个健全的制度来约束、激励党员是其中一个重要原因。党章是有党章，但它太宽泛。具象到某一个社区，它就不一样了。党章在社区没法直接发挥作用，党员不知道应该做什么，不应该做什么，享受哪些具体权利，履行哪些具体义务。”

（二）干部：有制度无秩序

基层干部是政府与群众之间的沟通桥梁，他们在传达国家政策的同时，也需要及时反馈群众的意见与呼声，可以说，基层干部起着国家的眼睛作用。如果将基层组织比喻成中国行政体制的毛细血管，那么广大基层干部的主要职能，就是保障毛细血管内的“微循环”能正常运转。从过去到现在，数量众多的基层干部群体，在密切联系群众和解决实际问题方面，一直扮演着重要的角色。然而都江堰基层长期以来，忽视对干部行为的约束和规范，致使基层干部办事程序不严谨，办事态度不良、随意性较大。即使有制度章程，也是形同虚设，未发挥实际效用。这一情况的最典型表现即在基层的群众监督领域。众所周知，监督的有效实现，不仅取决于群众给出监督意见的数量，更重要的是基层干部对于意见的受理、反馈情况。过去，由于缺乏代表民意的监督组织以及村干部不愿接受监督等原因，致使村民反馈的意见得不到及时处理，常常造成监督“夭折”。金龙社区 7 组社员代表表示，2005 年社区在公示政府征地补偿 20 万元时没有列出具体事项，社区共 25 人自发组织要求社区干部“给个说法”，但此事最终以社区干部搪塞，社区居民不再愿意监督了结。基层群众虽然有监督的话语权，但是由于村干部的不受理而使监督落空。可见，在都江堰基层，干部行为并未受到严格的约束。

（三）村民：有规矩不遵守

除了受着党员无规范、干部无秩序的困扰，都江堰基层还面临着群众不遵守秩序的问题。具体而言，就是规矩上墙不落地，群众不按照制定了的规矩行动。特别是都江堰城乡一体化进程加快之后，在村民居住方式、经营方式均发生了重大变革的背景下，原有的村规民约等制度就显得不合时宜，越发地不能对村民行为进行有效约束及引导。比如 2008 年集中居住后的棋盘社区，就因习惯于散居的村民没有爱护环境的责任意识，导致乱扔垃圾、私搭乱建的现象十分严重。才入住没两天，村里的街道就被垃圾所占据，河道里、绿化带、废水沟也被各种生活废弃物填满，才修好的新社区不到一星期就变得脏乱不堪。当被问及初到社区时的卫生情况时，村民们自己也表示出极大的不满意：“才从山上刚搬过来的时候有 60% 的人都是垃圾随便扔，农村嘛，都是这样子的，没有意识地垃圾到处丢撒！本来这些村民文化水平就相当低，才搬过来的时候，垃圾袋、牛奶盒、烟头，不管啥子都到处甩，瓜子壳、花生壳甩得到处都是，包括这河里头，坎边上，到处都是。”时间长了，老百姓的这些行为对社区公共环境造成了严重破坏，同时也开始影响居民的日常生活。尽管村里有文明公约的标语和宣传，但显然这些规矩并没有对规范村民行为起到应有的作用。

三　干群无意——规则意识不清晰

法治的权威源自群众的内心拥护和真诚信仰。要使群众自觉地通过契约合意来自我规范或解决问题，就必须以群众对制度的认同为前提和基础。习近平同志强调，“要以法治凝聚共识，树立全社会对法治的信仰，培育法治文化，弘扬法治精神”。依法治理的顺利实现，必须以干部群众牢固的法治意识为基础。然而在都江堰基层社会，干部的法治观念不甚清晰、群众的规则意识也极为薄弱，阻碍了基层治理的法治化进程。

（一）干部法治观念淡薄

习近平总书记强调，“各级领导干部在推进依法治国方面肩负着重要责任，要牢固树立法律红线不能触碰、法律底线不能逾越的观念”。但在都江堰基层的现实生活中，却存在着一些领导干部法治观念淡漠、依法办事观念不强的现象。首先，做决策时干部未能充分发扬民主。都江堰早期制定的《村务公开制度》《村务公开听证制度》等，就因为没有充分吸纳群众意见，导致执行时大打折扣。有村民形象地总结为“形势来了一阵风，形势过后没人问”。其次，干部工作有不尽责之嫌，存在庸、懒、散、浮、拖的现象。再次，政务不够公开。面对公众关心的热点、难点问题和突发性事件，干部习惯于“捂盖子”。2009 年之前，都江堰村庄公示栏公开的内容，主要包括重大财务收支情况、计划生育情况和村干部的任期目标等，而征地拆迁、青苗补偿费、办公经费、村干部离任财务清理等群众真正关心的事务均没有公开。此外，村务公开栏的公示单在风吹雨打后，往往字迹模糊不清或者消失无踪。可见，都江堰基层干部并不具有深入的法治观念。

（二）群众法治意识模糊

法治是法律之治、规则之治。依法治理是依据完备的法律法规和制度规范体系所进行的社会治理。依法治理发挥作用的关键，一是在于干部懂法，二是在于群众知法。换言之，依法治理的主体必须拥有清晰而明确的规则意识。但在都江堰市，群众的规则意识较为淡薄，尤其是处理矛盾纠纷方面，并不懂得合理运用法律途径维护自身权益。2008 年至 2009 年，都江堰市灌口镇共处理了 3 起因灾后重建资金问题发生的信访案件，均是因为村两委在救灾物资、上级财政补助和钱款发放上没有完全公开，群众便直接采取了上访途径进行维权。反观这一事件，都江堰市在通过制度规范群众监督过程中存在两个方面的问题。除了因制定的规定过于笼统，导致制度成为束之高阁的"空牌子"、无法充分反映民意之外，更反映出群众法治意识的模糊不清。在监督难落实、群众难参与的情况下，村民们只懂得通过信访甚至一些更为极端的方式来维护自身利益，足以说明都江堰群众的法治意识还较为薄弱，对如何有效运用法律依然不够清晰。

第二节　立规则，促进基层依章治党

党的十八大以来，以习近平同志为总书记的党中央高度重视党要管党、从严治党。而党的基层组织又是党的全部工作和战斗力的基础，因此抓好基层党组织规范，是巩固和加强党在农村的执政基础，推进基层治理体系和治理能力现代化的重要内容。2008 年以来，都江堰市经历了经营方式和居住方式的深刻变革，基层治理体系进行了重构。正所谓"打铁还须自身硬"，党组织在此背景下，要想提升领导力就必须从自身行为规范入手。为此，都江堰从优化组织管理制度、制定党员手册、健全组织长效机制三个维度，将基层党组织纳入规则治理的范畴。

一　优化组织管理制度

以往在都江堰基层，党支部不发挥作用、党员不守纪律、不履行职责义务的现象时有发生，对基层党群关系产生了负面影响，一定程度上动摇了党的执政根基。究其原因，在于基层党组织缺乏规范化的制度管理。优良的组织管理才能孕育优良的内部成员，都江堰各社区在原有的组织章程基础之上，制定出结构完整的管理制度，其一明确支部党员职责；其二规范党员学习制度；其三完善民主评议制度，以此奠定基层依章治党的基础。

（一）明确支部党员职责

针对长期以来基层"有党章无规范"这一现实问题，都江堰市各社区从明确支部党员职责入手，进一步加强基层党组织的内部管理制度。一是加强支部工作职责。如九龙社区明确了包括"对要求入党的积极分子进行教育和培养，做好经常性的发展党员工作，重视在生产、工作第一线和青年中发展党员”在内的 8 项支部职责。在 2014 年的社区党支部“三分类三升级”活动中，柳街镇根据职责标准对 15 个社区党支部进行评议考核，确定了 1 个软弱涣散社区和 1 个后进社区。二是加强书记工作职责。如天马镇明确指出，党支部书记负有“经常与党支部委员和同级行政负责人交流情况，保持密切联系，支持他们的工作，协调单位内党、政、工、团关系，充分调动各方面的积极性”等 5 项职责。对责任心不强、群众意识淡薄的支部书记，都江堰还进行了适时调整。2014 年，柳街镇就选派了 2 名优秀党员干部到后进社区和软弱涣散社区担任“第一书记”，促进全镇党组织战斗力提升。三是加强委员工作职责。都江堰各社区对支部的各委员工作职责也进行了梳理。如水月社区规定，支部组织委员具有“了解和掌握党员的思想状况，配合宣传委员、纪律检查委员，对党员进行思想教育和纪律教育，了解和整理党员的模范事迹，向支委会提出表扬、奖励党员的建议”等 5 项职责。柳街镇在 2014 年共评选出 5 个“星级党支部”、100 余名“星级党员”，以此激励支部及其成员。

（二）规范党员学习制度

要加强基层党组织的凝聚力、战斗力，就必须使组织内成员不断学习，如此才能永葆组织的先进与活力。为此，都江堰市各社区积极规范党员学习制度。水月社区、九龙社区等大批社区均实行了“三会一课”学习制度。该制度规定，一是原则上每月召开 1 次支部委员会，也可根据需要召开。会议内容包括贯彻执行上级党组织的指示、决定和支部党员大会的决议等。二是每季度召开 1 次支部大会，内容可包括传达、学习有关文件和上级党组织的决议，制度贯彻执行的计划和措施，定期听取支委会的工作报告，听取行政负责人通过行政业务工作情况，听取党员意见和建议；讨论决定其他需要由支部党员大会讨论决定的重要问题等。三是每月召开 1—2 次党小组会。在 2014 年的“美丽我家·美丽我院”全域城乡环境提升活动中，柳街镇将党组织领导有效覆盖到散居院落、集中居住区、农业产业链和协会等领域，根据社区院落分布、结合产业特色，于全镇 167 个散居院落、19 个集中居住区、10 多个产业合作社、种养殖协会中，建立了 100 多个特色党小组。这些党小组必须每月按规定召开会议，在会议上学习有关文件，传达支部决议，讨论贯彻执行的具体措施，向党员布置工作，党员汇报思想和工作情况，酝酿讨论党员发展、转正及对党员处分等工作。四是每月上1次党课。党课内容可以是对党员和入党积极分子进行马克思主要基本理论常识的教育，也可以是党的优良传统教育及形势教育等。

（三）完善民主评议制度

民主评议党员，是对党员进行管理的特殊形式，可以比较全面准确地了解党员的思想变化情况以及参加党内活动、履行党员义务的情况，进一步加强管理工作。民主评议党员，在对党员进行有力监督、充分暴露党员存在问题的同时，更有利于发挥党的领导作用和党员的先锋模范作用。都江堰市各社区因需而动，纷纷制定适宜的党员民主评议制度。和平社区建立《党员积分管理制度》，将党员行为量化为积分。不仅如此，和平社区党员还需签订《党员责任承诺书》并进行公示，任务完成情况也作为民主评议党员的依据。九龙社区的《党员民主评议制度》规定，民主评议活动中，党员要向支部大会或党小组会议做个人学习、工作、生活等情况的总结汇报，认真开展批评和自我批评。同时，支部还需组织全体党员进行测评，也可以组织部分群众代表参加测评。民主评议党员工作，是对党组织的考验和锻炼。在这项工作中，最能体现出党组织的战斗力，最能看出党的领导作用。通过民主评议，党组织可以总结经验和教训，解决自身问题，进一步增强活力和战斗力。党员在民主评议中，通过学习和支部评议，也能够提高自身素质，克服缺点，更好地发挥先锋模范作用。

二　制定党员工作手册

作为党组织的细胞，党员行为的优劣直接决定着党组织执政根基的优劣。党的十八大报告也指出，要按照制度办事，用制度管人。只有从规范党员的行为入手，才能引导其形成良好的规则思维和权利义务思维，破解党员不履职的难题。为此，都江堰基层社会继优化组织制度后，又针对性地制定了党员工作手册，以此约束和规范党员行为。

（一）试点先行

长期以来，都江堰基层党员不守纪律、不为群众服务、不发挥作用的问题颇为突出。党员缺乏约束，其原因之一在于没有具体规范，都江堰迫切需要制定工作手册加强对党员的行为管理。2015年，蒲阳镇和平社区成为制定《党员工作手册》的试点社区。其原因有二：第一，具有问题代表性。和平社区所在的蒲阳镇，地处都江堰市“一体两翼”战略规划中心的东北翼片区，全镇累计拆迁安置群众9000余户，2万余人，涉及全镇48%的家庭和90%的村组。而和平社区范围内的集中安置点，更是出现了混村、混组、混院落的高度杂居的居住形态，同一个小区居住最多达11个村、69个小组的村民，是全市农集区混居度最高、情况最复杂的乡镇。和平社区作为乡镇中最具代表性的社区，存在着各类因生产、生活方式转变而衍生的治理难题，其中就包括了党员行为不规范这一问题。第二，具有试点可行性。2014年9月，在“干部包片责任制度”的规定下，蒲阳镇党委副书记、纪委书记的李青禾同志，成了和平社区的包村领导。他认为和平社区具有一方面党员多、来自不同地方、情况复杂；另一方面社区每次开会会风好、党员素质过关两大特色，具有进行党建试点的良好基础。此后，镇领导与社区干部便共商共议，拟以和平社区为试点，着力推动《党员工作手册》的制定。2015年，蒲阳镇将规范党支部工作列为党建目标责任书的重要内容。责任书规定：“完成指定《党支部工作手册》《社区党员行为准则》，明确党支部的组织生活方式、议事规范、党员积分管理、党员考核等规定，使党支部工作有章可循、有据可依。”

（二）草拟修改

2015年2月初，镇党委和社区党支部决定开展《工作手册》的草拟工作。草拟由三名工作人员合力完成，分别是社区工作人员王海霞，镇政府工作人员袁小凤、江秀梅。草拟班子以党章为范本，充分考虑各级领导、各类党员的建议，同时参考了其他地区的成熟做法，甚至还专门拜访请教了蒲阳镇的多位党代表，拟定出了《工作手册》初稿。手册共分为15章，内容分为支部、党员、附录三块，具体为：党支部总则、支部工作职责、支部会议制度、支部议事规则，以及党员行为准则、党员“三亮”活动、党员承诺书、党员积分管理制度、密切联系服务群众制度、党员发展制度、党员激励关怀制度、鼓励党员干事创业制度、党费收缴制度、流动党员管理制度、社区活动中心管理制度，最后附有社区党支部通讯录、党员积分加分扣分登记表、党员民主评议考核表。

预先草拟，在于给手册的制定确定基调、指明方向。有了方向便是加速前进。因此草拟完成后，镇领导联合社区干部又迅速组织人员，进入手册的讨论修改阶段。社区支部委员、党小组长、广大党员均参与了党员手册的修改。修改以章节为单位，从措辞、时间、分类等多个方面进行了共65处修改。如在“目录中增添党员通讯录”、“第三章会议制度第三条，改每月为每季度”、“第七章改普通党员为中国共产党党员”等。和平社区党支部书记陈存实介绍，工作手册前后共修改了10余次，“每个组选一个小组长共同商量，列出初稿，党小组长看一下，不行的修改。后来我们把草拟稿全部发了下去，让党员自己学习后分组讨论。反复多次，形成初步手册后，才开会表决通过。”

（三）积分管理

2015年4月2日，和平社区按照原定计划召开党员大会，正式对修改后的《党支部工作手册》进行表决，最终以全票通过。和平社区《党支部工作手册》中的突出的亮点，在于针对党员行为明确设立了“党员积分管理制度”。该制度对党员的行为规范做出了9项规定，指出“党员积分管理采用基础分与加分相结合，基础分为100分，参加组织生活50分、履行党员义务50分，加分项不设上限”。第8条指出：“党员考评总分=党员积分管理得分×0.8+党员民主评议分数，总分前20名为优秀，80分以上为合格，60—80分为基本合格，60分以下为不合格。”此外，为了进一步规范党员行为、树立党员规则意识，和平社区还专门规定了各项积分的计算细则、制定了《党员积分管理考核表》。该表分为参加组织生活（50分）、履行党员义务（50分）、加分项三大板块。其中，参加组织生活就有“按时、足额缴纳党费（25分）”、“组织活动、民主评议（25分）”2项内容标准，以及“未按时或足额缴纳党费每次扣5分，未缴纳党费扣25分”等6项评分标准。而履行党员义务也有3项内容标准、5项评分标准，加分项有4项内容标准、4项评分标准，力求将每一位党员纳入法治化管理。目前，都江堰其他社区也正制定辖区内的党员手册。比如2015年6月，向峨乡就根据和平社区的经验，制定了《党员先锋队工作手册》。除采用积分制度对党员进行外，向峨乡还针对自身特点，画出了本地的党员先锋队组织机构图。

三　健全组织长效机制

都江堰党委带头转变“管理者”的角色观念，把自身定位为群众事业的“服务员”，按照“只组织不干预、只引导不拍板、只协调不做主”

的工作原则和“政府引导、支部带头、党员模范、群众做主、全民自治”的工作思路，制定了一系列行之有效的党员服务长效机制，力求以1—2个党员带动社区10%的群众积极分子，10%的积极分子带动30%的群众，30%的群众带动70%的大多数群众。

（一）“定期走访”机制

为了充分调动基层党员积极性，激发每一个党员的活力，都江堰基层设置党员“定期走访”机制，以此将党员义务职责量化、固定化。从内容看，党员“定期走访”机制由两部分组成。其一，挖掘走访渠道。丰富的渠道和形式是党员定期走访制度发挥作用的良好基础。为此都江堰规定，由镇党委牵头，及时发动全镇党员，以多种形式与群众进行沟通交流，广泛收集群众意见、倾听群众心声。形式可以是“院落坝坝会”、“乡村夜话”、“院落听民声”、“党委会进农家院”、“党组织书记访民情”、“纪委书记下基层”等。在“美好家园·美丽我院”行动中，柳街镇党员就以多种形式走村庄、进院落、访住户，如开展了15次“党委会进农家”，召开了5次村组干部、议事会成员、党员代表、村民代表参加的“千人大会”。其二，定期开展活动。在畅通渠道的基础上，连贯而有规律地开展活动才能促使机制的可持续。都江堰市规定，党员走访必须采用定期制，以此督促党员履行职责义务。比如在柳街镇，镇党委班子成员需根据实际，定期以“千人坝坝会”形式，与群众交流沟通；各党小组需定期通过“院落党小组”，向群众宣传政策。在定期走访机制的规范下，2014年柳街镇党委于规律性召开的20余场千人坝坝会、50余次社区坝坝会、200余场林盘院落坝坝会中，收集群众意见建议1260余条，成功解决突出问题1100余件，及时化解了95%以上的基层矛盾。

（二）“包片驻村联户”机制

党员服务落实的关键在于明确分工、责任到人，要使每一位党员都发挥出应有的效用，就必须对其责任进行进一步明确，将任务分解。为此，都江堰市制定了党员“包片驻村联户”服务机制。该机制要求镇、社区两委班子成员及机关党员，一是以包片领导、协助包片领导的方式指导基层活动开展。2013年院落整治期间，柳顺社区党组织按照党员包片联系的方式，每个社区干部先联系1—3个积极分子，先做通1—2户群众的思想工作，再经过多次开会宣传和讨论，并以动员会、座谈会、乡村夜话、入户交流等多种方式反复交流“摆谈”，实现了从“走不近群众”到“走进群众”，用真情诚意换得群众支持的转变。二是以驻村考察、随时走访的方式收集关系群众切身利益的问题。按照“包片驻村联户”机制的规定，仅柳街镇基层党员就开展了直接面对群众的大小会议470多次，收集到群众反映的各种问题4900余条。三是以分配到户、联户宣传的方式及时反映与解决群众生产、生活中的困难。向峨乡棋盘社区就规定社区党员需包户负责、联户宣传。棋盘社区内的253户农民均有包干党员，平均每位党员负责5—6户农户。这些党员会定期上门走访、了解农户需求。柳街镇党委在社区王老汉的家中进行座谈时，这位说话有些结巴的老同志认真地说：“感觉到现在的干部真的是从群众中来，到群众中去。”

（三）“全天候接访”机制

光有自上而下推动党员频下基层、走进群众，不足以完全吸纳群众在基层治理中的需求。因此，都江堰市制定了党员“全天候接访”机制，鼓励群众主动向基层党员寻求帮助，以此拓宽党群联系的渠道。具体而言，该机制规定，镇一级每天安排一名党员领导干部，负责接待群众来访，对能够及时解决的问题和困难，进行及时处理。此外，全镇党员需每天深入社区院落，做到“每个社区每天有党员、每个院落每天有党员、群众每天能与党员见面、党员每天必进林盘院落”，让党员经常性地深入基层、接触群众，为群众提供实时的全天候流动接访服务。市委书记张余松作为市级联系领导，坚持每季度到柳街镇开展一次专题调研和群众座谈会，现场解答群众疑问，广泛征集群众意见建议。镇党委班子成员每周至少保证2天走进院子、走进农户，开展访民情、解民忧活动。每名社区班子成员坚持天天进院落、天天见群众，做到每名党员联系1户困难家庭、残疾人、“两释”人员，既收集困难问题，又及时为基层群众排忧解难、化解矛盾提供全天候面对面交流。党员和骨干群众广泛开展“送政策送知识上门”，不断延伸为民服务链条，帮助群众解决生产、就业、就学、医疗、计生、民政、低保等方面问题。据调查统计，柳街镇在推动院落整治工作时，镇党委、社区党总支和支部通过“全天候接访”机制，在服务过程中解决群众生活中的问题已累计达到2874个，其中涉及信访维稳的有206个。

（四）“流动服务”机制

服务机制能发挥多大作用，一定程度上取决于机制本身的灵活性及适应性。复杂多变的群众问题，更需要动态机制与之匹配。都江堰市依法治党的基层实践中，适时建立党员“流动服务”机制，以此促进基层党组织的长效运行。首先，健全流动服务制度。如柳街镇以农民散居院落整治为载体，成立了由班子成员率队，社区两委、镇纪委、目督办、综治办、司法所牵头，其他科室协同的信访、矛盾纠纷流动服务站。服务站原则上每月固定1天，按月轮流到各社区活动中心进行集中开展工作。对一个月内社区两委和镇机关接收到的该社区群众所反映情况和问题进行现场调处，同时接受群众的意见、建议。在服务站定期接访前，将信访、矛盾事项进行梳理汇总，并通知涉及群众和相关科室（必要时联系市级相关部门）到场。接访时间和地点，通过信息、公开栏等方式向群众公开。在保证服务站固定接访的基础上，还通过网上信息平台、发放电话联系卡等方式，拓宽联系群众的渠道。按照农村自治和依法依规办理两大原则，柳街镇共梳理出自治范围内问题46类2855个，将属于法制范围和行政审批程序范围内的2045个问题登记备案。其次，建立流动党员管理服务机制。都江堰基层如九龙社区、龙潭湾社区等均有大量的流动党员，为了发挥他们的带头作用，社区因地制宜地制定了《流动党员管理机制》。九龙社区共制定了包括“基层党组织要了解掌握外出党员的情况，建立台账，按规定登记并发放《流动党员活动证》。加强对外来流动党员的经常性教育和管理，将其编入党的一个基层组织，组织参加党的组织生活，有条件的地方可建立党员服务站（点），为流动党员提供服务”等在内的3大项规定。

第三节　定规则，助力干部依法治村

法治不仅要“治民”，更要“治官”。村干部处在农村工作的第一线，担负着贯彻落实党的路线、方针、政策，密切党和政府同人民群众的联系，带领群众致富奔小康的重任，是党在农村实施核心领导的关键群体，这种特殊的重要作用是无可替代的。“村看村，户看户，群众看干部”。一个村工作搞得好不好，各项事业发展得快不快，干群关系和不和谐，与村干部的依法办事能力有着直接的关系。都江堰一直以来都存在着农村缺乏法治规范的问题，导致村干部行为不受约束，引发了“苍蝇式腐败”、“小官大贪”的不良恶果。对此，都江堰市在村庄层面积极定规，从规范村委会工作着手，严格干部行为；理顺议事会运行，畅通民主渠道；加强村公资金管理，落实资金保障，以此净化村庄法治环境，矫正干部行为，助力村庄法治的覆盖。

一　规范村委会工作

为适应“还权赋能，村民自治”的新型村级治理机制，促进村民委员会工作方式转变，根据《关于进一步加强农村基层基础工作的意见》和《关于构建新型村级治理机制的指导意见》，都江堰市制定了《都江堰市村民委员会工作规则》，以此理顺村民委员会架构及其行为，为基层法治的建立扫清障碍。

（一）明晰岗位职责

村民委员会作为我国最基层的群众自治性组织，是村民自我管理、自我教育、自我服务，实行民主选举、民主决策、民主管理、民主监督的有效载体。随着城乡一体化的深入推进，社会矛盾增多、农民需求增加，村委会干部要面对的事务也相应增加。如果村委会不能及时梳理自身机制、吸纳与处理群众诉求，那么就容易引发新的矛盾纠纷。因此，规范基层秩序就要规范村委会的管理秩序，而首当其冲就是要明晰村委各部门的岗位职责。

都江堰各农村社区（院落）在明确岗位设置的同时，同步建立了与职务相符的规章制度，并将制度公示、让制度“上墙”。具体来看，一是有《村委会工作职责》。从总体上规定了村民委员会在公共服务、经济发展、日常管理等方面的工作原则、工作重点、工作范围、工作方式、负责人员、注意事项。同时根据本社区（院落）的实际需要，可添加额外的规定。比如在社会组织较为发达的柳街镇水月社区，就规定村委会的职责之一是“兴办本村公共事务和公益事业”。二是有分门别类的《岗位管理制度》。各社区（院落）均有自己的《便民服务中心岗位管理制度》，从职位界定、功能作用、服务范围等方面作出规定及解释。如 2013 年 9 月蒲阳镇制定的《政府信息公开查询点岗位管理制度》，就包括了职位界定、服务范围、5 种功能作用在内的 7 项具体规定。除此之外，隶属村委会的妇女主任岗、帮扶人员岗、治安巡逻岗、志愿管理岗、信息维护岗、资金管理岗、法律服务岗等，均配有相应的岗位管理制度。三是有与岗位匹配的《工作人员简章》。《工作人员简章》对该岗位工作人员理应符合的条件、享有的权利、履行的义务作出规定，针对特殊岗位还会制定违规处罚条例。和平社区在《社区治保巡逻队管理规定》中，除了列出巡逻人员的上岗条件、职责义务、工作纪律等，还专门制定了包含 27 项违纪行为及其处罚方式的《治保巡逻队关于违反工作纪律的行政处理规定》。“有了这些详细的制度，现在每个人都知道自己该做什么，不该做什么”，和平社区干部说道。

（二）严格办事流程

都江堰以往的基层治理除了因权责不清引发矛盾，更因程序不明产生问题。“重实体、轻程序”的办事传统，使人治主义与程序虚无主义泛滥，成为基层法治建立的最大障碍。都江堰的“苍蝇式腐败”一定程度上与程序不明有关。因此，要整肃基层秩序、建立基层法制体系，重点就要转变重实体轻程序的办事作风，树立运用程序法制控制“权力”的思想意识。都江堰在明晰各类治理主体权责的同时，各村委会就组织管理程序、人员活动方式等方面均建章立制，进一步规范了权力运行。

从常规性工作来看，都江堰各农村社区（院落）均梳理了自身的便民服务事项，并就各个服务事项列出具体的办理过程。在居民高度混居、历史遗留问题众多、管理难度较大的蒲阳镇和平社区，其居民委员会共梳理出 40 项具体的便民服务事项，其中就 10 项高频的服务项目制定了《便民服务办事指南》。《指南》详细解释了办理服务所需的材料、时间、金额等，完整展示了办理服务的步骤，且步骤均在 10 步以内，简洁明了。村民周玉昌表示，“现在办事不用问人，看看展板就很清楚了。”为了防止村委会干部扯皮推诿、拖拉延时等问题，都江堰各村还制定了《便民服务限时办结制》，以此约束干部行为。此外，村委会活动管理、法律咨询、纠纷调解甚至是公章使用也有明确的程序步骤。从特殊性工作来看，都江堰各农村社区（院落）积极贯彻重程序的原则，公开公正、严格办事流程。柳街镇鹤鸣村根据 2008 年第一次的确权经验，在 2009 年的土地实测确权过程中，自行探索出了“9 步工作流程”：村组治理、摸底调查、问题梳理、汇总统计、成果公示、法定公告、登记发证和总结完善。同时，还实现了账、图、表、地、耕保合同相符的测绘同步、户调同步、校对同步的“三同步”。对于数据和制图比例有争议的户主，可以拒绝签字。鹤鸣村6组组长王育文说道：“我们确权时候很有秩序的，光制图前前后后就改了4次。”

（三）实行全程监督

十八大报告明确指出，要从严管理监督干部。都江堰之所以出现“小官大贪”的现象，即与基层干部的工作行为不受约束有关。其造成的最大恶果就是干部权力的不断膨胀，公权的无限滥用。因此，要整肃基层秩序、建立法治社会，除了要明晰干部权责、严格办事程序，还应对基层干部的工作行为实行全程监督。都江堰根据事前监督、事中监督、事后监督的步骤，针对村委会干部及其工作人员，制定出了《服务承诺制》《首问责任制》《责任追究制》《投诉举报制》4大制度，还权力运行一片蓝天。

《服务承诺制》作为对村委干部工作的事前监督，规定了村委会干部及其工作人员必须公开服务内容、公开服务标准、公开违诺责任其旨在进一步促进效能建设、改进工作作风、提高工作效率，规范干部行为、增强服务意识、提供服务质量，同时接受群众监督，树立村委会良好形象。《首问责任制》是针对村委会工作的事中监督，是指当事人向服务单位请求解决问题或要求提供服务时，由首次接待当事人的科室为首问责任单位；首次接待当事人的工作人员为首问责任人。该制度罗列了7项首问责任人的具体职责，并将对当事人的初步审查情况分成3类处理。而村委会干部及其人员工作行为的事后监督，则有《责任追究制》《投诉举报制》。《责任追究制》指出了该制度实事求是、客观公正、有责必问、有错必究等原则，指明了6种可追究村委干部及其相关人员责任的不合理行为，规定了责任追究程序的4个步骤以及4种可以从轻减轻或免于处理的情况。《投诉举报制》则是为了保障服务对象依法行使检举、控告权利，规范村委会的工作运行。具体来看，其规定了投诉举报所遵循的保密原则，指出若服务对象遭受刁难勒索、效率低下等行为的侵害，可通过当面、电话、信函、网上等方式，向镇一级进行投诉举报。《制度》同时规定了镇级部门处理举报投诉时的4项职责、义务及受理程序，并将投诉举报与村委会绩效考核挂钩，规定对涉及投诉的干部及其人员按照考核制度扣分。目前，都江堰各村委会事务结办率由92%上升至98.7%，群众满意度达98%以上。

二　理顺议事会运行

村民议事会，是指受村民（村民代表）会议委托，在其授权范围内行使村级自治事务决策权、监督权、议事权，讨论决定村级日常事务、监督村民委员会工作的常设议事决策机构。以“村民议事会”为自治权力中心的新型村级治理机制，是村民群众自治制度的改革完善，是农村基层民主与法治建设的探索创新，是党领导下农民群众主动参与新农村建设的生动实践和智慧结晶，对中国特色社会主义基层社会管理创新具有现实和深远意义。都江堰市顺应形势，因地制宜地就议事会运行建章立制，规范议事会运行，助力依法治村。

（一）制定《议事会组织规则》

为完善村民自治制度，保障农民的主体地位和民主权利，根据《中华人民共和国村民委员会组织法》《四川省〈中华人民共和国村民委员会组织法〉实施办法》、中共成都市委组织部《关于构建新型村级治理机制的指导意见》和《成都市村民议事会组织规则（试行）》，结合实际，制定《都江堰市村民议事会组织规则》。

《规则》一方面规范了组织架构，定义了都江堰村民议事会、村民议事小组的内涵，罗列出村民议事会的人员配比。如“每个村的村民议事会成员不少于21人，其中村组干部不超过50%。每个村民小组应有不少于两个以上的村民议事会成员名额。”在向峨乡棋盘社区的23位议事会成员中，除议事会会长天然地为社区书记、村长须为议事会成员外（都江堰规定），其余村组干部成员人数共为9人。而剩余的12名成员均按照“选举时，村民议事会、村民小组议事会成员候选人，得赞成票超过本村民小组有选举权的村民半数以上的，始得当选”的规定产生。另一方面，《规则》也点明了成员权责，指出了成员的12项权利与义务，以及6项包含惩处措施在内的成员管理规则。比如“村民议事会、村民小组议事会成员缺席议事会会议（一年内无故不参加会议3次以上）或不认真履行职责的，由议事会提议，经其所在村民小组会议通过，终止其职务，并补选议事会成员。”“村民小组五分之一以上有选举权的村民联名，可以提出罢免本村民小组的小组议事会成员和本村民小组选举产生的村民议事会成员。罢免应当有罢免理由。被提出罢免的村民议事会、村民小组议事会成员有权申辩。”作为都江堰依法治村“先行者”的中兴镇九龙社区，就结合自身实际，罗列了授权议事会及其成员的10条具体事项，明确了若不履职的惩处办法。

（二）运行《议事会议事规则》

结果公正的必要条件之一就是程序的公正。村级议事会要真正发挥自治作用，其组织及成员不仅要明晰职责，更应遵循合理的议事规则。都江堰为推进村民议事会规范运行，更好地服务大局、服务群众，根据中共成都市委组织部《关于构建新型村级治理机制的指导意见》、《成都市村民议事会议事导则（试行）》和《都江堰市村民议事会组织规则（试行）》，制定了《都江堰市村民议事会议事规则》，以此规范基层民主自治行为、建立法治秩序。

《都江堰市村民议事会议事规则》从召集、议事两个层面，对议事规则进行了扩展。首先从召集规则来看，《规则》就议事会应坚持的原则、会议召集和组织方式作出规定。指出，村民议事会、村民小组议事会会议应坚持“依法办事、民主讨论、公开表决和少数服从多数”等原则；明确“村民议事会会议由议事长负责召集并主持。村民议事会会议至少每2个月召开一次。议事长认为需要时，可以召开村民议事会会议；村民议事会、村民小组议事会会议须有五分之四以上成员到会方能举行……”等召集和组织方式。2015年上半年间，棋盘社区就根据规定，召开了7次村民议事会会议。其次从议事规则来看，《规则》就议事规程、会议召开主要程序作出了规范。《规则》指出，村民议事会、村民小组议事会议事规程，须按照“8步议事法”进行，即：“提出议题、审核议题、公告议题、讨论议题、表决议题、公告决定、执行决定、监督反馈”；最后梳理了包括签到、议题审查、依次发言在内的8项会议程序。据向峨乡棋盘社区李天平介绍，2014年棋盘社区就顺利召开了14次村级议事会会议，讨论内容涉及村公资金、环境保护、物业管理、防汛救灾等生产生活的各个方面，并附有翔实的会议记录。

（三）实施《党组织对议事会领导办法》

党的十八大报告强调，要创新社会基层党建工作，夯实党执政的组织基础。因此，都江堰各农村社区（院落）根据《中国共产党章程》、《中国共产党农村基层组织工作条例》、中共成都市委组织部《关于构建新型村级治理机制的指导意见》和《都江堰市村民议事会组织规则》，制定实施《党组织对议事会领导办法》，以此加强和改进党的领导、巩固村党组织领导核心地位，适应构建新型村级治理机制的要求。

该《办法》一是明确领导职责，规定了村党组织除履行《中国共产党农村基层组织工作条例》规定的职责外，还应履行的9项职责，如“研究提出涉及本村发展和群众利益的重大议题、受理并组织审查村民议事会和村民小组议事会议题”。据统计，2015年上半年向峨乡各社区，就议事会议题而召开党支部讨论会议的平均数为15次。二是明确领导方式。《办法》对村党组织提出议题的形式和方式、受理议题后的审查办法，作出了具体规定。2015年上半年，棋盘社区在党组织领导下，就“村公资金使用”这一议题顺利收集整合22条，最终经党组织、议事会讨论与审查，通过项目13个。社区就是根据《办法》指出的“村党组织受理议题后，应及时召开村党组织和村务监督小组（监事会）会议，集体研究审查。对审查通过的议题应及时提交议事会审议。对重大议题，村党组织要组织议事会成员等，广泛听取各方意见，进行充分调研、分析和论证，必要时要向上级党组织报告；对关系全村整体发展和涉及大多数群众切身利益的议题，应召开党员大会进行讨论，并向上级党组织报告”的规定。

三　加强村公资金管理

2008年11月，成都市委、市政府出台《关于深化城乡统筹进一步提高村级公共服务和社会管理水平的意见（试行）》，在全市推进村级公共服务和社会管理。2015年1月，为进一步发挥农民主体作用，提升专项资金使用管理绩效，成都市委办公厅、市政府办公厅出台《关于进一步深化村级公共服务和社会管理改革的意见（试行）》，对制度建设、项目管理、资金使用、绩效评估等方面做出了新的规定和要求。同年3月，都江堰市积极响应，制定了《村级公共服务和社会管理改革工作手册》，就村公资金的使用做出了具体规定，以此规范基层农村的管理秩序。

（一）划定项目范围

任何有效的管理都必须以一定的物质保障为前提，而物质保障中的资金保障又尤为重要。正所谓“巧妇难为无米之炊”，只有资金落实了，村庄管理才能真正落实、群众自治才会有效运转。为此，都江堰的村公资金《工作手册》首先就规定，各级政府提供的村级公共服务和社会管理项目应列入公共财政预算，逐年给予保障。此外，区（市）县要按照核定的村级专项资金标准，于每年 4 月 30 日前将该年度不低于 30% 的专项资金拨付到村（社区），9 月 30 日前完成当年专项资金拨付。到 2017 年，全市村级专项资金最低标准达到 60 万元/村（含涉农社区），以此为各村庄管理提供坚实的资金保障。

其次，资金只有用在刀刃上，才能使其在村庄管理中发挥应有的效用。因此《工作手册》就村公资金可能涉及的项目，划定出“5 重点 4 控制”的重点保障优先项目及严格控制禁止项目。重点保障优先项目有 5 大类：农村环境综合治理、农村社会治安维护、村组道或农毛渠等明确部署政府责任的基础设施建设、明确村（社区）为管护主体的公共设施管护、代办村民事务。2015 年都江堰市议定村级公共服务和社会管理重点保障优先项目 2329 个，议定资金共计 2174.41 万元，其中优先项目的农村环境综合治理类项目 527 个，农村社会治安维护类项目 275 个，村组道、农毛渠等基础设施建设类项目 625 个，公共设施管护类 258 个，代办村民事务类 272 个，其他类项目 372 个，所有议定项目正按照议定时限有序实施。而严格控制禁止项目则有：生产经营、偿债、村级自治组织不是供给主体的项目以及各类额外补贴 4 大板块。“5 重点 4 控制”的项目管理，限定了村公资金的使用范围，为村公资金的合理使用打牢了基础。

（二）梳理重点环节

设置村公资金的目的旨在进一步提高村级公共服务和社会管理水平。原则上来说，村公资金属于村庄内部的自我管理、自我服务范畴。既然是村庄内部的事务，那么就必须由全体村民共同讨论、共同决策其使用。针对此，《村级公共服务和社会管理改革工作手册》制定了村公资金的重点环节操作规范，列出了 4 个重点步骤及其内容要求。具体看，分别为：收集梳理、民主议决、实施监督、评议整改。收集梳理环节规定：意见征求比例需达到常住人口户数的 90%，提交村（居）民议事会议决的项目应在村（居）民小组范围内公示。民主议决环节规定：村（居）应按规定程序召开议事会，会议应有翔实的会议记录并公示，结果需录入成都市基层公开综合服务监管平台。实施监督环节规定了项目发包的方式和程序，村级融资建设项目的申报、实施和管理。而评议整改环节则指出对专项资金实行专账管理，规范开支。

各社区（院落）在此基础上还自行完善升级，如向峨乡村公资金使用遵循“6 步工作法”，中兴镇、柳街镇等则均有自己的“8 步议事法”。这些新增的步骤主要包括：宣传动员、干部下村、党员大会审议等。据统计，柳街镇各社区（院落）召开的宣传动员会议就达 477 次，发放《村公资金使用入户宣传单》5400 余份。中兴镇干部下村与群众交流百余次，收集村公资金使用意见 126 条。2015 年 3 月至 7 月，都江堰各农村社区（院落）村公资金使用的群众满意度为 98.60%。棋盘村民董师傅表示：“以前根本不知道村公资金几十万花哪儿了，现在清楚了，还能做主了。”

（三）完善制度保障

治理的现代化就是以制度化、体系化、系统化为其外在表现，以法治化为其核心内容的，这就需要打破运动式、活动式的治理范式。提高社会治理制度化、规范化、程序化水平，需要不断强化法治保障。坚持法治思维，需要建章立制，注重制度建设，建立长效机制。

为此，都江堰市在《村级公共服务和社会管理改革工作手册》中明确指出要建立健全“四项制度”。一是议事会成员直接联系村民制度。要求村议事会成员与村民建立固定联系关系，及时征求村民意见、反馈村民需求。二是村民代表会议决策和议事会议事制度。规定每年 4 月 30 日前召开村民会议；每季度至少召开 1 次村民议事会；会议须有完整会议记录；探索建立达五分之一以上的村民联名对议事会决议提出异议，即可重新召开议事会议的决议复议制度。三是建立村公资金项目发包及评议验收制度。对涉及村公资金的项目，组织专业人员进行验收及评议。棋盘社区的预审小组成员均为专业工匠，对涉及村公资金的村建筑类项目负有财务预算、结果验收的职责和义务。社区书记李天平说：“我们村这几个工匠都很专业的，让他们负责村里的公共建设是一个顶俩！”四是实行全过程公开制度。凡涉及村公资金的项目每季度至少公示 1 次。而向峨乡、中兴镇、柳街镇等的村庄只要项目有资金变动即张榜公示、实时更新。

（四）明确管理原则

“没有规矩，不成方圆。”在建立法治社会的道路上，只有制度与规则是最为稳定且具有可持续性的轨道，能够为基层实现依法治理保驾护航。如果说有关村公资金使用的各项措施是法治列车的轨道，那么实施措施时所用遵循的原则即为固定轨道的螺丝钉，助力轨道的持续延伸。

《工作手册》规定了村级公共服务和社会管理的议事规则，包括：清点人数、逐项讨论、依次发言、逐项表决等10项议事程序；机会均等、限时限次、一时一件、正反轮流等10项发言规则；记录人固定、保持中立、成员签字确认等5项会议记录规则；有效表达、不补充解释、审阅会议记录等6项主持人规则；无记名投票、公开计票等7项表决规则。《工作手册》下发以来，都江堰市按规通过了村级公共服务和社会管理议定项目2329个，覆盖了203个涉农社区。九龙社区在遵循村公资金管理原则的前提下，6个月间顺利支出村公资金364906.55元，涉及具体事务18项，内容包括沟渠整治、活动中心设施建设、农垃人员工资、社区公共水电等，金额从几百元到几万元不等。社区戴书记表示：“有了《工作手册》，处理任何事情那就是让制度说话、让制度表态！”

第四节　循规则，保障群众依法自治

村民自治是党和国家确立的乡村政治发展目标之一，是建设社会主义民主政治的战略选择。完全落实村民自治，取得村民自治的绩效，关键就在于坚持依法自治。在我国农村，历来是干部管群众，群众是被管理对象，群众一直以来都缺乏法治的熏陶。故而基层在推行依法自治的过程中，村民不懂法、不守法的问题时有发生。要加强农村民主与法治建设，就需要建立健全村民自治的法律制度和操作规程。为此，都江堰各社区因地制宜地采用集意、共议、同决策的民主形式，制定出一系列草根规则。同时更丰富形式，将规则融于奖惩及活动之中，以此调节群众自治行为、规范基层秩序。

一　草根规则延伸法治触角

软法通过个人、组织的自我约束和相互约束以及舆论约束和利益机制而实现规范人们行为，调整社会关系的作用。它通过自律和他律相结合的软规制而非通过国家强制力而规范人们行为，是调整社会关系的现代社会公共治理机制。都江堰市广泛建章立制，通过制定切实可行的软法规则来进一步规范基层秩序，引导基层群众自治步入法治化轨道，实现群众有序的自我管理、自我约束、自我服务。

（一）入住公约

都江堰市各社区（院落）积极推进以社区公约等为基本内容的社会规范建设，充分发挥社会规范在协调社会关系、约束社会行为、保障群众利益等方面的作用，通过自律、他律、互律使居民、法人和其他组织的行为符合社会共同行为准则。如中兴镇九龙社区的《入住公约》、柳街镇鹤鸣社区的《鹤鸣新村住户公约》等。这些公约成为社区文明的参照文本，对引导居民共同遵守社区公约、提升居民依法自治的精神、实现自治的制度化和规范化、约束居民行为等起了重要的规范和引导作用。

九龙社区位于中兴镇西南方，社区面积 2.5 平方公里，共有 9 个小组，458 户，1458 人，下辖新型社区聚居点 3 个。据社区书记介绍："农户刚搬迁进九龙社区时，生活习惯仍延续了传统作风。社区内乱栽乱种、垃圾乱丢的现象屡禁不止。"为了创造文明的最佳人居环境，实现安全、整洁、有序、美观的小区景象以及住户美满的目标，2009 年 9 月 26 日，社区两委广泛收集征求意见，经由户代表会议制定了《九龙社区入住公约》。从文明习惯、日常行为入手，对村民做出了规定。如规定小区内不设垃圾桶，居民把垃圾拎出小区丢到垃圾池内。《入住公约》的推行渐渐扭转了村民的不良行为，社区环境有所好转。即使住在小区最里面、离垃圾池 1 公里远的居民，也会自觉地把垃圾带到小区外投放。随着村民自我约束意识的不断加深，2014 年 9 月 16 日，社区又召开了全体户代表会议，对公约进行了修订与完善，并更名为《中兴镇九龙新居物业管理服务公约》。《公约》从环境维护、用水用电、车辆停放、访客登记、房屋装修等 19 个方面，对村民及社区工作人员做出了相关规定。村民宋道阳说，"现在大家都按《公约》来的，其实也不难，现在很习惯了。"

（二）村规民约

群众自治有序化的第一步在于制定《入住公约》规范群众日常行为，但基层秩序决不仅限于群众行为的规范化。当前国家法律过泛、过远，难以渗透下行发挥调节作用。要破解这一难题，除了以调节行为促进规则意识的形成、夯实法治民风的治理根基之外，还应健全基层“软法”，用草根规则提升意识、规范秩序。都江堰市先试先行，制定出一系列切实可行、富有成效的村规民约，为群众自治增添动力。

和平社区针对本社区面临的管理难点，通过组建领导班子、宣传发动群众、干部草拟初稿、议事会讨论修改、司法所审核把关、村民表决通过6个步骤，制定了《和平社区村规民约》。该制度列出11项社区居民应当遵守的行为规范，让村民对不敬不孝、丧葬陋习、乱搭乱建等行为实行自我约束、对聚点建设、“三无”院落等实行自我管理、对群防群治、道路维护、环境治理等工作实行自我服务。与此同时，向峨乡、天马镇等地的社区（院落）均制定出适合本地的草根规则，如天马镇《共建公约》、棋盘社区的《文明市民“十要十不要”》、水月社区的《乡规民约》等。金龙村更发扬当地传统，将村规民约以打油诗的形式上墙展示，比如“人活脸面树活皮，家园常扫日日新。秽语污言均陋习，文明张扬好风行。”村干部表示，“《乡规民约》的制定让社区内的矛盾纠纷率下降了70%左右。”

（三）自治章程

依法治理是依据完备的法律法规和制度规范体系所进行的社会治理，然而都江堰市的基层村民自治在制度建设层面却并不健全。如果说入住公约及村规民约是培育法治民风的非正式制度，那么都江堰市各社区在随后制定的社区自治章程，便是让法治民风走上规范化轨道的正式制度，其调节范围远大于前两者，涵盖社区事务的方方面面，弥补了基层的制度空白。

2014年9月16日，九龙社区通过党员大会、全体村民会议，经收集民意、整理讨论、村民代表大会表决通过，制定出了《中兴镇九龙社区村民自治章程》。该村民自治章程涉及3项土地管理规定、8项集体经济分配及户口管理规定、15项社会事务管理规定、6项计生及财务管理规定、9项公章管理规定。社区干部直言，《村民自治章程》就是社区今后推行村级治理依法治村以及群众自治的依据。此外，鹤鸣社区、仙鹤社区蒲家院子也制定出了自己的《村民自治章程》。2014年，仅柳街镇的散居院落就建立了3000多个自治管理制度。2015年5月，鹤鸣社区一户居民就因为长期外出无法管理菜地，被业委会依据自治章程收回。这些章程的制定均从村民实际的生产生活出发，为村民在法治轨道中行动定下了基调，为群众实现自我管理、自我服务、民主管理、民主监督打下了基础，夯实了基层群众自治的根基。

（四）社会组织规范

社会组织是社会治理中除政府之外，最为重要的一类组织类治理主体，激发它们的活力对社会治理创新具有至关重要的作用。[①] 都江堰市积极谋划思路，提出了五位一体的基层治理模式。而其中之一的“多元支撑”即指培育、发展各类社会组织，引导群众自我服务、自我发展。新兴的社会组织在提升基层治理能力的同时，也对基层秩序产生了影响。因此，着力规范社会组织行为，也成了都江堰基层法治的工作重点。

一方面，都江堰各社区明确社会组织建立流程。比如柳街镇水月社区就规定，社会组织的建立必须遵循党支部提议、村民代表会议集意、议事会讨论、户代表会议动员、草拟章程、成立协会理事会、按章开展活动 8 个步骤。2015 年以来，水月社区顺利成立了无公害农产品协会、民宿旅游协会、邻里互助协会等 7 个社会组织，会员人数达 1953 人，有效提高了群众的组织化程度，发挥了群众在农业产业发展、环境治理等方面的主体作用。另一方面，明晰组织运行程序。蒲阳镇善行社会公益服务中心自成立以来，已为 300 户特困家庭、50 名特困学生，近 40 名残疾人等特殊困难群体提供了帮扶服务，并出资 60 余万元为旗松社区修建了一座桥梁。这些成果的取得离不开善行服务中心完备的运行机制：财务管理规定 8 项、岗位职责 7 项、服务宗旨 6 项、劳动管理 6 项、物资管理 6 项、科室管理 5 项。以上规定均制成看板，在服务中心公开展示。都江堰社会组织作为治理的有益补充，其规范运行使得五位一体的基层治理模式在社区得到了生动实践。

二　民主定规践行法治理念

法治是民主政治的内在要素，是民主政治的有机组成，它本质上是为

---

① 张小劲、于晓虹：《推进国家治理体系与治理能力现代化六讲》，人民出版社 2014 年版，第 119 页。

民主政治服务的。民主才是法治的出发点和落脚点。离开人民的主体地位和公民的权益，法治就成了无本之源。为此，都江堰市始终坚持以法治思维贯穿治理始终，切实发挥规则的“法力”，用民主方式践行法治理念。

（一）按规汇民意

要获得基层治理的最大公约数，就必须最大限度地让群众发声、倾听群众的声音。都江堰市在依法治理的实践中，积极定规，将汇集民意纳入法制化轨道，畅通群众的民主参与渠道，为稳定基层秩序、建立法治社会打下坚实基础。

首先，在程序上重视。各社区将汇集民意纳入社区事务的议事程序。九龙社区《村民自治章程流程图》中的第2步“两委干部走基层”即为汇聚民意。棋盘社区的“6步工作法”也将收集民意作为独立的一步，严格执行。其次，在操作上落实。《都江堰市村民议事会组织规则》第二十四条规定：“村民议事会、村民小组议事会成员应当坚持走访、联系村民，全面、真实反映村民意见建议，每月走访群众不少于10户。”第二十五条规定：“收集议题时，应该认真填写《村民议事会议题收集单》，参加会议、走访调查和参加议事会的各类活动时要填写《都江堰市村民议事会议事员记事本》。”御柳社区共收集社区议事会议题544个，其中不涉及村公资金的372个，分别应由院落议事会提前商议的占到了220个，这些问题主要涉及困难户、因病致贫、残疾人、老年人等弱势群体帮扶、留守儿童关爱、留守妇女就业、便民服务提供等方面。

（二）依制共商议

共同商议是实行科学决策、民主决策的重要环节。都江堰市把各种社会力量纳入治理体系，广开言路、广求良策、广谋善举，有效实现了最广泛、有序的政治参与，推动了基层治理的科学化、民主化。其既尊重多数人的普遍愿望，又照顾少数人的合理要求，提高了群众的自治热情，最大限度地保障人民民主的实现。

《都江堰村民议事会组织规则》规定：“各村级议事会议事长由村党支部书记兼任；议事会成员中村组干部人数不得超过50%。”第5条规定：“村党组织受理议题后，应及时召开村党组织和村务监督小组（监事会）会议，集体研究审查。对审查通过的议题应及时提交议事会审议。对重大议题，村党组织要组织议事会成员等，广泛听取各方意见，进行充分调研、分析和论证，必要时要向上级党组织报告；对关系全村整体发展和涉及大多数群众切身利益的议题，应召开党员大会进行讨论，并向上级党组织报告。”第11条规定：“村党组织书记（议事长）召集并主持召开村民议事会时，应维持讨论秩序，保证村民议事会成员充分发表意见，保证利益相关人表达意见。”按照都江堰市社区（村民）议事会运行的《指导意见》，柳街镇柳顺社区在社区两委的带领和指导下，建立了社区层面和院落层面两级议事会，给予社区各项公共事务充分商议的空间。目前，柳顺社区已通过共议机制形成了155个决议事项，解决突出问题1100余件，占矛盾纠纷事件的87%。

（三）照章同决策

民主决策是基层群众自治的关键，它能保障治理行为的出发点始终立足于人民的根本利益，同时，还能增强决策的科学性、避免决策的片面性。都江堰市积极定规、引导群众共同决策的做法，不仅促进了群众对决策的理解、提高了落实决策的自觉性，也丰富了群众参与民主决策的实践、提高了群众参与公共事务的热情和信心。

柳街镇规定，村公资金的使用必须采用“户决”的方式（即全村以户为单位共同投票）进行决策。棋盘社区规定，村公资金项目须经由党支部、村民议事会、项目预算小组、监事会4个组织的审议与签字。2015年，由棋盘社区党支部开会提议，社区干部包片向258户村民每户发放《村公资金使用意见表》，收集整合后共获得意见22条。经议事会成员两轮投票、预审小组审核估算后，备选项目中得票数最高的13个项目可于今年开始投建。2015年上半年，棋盘村已顺利召开了7次村级议事会，内容涉及村公资金使用、低保户评定、巡逻人员删减、社区管理制度制定等方面。将决策程序纳入法治化轨道，不仅锻炼了基层参与决策的能力，更增强了群众关心公共生活的政治责任感，激发了基层自治的内在活力。

三　丰富形式促使法治落地

规则效用的发挥需以落地为前提。再好的制度、再严的法律，离开落实、没有落地，只会变成中看不中用的假把式，沦为“纸上谈兵”。为此，都江堰基层积极挖掘多种形式，以灵活考评促使规则下沉、以适度奖惩挖掘法治活力、以多样活动内化法治意识，进一步保障法治在基层落地生根。

（一）灵活考评

绩效考核是基层依法治理的重要环节，是促使现代治理走向实效的有力保障。要让规则发挥出“法力”，就必须有一定的考核机制予以保障。都江堰对议事会、党支部、社会组织等均采用灵活考评机制，以此促使各基层治理主体的规则意识常态化、持续化，进而助力法治落实。柳街镇规定：“议事会成员参加各类活动时要填写《都江堰市村民议事会议事员记事本》，以备后期考核。”和平社区对基层党员的组织参加、义务履行情况等进行内容细化并赋分，根据《党员积分加分、扣分登记表》对党员进行民主评议。向峨乡设立“先进榜”、“后进榜”，以此考核物业管理人员的工作绩效。此外，棋盘社区、水月社区还对老年协会、志愿者服务队等社会组织实行灵活适宜的考评机制。棋盘社区志愿服务队成员每次活动均需填写《志愿者服务队活动情况表》，内容包括活动日期、志愿者姓名、关爱对象姓名、服务内容 4 项。社区还配套建立了志愿服务回访制度，社区干部每隔 3 个月对社区内的帮扶对象进行回访，询问志愿者服务质量、请他们提出改进意见，以此作为志愿者服务工作的年度考评依据。社区独居老人王秀华说：“社区的志愿队真的很好，小林（志愿者林兴蓉）时常来帮我打扫卫生、陪我聊天、给我做饭，就像我的女儿一样。”

（二）适度奖惩

草根规则的持续运转离不开适度的奖惩机制，都江堰为此制定了一批颇为有效的草根奖惩制度。一是称号奖励。多个社区设有“社区卫生五星评分榜”，棋盘社区更每月评选“文明用户”，每年评选“五好家庭户”，对当选者予以表彰公示。2014 年共有 20 户家庭当选“五好家庭户”，当选户主杨德军表示，“评上五好家庭挺光荣的，因为这是一年一评，很不容易的，是对我们的肯定”。同时各社区通过自评、互评和第三方测评等民主测评方式，每月选出“最美院落”和“最美庭院”，并结合年度积分情况以选出“年度最美院落、庭院”。二是资金奖励。各社区均采用村公资金“反补”管理费的长效激励机制。如柳街镇率先在试点院落金龙社区黄家大院和柳顺社区李家巷子实施，从村公资金中反补 20 元/人·年用于院落保洁人员报酬和管理费的补充，另外按照 10 元/人·年标准安排一定的村公资金用于激励院落及个人的先进评比，由村民大会表决无异议后，用以奖代补的形式用好村公资金补贴最美院落基础设施配套经费。三是惩戒机制。鹿池社区采用“楼栋连坐法”，以楼栋为单位予以卫生评比公示，用集体荣誉感作为惩戒机制的杠杆，撬动基层治理。棋盘社区的“村民意见箱”用于实时监督、投诉社会组织成员或物业管理人员。棋盘社区书记李天平直言：“2014 年有 1 名保洁员就因群众的多次投诉，被予以开除。”

（三）活动内化

规则落地于民，法制才春风化雨。法治要落地生根，根本途径就是把规则化为行动指南，把口号化为行动自觉。只有把规则写进干部群众的心灵深处，内化于心、外践于行，法的精神、法的意义、法的功能才能真正展现，法治的理想才能最终落地。为此，都江堰基层不断创新形式，针对不同主体开展形式丰富的法治教育活动，寓规则于其中，以有序的法治氛围推动干群法治意识的内化与提升。一方面，着力深化党员干部的法治意识，开展经常性党员干部法治活动。2015 年 6 月，天马镇领导班子成员，组织全体机关干部、社区书记、主任及大学生志愿者共计 110 余人，召开了“三严三实”专题教育工作座谈会，明确指出党员干部必须带头严格依法办事、照章行动。柳街镇的金龙社区则定期以“观看法治电影、谈谈观影体会”的形式，不断强化党员干部的法律认知。据干部介绍，2014 年金龙社区共组织了 6 次党员干部的观影学习活动。另一方面，都江堰基层还加大宣传力度，着力提升群众规则意识。多个社区如棋盘、金龙、九龙等携手文明办开展“流动道德讲堂暨道德模范巡演到村镇活动”，通过歌曲、朗诵、楷模演讲、小品等形式，结合法律知识，倡导“诚信守法、从我做起”的社会风尚。金龙社区蔡阿姨表示：“他们演的节目不仅好看，说的也很有道理呢！”除此以外，都江堰还以镇为单位，在场镇人口密集十字路口处，通过设置宣传咨询点，集中宣传。比如天马镇通过悬挂宣传标语横幅、散发宣传资料、赠送环保购物袋等多样方式，向广大群众宣传关于人民调解法的法律知识、规范章程，以此形成百姓遇事找法、干部办事依法、解决问题用法、化解矛盾靠法的良好意识，真正实现基层依法治理的目标。

结　论

中国改革开放的基本路径是科学的顶层设计与地方基层的率先探索相结合，鼓励“领跑一公里”和解决“最后一公里”相结合。换言之，即先有地方的好经验，再有中央的好政策，后有国家推行的好制度。党的十八届三中全会提出了“推进国家治理体系和治理能力现代化”的重大命题，这表明我国已处于由“管”向“治”转变的新阶段。都江堰市站在新的历史制高点上，率先开启了“领跑一公里”。不仅实现了产权改革领跑、城乡统筹领跑，更实现了地方善治的领跑。随着新型城镇化的加速推进，大量新增的社会事务和社会需求对传统包办式、闭合式、粗放式的管理方式提出了严峻挑战，民众维权、干部维稳的局面亟待转变。为此，作为改革创新先行者的都江堰市，以适度的院落为基本单元，以党的引领为基本动力，以激活民力为基本目标，重构了镇（街）治理、村（居）服务、院落（小区）自治的基层治理体系和框架，变“嵌入型自治单元”为“内生型自治单元”，有效实现了从“党政发动”到“党社联动”、从“党政包办”到“党群共治”的转变，探索出了一条“党引民治”的治理新路径，提供了基层善治的地方样本，具有普遍性的价值和意义。

一　都江堰创新的内涵

都江堰立足院落单元，完善了基层治理框架；以群众需求为导向，提升了基层自治能力；通过党组织引领，融合了党建与基层治理。更重要的是，都江堰的改革对全国广大地区而言具有普遍的借鉴意义，尤其是农村散居地区。它在如何发动基层群众实现自我治理的问题上，探索出了新路径、开辟了新方向。

（一）都江堰创新的目标是推进基层治理体系和治理能力现代化

党的十八届三中全会将“完善和发展中国特色社会主义制度，推进国家治理体系和治理能力现代化”确立为全面深化改革的总目标，这预示着我国改革已开启了由“管”到“治”的新历史阶段。随着温饱生活的实现，基层社会有了更多和更高的自主性要求，人民内部矛盾日益增多，政府单向管理正逐步失效。都江堰市在这一大背景下，还面临着自身特有的治理挑战：因灾后重建等造成的遗留问题化解难度加大、大量统筹城乡带来的新型行业和社会事务亟待规范、提高各种经济组织和社会组织的整合能力迫在眉睫等等。过去相对粗放的社会治理方式已无法适应当前形势，都江堰市已然站在了新的历史制高点上，基层治理体系亟需作出深刻调整。为此，都江堰市以深化提升“柳街经验”为契机，积极探索“党引民治”的基层治理之道，在支持人民参与治理中实现党的领导，将党的建设融入于基层治理创新之中，以此推进基本治理体系和治理能力现代化，努力打造地方善治的样本。

（二）都江堰创新的核心是坚持党的领导，坚持群众主体，坚持法治思维

加强和完善党对全面深化改革的领导，按照总揽全局、协调各方的原则，充分发挥党的领导核心和战斗堡垒作用，是确保改革取得成功的根本保证。党的十八届三中全会站在全局和战略的高度指出，“全面深化改革要紧紧围绕坚持党的领导、人民当家做主、依法治国的有机统一”。换言之，要推动发展、加强创新社会治理，就必须坚持党的领导、动员人民群众团结奋斗，同时运用法治思维和法治方式。自 2008 年都江堰市灾后重建以来，揭疤而出的“塌方式腐败”、“苍蝇式腐败”使得党政陷入信任危机，差序信任的“塔西佗陷阱”更是尤为凸显，大大动摇了执政根基。深化提升“柳街经验”、着力探索“党引民治”，就是都江堰市为解决上述基层治理难题而打造的“基层善治样本”。在这一过程中，都江堰市找准并正视当前问题，对症下药、猛药去疴，深入推动党组织建设良性运转，特别注重党的领导、民主管理和法制思维的有机衔接，不断提高科学执政、科学治理的能力和水平。

（三）都江堰创新的实质是增强基层党组织的引领能力

党的基层组织是党全部工作和战斗力的基础。党的十八大以来，以习

近平同志为总书记的党中央高度重视党要管党、从严治党。因此，抓好基层党组织规范，是巩固和加强党在农村的执政基础、推进基层治理体系和治理能力现代化的重要内容。为了加强基层党组织在基层治理上的领导力，都江堰市在基层党建方面加大了投入力度。但是这种投入并没有完全撬动基层治理，甚至出现了“就党建谈党建，为党建而党建”的现象。基层党组织未能与人民群众进行很好的融合，反而限制了党对基层治理引领作用的发挥。再加之城乡统筹后民众的多元化诉求迅速增加，如何有效发挥基层党组织的引领作用，成为都江堰市完善党的领导下乡村治理机制的当务之急。都江堰“党引民治”的有益探索，正是为了解决好农村基层的这一治理问题，进一步增强基层党组织的引领能力、提升群众对党的信任度，不断巩固党的执政根基。

（四）都江堰创新的经验是以院落为基础搭建系统的基层治理框架

当前，我国正处于社会经济发展的急剧转型期，基层治理方式面临着深刻而复杂的变化。特别是在农村基层，亟待解决的新问题、新矛盾不断涌现，旧的村民自治模式已不能应对农村社会发展的新形势，“创新”成为突破村民自治困境的现实选择。就都江堰来看，长期以来特有的川西林盘造就了其以院子为单位的散居格局。这种围绕林盘的院子规模小、分布散，使得行政村（社区）——村（居）民小组的行政体制难以实现公共服务和基础设施的全覆盖，无法产生治理的规模效益。同时，以行政村（社区）为单元的治理体系难以契合村庄（社区）的内生需求，这是由于此种自治单元的不适度，导致了自治难以落地。为此，都江堰市在深化与提升“柳街经验”中作出积极探索，依据“地域相近、规模适度、群众自愿、利益相关”等原则，以院落（小区）为基本单元、打造院落（小区）自治，搭建系统的基层治理框架，以此激活基层治理的内动力，实现村民自治由“嵌入”向“内生”的转变。

二　都江堰创新的价值

都江堰市从农村突破，在利益关系多元化、社会矛盾复杂化的形势下，闯出了一条新的党建路子来破解总书记提出的“在党的领导下提升乡村治理体系和治理能力”的命题。具针对基层农村社区面临的各种新问题与新困境，以破解基层党组织号召力下降、村级治理机制不完善、群众主体作用发挥不充分等难题为工作重心，以群众需求为出发点，以群众主体作用发挥为落脚点，立足于服务型党组织建设，在实践中探索出了“党支部领导、村（居）委会管理、群众主体、多元支撑、依法治理”的基层治理新模式。

（一）探索出一条融党的领导、人民参与和依法治理为一体的基层治理之道

党的领导、人民当家做主和依法治国是中国特色社会主义政治的基本特征。要创新社会治理、实现社会善治，就必须坚持系统治理、综合治理，坚持发挥党委领导核心作用、广大群众主体作用，用法治思维谋划社会治理、用法治方式破解社会治理难题。都江堰的“党引民治”在基层治理的“三位一体”综合治理实践探索中，取得了成功经验。“柳街经验”相对其他地方更具有系统性，初步形成了基层治理的基本框架。特别是其将党建融入村民自治之中，充分尊重了农民主体地位，在村民自治中体现了党组织在基层的引领作用。“党引民治”是践行群众路线的创新性实践，是对“创新社会治理体制”的积极回应，具有一定的时代高度、理论深度和实践广度。都江堰成功将“党的领导、群众主体、村（居）管理、多元支撑、依法治理”融入治理体系中，实现了党的领导、群众主体和依法治理在基层善治的统一。

（二）探索出一条党组织领导下充满活力的村民自治机制之道

党组织领导下充满活力的村民自治机制是我国基层治理的重要方略，但如何实现这一重要方略却有待实践探索。以往的基层治理常常顾此失彼。提到党组织领导就是强调村党支部，特别是书记一人的作用，如实行村书记和村主任“一肩挑”。这往往会忽视、甚至压抑群众的作用，致使村民自治缺乏内在活力。但是一旦强调要充满活力，常常又会忽视党组织在村民自治中的牵引作用，导致治理失序和无序。都江堰的“党引民治”将党的建设融入村民自治进程之中，通过加强基层党的建设来增强基层党组织政治引领、发展引领和治理引领能力，以此凝聚强大的发展合力、巩固党的执政根基。党领民治是在依法治理的框架内，将党自上而下的外部推动力和群众自下而上的内生活力相结合，实现了党组织领导和充满活力的村民自治一体化。

（三）探索出一条通过激活民力减少治理成本之道

随着经济社会的深刻变迁，以往政府包办式和保姆式的治理方式已经无法满足当前的治理需要。政府主办或者包办必然带来治理成本的迅速膨胀。这种成本一方面是经济成本。如同全国其他地区一样，都江堰虽然在新型农村社区建设先行一步，但是还有大量的农村地区处于散居状态。"单元不适"导致自治空转，治理投入增多，治理效益降低。另一方面由于民力孱弱、政治信任感缺失，政治成本也随之增加，甚至出现了政府"做得越多、挨骂越多"的"花钱找骂"现象。基于此，都江堰转变观念，坚持群众主体，让群众自我管理、自我服务、自我教育，变包办式治理为自主式治理，将群众由观众变为演员、激发群众自治活力，由政府独唱变党群合唱。这不仅大大降低了治理的经济成本，同时也在共同治理中加强了政治信任、减少了政治成本。

（四）探索出一条将党的先进性与群众性融为一体的基层党建之道

中国共产党是具有先进性的政党，如此才能担当领导重任；但同时它又是生活在群众之中的政党，因此要以群众利益为根本利益。随着经济社会的快速发展和转型以及统筹城乡发展综合配套改革的不断深入，都江堰市农村基层社会呈现出了观念多样化、利益多元化的态势。然而在整合资源、满足需求等方面，基层党组织却显得有些力不从心。尤其是2008年灾后重建以来，传统的党建方式已难以跟上创新农村基层治理体系的步伐，基层党组织面临服务功能弱化、基层服务难以落地的现实困境。党的十八大明确提出："围绕保持党的先进性和纯洁性，在全党深入开展以为民务实清廉为主要内容的党的群众路线教育实践活动。"为此，都江堰市通过"党引民治"，从党建创新引领基层治理创新的角度切入，将党建融入自治、融入发展、融入服务、融入保障，有机结合了党的先进性与群众性，有效推进了党的基层组织建设创新。

三　都江堰创新的局限

都江堰以"党引民治"推动地方善治的重要启示，是因势利导、从实际出发、勇于创新。它既解决当下的紧迫问题，更着眼于治本之策，将问题导向与创新导向结合起来，具有长远的战略眼光。"党引民治"在推动地方善治上形成了良好的开端，但仍需要进一步深化，特别是形成可持续的机制及在实践中寻找最佳的结合点，使之具有可推广性和可复制性。

（一）党组织如何与群众自治相结合

群众自治起步之初，党组织需要对群众动员、领导，甚至激励；但当群众参与治理成为一种常态，便要引导群众有序参与，按规则治理。一方面要加快完善激励机制，促进改革制度化。党员要进一步转变“管理者”的角色观念，明确自身的“服务员”身份。党组织要助力竞争性村公资金拨付和使用制度、保洁费用返还等“以奖代交”政策的激励作用。同时，党组织也应积极推动针对院落自治和其他共治主体的专项“以奖代补”、奖励资金的设立，推动以群众参与度、环境整洁度等作为考核标准，通过一系列评比活动，建立起长效的奖励机制。另一方面，要加快完善规则体系，促进改革规范化。抓紧制定院落党小组活动制度和行为手册，对院落内党员作用的发挥、党员表现考评等做出详细的规定，充分发挥院落党小组和党员的牵引作用。在完善党组织的基础上，引导群众有序参与。通过加快建立社区自治章程、院规民约、小区公约、物业管理公约、入住公约等院落自治的规则体系，进一步完善社区自治章程、社区“小宪法”的约束作用、推进章程以及自治公约上墙，以此构建党组织领导下依法治理和依法自治的制度基础。

（二）党组织如何在群众参与治理中提升自身能力，并形成长效的牵引机制

抓好农村基层党组织建设，健全党组织领导下充满活力的乡村治理机制，是巩固和加强党在农村的执政基础、推进基层治理体系和治理能力现代化的重要内容。都江堰创新性开展的融入式党建工作，在构建服务型政党的基础上，将党组织融入自治、融入发展、融入服务，实现党组织的有效覆盖，将过去党组织命令式、动员式的治理方式，转变为党融入社会之中的参与式、引领式的治理方式，有效破解了党建工作难题，有效牵引了基层善治的实现。但党组织如何在群众参与治理中提升自身能力并形成长效机制，仍待进一步探索实践。党组织一旦缺乏能力就难以发挥牵引作用；而牵引一旦没有机制保障，也将陷入空转。为此，要加快制定党组织的监督约束机制，促进牵引机制常态化。具体而言，应探索科学合理的改革工作考核机制，对相关部门推进工作的情况实行绩效考核，及时通过现场会、经验交流会等形式进行交流、学习，形成良好改革氛围。同时，还

可推进“成功做法”机制化：各级党组织对各个社区的工作进行认真梳理，引导社区及时总结成功的经验、形成可行机制，确保成功做法的良好持续；建立“自下而上”的反馈机制，及时了解基层治理的困难，有针对性地给予指导。

（三）进一步理顺基层治理体系，推动基层治理资源的有机整合

都江堰以院落为单元的党引民治在全国具有一定的参考意义，但是还需要进一步理顺治理体系，构建体系完备的治理架构。首先，理顺“乡—村—院落”三级之间关系。纵向上构建镇（街）统筹、村（居）服务、院落（小区、片区）自治的三级治理体系和框架。其次，理顺“乡—村—组”三级之间关系。目前都江堰初步形成了社会自治和经济自治的双轨体系，以院落为基本单元进行社会自治，以村民小组为基本单元进行经济自治，如何实现双轨良性对接是进一步发展需要解决的问题。最后，理清“乡—村—院落”三级事务清单。抓紧明确乡镇、村居、院落的职责范围，形成清晰、完备的三级事务清单，尤其是明确院落的事务清单院落，保证院落作为自治单元的自治性。由此，现阶段以发育各种新型组织、催生各种治理形式为路径的增量发展，就可以在这一基础之上稳步推进。随着都江堰改革的不断深入，下一步要着力推动基层治理资源的有机整合，形成各种治理元素的无缝衔接和良性互动。比如建立社会组织发展专项资金，通过购买服务等方式社区和院落社会组织发展。鼓励和引导辖区企业、单位、社会团体通过各种方式支持基层治理。

个 案 篇

院落自治：探索村民自治的有效实现形式*

——基于都江堰市水月社区“美丽我家·美丽我院”行动的调查

水月社区位于都江堰市柳街镇东面，是一个完全由散居院子组成的在建新型农村社区，辖区内共有50个自然院子。长期以来，大量散居院子的存在使社区公共服务难以有效供给，村民自治难以有效开展，致使社区基础设施陈旧，环境卫生脏乱，村庄治理陷入困境。虽然社区和村民也进行了一些探索和努力，但是始终无法从根本上解决问题。2013年4月水月社区成为柳街散居院落环境整治的试点社区后，在柳街镇的指导下以王家院子为单位进行了自治探索。在镇党委政府的引导下，水月社区抓住试点契机，整合院子，以院落为单元成立院落委员会，以院落环境整治撬动自治进程，通过改建院落基础设施和制定院落规约吸引村民参与，同时还通过志愿服务与产业发展增强村民发展能力，从而有效破解了自治难参与、服务难供给、院落难发展的难题，成功创造出了散居院落自治和发展的新模式。同时也对村民自治的有效实现形式进行了有益探索。

一　自治缘起：现实需要与历史基础

水月社区是位于柳街镇东面的一个在建新型农村社区，面积约3平方公里，下辖13个村民小组，由50个自然院子组成，涉及农户757户，人口2311人。由于历史原因形成的大量散居院落成为川西平原农居的一大

* 作者：华中师范大学中国农村研究院杨明。

特点，这些散居院落大多由十几到几十户不等的农户相邻而居构成，院落间或是互相毗邻，或者相离甚远。这种特有的居住形态就为当前以行政村为单位开展的村民自治提出了挑战。特别是在近年来村民民主意识逐渐觉醒、利益趋向逐渐显现、公共服务需求明显增加的大背景下，原有行政导向的乡村治理模式已然不能够满足都江堰散居农村的发展需要。散居院落的治理和发展正在经受着巨大的考验，水月社区也不例外。

（一）现实困境：破解院落治理难题

随着都江堰旅游经济的发展，水月社区对外开放的程度逐渐增加，村民参与村庄管理、寻求发展的愿望逐渐明显。但是由于社区由近50个自然院子组成，需求不一，差异较大，村民难以实现有效的参与；政府单一主体的公共服务供给也难以满足村民的发展需要，从而引发了基层公共服务困境、村庄治理困境。

1. 村民发展难以实现

都江堰位于成都市上游，由于区位限制和生态保护的要求，都江堰的产业发展受到了一定的限制。位于都江堰市南端的柳街镇水月社区也不例外，水月社区距都江堰市区有一个多小时的车程，处于都江堰的边缘地区，相对较为闭塞；产业主要是以传统农业为主，地区经济发展明显滞后。“由于种种条件的限制，我们柳街镇的发展很难找到突破口，农民的生活很贫困。”柳街镇党委书记说道。村民长期以来主要依靠外出务工作为主要的收入来源。

近年来，随着旅游业的发展，成青快速旅游通道从水月社区穿行而过，为社区带来了发展机遇，一些农户开始利用川西林盘的独特优势发展园艺种植和花卉产业；还有一部分农户依托成青线发展餐饮业和生态农业。水月社区王家院子的王超就通过租种外出务工农户的土地发展了80亩的蔬菜种植基地，还有外来的投资者在王家院子入口处建起了农产品生态采摘园，水月社区获得了一定的发展。

但这仅仅是个别人的发展或富裕，绝大多数普通村民的生活水平和生活环境并没有得到根本的改善，外出打工依然是村民主要的收入来源，与其他院落一样，王家院子留在家里的主要都是老人和儿童。近年来，外出务工的村民过年、过节回家看到了社区基础设施和发展环境的改变，认为社区将凭借现有的资源获得巨大的发展，不少村民都想通过在外多年务工积累的经验和财富返乡创业，可是鉴于个人力量有限以及社区基础设施、环境卫生相对落后使得不少村民望而却步，“我们这地不能发展工业，现在只能发展旅游业，你弄个农家乐吧，公路两边到处都是，没有特点；想在村子里发展旅游吧，到处都是垃圾，随处都可以闻到恶臭，连我自己都不想待在这里，谁还会来呢！”一位村民向我们感叹说。用村民的自己的话来说，就是“守着个金山，只能看不能动”。“我们这个地方大多数人都种植苗木，那么脏的环境人家也不想来嘛，不管你发展什么产业你都要把村庄环境整好了。”王家院子的一位村民说道。村民虽跃跃欲试，但有限的个人条件和社区环境却使他们不得不继续外出务工。

2. 村庄治理困境重重

村民自治是实现村庄有效治理的重要途径。经济的发展和村民民主意识、权利观念的觉醒为水月社区传统的自治模式提出了挑战，村庄的治理已然难以适应现代发展的需要。具体而言主要体现在以下三个方面：

一方面，村庄规模过大，村民难以参与。水月社区目前的面积约3平方公里，下辖13个村民小组，涉及农户757户，人口2311人。面积过大、人口过多使村民直接行使自治权利的村民会议很难召开，特别是近年来大量人员外出务工，村民会议基本处于停滞状态，村民的权利更多的是由村民代表代为行使。但是，随着村民民主愿意和权利意识的增强，村民参与村庄公共事务的兴趣越来越高，原有的由村民代表代替其行使权利的方式显然不能够满足村民发展的需要，村民希望有更多的渠道可以参与到村庄的公共事务中。“村民的权利就是选人，但是仅仅选人是不行的，村民还应该参与到村庄公共事务的决策、监督和执行中。”都江堰市委组织的一位领导讲道。而传统的自治模式显然很难实现这一目标。

另一方面，社区干部有限，服务难以到位。水月社区现有社区干部5人，而且基本都身兼数职，平均每名社区干部要负责近460人，由于服务半径过大，村干部的精力有限，“我们常常是跑断腿，也堵不住老百姓的嘴”，一位社区干部说道。例如水月社区的调解委员会，由社区干部兼职组成，而且由于社区面积过大，院落情况各异，调解委员会成员不一定能够完全了解情况，所以经常出现调解委员会的调解工作做不到位，使得村庄“小事变大事”，村民间的矛盾纠纷不断，干群关系恶化，老百姓常常不领干部的“情”。此外，在目前的乡村管理体制中，社区干部还不得不承担着大量的行政事务，这就常常使社区干部“对上不对下”，更是无暇顾及社区自治事务。

此外，散居院落过多，需求难以协调。在水月社区13个村民小组中还包括了若干个自然院子。自然院子是在川西林盘的基础上形成的，村民以林盘为单位由几户到几十户不等的农户相顾而居，形成一个自然院落。水月社区共有这样的自然院子达50个之多，是一个典型的全部由散居院子组成的社区。各院落由于地理区位不一以及村民生活、发展需求各异，致使在院落自治的过程中很难有效协调，形成一致行动。“一个小组下面还包括几个自然院子，有些事这个院子同意，而另一院子反对，结果什么事都做不了。”王家院子周仕强说。

3. 政府服务难以为继

随着城镇化进程的不断加快和农村经济社会的不断发展，乡村社会对公共服务和公共管理的需求越来越大，需求的层次也越来越高，形式也更加多样，城乡基本公共服务均等化的任务变得极其紧迫。在新的形势下，面对农民多样化和多层次的需求，政府提供公共服务的目标与能力之间形成了较大的差距，尤其是对于像柳街镇这样欠发达乡镇而言，由于财力、资源、体制等各方面的限制，其公共服务的供给能力更为缺乏。就水月社区而言，大量的基础设施有待完善，环境卫生有待改善，村民的公共文化生活需求也在不断提高，面对这些迫切需要的公共服务，显然，依据柳街镇乃至都江堰目前的发展状况很难对其实现“包办”。传统完全由政府主导的单一公共服务模式已然不能够满足农村公共服务发展的需要。此外，随着水月社区的进一步开放和发展，村民寻求自我发展的动力越来越强烈，大量的村民外出务工，留守社区内的多是老弱病残幼，社区面临着产业结构难调、公益事业难办、矛盾纠纷难解、老人孩子难顾、自身权益难保、村风民风难改善等系列性与农民生活紧密相关的问题。这些基本问题的有效解决直接关系到农村社会的稳定。从这些问题的性质而言，仅仅依靠政府又是难以有效解决或是说解决不好的。政府创新公共服务的供给方式和体制迫在眉睫。

（二）直接动力：集居与散居的“新二元”

水月社区虽已在新型农村社区的建设过程中取得了很大的成绩，但是由于建设能力和社区本身条件的限制，社区院落卫生环境、基础设施并没有从根本上改变，村民的生产、生活环境并没有随着社区的建设而有所改变，村民改善基础设施的愿望极为迫切；而村民长期以来形成的“等、靠、要”的依赖思想又使村民将社区环境和基础设施的改善完全寄托于政府，致使政府寸步难行。然而，在统筹城乡发展的背景下，都江堰大力发展的农民集中居住区的基础设施和公共服务却在不断完善，集中居住区和散居农村基础设施和公共服务的“二元分化”逐渐形成，近距离的对比，使得散居院落村民不满情绪逐渐增加，都江堰各级政府改善散居院落环境的决心也逐渐显现。

首先，是环境的“脏、乱、差”与“洁、净、美”。水月社区地处川西平原，植被覆盖率高，毗邻青城山，整体生态保护较好；但是，由于传统习惯，村民将大量的生活垃圾全部堆积在附近林盘，“林盘里的垃圾都经历几代人了”，致使院落内一到夏天臭气熏天，污水横流。据社区干部介绍，与青城线宽敞的水泥路比起来，王家院子入口处以前的道路却是狭窄、不平整的，路过的游客被村庄的景色吸引了想停下来看看或者休息一下，也只能在路边看看，“以前路太窄、太烂，人家开车的都不敢进来!”，而且夏天作为旅游旺季，同时也是臭气最盛的时候，还未进到村里，茅厕、猪圈、林盘里垃圾的臭气就迎面扑来，使村庄原有的“魅力”消失殆尽。2012 年，有投资商依托青城线在王家院子旁建立农产品采摘园，但是由于路口狭窄游客车辆进出很不方便，在一定程度上限制了采摘园的发展。同时，由于进院路狭窄、崎岖不平以及院落糟糕的卫生状况，游客基本不会到院子里去，村民很少在其中受益。

更为糟糕的还是院子里面的环境。走在王家院子泥泞的道路上，一旁原本用于农田灌溉的水渠已经被淤泥和各种垃圾堵塞，农户直接排放到沟渠的污水，更是让人难以靠近，水渠也无法正常使用；道路另一边则是林盘里堆积如山的垃圾，塑料制品、农用地膜、一次性餐具等随处可见，而且在农户集中的自然院子周围更为严重，各种生产生活垃圾堆积成山，把院子包裹得严严实实。“各院落的林盘里垃圾成山，大家习惯性地把垃圾倒到林盘里，好几十年的习惯了，垃圾越来越多，一到夏天到处都能闻到臭味，饭都吃不下去”，王大爷回忆说。蚊蝇滋生，村民的生活环境受到严重挑战。此外，院落中各种乱搭乱建的现象也非常普遍，有些老旧房屋、柴棚破破烂烂，围墙东倒西歪，粪坑也时不时发出恶臭。每家每户门前的菜地或者花圃也比较杂乱，有些农户房前屋后还堆放了很多杂物或者家中废弃的物品，村民都有养鸡、养鸭的习惯，鸡舍和鸭舍的卫生也同样糟糕。这些不仅严重影响了村容村貌，还对村民的日常生活、身体健康造成了巨大的威胁。

而与“脏、乱、差”的散居院落环境形成鲜明对比的则是集中居住区的“洁、净、美”。2003 年都江堰被确定为成都市“统筹城乡经济社会发展，推进城乡一体化”五个试点区（市）县之一。之后不断进行统筹城乡的实践与探索，特别是在“5·12”地震之后，都江堰市将农村灾后重建与实施“统筹城乡经济社会发展，推进城乡一体化”紧密结合，通过“统规统建”和“统规自建”等方式，实现了农民集中居住区建设的快速推进。目前全市农民集中居住区达到 280 个，居住人口将近 20 万，占都江堰市农村人口总数的一半。集中居住区内，统一的规划，整齐的摆放，干净的环境，让村民近距离感受到了另一个不一样的农村。“村民认识到了农村原来可以有另一个样子”，柳街镇的一位干部说道。

其次，是基础设施的“旧烂少”与“新齐全”。柳街镇建设了 19 个农民集中居住区，农集区内小楼整齐划一，水、电、气、网实现了全通，道路整洁宽敞，还配备了统一的路灯；还在社区内新建了大量的公共卫生设施、公共文化娱乐设施，小区的公共设施建设和城市社区相差无几，甚至已经超过了城市社区。此外，各集中居住区也在不断地完善社会管理，村民自筹资金，自发成立了业主委员会、矛盾调解小组等组织，村民自我管理、自我服务能力大大提升。

而与集中居住区形成鲜明对比的则是大量的散居院落，都江堰市有 3020 个散居院落，涉及 69751 户农户，这些散居院落是由几户到十几户不等的农户在传统自然林盘的基础上形成的传统居住形式。水月社区就是由 50 个这样的自然院子组成。除了环境卫生的巨大差异，各自然院落在基础建设上也明显落后，村庄主干道凹凸不平，入户道路仍是泥泞不堪，用社区支部书记的话来说：“发展了这么多年，进去出来还是一身泥”；

水渠堵塞，农田灌溉设施损坏严重；公共娱乐文化设施更是缺乏。在不知不觉中，新的农村“二元结构”逐渐形成，散居院落与农集区形成了鲜明的对比，村民认为政府不公平，“都是农民，凭什么给他们修得那么好，就不管我们呢?”“政府就知道做面子工程”。村民的不满情绪逐渐增加。不只是农民，上级政府在柳街镇视察时也注意到了这个问题。“一位领导在农集区视察时，就问我，敢不敢把散居院落也拿出来看看，我的脸一下就红了”，柳街镇原党委书记高尚回忆说。在着力解决城乡二元结构之际，乡村内部新的“二元结构”却逐渐形成，社区内部、农民与政府间各种矛盾开始逐渐显现。散居院落的治理与发展迫在眉睫。

（三）历史基础：互助和谐的院落文化

社区和散居院落在建设和发展过程中虽然面临着许多困难和问题，但是其本身却蕴含着推动治理发展的积极因素，对这些因素的挖掘和利用为水月社区探索破解治理难题奠定了重要的基础。

水月社区的自然院子是农户以林盘为基础相聚而形成的，因此当地人又称自然院子为林盘，是川西平原农村特有的居住形态。川西林盘是指成都平原及丘陵地区农家院落和周边高大乔木、竹林、河流及外围耕地等自然环境经过长期的有机融合形成的农村居住形态。这种历史形成的集生产、生活和景观于一体的农村居住环境形态在成都平原通常被大家称为“川西林盘”。由于成都平原无山丘挡风，农家常采用“一”字形、L形住宅，一般是各户独门独院，20—30户组成一个大林盘，3—5户组成一个小林盘，周围有高大乔木和竹类围合以避风。一位老人自豪地说，“这是从蜀汉时期就传承下来的习惯，房前屋后有一片林子，有一个休闲的地方，大家在一起摆摆龙门阵，是我们川西林盘的特点，也是川西民居的精神所在，平时出门都可以不用锁门。”王家院子就是一个由30户农户构成的一个大林盘，虽被称为王家院子，但是院子内各种姓氏都有，王姓只是少数。“王家院子并不是说那个院子的都姓王，只是一个称谓，是祖辈在生活中形成的习惯性称谓，没有特定的含义，我们社区还有一个王家院子。”老大爷解释说。

自然院子是川西农民在长期的生产、生活及相互交往中自然形成的一种单元。传统的农业生产方式，使院落村民在生产中共同抵御自然灾害，相互协作；毗邻而居又使院落村民在生活中相互扶持。经过长期的历史积淀和几代人的沿革，院落村民间逐渐形成了一些约定俗成的传统习惯和文化，例如，村民间相互扶持、尊老爱幼、互助互惠等。王家院子一位30岁左右的村民感慨地说："我就是在这个院子长大的，那个时候这个家吃顿饭，那个家住一晚，根本就没有分得那么清，不是亲戚，可比亲戚还亲。"每到农忙时节，院子里的每家每户也会相互帮助，今天大家一起帮这家，明天一起帮那家，院子里的村民相处得十分融洽，"就是有个矛盾，院子里的人喊到一起，坐一下，话说开了，就没事了"，王家院子的一位老人说道。独特的自然条件和村民的相互融合，形成了独具特色的自然院子，这种自然单元内部存在经过长期的发展已经形成了一定的相互约束和管理机制；对其进行进一步的挖掘，对探索形成村民自治的有效实现单元具有重要意义。

（四）外力推动：院落整治水月试点

散居院落农村作为柳街镇的主要农村形态，其治理和发展的有效性直接决定了整个柳街镇的发展。探索散居院落农村的新的治理模式，成为推动基层治理发展的重要途径。从2012年12月开始，柳街镇党委政府经过广泛的调研并在建设"美丽繁荣和谐四川"的主体教育活动启发下，决定以散居院落环境整治为切入点，撬动基层治理的发展。

"以院落整治为切入是经过广泛调研的。首先，散居院落和集中居住区的强烈对比，使村民近距离感受到了差异，改善院落环境成为村民的迫切需求；其次，院落环境卫生已经严重影响了村民的生产、生活，涉及面广，与村民有直接的利害关系；此外，从整个都江堰旅游经济发展战略来说，通过院落环境的整治可以为村民营造一个好的发展环境。"柳街镇原党委书记解释道。

2013年4月柳街镇党委政府开始了院落环境整治的试点工作。水月社区成为院落环境整治的试点社区之一。紧接着，水月社区在镇党委政府的指导下选择了王家院子作为院落整治的试点院落，开展院落环境整治。选择王家院子作为试点院落的原因主要是考虑到两方面的原因，一方面是王家院子的院落卫生环境最为糟糕，从最难的入手，对于其他各院落更有示范作用；另一方面，也考虑到了王家院子的实际情况。王家院子靠近成青线，村民的发展愿望更为强烈，群众动员工作相对较为容易。但是，作为试点社区到底该怎样开展工作呢？社区干部也陷入了迷茫。

不只是社区干部，柳街镇党委政府也不知如何具体的开展工作，只能在各试点社区进行逐步的探索，通过探索来总结经验。据原柳街镇党委书记高尚讲，“我们当时也还没有形成具体的方案，只能通过逐步的探索，在探索中进行总结；但是，有两点我们当时是统一了的，一是散居院落的环境必须要整治；二是全域的散居院落环境整治这么庞大的一个工作，仅仅依靠政府和社区干部是不可能完成了，最根本的还是要发动群众，这就是我们的总思路。”为了增强各社区开展院落环境整治的信心，同时动员广大群众能够参与到院落整治中，2013 年 4 月 20 日，在柳街镇召开了由村民代表、党员代表、小组长、社区干部等近千人参加的院落整治动员大会，公布了院落整治的基本方案和时间节点，计划用两年的时间逐步完成这一浩大的工程。水月社区的试点工作正式拉开帷幕。

二　自治开展:院落自治的探索过程

试点工作展开之初即遭受到了巨大的阻力。全域的院落环境整治和有限的经费给社区干部造成了巨大的压力，使社区干部陷入前所未有的迷茫；同时，在传统认识的影响之下，村民对政府推动的这一整治活动信任度并不高，村民并没有如预期一样参与到整个整治活动中。面对这一困境，柳街镇党委政府主动转变工作方式，深入到院落、农户家中听取群众意见，解决群众困难，宣传院落整治意义，使整治工作逐渐获得了村民的支持和认可，经过逐渐的探索，院落环境整治渐入佳期。

（一）举步维艰的迷茫期

由于水月社区是院落整治的试点村，并无先例可循，所以院落整治工作的开展基本上没有经验可以借鉴，只能在实践中不断地摸索。用柳街镇原党委书记的话来说，“我们也只能摸着石头过河，因为这个工程实在太大了”。水月社区很多干部在回忆刚听到镇政府提出散居院落整治时，认为和过去政府开展的其他工作一样，都是政府在搞“形象工程”，没必要太认真，搞几个试点出来就可以过关了。据政府相关工作人员讲，在以前的工作中，为了提高工作效率，政府采用行政命令强制推行的确实较多，而且很多工作并没有深入，由于很多工作没有体现民意，可以说在开展工作时基本上是“硬碰硬”，很多工作非常难开展，最后推不动了，就只能“不了了之”。而这一次要求推进散居院落的全域整治，对柳街镇和水月社区来说都是一个不小的工程，尽管水月社区的干部经常听柳街镇原党委书记高尚讲要发动群众，可是对习惯了传统工作思路的社区干部来说，真正听进去这句话并把它转化为现实的工作方法还需要一段时间。除了干部迷茫外，要想让广大村民参与到这项工作也并非易事，用社区干部的话来说，就是“吼不得、骂不得”，不能够强制村民参加。因此，村民一开始对整治工作的不理解、不信任和不妥协给整治工作带来了很大的困难。而政府领导干部和村干部也在推动工作中“边做边摸索”，在试点工作的开展中确实遇到了很多困难。

1. 开门遇阻：“干部要经费”

镇政府的举动让水月社区的干部认识到此次的院落整治工作好像和以前政府其他工作不一样了，但到底该怎么办，社区干部也很迷茫，“说实话我们也想把院落环境弄好，也看出了政府这次是动真格的了，可是我们到底该怎么做呢，大家心里都没谱，我们两委干部开会讨论了很久也没结果！”经历了整个院落整治过程的水月社区妇女主任回忆说。无奈之下，水月社区只能跟着镇党委政府的思路走，先选取一个院子做做看，既能摸索工作方法，也能让其他群众看到效果，经过社区两委多次讨论，决定在水月社区的王家院子先开展试点工作。王家院子是11组的一个自然院子，这个11组由两个院子组成，一个是尧家山院子，一个则是王家院子。整个王家院子共有30户农户，共计99人，其中有党员3人。为什么选王家院子作为试点，据社区干部讲，“主要是考虑到当时王家院子的林盘环境是最差的，但是由于其靠近成青线，村民的发展愿望较为强烈，动员群众可能会相对容易，如果做成功了，也更有示范效应。”

即使是在社区干部眼中认为工作相对好做的院子，社区干部也没有马上展开相关的工作，在他们看来，“现在的农村工作跟以前不一样了，不好做，不给农民一点钱，农民是不会动的。”其他社区干部也普遍表示没有经费很难开展工作，水月社区党支部书记回忆说，“当时干部的情绪很大，没钱怎么开展工作呢，不可能让我们自己去干吧，就连我自己当时都很有情绪。”镇村干部这种传统工作思路，更使院落整治工作雪上加霜。高尚书记回忆说：“还有社区干部直接跑到了我的办公室跟我算账，说要整治好院落至少要花 10 年的时间，要花费上千万。”她没有想到院落整治的第一步遇到的最大阻力是社区干部。“这位干部说的也确实是实际情况，但是我上哪儿去弄那么多钱呢？而且群众也不能再等那么长的时间了。”部分社区干部认为此次行动是镇上为了迎接检查而“作秀”，一开始就对院落整治工作非常反感，认为增加了村组的负担，不但不带头参与整治，还到处宣传镇、村是在“走过场”、搞形式。院落整治工作开门即遇阻。

2. 开展工作：“摸着石头过河”

为了消除部分政府和社区干部“看一看、等一等，没钱就没法开展工作”的状态，镇党委政府成立了专门的农户散居院落的整治工作领导小组，由镇党委书记高尚任组长，党委副书记、镇长陈建军任常务副组长，人大主席、纪委书记、副镇长等任副组长，统筹协调散居院落整治工作，并指导社区干部改变工作方式，做好群众工作，包片负责水月社区的镇政府领导为时任党委副书记、纪委书记的唐彬。在镇党委政府的推动下，水月社区也随即成立了由社区支部书记担任组长、村主任为副组长，村两委成员组成的院落整治领导小组，以此来增强社区干部开展此项工作的信心，凝聚各项资源推动院落整治行动。

同时，为了转变干部传统工作思路和方法，更好地发动群众，让群众参与到院落整治工作中，镇政府还组织专门的讲座和经验分享会，让广大镇村干部重新学习群众工作方法；同时，镇政府干部、社区和小组长深入到小组、院落中去宣传院落整治的意义，动员群众参与，让院落整治变成一场群众广泛参与的活动。这样就形成了“镇—村—组”三级院落整治领导和宣传体系，准备在水月社区王家院子开展深入的宣传动员工作。

但是由于长期的工作定式、思维习惯，对于怎样让群众参与进来，大部分的领导干部也是一时半会“摸不着头脑”，对于怎么突出“群众主体”的理念，怎么发动群众，怎么进行整治，也是在不断学习和更新观念中“一步一脚印”地探索。一位当时负责整治工作的干部提起当时刚接触到整治工作时候的情形，说道：“其实当时我们也是很迷茫的，因为这和以往很多工作方法都不一样，我们要开展整治工作，但是又不能强制群众搞整治，当时大家都是‘摸着石头过河’，边做边思考。”

在统一了各级干部的认识后，4 月 25 日由镇领导带头到水月社区王家院子召开群众会议，按照镇党委政府的要求，群众的参与率必须达到 95% 以上，但是开会的情况却给镇领导和水月社区的干部泼了一盆冷水。会议在水月社区王家院子的林盘召开，11 组小组长提前两天就在王家院子公布了开会的时间和地点，但是开会时实际到会人数却寥寥无几，社区党支部书记回忆说：“当时开会除了孩子之外，实际到会的可能不到 20 人，有很多家庭都没来人。”

3. 村民嘲讽：“又有领导来检查了?”

面对院落整治的工作压力和群众不参与的尴尬，社区干部很无奈，既不能强制要求村民参加，也不能花钱仅仅搞个表面工作，社区干部决定采取党员干部带头干的方式，希望通过党员干部带头干的方式起到带头作用，以此来感化广大村民。在社区党支部的带领下，社区干部、巡逻队员、小组长和党员走出办公室，下到院子，帮农户打扫房前屋后的卫生。即使是这样，很多村民也还是不为所动，“当时村民们远远见到领导干部过来，就赶紧把门关上，生怕我们找到他们，用‘门难进、脸难看、话难听’形容一点都不为过，当时我们工作的开展相当困难”，村民对整治工作有太多的不理解，一直在观望。

“我们社区当时为什么要组织干部去帮农户整理院落呢?”

“这也是没有办法的办法，一是上级政府有明确的要求，任务重，压力大；二是群众不参与，我们也没办法，我们希望通过干部的以身作则来带动群众，感化群众，让群众主动参与进来。”

“那我们的社区干部们就没有意见吗?”

“有呀，意见很大；大家都说凭什么要去帮别人整理院子，又不会多一份工资，有一次我们的一位干部还和书记吵起来了，主要原因是这位同志认为我们这样长期帮群众打扫卫生也不是办法，其实很多党员干部都有这样的想法，但是看到主任、书记都在带头整也就不好说什么。”

“我妈经常骂我说，当个主任正事不干，天天跑去给人家打扫院子……”

可是，社区干部的行动不仅没有感染群众，而且让群众认为这又是政府在做“形象”工程，成为村民茶余饭后的笑柄。政府和社区干部长期以来的工作方式，已经让群众对政府和社区失去了信心，在他们看来，这又是政府搞的一次“形象工程”、“面子工作”，根本不会解决老百姓的实际问题和需要。一位镇干部回忆说，“当时，我在院子里帮群众打扫卫生，一位老大爷就走过来问，是不是又有什么领导来检查呀，这么勤快，然后就笑着走了，我当时心里真的很不好受。”可见，并不是群众不理解，而是政府和社区的工作没有做到老百姓的心里。

（二）院落整治渐入佳境

村民的不理解使院落整治很难进一步展开，原有动员群众的方式也未得到群众的响应。通过了解社区试点情况，镇政府决定从转变政府工作方式入手，变群众找干部为干部找群众，通过“坝坝会”的形式深入到院落、农户家中听取群众意见，解决群众问题，以此改善政府形象，动员群众参与院落整治。在镇政府和社区的共同努力下，王家院子的院落整治也渐渐步入佳境。

1. 找到启动点：“坝坝会”听群众说

社区的试点情况反馈到了镇政府，经过镇党委政府的讨论认为，出现这种情况的根源不在群众，而在于政府和干部本身，是干部距离群众太远了，群众有话没处说，政府在群众中的公信力不足造成的。为了打破这种僵局，镇党委政府研究决定改变政府传统的工作方式，让干部到群众中去，听群众说，帮群众解决实际问题。柳街镇党委政府将这项工作与正在开展的践行群众路线相结合，在原有的院落整治领导小组的基础上，继续强化“一把手”带头，班子成员包片、驻村干部包村、机关干部包组和村组干部包组到户的网格化工作机制，积极组织机关干部走村庄、进农户，广泛倾听群众的意见和建议。在这样的工作思路指导下，5月初柳街镇党委政府在水月社区开始开展“走院子”活动，干部们利用傍晚农民闲暇时间走到院子里，走到农户家里，与群众拉家常、话乡情，听取和收集群众的意见，了解群众心里的想法。在走访的过程中，王家院子有很多群众直言，“我们现在要的是发展，而不是打扫卫生，卫生打扫干净了又不能吃饭，”还有一些群众说，“你们政府能不能干点实事，净搞这些面子工程”。在走院子的过程中，也有一些群众将生产生活中遭遇到的困难和问题通过这样的机会向镇政府的领导反映，原本是院落整治的动员会活生生地成了群众的“诉苦会”。

面对这样的情况，高尚书记表示，“群众给你说，说明群众还信任你，最可怕的是群众什么都不说，那就完了。”经过镇党委政府研究决定，通过领导走院子建立“问题台账”，将在走院子中遇到的问题，镇领导和村组干部现场能够解决的就现场解决，不能现场解决的，给定解决时间，在规定的时间内完成，需要相关部门协调解决的，进行汇总由各部门协调解决。同时，通过这种形式的沟通，让群众明白院落整治的重要意义，让群众明白这是自己的事而不完全是政府的事。政村干部听取群众的意见，帮群众解决问题，干部们的宣传动员老百姓也就能听得进去了。“美丽我家·美丽我院”也就是在“走院子”的过程中由群众自己提出来的。2013 年 5 月，高尚在水月社区“走院子”的过程中和群众讨论院落整治的问题，王家院子的一位老大爷就提出，“美丽四川”太遥远了，和群众关系不大，不如叫“美丽我院”，让群众感受更亲近一些。随即，“美丽我家·美丽我院”就成为凝聚村民共识和热情的重要构想。2013 年水月社区院落整治期间通过“走院子”的方式，共收集群众意见和问题达 200 多条，帮助群众解决实际困难近 100 件。“有很多干部把袜子都走穿了”，高书记回忆说。除了小组开会之外，“高书记当时还专门一个一个院落的转，开‘坝坝会’，收集群众的意见和想法，动员大家积极参与环境整治”，一位村民说道。2013 年院落整治期间王家院子共召开“坝坝会”10 多次，收集意见和问题 20 多条。

2. 做示范：“先让其他农户看看效果”

被周围村民亲切称为“二姐”的劲书君，今年已有 56 岁，院落整治之前是社区的保洁员。劲书君在听说要开展院落整治后，主动向社区院落整治领导小组申请先整治自家的林盘和房前屋后。社区随即组织干部、巡逻队员和党员到劲书君家帮助其清理林盘里的垃圾，自己老两口也放下手上的农活参与到了整治工作中，“我也没想到我们家林盘的垃圾有那么多，我自己用拖拉机拉了好几车，社区的拖拉机也拉了好几次，社区的干部们这次真的是辛苦了。”看到社区干部的辛苦，周围的一些群众也开始过来帮忙，在大家共同的努力下，劲书君家的林盘和房前屋后的整理一天就完成了，“在休息的时候，二姐还给我们买来了花生瓜子，大家在一起干得热火朝天的。”一位社区干部回忆说。

今年 57 岁的任大婶，因为帮儿子在都江堰带孩子，已经四五年不在家了，平时也只是周末回来，在社区干部通知了他要开展院落环境整治之后，她和老伴专门从城里赶回来，清理自己门前林盘的垃圾，并无偿贡献出自己林盘里的池塘来填埋清理出来的垃圾，在社区人员和邻居的协助之下，两天就把林盘清理出来了。"一到夏天，这林子里到处都是蚊子，林子距离房子又近，晚上在外面坐一下都不行，以前也想过打扫，大家都挨的近，我一家打扫了也没用呀，现在好了，政府和社区出面搞整治了，这个机会难得，迟早都要弄，我们就先弄出来了。"任大婶说道。在林盘清理出来之后，任大婶还把自己屋里养的花草搬到了院子里，把屋前屋后都整理了一遍，她还骄傲地引我们看了他们大门前画的画，"这就是我老伴当时自己画的，林盘打扫干净了，周末回来在外面坐坐都舒服多了，比在城里的小区好多了。"

此外，还有一些党员干部家庭也开始干起来了，大家相互帮助，今天你帮我家干，明天我帮你家干。在大家的共同努力下，王家院子已经有近10户的村民将自己的林盘打扫了出来，这些农户不仅清扫了林盘垃圾还将自己房前屋后都好好收拾了一遍，"以前养在自己院子里的兰花也搬出来摆上了，那些花花草草往屋前一摆，看着都舒服多了"，水月社区11组的组长姚义红自豪地说。这些农户打扫出来后，王家院子的其他农户看到了切实的效果，也都开始行动起来了，院落整治也慢慢地成为王家院子的共识。在社区的组织下，王家院子30多户村民，每家派出一名代表，参加林盘的垃圾清理工作，大家集体劳动，今天帮这家，明天帮那家，"小范围的大家自己清理还是可以的，但是一旦全部展开就不行了，林盘的垃圾实在是太多了，积了好几代了，还有一些公共林盘也需要清扫，大家集中起来力量大，干活也快，我们社区还可以租车来专门拉垃圾。"社区支部书记说。

"大家都在打扫，谁要是不打扫的话，走在路上人家都会戳你的脊梁骨。"

"我从来没想过我家林盘居然有这么多垃圾，原来我们一直生活在垃圾堆里呀。"

"就连旁边一位90多岁的老人家都来跟大家一起劳动了，还有一位不能走路的残疾人，他说他也要为院子里做点事。"

就这样，王家院子林盘垃圾的清理到五月中旬就完成了，原计划两三个月的工作，用了四五天就完成了。“我们都觉得很震惊，只要依靠群众就没有办不成的事。”唐镇长感慨地说。

3. 主动要求：“打扫出来确实漂亮些”

王家院子不到一周时间就把林盘里的垃圾清理完毕了，这个速度让镇干部和社区干部都非常吃惊，这也使他们开展院落整治工作的信心更足了！就连王家院子原来反对声音最大的一位王姓村民也都参与了进来，“我不是不支持，而是我觉得打扫卫生有什么意义呢，还不如组织村民把路修一下，把沟掏一下，那我绝对是最积极的。”在周围的村民看来，这位王大叔在院子里也并不是不明事理的人，用村民的话来说，“这次他就是一根筋”。在这种观念的影响下，这位王大叔一直不参与院子里的垃圾清理，“更可气的是，他还不让别人去清理。”在5月中旬，王家院子的林盘垃圾清理整体基本完成，这时王大叔房前屋后的林盘就显得十分的“格格不入”，村民对他的议论和劝说也就多了起来，另一方面，王大叔自己也看到了林盘里的垃圾被清理出来后，房前屋后的环境确实好得多了，“说句实话，这个林盘整理出来确实是好事，我活了这么久也从来没有看见过院子里的林盘这么干净，我们家不打扫确实也说不过去。”就这样，王大叔开始清扫自家林盘里的垃圾，周围的邻居看到也就都过来帮忙了，至此王家院子林盘清扫全部完成。

王家院子打扫林盘的事很快传遍了整个社区，有很多院子里的村民还专门跑到王家院子里来看，看到底效果怎么样，有不少村民表示，“打扫出来确实要干净一些、好看一些。”这样的声音在水月社区其他院子里越来越多；同时，为了宣传王家院子，让社区其他院子的村民看到效果，社区在召集村民各种会议时，都有意将会议地点移到了王家院子的林盘里。“我们主要是想让大家都感受一下，你嘴说烂了，不如他自己亲身体会一下。”社区支部书记说道。参会的村民普遍表示，“林盘清理出来，我们的生活环境确实要好一些。”就这样，向社区要求进行院落整治的村民越来越多，“到了后期，其实已经不是干部在动员村民了，而是村民在催着干部了”，柳街镇的高书记说道。

镇政府和水月社区决定顺势而为，随即就将院落整治工作推广到全社区，而王家院子则继续作为整治试点，将院落整治工作向前推进。同时，在镇政府的指导下，水月社区院落整治领导小组还制定了全域院落整治方案，以保证院落整治由此推进。到此，水月社区的院落整治工作就探索出一条清晰的路径，即“试点先行，全域推进”，从而为整个社区的院落整治积累经验。

4. 村民疑虑：“打扫干净了，能管几天呢?”

王家院子在组织村民集体完成林盘垃圾清理之后，就把林盘交还给农户自己，由农户自己去维护。在农户情绪高涨之际，农户房前屋后、自家小院子里的卫生整治也就随即展开，这一部分的工作就主要依靠农户自己完成。这一部分的主要整治内容包括，房前屋后的卫生打扫、沟渠清理、柴草的堆放、乱搭乱建、粪坑的处理等。水月社区从村民生活的实际状况出发，认为院落整治并不是要大拆大建，而是应该方便村民生活，只有这样村民才会支持。因此，在这个阶段的整治中，主要讲究的是“整齐、干净”，村民的柴草堆放整齐，猪圈的粪坑要加盖，乱搭乱建要有序。

在前一阶段的林盘垃圾清理的基础上，村民的热情已经被调动了起来，干群关系得到了缓和，这一阶段的工作相对就要容易许多。但是，在整治的过程中，还是有一部分村民出现了“拖拉”的现象，有部分村民在“坝坝会”上答应得很好，说回去马上就弄，可是回到家中始终不见动静，社区干部找到他，村民就笑嘻嘻地说，马上就弄，“那几天真的是哭笑不得，最后村民看到我们就说，好好马上就弄。”在这样的情况下，社区决定通过党员干部包片、保护负责的方式监督村民打扫院落卫生，每天早上到村民院子里去督促、提醒村民打扫卫生，“我们每天早上起来的第一件事，就是到各家院子去转转，走了几天过后，我们到村民院子里，还没有说话，他就知道我们要说什么了”，党员王超说道。“对于那些始终不动的群众，我们的党员干部就跑到他家的院子里帮他打扫，这个和之前的不一样呀，自己的门口的卫生都不打扫，让别人帮你扫，谁看得过去呢，他自己就来打扫了!”社区支部书记回忆道。就这样，在党员干部的“软磨硬泡”之下，村民的院落卫生得到了明显的改善，但这时另一个问题又被提出来了，党员干部也有自己的工作，不可能长时间到村民的院子里去监督，村民没有形成习惯，如果一放松是不是又要回到“解放前呢”? 不少村民也表示，“这样打扫出来当然好了，可是我们这是农村，又能保持多久呢?”

如果不找到新的方法形成长效机制，院落整治又要变为原来“一阵风”的运动，整个院落整治工作又要前功尽弃。柳街镇高书记说：“我们原来计划的是走一步看一步，慢慢地探索，可是没想到整个工作推进得这么快。”探索院落整治的下一步工作方法迫在眉睫。

三 自治落地:院落自治渐形成

“美丽我家·美丽我院”其重点在“我”，主要是突出群众的主体地位，让群众认识到院落环境卫生是自己的事，让群众参与到行动中来。本着便于群众参与和便于服务群众的原则，在镇党委政府的指导下，水月社区在院落环境整治过程中就更好地发挥了群众主体作用，突出农村党员先锋作用进行了探索，“美丽我家·美丽我院”院落环境整治行动上升到了一个崭新的阶段。

（一）院落整治进入高潮期

水月社区发动群众的历程给了柳街镇政府很大的启发，柳街镇党委政府认识到院落环境整治不应该仅仅是改善社区卫生状况，而是可以通过这一行动来改善干群关系，重塑基层政府形象，以此来推动基层社会治理发展。而要实现这一目标，最主要的就是要突出“群众主体”，改变基层“一片死气沉沉”的局面，要让群众自己动起来，真正实现群众的自我管理、自我服务。

1. 整合党员，组建院落党小组

由于特殊的自然条件和传统习惯，社区内自然院落都相对较小，一个小组平均也就40户农户左右，各小组人数相对较少；因此，分散在各小组的党员人数就更少。在以前的村庄党组织建设过程中，基本都是相互分离的小组联合组建党小组，由于党员和群众不在同一个小组，党员很难在群众中发挥作用，很多党员实际处于分散状态。“上面管不着，下面管不到”成为党员的真实写照。“我们一年难得过一次组织生活，平时开一些会也是党员代表，慢慢地就发现我们党员和普通群众没什么区别，作为党员，我们有时候也想干点事，可是没有人组织。”一位社区老党员坦言。为了充分发挥各院落党员的模范引领以及服务作用，镇党委决定在大院落的基础上成立党小组，“以前各小组人数少，部分小组不具备成立党小组的条件；现在经过整合，各院落基本都可以成立自己的院落党小组，这样就可以把院落的党员更好地组织起来服务群众，同时也加强了基层党组织建设”。高尚书记说道。水月社区在镇党委和社区支部的指导之下，在各院落成立了自己的党小组，共计 7 个党小组。经过整合之后建立的党小组和所服务的群众同属一个院落，使群众能够找到党员，也能够“看到”党员；党员也能够更好地服务群众，增强自身的归属感。

2. 拆小院并大院，成立院落委员会

川西林盘是都江堰农村特有的居住形式，村民以几户到十几户不等形成一个自然林盘（自然院落），每个行政村下辖若干院落，这就明显增加了以行政村为单位开展自治的难度，由此出现了以下两个方面的问题：一是“量大”，相互难协调。仅水月社区就散落着 50 个自然院落，靠近成青线的想发展产业，较远的想修路，群众的生活需求、发展需求存在较大差异。所以每当召开村民代表大会、村议事会，成员各想各的，会议无效率。二是“形小”，规模难形成。都江堰的自然院子，最小的只有几户，最大的也只有十几户。各院子对待公共事务态度不一，致使公共事务难以规模推进。从 2009 年开始，在成都和都江堰两级财政的共同支持下，都江堰的农村每年都可获得 40 万元以上的村公资金支持，用于村庄公共事务建设，“我们也是想通过这样的资金注入，来激活农村的活力，让村民有事可议，有事能议”，都江堰市委组织部任部长介绍道。但是，由于各院落较为分散，人数较多，很难形成统一的意见，“40 多万，说少也不少，说多也不多，分到各个院子里就什么事也干不成了；如果你先给这个院子修吧，那个院子又不舒服，我们又不可能兼顾，没那么多钱”，社区书记说道。水月社区每年 40 多万的村公资金分摊到 50 个院子，每个院子连 1 万都不到，很难开展服务活动。

面对这样的长期困境和推进院落整治、改善各院子基础设施的实际需要，柳街镇政府在广泛调研和前期经验总结的基础上，认为传统的自然院子已然不适合当前村庄发展的需要，而现有的行政村的规模过大，村民意见很难有效协调。由此，柳街镇政府计划在现有的“小组”的行政建制之上，引导各院子里的村民根据地域相近、生活相依、规模适度的原则，从村民的意愿出发进行重新组合，成立大院落。水月社区在镇政府的指导下，按照 50—100 户的规模，根据各院实际情况，成立大院落；王家院子所在的11组和邻近的8组规模较小，距离也较近，据社区的老人讲，这两个小组在公社的时候本来就是一个生产队，后来收提留的时候不好收，干部负担太重才分开的。于是8组和11组共计4个自然院子就相互组合，成立大院落；合并后的院落共计108户，365人。并在社区的指导下，召开院落村民大会，选举产生了由4人组成的院落管理委员会，由院落委员会来负责院落日常事务的管理和服务；院落委员会成员全部为义务服务，没有任何的补贴和工资，管委会成员王发强说："院落的事情也不多，给大家服务下也是应该的，我们要是拿补贴不是和村干部一样了吗。"水月社区经过整合，由原来的13个组50个自然院子变为了7个大的院落。

"成立大院落，还可以通过先进院子带动后进院子，大家相互有个竞争。""我们社区原来有13个小组，在院落整治开展中根据距离远近，按照100户左右的规模将原来的小组进行了合并，我们社区基本是两个小组一个院落"，主任助理说道。进行院落整合的原因是，"社区的院子太多了，有十几个的、二十几个的，管理不太方便，经过整合我们现在有7个大院落，工作开展起来就方便些。""林盘里的垃圾太多了，你几个人根本搞不过来，经过整合人就多了，大家相互帮助。"小组组长说。"在前期的院落整治过程中，我们就发现了，其实相邻的几个院子现在很难分开了，如果按照传统的格局，这个院子把路修好了，而旁边的院子就是不动，修了也是白修"，社区支部书记说道。

3. 投工投劳，群众自建院落

在"走院落"的过程中，路烂、沟渠破是群众反映强烈、集中突出的问题。尽快改善院落的基础设施成为群众最关心，也成为院落整治必须解决的问题。村民传统的思想总是寄希望通过政府来改善院落的基础设施，可是散居院落太多，政府自身能力又十分有限，集中居住区的建设模式根本无法使用到散居院落。在镇党委政府看来，要从根本上解决这一问题，最为主要的还是要发动群众。通过前期的院落环境整治，院落村民的热情已被充分调动，纷纷要求改善基础设施，但社区的40多万的村公资金根本无法同时满足所有院落的需求。正在镇政府和社区干部愁眉苦展之际，王家大院（8组和11组整合之后成为王家大院）的院落委员会召开村民大会讨论怎样改善院落的基础设施，管委会副主任周仕强直接告诉了大家，"现在村公资金明显不够用，最多只能买个材料。"没想到，这句话引起了院落村民的注意，“当时下面就有村民说，那就只买材料了，我们自己来弄。”周主任回忆说。王家大院随即把村民的这种想法反映到了社区，社区通过召开村民议事会，议事会成员纷纷表示这种方法可行，“既节约了钱，又调动了村民参与的积极性，大家自己修的，都要爱护一下”，社区支部书记说道。

在社区的组织下，社区只提供建设材料，由村民来进行自我修建，村民将这种方式称为“人工剥离”。社区根据改建计划，计算院子改建需要材料的费用，并由社区使用村公资金统一购买材料，各院落委员会组织村民进行自我修建。在王家院子的道路改建中，院落的公共道路由院落村民每家出 1 个劳动力进行投工投劳，而入户道路则由各农户自行负责，院落只提供标准材料，各农户可以根据自己的实际需要拓宽道路，但其费用只能自筹。王家院子院落委员会主任尧红义说：“村民的积极性很高，这么多年的泥巴路终于可以改变了。”通过这种“小资金”撬动民生“大项目”的方式，水月社区建成了 5.5 公里水泥道路，3 座桥梁，3.5 公里猕猴桃园区道路，新修沟渠 3000 余米。

（二）院落整治升级发展

院落组织的建立为院落群众的参与提供了平台，但是仅仅有平台是不够的，还得为院落村民的参与“立规矩”。在院落群众的自主参与下，院落建立了日常经费自筹制度，院规民约等自我约束制度，使群众的日常行为规范有章可循、有据可依。此外，通过开展多种活动让群众唱主角、得实惠，使社区形成了互帮互助、邻里和谐的文明新风尚，实现了院落整治的升级发展，增加了基层治理效度。

1. 自筹经费，维持常态运行

2013 年 9 月，经过 4 个多月的院落整治，水月社区的院落整治基本完成，基础设施也有了很大的改善。院落的泥路变成了水泥路，各院落还在林盘里修建了自己的活动广场，生活更加舒适惬意。一位坐在林盘里乘凉的老大爷自豪地说：“我从来没有想到，自己的林盘会这么漂亮。”但是，怎样有效地维护这一舒适、惬意的环境就成了一个大问题。水月社区一开始主要是业主委员会成员和党员到村民院子中去提醒村民打扫卫生，“我们每天早上起来的第一件事就是到各家的院子里去转转，提醒大家打扫卫生；后来每天大家看到我们去了，不用说话，大家就自己打扫了”，王家院子院落管理委员会主任周仕强说道。但是，这种方式毕竟不是长久之计，随着时间的推移，村民的依赖思想又会复燃。为了更好地调动村民参与到院落的管理中来，推进院落决策的民主化，强化村民自我管理、自我服务和自我监督的自治意识，使村民真正成为院落的主人。在镇党委政府的指导下，建议院落管理委员会向住户收取一定的费用，希望以此来让村民认识到院落卫生是自己的事；同时，也可以通过这一方式让村民之间相互监督，形成大家的环境大家维护的氛围。

在镇党委政府的指导下，院落委员会召开院落住户会议，倡议院落住户按照20元/人·年的标准自愿缴纳院落卫生管理费，资金主要用于院落民主选举出的院落保洁人员的劳动报酬的补充。“没想到我们刚宣传了，很多村民当时就交了，还有一些村民多交好几倍的；这在以前是不可能的，以前当干部的哪敢提钱呀。”王家院子院落管理委员会姚义红回忆说。为了更好地维护院落公共区域的卫生，在上级政府的支持下，镇政府将原有的农垃人员也下放到各院落中，每一个院落聘请自己院落的村民来负责打扫院落的公共卫生，农垃人员的工资由政府补贴和院落自筹的卫生费两部分组成，而且农垃人员由院落的住户民主选举产生，基本为院落的经济困难户。这就使政府聘请的保洁人员变为了村民自己聘请的保洁人员，保洁人员接受村民的直接监督，“以前是政府给钱，打扫不干净我们也不好说什么，现在我们自己给钱，不认真打扫，村民就会给院落委员会反映，村民就会重新再选举”，水月社区主任助理说道。同时，为了保证资金使用的透明度，各院落管理委员会有专人来负责这笔资金的管理，这名人员主要是管理账目，资金由镇政府统一管理，院落委员会会定期向村民报告资金的使用情况，并由院落住户决定该怎么用。2013年年底，柳街镇各社区共自筹环境整治费用55.7万余元。这一次柳街镇又实现了“小资金”撬动基层社区“大治理”。

2. 院规民约，强化自我约束

“村民自己怎么做要村民自己来说，我们说了不管用。”为了让大家自觉参与到院落卫生的维护中来，王家院子院落委员会在2013年9月召开了院落住户大会，让村民自己来讨论“我们的院落环境要不要维护，要怎么维护。”经过院落村民的激烈讨论，大家最终决定实行“责任制”，将每家每户需要打扫的区域固定下来“包干到户”。为此，王家院子制定了每家每户专门的责任书，在责任书上明确写明每家每户应该负责的区域和卫生的标准，由住户签字承诺，并将这份责任书张贴在每家每户的院墙上。社区党委书记说：“通过这种方式，我们就在村民中形成了一种相互监督的机制，哪家没打扫，哪家没打扫干净，村民平时就会议论，这种舆论比干部说效果好得多。”

此外，为了进一步规范村民和院落委员会的职权，在院落住户的建议之下，院落住户还讨论了院落委员会的职责范围，为院落委员会制定了书面的职权细则；同时，院落住户也将院落村民的权利和义务书面化，制定了院落住户的院规民约。通过村民直接参与的方式，院落委员会和院落村民的权利义务变得更加的清晰和透明。“我们社区也有村规民约，可是人数太多，基本的规定和要求都是宏观上的，不可能太细；现在各院落由村民自己制定院规民约，他们自己就会遵守，还会相互监督。”柳街镇高书记说。为了更好地维护院落的卫生，院落村民还制定了院落村民文明约束机制，村民的生活习惯和家庭卫生都在其中做了详细的规定。

3. 评五星户，成就最美院落

柳街镇的院落整治工作得到了上级政府的肯定，2013 年 10 月都江堰市新上任的市委书记张余松到水月社区调研，对柳街镇及水月社区的院落环境整治成果表示了充分的肯定，认为这是推动农村发展，完善基层治理的重要创举。上级政府的肯定，更是让柳街镇和水月社区看到了希望。在市委市政府的指导下，为了进一步延续村民的参与热情，柳街镇在散居院落中建立了激励机制，通过院落评比来激发村民的参与热情。随即，水月社区在各院落中建立最美农户的评选机制，在院落委员会的组织下，引导村民进行民评民选，并制定了评比墙，将村民每个月的评比结果在公示墙进行公示。每个院子有不同的评选方式，水月社区王家院子就组织社区有威望的老人来对村民进行评分，符合标准的则在本月的公示栏上贴一颗“★”；同时，在镇政府的支持下对于得“★”的农户每月每人给予 2 元的奖励，如果一户人 12 个月全部达到卫生标准，则每人可获得 24 元的奖励，按照这个标准算下来，就等于是将村民自愿缴纳的 20 元钱通过奖励的方式返回给了农民。通过这种方式，“既激发了群众参与的积极性，又体现了政府的公共服务职能。”柳街镇的杨涛书记说道。

同时，为了进一步支持村庄公共建设和激发群众的参与热情，使群众感受到参与实惠，在柳街镇的推动下，社区开展了“最美院落”的评选活动，获得“最美院落”称号的院落可以获得镇政府8000元的奖励，同时经过社区议事会的讨论通过，可以优先利用村公资金改善院落的基础设施建设。“最美院落”的评选标准主要包括三个大的方面：住户责任区域卫生、院落内公共区域卫生和院落长效机制，共计包括20条考核内容；“最美院落”由社区和镇政府共同评选。王家大院在2013年底被评为了“最美院落”，并获得了镇政府8000元的奖励；经院落住户会议商议，为了增强院落村民的沟通和交流，和谐院落的氛围，王家大院就利用这8000元在过年期间举办了传统的“坝坝宴”。此外，为了增强院落的和谐氛围，水月社区还开展了“好儿媳、好公婆、好邻居”的评选活动，根据“德、孝、善、美、和”五大评选标准，王家院子最后评选出了“好儿媳”王晓琴、“好公婆”王顺清、“好邻居”罗长松，并由镇政府和社区在社区召开村民大会集体表彰，并颁发了证书。

通过开展这种奖先促优的活动，院落的邻里关系和氛围悄然发生了改善，村民之间以及村民与社会委员会之间建立了密切的联系，院落的面貌发生了巨变，营造了和谐互助、积极向上的浓郁氛围，进一步营造了院落的共同体精神。

（三）自治升级：社会组织协同发展

2014年年底，水月社区的院落环境整治已经全部完成，经过一年多的探索，院落各项自治机制也逐渐完善，真正实现了水月“生态美”的目标。但是又有一个难题摆在了镇领导的面前，环境卫生的改变使村民的发展欲望更加强烈，如何挖掘水月的资源，实现“带动一片、致富一方”的目的，最终达到“百姓富”的目标，成为下一阶段的重点工作。

1. 以产业发展协会寻求自我发展

水月社区的发展也获得了都江堰市委张余松书记的关心，他也希望通过水月的探索为都江堰散居院落寻找到一条发展路径。经过多次的调研，张书记发现青城线作为前往青城山的旅游专线从水月社区村口经过，日常有不少游客经过此地，这是水月的重要财富。虽然，也有靠近路边的村民发展农家乐，可是农家乐的发展规模有限，只能使个别人致富，而广大村民的收入却没有增加。村民要想致富就要组织起来，积聚力量，共同发展。此外，水月社区还有很多内在的资源可以加以利用。例如，可以通过产业大户带动村民发展，共同致富。

在市委市政府的指导下，为了改变以前政府管得过多、基层社会缺乏自主性的问题，2015 年年初水月社区各院落开始根据自己的实际情况发展产业发展协会。与之前政府出面直接组织不一样的是，这些发展协会是由院落村民根据各自院落的特点和发展前景而成立的社会组织，基本上是由院落村民推举院落发展能人牵头致富。在院落委员会副主任周仕强的带领下，由部分想发展民宿旅游的村民自愿加入成立了民宿旅游协会，村民以提供住宿的形式加入到协会中。没过多久民宿旅游协会就迎来了第一批客人，为了支持乡村旅游的发展，都江堰在承办 2015 年 5 月成都市（区、县）围棋比赛时，就将比赛场地从酒店移到了村民的林盘里，王家院子就是赛点之一，并由民宿旅游协会负责接待，参赛队员直接入住到了农户家中。村民从中领略到了真正的实惠，参与协会建设的积极性越来越高，很多村民还自己对自己的房屋进行了改建。王家院子村民王大婶在房屋改建过程中结合民宿旅游未来发展的需要将自己的房屋改造成了独具特色的川西民居，并被民宿旅游协会命名为“风雅轩”，参与到了游客的接待中。王大婶说，“反正我自己也要建房子，儿子们都不在家，我自己也住不了那么多，参与到民宿旅游中还能增加一点收入。”

此外，村民在蔬菜种植大户王超的带领下还成立了无公害农产品协会。在未成立产业发展协会之前，王超通过流转附近村民的土地种植了 70 多亩的蔬菜，并取得了一定收益。为了帮助更多的村民发展，在政府和社区指导下，王超带头成立了无公害农产品协会。“这样既可以扩大我们的销售规模，又可以帮助周边村民共同致富，一个人富不行，要大家富才叫富。”村民作为独立的种植单位加入无公害农产品协会，协会主要是为加入的农户提供技术支持和销售保障。加入协会的农户在种植大户的带领下种植蔬菜，协会为农户提供专业的技术支持，帮助农户提高农产品的质量，达到相关标准的农产品可以借助协会的销售渠道进行销售。为了提高协会的生存能力和扩大农民的增收渠道，2015 年 5 月在市委市政府的支持下，协会还在成都市锦江区获得了专门的销售摊位，达到相关标准的农产品可以直接在摊位上进行销售，这就将农户通过种植大户组织了起来，变一个人致富为大家共同致富，农民在村庄中实现了自我发展。村民王超说："我们的摊位现在还在装修，过一段时间就可以直接使用了，村民的产品就可以直接卖到市场上，减少了中间环节，农产品的价格肯定会比以前高。"

2. 以志愿服务组织助推自我服务

通过产业协会的成立，实实在在增加了村民的收入，也让村民找到了发展的方向，看到了发展的希望。在发展的过程中，村民参与村庄公共事务的积极性也被调动起来了。可是，由于处于初期的发展阶段，村民的自我发展能力还比较弱，村民在发展的过程中还会遇到很多问题，而由于政府的服务范围和能力有限，在现阶段不可能及时满足村民的所有需要。例如，在发展民宿旅游的过程中，各参加农户的房间需要进行改建，在一定程度上就给村民增加了压力。同时，在院落村民的日常生活中也都有邻里互帮互助的传统，"大家都住在一起，难免有些事需要邻居帮忙，俗话说远亲不如近邻嘛，例如，要割谷子的时候，大家都是你帮我家，我帮你家。"为了增强村民的自我发展能力，营造和谐的邻里关系。在都江堰市委的指导和帮助下，王家院子通过院落村民会议，将院子里的工匠全部组织起来，成立了工匠协会。工匠们利用业余时间，给院落里的村民提供一些义务服务。"我们就是利用业余时间，帮这家改个电路、改个水，能够帮助大家，我们也很有成就感，这是用钱买不来的。"考虑到协会的持续发展问题，在上级政府和社区的指导和支持之下，进一步规范了其运行机制。规定凡是加入工匠协会的工匠，一年必须为村民义务工作 30 个小时；社区的相关建设项目，经过村民议事会的评议工匠协会可以承担相应的服务购买，以增强工匠参与的积极性，维持协会的长期发展。

此外，院落村民还根据自己的实际需要，成立了其他志愿服务组织。例如，通过成立邻里互助协会，继续发扬村民邻里间互帮互助传统；通过成立环境卫生协会，开展打扫卫生志愿活动，村民相互监督，共同维护院落和社区环境。同时，还鼓励各志愿组织间相互协作，增强村民的自我发展能力和自我服务能力。例如，工匠协会和民宿旅游协会相互协作，帮助参与村民改建房屋，为村民提供一些力所能及的帮助，加入民宿旅游协会的王超激动地说："这次修房子，要不是工匠协会的帮助，我至少要多花 5 万块钱。"极大地减轻了村民建设压力。通过志愿服务组织开展相关的活动，村民参与院落和社区活动的机会多了，积极性也高了，社区的氛围也和谐了。

2015 年以来，水月社区党支部经过广泛征集群众意见，经过召开社区党员代表大会、村民代表大会、议事会等，通过“党员骨干带头、群众广泛参与”，在社区中成立了无公害农产品社会、民宿旅游协会、邻里互助协会等 7 个社会组织。其中，邻里互助协会，会员数为 168 人；民宿旅游协会，会员数 35 户；农民工匠协会，会员数 34 人；环境卫生保护协会，会员数 268 人；无公害农产品协会，会员数 45 户；计生协会，会员数 325 户；老年协会，会员数 265 人。

四　自治成效:从苦涩到甘甜

水月社区“美丽我家·美丽我院”的行动中，以群众“我”为向标，完美体现了“群众主体”的理念，激发了群众的自治活力，有效改善了干群关系；经过一年的巩固和发展，打扫院落卫生成为村民的日常习惯，参与院落公共事务成了村民的生活内容，自我管理、自我服务、自我监督、自我发展成为村民共识，院落整治迎来重要的收获期。

（一）环境美化改造了生活空间

经过院落整治后，水月社区焕然一新，原来垃圾成山的林盘，现在成了村民纳凉、谈天说地的好去处；昔日村民房前屋后的臭水沟，现在已成为清澈见底的溪水；村民门前乱堆乱放的柴草经整理后变成了一道靓丽的农家风景。各院落间还利用村民主动让出的空余土地修建了休闲广场，成了村民平时休闲的主要场所，村民还利用这一个场地跳起了广场舞、举办了“锅庄舞会”、“乡村诗会”。此外，村庄的空气也变好了，原来的猪屎味、臭水味都闻不到了，上了年纪的老人早晨也在院落中遛起了鸟儿，水月社区“全域景区化”的目标已经初见成效。

对于水月社区环境的前后变化，不少村民也表达了内心的想法：

周仕强：“那么多人过来参观，有些人说‘水月也不是很美啊’，我认为水月环境的美丽不能看表面，需要通过水月自身的前后对比，才能发现水月现在有多美。房前屋后的臭水沟变得清澈见底，林盘里成山的垃圾不见了，各家各户整整齐齐的，空气也非常新鲜，这是在大城市没办法享受的。”

王昌述：“为什么现在有那么多的美女穿高跟鞋，有些还去整容，这里整一整，那里弄一弄，都是为了让自身更美丽，吸引更多人的眼球。那么我们水月也是，通过这次院落环境整治活动，这里整一整，那里弄一弄，变得非常漂亮了，以后来我们这里休闲的人会越来越多。”

一位老人也由衷感慨：“我活了80多岁了，从来没有觉得自己林盘这么安逸。”

（二）共同参与提高了自治能力

“原本一开始打算用一年的时间在各院落先试点，一年以后再向全镇推广。”柳街镇唐镇长说，“没想到，其他院子看见实践院落的巨大变化后，纷纷要求进行院落整治，全镇一下子就铺开了。”水月社区也经历了同样的过程，村民从最开始的不理解、不支持和不断的嘲讽，到最后村民主动要求参与；在基础设施的改建中，村民更是改变了原有的“等、靠、要”的思想，变被动为主动，主动开展自我建设。这些变化都是在院落整治过程中不断突出群众主体地位的结果，通过成立院落委员会，实现了院落的事情院落住户说了算；通过建立院落党小组，党员服务院落能力和信心得到了增强；通过自己制定院规民约和院落文明约束机制，加强了村民的自我约束，规范了院落的日常管理与运行。在这一过程中，村民自始至终都参与其中，通过参与实践提高了村民的自治热情和自治能力。在王家院子自筹20元卫生费的过程中，村民的缴纳率达到了100%，一些村民还多交了原来的10倍乃至20倍，水月社区2013年共自筹卫生管理费用4万多元。此外，王家院子的村民还以有限的村公资金购买材料，自己投工投劳的方式，共投210个工，折价近5万元，整修了村里的通户道路1500多米。通过村民的自我决策和自我管理参与实践，村民自我服务和自我监督的能力有了很大提升，村民的自治能力得到了明显的提高。

（三）多元协同实现了农民发展

“农民现在解决了温饱问题，那么发展就成了农民最关心的事，只有农民获得了发展，农民才会有希望主动的参与到村民自治中”，都江堰市委领导说道。水月社区在院落自治的过程中，将农民的发展融入其中，在上级政府的指导下，通过农民利用院落和社区现有条件建立社会组织，将农民组织起来，变原来“单打独斗”的农民为“联合作战”，有效整合了社区和各院落的资源，增强了农民的发展能力。在猕猴桃种子协会会长刘超的带领下，周边群众共发展了猕猴桃种植300余亩，参与农户户均年增收2万余元。此外，除了经济发展，水月社区还将乡村的传统文化通过注入现代化的因素，改变农民的传统观念，使农民逐渐改善其生活方式；鉴于此，水月社区还成立志愿服务组织，发扬乡村邻里互帮互助传统。到目前为止，水月社区党支部经过广泛征集群众意见，召开社区党员代表大会、村民代表大会、议事会等，通过“党员骨干带头、群众广泛参与”，在社区中成立了无公害农产品社会、民宿旅游协会、邻里互助协会等7个社会组织。

（四）官民互动改善了干群关系

院落整治工作的开展，一开始也不是一帆风顺，村民对政府开展的院落整治工作充满了怀疑和不理解，对政府和领导干部可谓是“躲躲闪闪”和讽刺相加，但是各级院落整治领导小组并没有通过强制手段推进院落整治，而是充分领会走群众路线的要旨，镇政府“一把手”亲自带头，各主要领导干部分片负责的方式，利用晚上下班时间，开展“走院落”活动，深入的农户的院落中展开院落“坝坝会”的方式，听取群众的意见，了解群众的迫切需求，对群众提出的问题和需求“限时限办”，极大地改变了干部精神面貌和政府形象。对此，老百姓自己的感受最深。“以前办点事，找干部最费事，很不好找；现在感觉干部天天都在身边转”，李大爷笑着说道。同时，通过成立院落委员会和院落矛盾纠纷调解小组，还建立了“镇—村—院”三级矛盾调解和意见收集机制，通过院落委员会和矛盾纠纷调解小组将群众的意见和需求及时反馈给镇相关室、所，并建立“问题台账”，限时解决。一组数据可以作为这种转变的注脚。2013年，柳街全镇共收集群众意见建议1260条，解决突出问题1100件，上报上级部门解决40余条，群众的满意率达到95%以上。社区支部书记笑称，“每天走院子，老百姓和干部的真心话越来越多，我们心情也舒畅了很多，就像‘每天的心灵鸡汤’。”

五　总结与思考

本文以水月社区为研究单位，运用过程——事件分析方法，考察了水月社区通过以院落为单位开展院落环境卫生整治，并以此为切入点开展院落自治破解散居院落治理难题的全过程，分析了水月社区开展院落自治的内在逻辑和动力，以及院落自治的过程中自治单元与自治有效性的内在关联。作为一个由散居院落组成的在建新型农村社区，水月社区抓住“美丽我家，美丽我院”的契机，通过将自治下沉，创造性地以“院落”为单位进行自治探索，不仅破解了水月社区散居院落环境卫生整治难题，而且还通过实践参与提高了村民参与意识，增强了村民的自我发展能力，让自治运转了起来，实现了农村散居院落的有效治理。

（一）院落自治形成与发展逻辑分析

乡村社会的快速转型与发展使村民自治遭遇到了前所未有的瓶颈，但也为其进一步发展提供了巨大的机遇。要实现村民自治的发展，就需要找到实现村民自治的土壤；同时，把握乡村社会的新变化，赋予自治新内容，才能使村民自治落地生根。院落自治不仅创新了村民自治的有效实现形式，还体现了新时期村民自治的内在价值。其中，合理的自治单元是其得以生成的前提，共同的利益是推动村民行动的基础，而实现共同的行动则是其持续发展的根本保证。都江堰的院落自治是村民自治实现形式的有益探索，为推动村民自治的发展提供了参考。

1. 合理的单元是院落自治得以生成的前提

亚里士多德在构建合适的自治政体时就曾指出要实现民主就必须具有适度的规模，这个规模是“足以达成自给生活所需要而又使观察所能遍及的最大数额”①。可见，要保证自治的有效实现就必须探索合适的自治规模，这个规模既不能过大，也不能太小。村民自治作为我国基层自治的重要实现形式，其特点包括直接性、群众性和广泛性，其核心就是每一个居民都能够平等地参与到自治当中，这也就对其实现规模提出了要求。而

① 亚里士多德：《政治学》，吴寿彭译，商务印书馆 1996 年版，第 355—356 页。

如全国绝大多数农村一样，水月社区的自治范围主要是按照公社时期生产大队范围来进行划分的，后经合村并组，其自治范围更是进一步扩大，致使村民难以实现有效的参与，村民自治发展举步维艰。

为了打破这一困境，水月社区在都江堰政府的指导下，立足于社区特有的居住形态，以院落环境整治的契机，逐渐形成了以院落为合理单元的村民自治实现形式。院落作为合理的自治单元是院落自治得以生成的前提条件。首先，院落是一个村民生活共同体。自然院子（林盘）是作为川西平原居民在特定地域条件下形成的一种聚居形态，一个自然院子（林盘）一般由20—30户组成，其明显的特点就是院子内村民相邻而居，并且规模有限。同一个院子或相邻院子间村民因生产而相互协作，因困难而相互扶持，经过长期的历史沉淀，特定的院落文化和传统习惯逐渐形成，成为维系院落发展的纽带。随着乡村社会的发展，村民的交往范围逐步扩大，相邻院子间村民生活更是进一步交汇，联系也日渐紧密。经过长期的历史沉淀，村民逐渐以院子为依托形成了一个生活共同体，共同支撑着彼此的生存与发展。其次，院落是立足于村民需求而形成的需求共同体。自治共同体需要一定的条件和资源维持自身的发展。水月社区传统的自然院子规模过小、资源有限、较为分散，致使院子村民的服务需求和发展需求得到有效满足。鉴于此，水月社区在联系密切的自然院子（林盘）基础上，以院落的发展、服务需求为标尺，对原有的自然院子进行了整合，形成了以50—100户（院子间相互组合）为规模的大院落。适度、合理的院落单元为院落自治的形成与发展奠定了基础。

2. 共同利益是院落自治得以行动的基础

“人们追求民主制度的动机是因为，在大多数时候民主制度能够实现每个人的利益。”① “利益决定自治，但是不同的利益相关度决定不同的共同体，不同的共同体决定不同的自治程度。”② 可见，人们参与自治的根本动机和最终目的在于寻求利益。共同利益的多少与相关性强弱决定了村民参与公共事务的程度与范围，而村民的参与则是自治得以形成和发展的

① 黄文扬：《国内外民主理论要览》，中国人民大学出版社1990年版，第34页。

② 邓大才：《利益相关：居民自治有效实现形式的产权基础》，《村民自治高端研讨会论文集》，2014年4月。

基础。因此，要实现自治的发展就必须培育和营造共同利益。水月社区院落自治得以展开的基础就是以院落共同利益为纽带实现村民的参与。首先以共同的环境利益为切入点激发群众的参与活力（自我参与），并通过院落环境卫生整治实践逐步培育村民的主动参与意识，出于对良好环境卫生维护的共同意愿，院落村民主动参与到院落自治组织建设、自治规范制定中，直接推动了院落自治的形成。其次以对基础设施的共同需求为牵引激发群众的自我服务意愿，院落村民出于对改善院落基础设施的共同期望自发创新基础设施建设模式，义务投工投劳，进行自我建设，完成了入户道路、沟渠等基础设施的建设，培育了村民自我服务意识和服务能力。同时以院落村民对发展的强烈需求为基础，以共同的发展利益增强村民参与自治的动力；为实现自我发展，村民自愿牵头成立产业发展协会和志愿服务组织，参与到院落和社区的建设发展过程中，有效地支撑了自治发展。院落的各项建设和发展直接与院落村民的日常生产、生活发生关系，以院落作为自治单元开展自治活动使院落村民间的利益联结更为明显，将院落作为一个服务单元和发展单元更是进一步丰富了院落村民间的利益链接，院落村民作为一个利益共同体正在被巩固。这就为村民参与院落自治事务提供了动力，也为院落自治的发展奠定了坚实的基础。

3. 共同行动是院落自治得以持续的根本

村民自治就是通过集体行动，改变个人之间的不合作博弈，改变个人之间的零和博弈，形成个人之间合作与互助，从而达到公共物品的良好供给与维护。[①] 村民的共同行动是村庄公共事务得以开展的重要前提。同时，村民间的共同行动也是村民参与公共事务能力和意识的有效形成途径，通过共同行动时相互协作、妥协，村庄公共事务运行的内在机制逐渐形成，村民间的利益纽带进一步增强，为村民自治的持续发展提供了根本的保障。水月社区充分利用院落这一适度规模自治单元便于达成一致行动的优势，在院落自治的形成和发展过程中，突出群众的主体性作用，引导院落群众共同参与院落自治组织的组建，亲自参与制定院规民约和文明生活约束机制等相关制度规约，通过村民的共同行动达成集体共识，为院落

① 李文钊、张黎黎：《村民自治：集体行动、制度变迁与公共精神的培育》，《管理世界》2008 年第 10 期。

自治的有序开展奠定了基础。同时，互助是自治的题中之意，也是自治发展的重要支撑，王家院子村民立足于院落村民的日常需要成立了工匠协会、邻里互助协会、歌舞队等志愿服务组织，通过共同的公共服务活动，丰富村民的日常生活，为自治提供了重要支撑。此外，各院落还将自治活动与院落发展相结合，鼓励通过能人带头成立产业发展协会，将分散的村民组织起来共同发展，增强其发展能力，满足村民的发展需求。通过共同的自治参与、共同的服务活动、共同的发展行动，院落村民的共同体意识进一步被强化，村民间的联系也更为密切，这就为村民自治的持续发展提供了根本保障。

（二）院落自治进一步发展方向

通过对水月社区院落自治的形成和发展逻辑进行更加深入的探讨，为探索不同情况下村民自治的有效实现形式提供了有益的借鉴。但不可回避的是院落自治目前还处于形成和发展的初级阶段，还有很多地方需要在实践总结的基础上进一步完善。

1. 进一步理清村院两级职能定位

水月社区的院落自治是在行政村（居）之下进行的自治探索，进一步理清和明确村院两级的职能定位对院落自治未来的发展就显得至关重要。水月社区通过“倒逼”建立了以院落为单位的自治单元后，村民的自我管理、自我服务等自治事务主要由院落承担，院落自治应作为一种纯自治展开，应该是院落村民直接行使自治权利的单位；行政村的主要职能应该是承担或承接相关公共服务，并指导院落自治开展，协调院落间关系。将两者的关系明晰化、制度化直接关系着院落自治的效度和未来发展的前景。因此，水月社区院落自治在下一步的建设和发展过程中，应该着力明晰两者的职能定位。首先，应该制定清晰的事务清单、职权清单，将村院两级各自应承担的事务、职权详细罗列，严格按照清单办事，防止错位、越位、缺位现象出现；同时，制定明确的财务清单，明晰两级主体的财务构成，确保自治组织的独立性；还可以向院落购买公共服务增强自治组织的发展能力，为院落自治提供保障。通过制度化的措施，进一步明晰院落中各主体职责，理清职能定位，为院落自治的常规运行和长远发展奠定坚实的基础。

2. 增强院落草根组织的发展能力

水月社区立足于院落传统和现实发展需要，引导村民建立以自我服务和自我发展为主要功能的草根社会组织，增强院落村民的自我发展能力，并推动自治组织和社会组织的互动合作，将村民自身的发展融入自治中，这是院落自治持续发展的动力来源。在接下来的发展中，其工作的着力点应该放在进一步增强已有的草根社会组织发展能力的培育上，增强组织发展的持续性，不求多，重在精。首先，政府应该转变观念，鼓励、尊重乡村社会组织自我发展，处理好政府指导与乡村社会组织的关系，多协商，少命令，多引导，少管制，增强乡村社会的发展活力。同时，加强对社会组织发展的支持，培育和引进专业的社工人才参与到院落的志愿服务组织中，增强其发展的科学性；引进和培育发展能人，注入产业发展协会中，增强其发展能力。此外，还可以通过服务购买，让院落、社区志愿服务组织承担一定的公共服务供给，通过引导产业协会参与到相关项目的建设和发展过程中，增强产业协会的发展能力。特别值得注意的是，在引导志愿服务组织和产业协会的发展过程中要结合水月社区和各院落发展的实际需要进行，要结合乡村本土资源进行培育，增强其乡土性。

确权自治：土地确权中的基层治理新探索[*]

——基于对都江堰市柳街镇鹤鸣社区的调研

位于都江堰市河西腹心平坝区的鹤鸣村是以院落为依托，“小聚居、大散居”的纯农业村。鹤鸣村共 571 户，1741 人，该村地处偏僻，交通十分不便。1980 年，第一轮土地承包实践成了村民自治的“大练场”，但是由于鹤鸣村的小农经营难以致富，大量人口外流，这也导致了关心村级事务之人甚少。为了盘活农村资本，以解决农村贫穷问题，统筹城乡发展。2008 年，都江堰市开始着手“统筹城乡综合配套改革试验”之后，将鹤鸣村作为试点村进行了积极的确权探索。土地确权激活了村民的利益，激发了其参与积极性。然而，以村庄为单位的自治载体无法有效解决土地确权事务以及村民盲目参与带来的失序问题。在村庄确权遇到瓶颈后，凭借其移民融合底蕴和家户经营传统的自治基因，鹤鸣村将土地所有权单位——村民小组作为自治单位，通过充分发掘其自主协定、自我规范的传统，以调解小组推动自治进程，以组规民约规范自治行为。同时，鹤鸣村通过成立议事会、监事会和调解委员会等自治组织，制定村规民约等村民自治章程延伸了自治范畴。鹤鸣村土地确权过程中的村民自治实践，不仅促使了确权的顺利完成以及村民自治的落地，而且在确权中孕育出的村民自治习惯为鹤鸣的社区建设以及小区治理等提供了宝贵的基础和经验，为村民自治提供了有益的探索。

* 作者：华中师范大学中国农村研究院何昭青。

一　自治背景:确权自治的历史与现实基础

鹤鸣村有571户，共1741人，辖11个村民小组。村庄面积3157.1亩，其中农用地2748.6亩，建设用地408.5亩。作为典型的川西村落，其移民社会的底蕴、以院子而居的家户经营为村民自治奠定了基础。鹤鸣村依靠其自治基因以及第一轮土地承包的大胆尝试，解决了温饱问题。然而，天然的“夹皮沟”——鹤鸣村也面临着其他普通村庄的难题即难以致富，人口外流。2008年，鹤鸣村被确定为“统筹城乡综合配套改革试验”的试点村。在政府政策的推动下，鹤鸣村开始了村民自治的新探索。

（一）具有自治基因的川西院子

“天府之城”的都江堰，依水而生，其深厚的移民社会大融合底蕴，为村民自治提供了历史基础。另一方面，地形平坦的川西平坝造就小家庭特色的家户经营，家户经营和以自然院子而居的鹤鸣村孕育出了自治的基因。鹤鸣村的自治基因为土地确权中村民的有效自治奠定了历史基础。

1. 川西平坝的地域特色

鹤鸣村居四川盆地成都冲积平原的西陲，地形平坦，耕地较多。所在地区有黑石河、养马河、沙沟河等6条河流常年过境，还有众多人口灌溉渠堰；再加上纬度偏低，西北又有高山阻挡，所以气温适宜，无霜期长。这些天赋的自然条件一方面造就了鹤鸣村独特的居住格局：围绕林盘建房置地，形成众多小而散的自然院子。这种自然院子是基于自然选择和社会选择而生，是先民基于共同亲缘、共同生活、共同抵御外敌需要而结成的单元。新中国成立初期，鹤鸣村大约有自然院子24个左右。另一方面，独特的川西平坝使得鹤鸣适合居住，农业文明发达。在新中国成立之前，鹤鸣村耕地有1777亩，人口有1724人，人均耕地1亩左右。相比于都江堰山地地区，耕地资源上具有优越性。这种农业文明也造就了鹤鸣人淳朴的民风，这些都在日后鹤鸣的发展中起到了重要作用。

2. 移民社会的历史底蕴

四川历史上是个移民社会，因为气候湿润、水资源丰富、土壤肥沃，常常成为“兵家必争之地”。据老年人口述“公元1644年（明崇祯十七年），川东民主将陈士奇被撤职，新任四川巡抚尚在川北途中，川东奉节县十三道隘口几乎无将把守，张献忠兵行无阻进四川。1644年冬月十六，张献忠在成都正式建国，国号大西，改为大顺，成都改为西京。新中国成立后，一无治国之策，二无安民之术，饥则聚掠，饱则齐余，已因之粮，不知积，地生之利，未间屯种，农民众失所望，被推翻的旧阶级乘机起事，各地豪强据城邑、保村落、驻山谷、据险寨，不可胜数。四川连续三年战争，农业受到极大破坏，多数地方颗粒无收，民众无粮可食，张献忠无粮可打。他的丞相说：‘川人威不知畏，德不知怀，杀其人，烧其房，抢其银粮，奔北’。所以，张献忠在奔北时，集中一二十万兵力，见人就杀、见房就烧、见钱粮就抢，一下尸横遍野、十室九空。再加上瘟疫盛行，川人不是饿死就是病死抑或被杀死，不到两年繁荣富庶的四川竟荒芜千里”。也正是在此情况下，清初才有了“湖广填四川”的大移民。这种移民社会的历史底蕴造就了四川社会发展中的自主意识和责任意识。五湖四海的移民移居到一起，交往规范需要事先协商，从而形成共同的行为规则和社会规范。正如四川的麻将一样，“打法不同，规则先行”。在调研的过程中，鹤鸣村无论是普通百姓还是村干部最常说的一句话就是“万事不能‘一刀切’，要让大家自己商量……”

3. 家户经营的自治基因

移民社会的历史底蕴，并无法形成强烈的血缘纽带，而是形成了以家户为基本单元的自治复合体。从康熙中叶大规模移民开始阶段的任意插占土地，到雍正六年（1728年）下诏规定“‘入川人民’以一夫一妇为一户，给水田三十亩或旱地五十亩”，使大量移民同土地重新结合，产生了大量自耕农和佃农，形成了小家庭特色的家户经营。这种一家一户的经营，一方面造就了鹤鸣村自愿合作的基因。最明显的例子就是新中国成立前，兴修水利时都是由种田农户彼此合作，选出临时性的堰长，共担责任，共摊费用。另一方面家户经营还造就了自治的基因。鹤鸣村在分田到户时，以住在一个自然院子的几家几户自主商量，每家选择哪里的土地、选择何种等级的土地都是同一个院子的住户自主协定。这种合作自治的传统基因无疑为鹤鸣的茁壮发展奠定了坚实的基础。

（二）温饱却无法致富的发展窘境

1980 年，凭借鹤鸣村传统的自治基因，村民们以小组为单位参与分田到户实践，其积极性高涨。分田到户虽然解决了温饱问题，但是这片黄土地收入甚少，封闭的地理位置加剧了村庄难以致富的困境。

1. 穷则思变的“分田到户”

1980 年之前，鹤鸣村是一个比较贫困的农业村，村民们在地里劳动一天，只能得到一毛九到二毛三的收入，扣除农业税之后，一年的纯收入只有几十元钱，村民们辛苦劳作了一年却无法满足基本的口粮。时任会计的鹤鸣村书记刘文祥用“上山进库”总结了当时的吃饭问题。鹤鸣村属于坝区，主要种植水稻，而毗邻的山区因其土地宽阔主要种植玉米。坝区的粮食短缺时，通过与山里的亲戚沟通先借玉米，来年大米产出来时再还，当时的交换标准是 70 斤大米换 100 斤玉米，此为“上山”；所谓“进库”是指镇粮站仓库里收入玉米的时候，由镇政府出面借给老百姓，来年上公粮的时候根据所借的玉米按照 70 斤大米换 100 斤玉米的标准偿还，以此来维持生活。

安徽小岗村成功探索出分田到户给全国贫穷农村带来了希望。1980 年，鹤鸣村被选为灌县（今都江堰市）推行农业家庭联产承包责任制改革的首个试点村，土地承包到户给村民带来了盼头。土地承包最先在第 1 小组和第 4 小组开展，第 1 小组组长张永清回忆道：“当时我们都很激动，想都没想到有这种‘天上掉馅饼’的好事，我们小组趁热打铁，上午刚开完会，下午就开始分承包地，只用了三天的时间就把承包地分到户了。”承包土地时，村民们都渴望尽快分到土地。据时任 10 队生产队长的左昌明介绍：“我们队当时还用 5 角钱一亩的工钱专门请人来量土地分田。”鹤鸣村全村 106 户人，按户籍平均分配土地，每户约 1 亩多地，全部承包到户。土地承包到户了，村民的种粮积极性高涨，“交足国家的，留够集体的，剩下的都是自己的。”鹤鸣村的村民很快过上了“大米吃都吃不完”的幸福生活。

2. 黄土地的“致富烦恼”

1980 年的土地承包实践改变了鹤鸣村吃不饱的贫穷面貌，但是却并没有给鹤鸣村带来长足的发展际遇。在“热热闹闹”分田地之后，鹤鸣村很快又陷入了沉寂。鹤鸣村推行了家庭联产承包责任制之后，村民的种粮积极性很高，但很快收入成了一个问题，村主任余跃回忆道："旧的问题解决了，新的问题又来了，老百姓饭是吃饱了，但是手上没有闲钱。"随着改革开放的推进以及农业税的催化，在土地上没有"赚头"的农民尤其是青壮年对种田失去了信心，从1982年开始，村里的青壮劳动力陆续外出务工。为了留住这些年轻劳动力，增加农业收入，时任鹤鸣村书记的程定前引进推广一些经济作物如油菜、中药材川芎等，使得有些人的家庭年收入已经达到百至上千元。但是1989年以后，不愿种地现象再次出现，外出务工人员的数量也出现大幅增长。

根据国务院办公厅《关于进一步稳定和完善农村土地承包关系的通知》以及成都市委、都江堰市委关于搞好第二轮土地承包的若干意见，1998年鹤鸣村进行了第二轮土地承包，此次承包将土地承包的期限延长了30年并解决了新生儿的土地问题。但是第二轮土地承包并没有让村民像1980年那样眉开眼笑，因为地还是那些地，"自家的黄土地再怎么刨，也刨不出金娃娃。"农民们算了一笔账：一年两季作物，全按水稻计算，全年亩产也只有1000公斤左右，收入1600元，除去种子、化肥、农药费用所剩无几。一年的种田收入还不如外出务工一个月的工资收入多。这不仅是鹤鸣村农民们的烦恼，也是中国目前农村较为普遍的现状。

3. 资本匮乏的"夹皮沟"

鹤鸣村位于都江堰市河西腹心平坝区，距离都江堰市区27公里，距离成都市区41公里。成青旅游快速通道建成以前，鹤鸣村地处偏僻，交通十分不便，被当地人称为"夹皮沟"。作为一个普通的川西村落，鹤鸣村属于典型的三不靠村庄，即不靠山、不靠水、不靠路。这也意味着鹤鸣村的发展没有内生的资本或者资源，因此，依靠内部力量并不能促使村庄实现富裕。

另一方面，资本也不愿青睐这块封闭的"夹皮沟"。鹤鸣村书记刘文祥感慨道："鹤鸣村处于都江堰和温江的交界地带，没什么大业主愿意来。老百姓要想挣钱只有外出打工，好多年都发展不起来。"鹤鸣村虽然属于平坝地区，但是在承袭历来的经营耕作方式基础上以及两轮土地承包之后，土地经营方式仍然是小块经营和小农耕作。土生土长的鹤鸣村第六小组组长王育文回忆道："我们这人祖祖辈辈都是种个人的那点儿田，之前有一个老板到我们这里租了30亩地搞苗木，搞了两年就搞不下去了，因为有两家不愿意把地再租给他。"内生和外在资本的匮乏使得鹤鸣村难以致富。

（三）统筹城乡综合配套改革的试验

在村庄发展陷入僵局时，大多数村民对依靠村庄及土地致富失去了信心，纷纷转向城市务工。幸运的是，2008年统筹城乡发展的"成都试验"以及都江堰市在成都市指导下大力推进的以统筹城乡发展为目标的农村产权制度改革为鹤鸣村带来了难得的良机。

1. 统筹城乡的"成都试验"

2003年，中央提出加快城市化进程，全面建成小康社会后，城市发展面临着一个命题：如何在发展中打破城乡二元结构，让农民和市民一样享受均等的权利、共享发展的成果。同年，四川省成都市开始"城乡一体化"改革，力图打破城乡二元结构，缩小城乡差距，实现城乡经济、社会发展一体化，赋予城乡同等的发展机会。成都市让双流县、都江堰市等5个区（市）县开展"统筹城乡经济社会发展，全面建设小康社会"的试点，其中试点的双流县通过向江苏吴江市的新农村建设学习，提出来搞"三个集中"，即"工业向集中发展区集中，农民向城镇和新型社区集中，土地向适度规模经营集中"。都江堰市积极学习双流的经验，并就如何开展"三个集中"形成了初步的指导办法。

从2003年开始，成都市对城镇体系、产业布局及基础设施、公共服务设施进行了整体规划，并逐步形成了城乡产业发展一体化、城乡市场体制一体化和城乡基础设施一体化等"六个一体化"。2007年2月，成都市委召开了一次城乡一体化工作会议，在这次会上，"用市场化的办法来解决城乡一体化的问题"的观点正式抛出。根据城乡市场一体化的思路，成都市首次提出了农村产权制度改革。2007年6月，成都获得一个新的牌子——"全国统筹城乡综合配套改革试验区"。2008年春节前，成都市委召开了一次马拉松式的常委扩大会，专题研讨农村产权制度改革，最后形成一致的看法，即农村产权制度改革的核心观念是：农民自主，还权赋能。2008年1月1日，成都市委出台2008年"一号文件"——《关于加强耕地保护进一步改革完善农村土地和房屋产权制度的意见（试行）》。文件将改革重点锁定为农村集体土地和房屋的确权以及产权流转。成都市在确定产权制度改革试点时，在“城乡一体化”改革实践中走在前列的双流县和都江堰市中最终确定了距离成都市区更远，农村幅员更广且经济相对落后的都江堰市。

2. 内生外引的“产改第一村”

柳街镇位于都江堰市最南端，素有“诗歌之乡”“兰草之乡”“川西水乡”的美誉，是一个典型的农业乡镇。该镇为传统的农业经营，民风淳朴，同时外出务工人数也逐年增加。都江堰市接到成都市下发的“一号文件”后随即开会讨论决定将柳街镇定为试点镇。为了充分发动群众，同时又能有效地解决产权制度改革中的矛盾和纠纷，都江堰市将鹤鸣村确定为试点村。首先，鹤鸣村是都江堰市的“小岗村”，村民们在土地承包中率先尝到了“甜头”，对农村产权制度改革具有一定的改革意识和改革欲望；其次，鹤鸣村是一个封闭的“夹皮沟”，地处偏远，可以减少外界的关注和压力，全身心投入改革，降低改革的风险，同时比较容易探索具有普适性的改革经验；再次，鹤鸣村是一个经济基础较弱的纯农业村，无产业化项目支撑和农业规模化经营，由于维持着传统的小农耕作以及村民间彼此熟悉，鹤鸣村民风淳朴，村内矛盾纠纷少，没有历史遗留问题，方便产权制度改革的推进；最后，鹤鸣村村主任和村书记都是军人出身，为人直爽，没有“花花肠子”。村两委干部和组干部工作能力较强，曾获得都江堰市“先进党支部”，据可查证资料显示，鹤鸣村党支部自 2002 年至 2008 年连续被评为柳街镇“先进党支部”或“优秀党支部”的称号。因此，在此推行产权制度改革具有较强的可操作性。

2008 年 2 月 20 日，鹤鸣村书记刘文祥和主任余跃先后接到了来自柳街镇党委书记苟绍波这样的一通电话：“老革命，我们准备把一个艰巨的任务交给你们，你们敢不敢，怕不怕苦。”刘文祥回忆道：“我跟余村长都回答说：‘我们都是党员出身，我们不怕苦，有啥子苦，先苦后甜’。”回忆起当时的情形余跃激动地说：“我们鹤鸣又赶上好时候了。”2008 年 2 月 21 日，鹤鸣村被确定为成都首个农村产权制度改革试点村，产权改革实践在鹤鸣村悄然展开。

二 土地确权:产权改革背景下催生自治

在产权制度改革的背景下，鹤鸣村抓住机遇积极进行土地确权。由于确权激活了村民利益，确权之初，因利益而带来的矛盾纠纷错综复杂。为了解决确权引发的矛盾纠纷，鹤鸣村借鉴第一次土地承包的经验回归村民小组，创造性地由小组内选举社员代表、成立调解小组，带领各小组村民进行自治。同时，村一级成立议事会和调解委员会，以共同参与切实保障村民自治。

（一）确权准备：自上而下宣传动员

以土地确权为先导的产权制度改革是解决农村发展无动力难题，统筹城乡发展的突破口，而土地确权的前提是村民的积极参与。因而，都江堰市、柳街镇以及鹤鸣村积极了解村民对土地的愿望以及对产权制度改革的态度，并且广泛宣传产权制度改革政策。

1. 搭建工作班子

2008 年 1 月，都江堰市接到来自成都市的“一号文件”，都江堰市在学习文件的同时，按照成都市的要求成立了都江堰市农村产权制度改革工作组（简称产改工作组）。2 月初，柳街镇成立了专门负责产权改革工作的镇产权改革办公室（简称镇产改办）。同时，柳街镇成立了由镇班子成员为领导成员的柳街镇农村产权制度改革工作领导小组，除了主要的镇领导班子成员，部分党政机关干部也加入到产权改革领导小组中，协助产权改革工作。

作为试点村，鹤鸣的村干部积极响应，村书记刘文祥、村主任余跃、妇女主任黄志茹和文书唐群负责村里的宣传动员工作。从接到将鹤鸣村确定为产权改革示范村的指示后，鹤鸣村的工作重心完全转移到动员宣传产权改革政策上。至于开了多少次动员会，村书记刘文祥表示：“具体开好多次会我就记不清楚了，反正那段时间大会小会天天开会，村里光动员大会就开了 10 多次，组里的坝坝会[①]就更多了。”虽然多次

① 坝坝会：四川方言，又可称为院坝会。指在房屋前（后）的平地上召开的会议。与座谈会、村民代表大会等相比，此种形式的会议氛围较为轻松。

开会讨论，刘文祥表示并未参透政策："说实话，虽然上面一直在宣传，我们也一直在开会讨论，但是产权改革究竟是啥我们还是摸不透彻，当时只晓得摸清老百姓家底。"由于第一次接触产权改革，改革涉及老百姓的切身利益，不可走错一步，当时参与的大部分领导干部也是一时半会"摸不着头脑"。

2. 坝坝会上摸底

为了解决目前的困惑，防止盲目制订计划。2008 年 2 月 25 日，都江堰市委常委赵浩宇和柳街镇党委书记苟绍波带领着市和镇产权改革领导小组部分成员到鹤鸣村摸底调查，同鹤鸣村村民代表一起开坝坝会，了解村民对于开展产权制度改革、进行土地确权的意愿。在会上，不支持确权的 7 组村民刘怀清提出："既然已经'大包干'了，为啥还要确权？"工作组邱涛问："我们'包干'了这么久，包了哪些，有谁清楚？你说你有一亩二分地，怎么证明地是你的？"邱涛的两个问题让在场的人哑口无言。经过工作组讲解产权制度改革与土地确权的意义，大部分村民表示支持土地确权，也有小部分村民不赞同。经过与村民的深入交流发现，少部分不支持确权的村民代表主要担心以下几点：第一，村民质疑，"莫得红头文件"。以前村里也做过类似的宣传比如统一种植一种经济作物，并保证赚大钱，但最终赚来的却是教训。成都市虽然出台了"一号文件"，但当时这份文件是供内部学习交流，并未对外公开。6 组村民罗安容记得："当时虽然说是市里面下来推广土地确权，但是没有拿出红头文件，还是有好多老百姓猜测是不是又在瞎折腾。"第二，不愿透露家底。不少村民认为，自己家有多少田地历来都是自己家才知道的事，为何要让外人知道，再说"土地本来就是我的，为什么还要确权"。但是大部分村民代表表示愿意确权，这样能摸清自己的家底，让自己放心；如果土地能够流转出去，何乐而不为，"再穷还能穷过现在"。当然，还有小部分村民抱着观望的心态，确权是个新事物，到底是好事还是坏事很难说，如果大家都乐意确权，他们愿意承担一些风险加入确权队伍。

上午开完坝坝会之后，下午产权改革领导小组同村组干部进行座谈，村干部将鹤鸣村确立为试点村以来，村组干部所做的宣传动员以及村民的意见反馈进行了汇报。产权改革领导小组通过与村组干部和村民代表的交流发现，大部分村民是支持产权制度改革的，少部分不赞同，主要还是对产权制度改革的政策不了解，不清楚其带来的好处，不敢迈开步子，而他们打通任督二脉的最好的方法就是更全面地动员。

3. 逐级宣传产改政策

2008 年 2 月 28 日，柳街镇召开农村产权制度改革工作动员暨培训会议。会议再次明确了产权改革的任务和重要性。会上进一步解读了成都市“一号文件”精神，明确了产权制度改革的核心是实现“还权赋能”：“权”是农民完整的财产权利，“能”则是农民作为市场经济主体把握自身发展和命运的能力。按照会上对产改动员的初步规划，大会后，柳街镇产改办组织成立了入户调查工作组（以下简称户调工作组）。第二天，农村产权制度改革工作会议在鹤鸣村村委会召开，市统筹局罗朝鹏、何劲松等，镇苟绍波、程国忠等以及镇入户调查工作组成员参与了此次会议。会议主要是对入户调研提出明确的要求，对入户调查组成员进行调查操作培训。根据都江堰市房管局的通知，宅基地的测量包括宅基地围墙的长、宽、高，承包地数据以 1998 年第二轮土地承包为基数，以 2003 年 3 月 1 日前为基准，不再重新测量。会议为鹤鸣村确权工作的具体操作指明了方向。虽然前期的准备已经就绪，为了减少确权中的阻碍，都江堰市和柳街镇产改工作组决定在全村范围内进行一次更大规模的动员。

2008 年 3 月 3 日，柳街镇鹤鸣村产权制度改革工作动员暨培训大会在鹤鸣村活动中心举行。成都市产改工作组、都江堰市和柳街镇产改工作领导小组主要负责人参与了此次会议。参加这次大会的有 1000 余人，村里几乎所有在家的人都参加了，还有从邻村赶来的 100 多人。在会上，都江堰市委书记刘俊林书记说：“确权办证，就是要把土地、房屋和林地这些本本发到村民手里。”为什么要颁证，有什么好处？“把土地、房屋和林地的权利掌握在自己的手里，可以去干大事，创收致富。在山边，种植猕猴桃，形成产业了，有人管理、有人提供技术。以前是几角钱一斤，去年是 8 元钱一斤，一亩地收入近万元。单家独户是难以弄出这种效果的。”刘书记发言后，村民开始议论起来，一些村民开始盘算着自家的几亩土地也许真能赚下钱。刘书记发言后，会场过了十多分钟才安静下来。鹤鸣村书记刘文祥开始表态，刘书记回忆道：“我当时讲了 1980 年之前我们村上山进库的日子，那个时候大家吃不饱饭，有些人过年都吃不起猪肉，以后土地确了权，外面的公司老板就会来租土地，到时把土地流转出去，再出去打工，一年再差也有万把元的收入。”村民王大爷回忆，那天下午听完两位书记讲话，“好多人拍红了巴掌”。动员大会后的第二天，户调工作组 17 人，测绘人员 13 人，11 个村民小组组长以及除兼任组长外的 2 名村干部大约按照 4 人一组开始到各小组登记农户人口、种植面积、面积的四至关系、宅基地和自留地等。

（二）确权遇阻：“满脑壳头发不好抓”

在广泛动员村民参与土地确权后，刚展开的确权工作却面临着土地权属不清，地该确给谁；人口变动较大，哪些人才有资格分到土地；宅基地怎样确才算公平等难题，确权工作一时陷入僵局。此外，确权更棘手的一个问题是如何解决确权中遇到的矛盾纠纷。而只要开展确权工作，这些问题就必须要解决。

1. 丢地的人回来要地

由于鹤鸣村无产业化项目支撑和农业规模化经营，村民们不满足于单一且较低的农业收入。从 1982 年开始，鹤鸣村的青壮力陆续外出务工。随着外出务工收入的渐增，外出务工的人口逐渐增长，有些农户出现了全部外出务工现象，有些农户虽然仍留有老年劳动力，但是他们不愿意种田。村主任兼第 7 小组组长余跃回忆：“那个时候经常有人找我退地，家里死了人，就会趁机把地甩出来；家里添了小孙子，会要求光上户、不要地。”截至 2008 年，鹤鸣村第 7 小组共 32 户人中有 10 户人不种田。这些不愿意耕作的田地该如何办？余跃一脸难色：“都丢给我这个组长，我咋办，11 亩地我种得下来?”于是他想了个办法，“要‘丢地’可以，但是要自己去找人‘勾兑’，‘勾兑’好了，有人接地，我再把地划转到别人名下。如果没‘勾兑’好，那我还得追着他要农业税。”面对同样问题的第 6 小组组长王育文说：“那些丢地的人把地丢给我，我没办法就找其他人种（地），有时要上三四次门，实在没办法就商量，把 1 亩地算少一点，算成 8 分、7 分，这样少交公粮才有人勉强愿意多种点地。”当时的土地流转主要是口头协议，而对于具体的流转期限，也并没有给出明确的说法。2008 年，听说村里的土地要确权了，许多外出务工的村民纷纷返回村里，有些已经买好外出车票的村民也退掉了车票，等着给自家的土地确权。在土地登记环节，矛盾就凸显出来了。在登记的时候，户调工作人员将土地登记给了现在耕种的人，拥有承包经营权的丢地的人知道后就跟登记人员吵架，要求把土地登记给他，然后这些丢地的人就找村书记和村主任“讨说法”。

2. 新来和外迁人口要分地

在鹤鸣村土地确权时，关于谁能分到土地也存在着极大的争议。首先是新来人口要求分地。新来人口主要指两类人：第一，从本村之外嫁进来的新媳妇；第二，1998—2008 年的新生人口。对于新来的人口能否分到土地，一开始鹤鸣村并没有统一的说法。嫁进来的新媳妇其具体情况又不相同，一是其户口是否迁入本村，二是新媳妇在娘家是否分到了土地。村民刘群君看到隔壁老李头的儿媳妇分到了土地，她要求也要给她儿媳妇分地，但是户调工作组因其儿媳没有将户口迁入鹤鸣村而拒绝了他的要求，为此他曾多次要求村书记刘文祥解决此事。从第二轮土地承包到 2008 年期间，新生人口并没有分到土地，这次土地确权，他们都认为赶上了好时候，然而并不是所有的新生儿都能分到土地。在农村，超生人口和没有上户（即登记户口）的新生儿都属于“黑娃儿”，也就是说他们没有土地。因此，没有上户的新生儿在确权期间向户调工作组和村组干部要土地的情形屡屡发生，由此也产生了许多纠纷。

听说鹤鸣村土地开始确权了，外迁人口也纷纷回来要地。第 4 小组村民周琳因结婚于 2006 年从鹤鸣村搬迁至民安村一组，然而周琳的户籍并未转出鹤鸣村且她没有分到民安村的土地。周琳提出：“我本来就是鹤鸣村的人，我在民安村也没有分到地，我不要求多分地，把我原来的地划到我名下就算了。”外迁人口中又以家中部分户籍外迁人口要地所引起的纠纷最为复杂且最难解决。第 4 小组村民周金培家有 5 人，2006 年其儿子儿媳与孙儿户口迁至柳街镇，且儿子一家在柳街镇做生意，2008 年村里确权时，周金培儿子一家要求小组给其分地。第 4 小组类似于周金培家因部分家人户口外迁而引起的纠纷共 5 起。小组长刘继明表示这些事“麻烦得很”，之所以棘手是由于：“像这种农转非的，当时他们出去之前大多是将土地丢给了自己的家人或者亲戚，但是他们不向家人或亲戚要回地，却来找队上要地，队上没得他们的地，自然就没得办法。”土地确权涉及村民的利益，尤其是作为土生土长的鹤鸣村人，分到土地在他们看来是理所应当的事，因而分地纠纷在所难免。

3. 宅基地怎么确权才公平

宅基地是祖祖辈辈留下来的，且鹤鸣村之前基本无房屋买卖现象，因而宅基地很少有邻里之间的争议和纠纷。宅基地确权时主要存在的问题是兄弟分房屋、宅基地以及林园地不均。俗话说“手心手背都是肉”，兄弟之间如何分宅基地才算公平。6组在进行房屋登记的时候遇到了这样的问题：郑建林和郑建中兄弟婚后因房屋居住大小和居住原因造成了房屋面积不均。工作组登记房屋面积时，弟弟郑建中不乐意了，“你是哥哥，当时你先结婚就给你分的大房子，我后结婚住小房子，但是现在既然要确权，面积就应该确成一样。”而哥哥郑建林则坚持当时房子就已经分给我了，是我的房子凭什么分给你。面对这样的情形，不只是工作组没了主意，在场的小组长王育文也分不清对错。王育文感慨道：“俗话说得好，清官难断家务事，人家再吵再闹也是一家人，我们虽然是做工作，但是毕竟是外人，不好干涉。”在鹤鸣村第6村民小组，因兄弟房屋面积不均、单亲无劳动能力父（母）的房屋归属等原因引起导致无法确权的事件共3起。

（三）回归村民小组：以小组自治破解确权难题

在土地确权遇到瓶颈后，鹤鸣村依照其第一轮土地承包经验，以村民小组为单位进行土地确权。村民小组则通过选举社员代表，组成调解小组，既进行土地指界，又化解确权中的纠纷，而土地确权的具体操作办法则是由社员大会讨论出组规民约予以规范。

1. 找准发力点：回归村民小组

鹤鸣村有11个村民小组，大组有400多块田，小组有100多块田。由于历史原因，耕地分割得比较零碎，哪块地属于哪一家很难分清，这给热情高涨的户调工作组“浇了盆凉水”。时任镇党委书记的荀绍波回忆说：“当时我们豪情万丈下去，碰了一鼻子灰回来，工作效力低下。最重要的是我们的工作队根本没办法插手。第一家把表填完了，到第二家去填，最多到了第三家问题就出来了，因为第一家第二家有可能把别人家的土地也填进去了，大家没办法区分。”面对如同一团乱麻的土地权属和一筹莫展的确权工作，柳街镇产权工作领导小组召集村组干部和户调工作组召开紧急会议。通过总结入户调查的问题发现，确权工作就像“满脑壳头发”，而破解这一问题的关键就是要将其“梳成辫子”，这样“头发就好数了”。柳街镇产权制度改革工作领导小组下设4个横向工作组，分别为文秘信息组、政策法规组、信访维稳组和户调工作组。除户调工作组参与具体的土地登记和上报工作外，其他工作组起统筹和协调作用。

分清田块这个难题留给了鹤鸣村的村组干部，对他们而言，这块骨头根本“啃不动”，因为有些地界存在冲突的时间比村组干部的年龄还要长。原村主任余跃无奈地说：“麻烦事很多，这一天，鹤鸣村是在争吵中过的，尤其是在确承包地的时候。一整天下来，我们村干部的嗓子都喊哑了。”进行一天的土地确权后，鹤鸣村组干部紧急商议“土地该不该由村里统一确权”。经历一天焦头烂额的确权工作，书记刘文祥和主任余跃坚决不支持由村里确权，“村里都搞不称头（清楚），咋个确权。”在会议陷入僵局时，第1小组组长张永清提议让村民小组自己确权。一方面，在第一轮土地承包时，“小组自己来搞”充分显示了其可行性。1980年鹤鸣村第一轮土地承包时，虽然村民们热情高涨，但是有些小组仍然持观望的态度，张永清和时任第4小组组长的田应松带领着各自的小组首先搞起了分田到户，到年底时，两个小组的人基本都吃上了大米和猪肉，这让其他小组看红了眼，纷纷要求分田。另一方面，从所有权归属来看，农村土地的所有权属于集体所有，由于鹤鸣村两轮土地承包都是按照村民小组进行的，因而，鹤鸣村的土地所有权实质上是属于村民小组集体所有而非村集体所有。这也就能解释为什么村干部在确权工作面前力不从心。

既然土地属于村民小组集体所有，那么在长期的土地“勾兑”过程中所产生的土地权属变动也只有村民小组才能理得清。因而，土地确权以村民小组为单位进行，村干部不参与具体的土地确权过程。为了支持和保障各村民小组的确权工作，成都市、都江堰市和柳街镇产权制度改革工作领导小组抽调部分成员与各小组组长一起组成了11个户调工作组。户调工作组到各村民小组监督和协助土地确权，分到各小组的工作组成员“到位不越位”，无权决定土地的归属。然而，户调工作组成员中只有组长了解情况，如此的确权安排，一则确权效率十分低下，二则组长也有理不清土地权属的时候，此外，组长一人之言何以服众，确权工作再度陷入困境。

2. 谁来确权：社员代表来指界

面对一筹莫展的确权工作，全村最小的组——第7小组率先展开确权工作。第 7 小组有 37 户共 84 个村民，虽然是全村最小的组，但面临的问题却一点儿也不少。时任村主任兼第 7 组小组长的余跃感慨："在农村第一难的事就是搞计划生育，但是确权比搞计划生育还要难三分。"最难的地方在于由于土地"勾兑"带来的土地历史遗留问题。面对如此复杂的问题，到底该怎么确权，必须经由社员大会来讨论。社员大会上社员们讨论的十分激烈，对于到底谁参与确权，社员大会讨论一致认为此重任应交由社员代表。

"王叔，当时会上是怎么提出来让社员代表参与确权的？"

"说实话，这个也不能具体说是哪一个人提出来的，开社员大会的时候，大家你一句我一句，这个想法才产生的。因为确权牵扯到我们老百姓个人的利益，如果让工作组来确权的话，第一，他们搞不清哪块地是哪家的，第二，他们是上面下来的，他们说地是几分几亩，老百姓心里头不服气。还有一个原因，2007 年上面派人下来宣传新农村建设的时候，我们小组选过社员代表来宣传，不过当时社员代表没发挥什么作用。"

按照小组内每 5—15 户推选一名德高望重、了解土地权属情况、责任心强的人担任社员代表的标准，第 7 小组经过投票产生了四名社员代表，分别为：王明祥、余廷贵、刘润光和张玉如。每测量一户的宅基地和承包地时，工作组、小组长、社员代表和户主（代表）必须都在场，宅基地的长、宽、高先由工作组成员测量、承包地则是按照二轮台账，然后由小组长、社员代表进行指认，最后由户主（代表）签字确认后方能登记在册。社员代表参与确权使得 7 组的进展非常快，看到如此有效的方法，其他小组纷纷借鉴。鹤鸣村各小组通过社员大会选举出了社员代表参与确权工作，鹤鸣村社员代表共 47 人，其中女性 17 人，党员 5 人。

鹤鸣村第 4 小组组长刘继明深切感到了社员代表参与确权的好处。刘继明刚接任组长一职不久，上一任组长田应松辞世，田组长去世前一直没有向村民发放承包地合同，第 4 小组村民的承包合同和第二轮土地承包地的台账不知所踪。正当第四小组户调工作组的组长邓少祥要求刘继明想一个办法的时候，社员代表参与指界的消息传来，刘继明乐了，社员代表就是一本"活台账"。确权尤其是承包地确权是一项极其复杂的工作，因此"确权就像是吃笋子要一层一层地剥"也即先易后难，循序渐进。面对承包权和经营权的分离和混乱，确权工作组先以原来的承包地所有权登记小组土地，将小组每户人有多少土地以及土地的四至界限张榜公示。先由社员代表大会讨论本组田地应该如何调整，由一半以上社员代表同意之后，将其调整意见交由社员大会讨论，社员具体哪些农户的土地应调整多少，社员大会至少有2/3以上人数参加，并且有1/2以上的人同意通过的调整意见方可生效。据不完全统计，各小组土地需要调整的农户数占本小组户数的50%左右。

3. 怎么确权：组规民约定标准

确权就意味着利益，但哪些人才有摘取确权果实的资格呢？在鹤鸣村组都忙着确权时，新来和外迁的人都渴望得到土地。还有一个问题：外出读书和当兵的人能否分到地？这其中引发的许多矛盾都指向了一个问题：谁才有资格分到土地。对于村民资格有争议的，其能否分到土地交由社员大会讨论，社员大会中超过70%的人同意的方可分到土地。比如，新娶的儿媳“只能吃一头，不能两头都占”。确权工作结束前由其原籍所在的村民委员会开具户籍迁出证明，将户口迁入本村的新进儿媳均可分到土地。因此，各小组的确权工作组在确定农户家人口时，需以最新的户籍变动确定。入户调查登记前需要由户主签订《户主代表身份声明书》，对于户主不能返回家中参与自己土地确权的情况，由户主向小组的确权工作组提交本人签字画押的《确权委托书》或者通过电话等形式向本组小组长口头提出委托申请，由小组长和其委托的户主代理共同拟好《确权委托书》，以确保本组村民的切实利益。

在确权开展一周后，确权工作组对入户摸底调查的问题进行了梳理并且对入户调查进行了小结。2008年3月11日，第10小组左昌明在社员大会上讲清了目前的形势，并提出了他思量了几天的一个想法：“能不能自己定下条条款款，以后碰到类似的问题进行参照。”左组长的想法得到了大部分村民的响应，社员代表更是乐意，高怀良说：“这样能省好多麻烦事，而且现在定下来了，以后大家也没得闲话说。”经过三天征集本组村民的意见后，社员大会如期召开，根据社员代表搜集的村民意见，在不违背国家法律的前提下，经过10组2/3以上的户代表参加讨论的基础上拟定了小组民约。第10小组民约共八条，归纳起来包括三个方面：集体组织成员、土地流转以及土地征用。其中关于集体组织成员的资格认定规定较多，初步拟定了此次直到此次确权止，凡此前户籍在本村的村民均可分配到土地，确权前“生增死减”。本集体经济组织的特殊成员，如劳教、劳改人员、参军和在校大学生有权得地。小组土地一旦征用，由合作社成员共享，土地流转达到50亩以上且5年以上的，其收益共享。在社员大会上，第10小组民约顺利通过，为了明确该民约的内容以及作用，在民约条款后附上了本合作社户主及其家庭成员名单，以及参与社员大会的户主或社员代表签字。

第10小组民约公示三天后，第7小组组长召集社员代表学习并草拟了《关于集体经济组织成员资格、房屋、土地确认〈组规民约〉提纲》，由社员代表将提纲发放给本组34户农户，并于两天后的社员大会上讨论制定了本组的组规民约，其中对农业合作社组织成员，承包地、房屋和集体建设用地以及收益分配等进行了详细的规定。余跃回忆道：“当时我们搞这个组规民约有两层意思：第一，按照梳理出来的问题，大家讨论一个具体操作的意见；第二，确权之后，老百姓有地可以流转，这就牵涉到利益，利益咋个分配，我们先定好，免得以后有人扯皮。”

4. 加速确权：调解小组化纠纷

随着土地调整工作的进展，一个大问题来了，那些丢地的人回来要土地而引起的纠纷怎么解决。第7小组社员代表王明祥碰到的第一起土地纠纷就是自家与邻居刘怀俊的土地纠纷。由于王明祥妻子多年来患有心脏病，夫妻二人以种地和养猪维持生计。2001年，邻居刘怀俊外出务工并将其1亩8分地交给了王明祥耕种，组会计将刘怀俊的1亩8分地划给了王明祥。2006年全面取消农业税前，王明祥每年承担这1亩8分地大概一百元的税赋。但听说土地要确权并且以后还可以流转，刘怀俊提出，他拥有这1亩8分地的承包经营权证，土地应该确权给他。王明祥也不乐意了：“这地我种了将近10年，农业税也是我在交，会计账上地也是划给我的，怎么能确给你?”看着确权工作搁置下来，村主任余跃和其他三个社员代表余廷贵、刘润光和张玉如在王明祥和刘怀俊之间调解了两次，给出了建议：刘怀俊有证，他有权利；但王明祥一直在种并且尽了交税的义务，双方也在会计那里达成过协议，因此，1亩8分地，一人一半。最后，在余跃和其他三个社员代表的见证下，王明祥和刘怀俊在《调地协议书》上签字“画押”，小组长和社员代表确认签字，最后加盖村民小组公章。根据协议，这1亩8分地二一添作五，分别确到了王明祥和刘怀俊名下。小组长和社员代表的职责从最开始的指界到后来调解矛盾纠纷使确权工作得以顺利开展。为了推进产改进度和推广第7小组的经验，由小组长和社员代表组成调解小组，不仅确定地界也帮助调解土地纠纷。经2/3以上户代表讨论通过，第7小组成立了调解小组，其各小组也纷纷效仿。调解小组成员名单交由村里审核，并公示7天，公示期间各组社员均无异议。

为了解决土地确权中的矛盾纠纷，调解小组成员反复在矛盾双方间做工作，村民的思想发生了转变并就土地问题达成一致意见。

李志军："这个田本来就是我的，我有承包经营权本本，我现在要收回来。"

郑建明："我给你当'田保姆'，贴化肥、农药，帮你交农业税，你出去挣大钱，你把钱挣到了，还回来想要田。你要想分田的话也可以，把我帮你交的农业税还给我，我就把你的田退给你。"

（李志军与郑建明私下协商无果，李志军先后找了村支部书记、小组长调解）

村支部书记和小组长在两人之间进行多次协调。对于丢地的人而言，这些在家务农的人确实很辛苦，在土地确权中他们属于弱势群体，因而不能打击这些老实农民。对于老实农民而言，既然要确权了，大家都应该要分一点儿土地。

李志军："田还是我的嘛，当时只是商量好了交给你做（耕种）。"

郑建明："我承认这田确实是你的，但是我们当初商量好的30年不变，那我就31年过后再还给你。"

……

调解小组运用"说话要算数"（即诚信）、"大家同坐一条船，要同舟共济"（即互助友爱）等原则，多次上门相劝终化解了矛盾。

李志军："我们身体也不好，在外面也没有挣到啥钱，我们既然是农民，没得土地咋算个农民，以后老了连地都没得种了，你还是分点儿田给我嘛。"

郑建明："田还是人家的，只是喊我给他做，人家也要生存嘛，人家要是一分田都没得还是多造孽的，我们做人还是要厚道。"

（四）村级协调：以共同参与延伸自治范畴

鹤鸣村通过村民小组落实了土地确权，然而针对各村民小组间的土地纠纷以及小组不同的规范，鹤鸣村村组干部和通过民选的各村民小组两名社员代表组成确权议事会，专门统筹确权事务。同时，由村民代表组成的监事会专门监督议事会行为。对于小组内部无法化解的矛盾纠纷由调解委员会统一协调。通过村民的共同参与，做到确权中大事不出村，基本不出事。

1. 确权议事会：大家的事大家来定

为了推进土地确权的顺利进行，根据都江堰市的指导精神，2008 年 3 月 8 日，由各小组推选出户代表参加的村民会议通过了成立鹤鸣村确权议事会（简称议事会）的决议。确权议事会由村主任余跃、妇女主任黄志茹以及各组组长组成，议事会每一季度召开一次工作例会，其主要职责是协助“两委”班子做好确权工作，研究村级的重大事项及决策。根据 2008 年 3 月 7 日都柳产改〔2008〕4 号《关于增设监督检查组的通知》，在柳街镇纪委的指导下成立了监督检查组又名监事会，其成员由村两委提名、2/3 以上村民代表选举通过，由村书记和 12 名村内有威望的村民组成，对全村的土地确权过程进行监督。

就在各小组紧锣密鼓的确权时，一块不起眼的 0.8 亩公地引起了第 10 小组和第 11 小组的争议，两个小组长各执一词，确权工作无法继续。本村内部的集体财产归属争议由谁来定，确权议事会成了最好的“裁判”。议事会通过表决将 0.8 亩公地裁给了第 11 组，第 10 组左昌明和部分村民认为议事会的评定不公。面对此情景，由小组推选出社员代表指界给了村议事会启发：社员代表既然是群众选举产生，把这一部分社员代表吸纳进议事会，议事会的决定也就可以反映群众的呼声。议事会讨论提出：在充分代表每个小组的意见的基础上，为了解决讨论村级事务，鹤鸣村由村民代表大会从各小组社员代表中选出两人与小组长和村干部共 38 人组成议事会。

2008 年 3 月 15 日，鹤鸣村依据都产改办〔2008〕5 号《都江堰市农村集体经济组织成员确认办法（试行）》以及充分讨论了都江堰市农村经济合作社示范章程的意见稿基础上，由 2/3 以上村民表决通过了鹤鸣村继

2006年以来第二个成文的村规民约。村规民约在汲取小组民约经验上，重点就土地确权进行了约定，包括集体经济组织成员资格认定、承包地确权方法以及土地征用及流转带来的收益和补偿分配等。鹤鸣村在确认集体经济组织成员时进行了大胆的尝试，将农村集体经济组织成员分为普通成员和特殊成员。特殊成员包括两部分：一是由于历史原因如修路、搞种植业等到村里发展的外来人员；二是在外读书或者当兵且户籍在鹤鸣的本村人。普通成员是指除特殊成员之外的户籍在本村的土生土长的鹤鸣村人。根据村民的成员属性以及具体的土地权属情况进行调地。此外，确权工作进展到后期，为了落实村民的宅基地、自留地、承包地等，确实保障各村民对自家确权情况的知晓和确认，鹤鸣村议事会建立了公示结果签字认可和公示异议处理的程序，形成了“八个无异议”和《农村产权制度改革摸底调查公示异议处理（暂行）办法》，为确权的全面顺利推进打下了基础。

2. 调解委员会：大事不出村

为了化解土地确权中的矛盾纠纷，都江堰市法制办全程参与了全市土地确权工作，市公安、检察、法院、司法等法律部门主动为改革试点工作提供法律支持，来自都江堰市司法局的林司法员成了鹤鸣村的法律顾问。法律顾问如何来调解矛盾纠纷，调解哪些矛盾纠纷。各村民小组将确权中的一些矛盾纠纷梳理出后上交村两委，经由村民代表大会讨论出对策。鹤鸣村确定了处理产权改革问题的基本原则是“小事不出组，大事不出村”。在村一级成立鹤鸣村村民调解委员会，由林司法员担任调解委员会主任，村主任和妇女主任担任副主任，其成员为各调解小组组长和由村民代表选出的部分调解小组成员。土地确权中的矛盾源自小组，因此原则上由小组调解，对于调解小组处理不服的，由村民调解委员会调解。四组村民张术英有两子，两个儿子在2008年前单独办理户口却丢下母亲户口，确权时两个儿子分了田地，母亲既无地又无户口。后经村民调解委员会协调，将其户口入于大儿子户口簿，大儿子与二儿子各为母亲分成0.4亩地。

为了确保确权的正常进行，凡是确权期间产生的小组无法调解的矛盾纠纷，均由调委会负责协调。6组李志君老人因重病生活不能自理，其两子均在柳街居住无一人回村照料，在调解委员会的帮助下，2008年3月

18 日，在 6 组王育文家李志君的两子定下赡养书，自愿共同承担母亲赡养费。调解委员会成员代俊芬表示："反正哪里有解决不了的问题，哪里就需要调委会。当时我们开会确定的是，调委会解决不了的请示上级部门协作处理，并且还在村里设立一个投诉箱，但是我们村的所有事都是在村里解决了的。"

2008 年 3 月 10 日，鹤鸣村完成全村 572 户入户调查工作，18 日全面完成资料汇总、公示等工作，公示一周后对公示有异议的问题进行调查核实。2008 年 3 月 31 日，从鹤鸣村产改启动不到一个月的时间，第 7 小组 34 户农民率先拿到了《中华人民共和国农村土地承包经营权证》《中华人民共和国集体土地使用权证》和《中华人民共和国房屋所有权证》。4 月 30 日，鹤鸣村确权颁证结束，576 户村民都领到了明晰记载着各家权属的《集体建设用地使用权证》《集体上地使用权证》《房屋所有权证》和《土地承包经营权证》，鹤鸣村第 8 小组部分有林地的村民领到了《林权证》。此外，以村民小组为单位，国土部门为各小组颁发了《集体土地所有权证书》。在紧张忙碌和吵吵闹闹的一个月中，鹤鸣村的村民都拿到了"本本"，吃下了定心丸。

三　村治新貌:确权自治引领村庄治理

土地确权完成之后，鹤鸣村对土地确权中产生的议事会、监事会等村民自治组织加以完善，利用村民自治组织，通过村民自主参与改变了居住环境。同时，村民们通过自发成立集体经济组织维护确权后的经济利益。在这一过程中，鹤鸣村逐步形成并完善了"131N"新型村级治理机制。

（一）确权利益激活自治新动力

鹤鸣村土地确权唤醒了大量"沉睡"的农村资产，通过确权使得土地资本变成了资源。耕地和宅基地资源为鹤鸣村带来了"增减挂钩"和土地流转利益，村民们延续确权自治激情，以自治改变鹤鸣面貌。

1. 自参自建新家园

2008 年 5 月 12 日，原定于在都江堰市柳街镇召开产权制度改革的经验交流会因汶川地震突发而取消，都江堰市将抗震救灾作为第一要务。经过一个月的救灾工作后，都江堰市将确权后的土地进行综合整治作为灾后重建的突破口。通过土地综合整治腾出一部分集体建设用地指标，整理出来的土地指标换取资金来补助老百姓建房和搞基础配套设施建设（其专业名词为“城乡建设用地增减挂钩项目”），即组织村民集中居住，把节约下来的建设用地变为农业用地，以此来获得成都市当时 35 万元一亩的奖励资金，用来改善村民生活和居住条件。面对城乡建设用地增减挂钩项目（以下简称“增减挂钩”项目）鹤鸣村的村干部很自信，“别墅不但能改善村民生活，还能通过发展花卉苗木、生态旅游业，带领农民走上致富新路。”然而，村民的态度却参差不齐。两成村民支持“增减挂钩”，因为他们住的是 20 世纪五六十年代的老房子且多年没重修；不愿参与“增减挂钩”的同样占两成，因为他们的房屋近几年刚修；另外六成村民的房子是 20 世纪 80 年代翻新过的，他们持观望态度。

自愿参建——面对村民莫衷一是的态度，鹤鸣村议事会成员积极宣传“增减挂钩”政策，收集村民意见。村里多次召开村组会、院坝会和户主会了解村民意愿。通过对“增减挂钩”政策的进一步了解，六成持观望态度的村民基本都愿意参与。鹤鸣村共 571 户，参与土地综合整治共 489 户，占全村总户数的 86%。鹤鸣村在充分尊重村民意愿的基础上积极申报了“增减挂钩项目”，并成为柳街镇的试点村。

然而，参与土地综合整治的一部分村民其思想也经历了反反复复的过程。村民陈小华家有 4 口人，宅基地一共 426 平方米，其房屋为 1983 年修建，在地震中受损。鹤鸣村刚开始宣传土地综合整治项目时，她觉得要放弃家里的大院子，不划算也舍不得，因而不愿意参加。过了两天，随着左邻右舍随时都议论这件事，陈小华心想：按照初步的预算，每个村民可以领到 1.7 万元的补贴，她家 4 口人能领到近 7 万元，自己再贴补几万元，就可以住上新房了。于是，第二天一早，陈小华就到村委会报名加入土地综合整治。接下来，陈小华对自己的新居环境提出了一些要求：“我门前这条路，能不能换个角度?”“我这套房子，方向可不可以再调整一下?”在要求得不到满足的情况下，陈小华决定退出这次土地综合整治。而此时，更多的村民报名加入。陈终于按捺不住：“过了这个村，就没这个店了。下次我想修新房，谁能拿 7 万元钱给我啊?”于是，陈最终决定参与此次土地综合整治，像陈小华一样经历过思想斗争的农户共二十多户。

8组村民韩成忠因为生病，没有精力修房，程永福因在都江堰市区买了房而不愿在老家修建新房，村主任和书记找他们谈过两三次，明确了他们的意愿后不再上门宣传。对于不愿参与土地整治的村民，村里充分尊重他们的选择，在土地整治时82户村民约57亩建设用地全部保留完好，在建设社区时“不动他们一分地”。

统规自建——成都市土地整治的最初规划是强调统规统建（即统一规划，统一建设），按照城市楼盘方式搞大集中。鹤鸣村召开村组会17次、院坝会154次、户主会21次，反复研究土地综合整治和农房建设问题。村民一致认为不能建成高楼，“难道我们的锄头还要拿上九楼?”统规统建不符合农村实情，通过村民的充分讨论，按照“拆小院并大院、依托林盘搞重建”的思路，鹤鸣村探索出了统规自建的灾后重建方式。

鹤鸣村通过村民议事会、村民代表大会和社员大会讨论将集中居住区分三期，选址分别为8组程家院子、9组黎家院子和11组叶家院子。为了规范土地综合整治，鹤鸣村代表会议和村民议事会着手组织制定《鹤鸣村建设用地“增减挂钩”项目实施办法》，该办法形成了参与项目的基本条件和待遇、土地权属调整方案、补助补贴及资金拨付方案和项目资金管理方案等。议事长刘文祥回忆道：“我们这个实施办法从2009年中旬一直到年底，一共改了9稿才敲定，争议多得很，比如要不要建猪圈、留不留菜园地和自留地、农具往哪儿放、安置点内原来的住户过渡费怎么算、不愿意迁走安置点内坟墓怎么办等等，这些问题都是大家反复拉锯，反复修改的，早上扯不清，晚上再来。”鹤鸣村通过议事会反复的讨论与修改，最终才基本达成共识。

鹤鸣村“增减挂钩”结合原有林盘树木，统一以四合院的形式疏密结合形成组团式2层独门楼房。鹤鸣村议事会对参与“增减挂钩”的农户原有宅基地和家庭人口数进行核算，各户根据自家人数和人均占地30平方米的原则自主选择组团。新建的组团以亲戚、邻居等形式重组，打破了原来的小组地域。建房前，四川国安房地产开发有限公司、成都迪生公司等五家房地产开发公司进入鹤鸣村，根据《鹤鸣村建设用地“增减挂钩”项目实施办法》由议事会对5家公司进行评议，最终3家公司入围。村民建房时自主选择建筑公司，与公司签协议。

8组村民韩家奎经熟人介绍成都迪生公司，他与组团内5户人商议同意后，以每平方米780元的价格与迪生公司达成协议。建房时，韩家奎在新修房屋边搭建了一个过渡房，每天除了吃饭、睡觉和干农活外就是关心自家的房怎么建的、建得如何了。为了保障自家房屋质量，韩家奎在迪生公司签约时商定，“我自己去找（修建房屋的）材料，根据材料的市场价，公司把材料钱付给我，我该给他的修房子的钱另外算，房子是我自己的，我每一匹砖都要监督。”邻近的村民看到韩家奎的做法后，纷纷请求韩家奎帮他们购买材料。

2. 集体商议土地流转

鹤鸣村土地确权之后共整理出1200多亩耕地可供流转，2008年6月，一家名为通达农业生态有限公司的企业闻讯而来。确权之后，土地流转都应当由村民说了算，然而由于村民意见难统一，且企业逐一与村民谈判成本太高，最后公司与村委会签订协议，再由村委会与农户签协议，村委会只是担任“中介”，不赚任何差价。村委会是与公司老板约定每亩每年按800斤大米价格付租金，但有村民提出异议，每亩800斤大米租金，而且一包就是19年，谁能保证以后地租不上涨。在对土地流转价格提出异议的同时，土地流转事宜具体由谁来处理也引发了极大的争议。

村支部书记：“这个涉及钱的事，村上也不想管，但是村上不管，哪个来管呢？”

村民代表：“当时确权的时候，地的确是给生产队（村民小组）的，村上没得一分地，凭啥来管，要管也该是生产队来管。”

议事会成员：“既然是集体的事，最好就由议事会来管。”

经过多次村民代表大会和院坝会讨论，土地流转由议事会管理最为恰当。但是通达农业生态有限公司表示了担忧：“你们确权的时候是确给集体经济组织的，议事会不是经济组织，说的话算不算数？我们不跟村上签协议，也不跟议事会签，要签协议我们就跟集体经济组织签。”

鹤鸣村在土地确权时通过组规民约和《都江堰市农村集体经济组织成员确认办法（试行）》将集体经济组织成员进行了明确的界定。根据确权中确定的集体经济组织成员以及都江堰市关于成立集体经济组织的意见，鹤鸣村以小组为单位成立了11个农业经济合作社，以村集体为单位成立了1个农业经济合作联社。由村民代表大会从各小组社员代表中选举

2—3 人，再从中选出 5 人组成村民理财小组，专门处理经济组织内部事务。通过村民代表大会讨论，通达农业生态有限公司通过土地流转获得了其中约 1000 亩地的经营权，按每亩 850 斤大米约 1400 元支付租金，且每五年以 50 斤大米的价格往上递增。当然也有部分村民不满足于 850 斤大米的租金而拒绝将土地流转。八组的村民陈光友家有 1.2 亩地，陈常年务工，土地并未耕种。此次流转时，他要求按每年每亩 1500 斤大米算，而且 19 年承包权要一次付清，因无法达成协议，陈光友最终没有将其土地流转。

鹤鸣村经济合作联社通过架起村民与企业之间的桥梁，促成了土地大规模流转。继通达农业生态有限公司之后，香港冠城集团、四川华誉农业开发有限公司分别通过土地流转进驻鹤鸣村，形成了“珍稀水果及农业旅游度假产业园”“非洲菊种植基地”“蔬菜种植基地”“鹤鸣山庄”乡村旅游等规模经营。

（二）自治习惯重塑村治新局面

2012 年年底，鹤鸣社区全面建成，社区分成三个部分：以 8 组程家院子为依托建成的鹤鸣新村，9 组黎家院子和 11 组叶家院子建成的鸣凤家园以及散居院落。社区建成后新的问题来了：一方面，鹤鸣建社区时的自主选择组团打破了传统的小组辖区，以前熟悉的小组成员距离变远了，村组干部无法有效管理辖区事务；另一方面，鹤鸣从农村转变成了社区，而农民却并没有随着社区的建成而转变成为居民，怎样转变观念成了又一个难题。

从城市社区的小区业主管理模式中受到启发，鹤鸣社区的鹤鸣新村、鸣凤家园和散居院落居民自主投票选举出本小区（院落）业主委员会成员。业委会主任一名，成员两名，其中肖光旭担任鹤鸣新村和鸣凤家园业委会主任。根据目前的小区居住状况，村组干部的作用不能充分发挥，业委会刚成立，其号召力和办事能力都有待完善，因此鹤鸣社区在各小区设立了党小组，将党员调动起来，形成了党员就近包组团、业委会包住户的管理模式。为了方便管理，鹤鸣社区成立物业管理服务中心，由村书记刘文祥任主任，村主任程光伍任副主任，肖光旭任专职副主任。一个新的问题摆在了面前：怎么样治理好社区，从哪里入手。为了打好治理小区的第一仗，鹤鸣新村业委会成员和议事会成员入户收集村民入住小区后问题和意见。小区环境差、治安无保障、小区缺乏集体活动成了小区治理的拦路虎。物业管理服务中心在召开多次院坝会决定在各小区设立卫生保洁岗位、文化宣传岗位和治安巡逻岗位，各岗位的负责人由小区居民选举产生。那么岗位人员的工资应该由谁支付？卫生保洁人员有限，只能负责公共区域，房前屋后的卫生该如何改善？

曾任柳街镇街道工作委员会副主任的肖光旭提出一个设想："能不能像城市小区一样交清洁费？我们先交物业费再给那些卫生做得好的奖励，这样只要是认真搞卫生的，其实一年到头其实当没有交清洁费还能得到表扬。"肖主任的这一想法得到了村组干部和业主委员会的肯定，通过三次村民大会得到大多数村民的认可。但是清洁费该怎么收呢？鹤鸣新村户主大会上，王育文提出"按人头来"，罗安容表示不妥"占多大的面积就该交多少清洁费，与人头无关，应该按照户型来"。罗安容的提法得到了大多数户主的赞同，最终鹤鸣新村定下了清洁费收费标准：1 人户每年 35 元，2 人户每年 70 元，3 人户每年 105 元以此类推。虽然是户主大会上定下的规则，但实际操作起来难度不小。肖主任说道："第一次清洁费的时候比较难，大部分都主动交了，小部分不愿意交，有些人是住在柳街镇或者都江堰的，自然不愿意交，还有一些人说当时动员他们住小区的时候说清楚了不收费，现在为什么又要收费了。我们业委会、党小组还有小组长一起做工作每户不下 4 次。"为了强化居民的环境卫生意识，鹤鸣新村设立了"住户自筹评比资金及卫生评比公示栏"，每个月末，由业委会成员和党小组成员检查各户房前屋后卫生，卫生合格的则在公示栏上贴五角星，贴一个五角星意味着返 3 元钱，到了年终时，根据各户的卫生情况评比出"文明家庭""清洁之家"等。

入住小区两个月后，鹤鸣新村业委会总会收到来自居民的"控诉"：张三家的车辆停放总是占道，李四家的菜园荒废了等等。业委会成员和党小组成员入户收集意见，通过户代表大会讨论制定了《鹤鸣新村住户公约》。公约明确要求"门前五包"，并对小区菜园管理、安全管理和清洁费明确规定。小区内的菜地划分到户，每户人所属菜园进行立牌标示，菜地管理很好的为其颁发"五优菜地"标牌，而对于菜地经营不善或者荒废的，业委会有权收回其菜地并交于其他人种植。罗廷康因长期不在家，菜地无人管理而由业委会拍照公示收回。罗表示“我还是服从业委会的安排，毕竟这是大家开头（指住户公约）就商量好了的。”

为了将本社区环境卫生提档升级，鹤鸣新村保洁员赵志华向村党支部提议组建一支保护环境卫生的队伍。通过党员代表大会和村民代表会议征求意见后，由议事会讨论成立环境保护协会。通过院坝会和户代表会充分动员村民参与，在协会大会上，赵志华、岳艳群等5人成为环境保护协会理事会成员。理事长赵志华表示：“我们闲在家里也无聊，出来督促大家把卫生搞好了，我们大家都有好处。搞了这个协会之后，我们在劝导不文明行为的时候就更方便了，有些房前屋后收拾的不好的，我们上了两三次门去劝导之后，他们看到我们自己都不好意思了。”环境保护协会通过村民自发组织、自主监督从而达到自我服务。

（三）确权自治完善治理新架构

在鹤鸣村土地确权过程中，议事会从最初的村主任和小组长指导工作发展成为吸纳了村民代表的村级决策机构，其决策的基础为各小组村民代表充分征求村民意见。为了保障决策的科学性，鹤鸣村依据法律法规和村组实情，制定了村规民约、组规民约等村民自治章程。以村支部书记和4名非在职干部组成的监事会则对议事会的决策以及村里的一切确权事务进行监督。由小组长和社员代表组成的调解小组以及林司法员同村民代表组成的调解委员会作为群众自发组成的协调机构有效化解了村民之间的矛盾纠纷。同时，鹤鸣村理清了村委会和集体经济组织关系，划清了村委会和集体经济组织界限，并且就确权之后的新问题充分发挥村民自治。

鹤鸣村根据都江堰市《关于构建新型村级治理机制的指导意见》，完善了村级治理的架构。新型的村级治理机制理顺了基层党组织、村委会、村民和集体经济之间的关系。基层党组织是领导核心，因而鹤鸣村议事会的议事长由村支部书记刘文祥担任，议事长负责对议事会所收集的议题进行把握，不违背国家政策的议题方可交由议事会讨论。村民委员会是公共事务组织平台，是村级公共管理组织和镇政府提供公务管理、公共服务的前台。村民大会和村民代表大会是村民自治的权力机构，是村民自治重大事务的决策者和决策执行的监督者，然而由于村民人数太多，且村民代表需要组织起来，确权中产生的议事会接过了村务决策的重任。鹤鸣村根据确权议事会的运作经验以及都江堰市委组织部的指导，2009 年 3 月 21 日召开村民大会，会上讨论通过了《都江堰市柳街镇鹤鸣村村民议事会成员选举办法》《都江堰市柳街镇鹤鸣村村民小组议事会成员选举办法》、《都江堰市柳街镇鹤鸣村村民议事会议事规则》《都江堰市柳街镇鹤鸣村村民议事会召集和组织程序》等。3 月 24 日，鹤鸣村 60 多名村民代表投票从 33 名村民小组议事会成员中直接差额推选 22 名村民议事会成员，其中村组干部 8 名，非党员 13 名，妇女成员 15 名。为了切实让监事会明确监督事务，避免村两委“既是裁判员又是运动员”，监事会成员是从村民议事会成员中的非村组干部中直接差额推选出 5 人，程定前担任监事会召集人。

鹤鸣村将村组集体资产的管理权从村委会中剥离出来，由村民代表组成的经济合作联社管理经营分配村组集体经济。经济合作联社在集体资产处置（土地流转）中发挥了重要作用。在鹤鸣社区治理中，村民们发扬自治习惯，成立了业委会等自治组织，既充分代表了村民们的诉求，又是新时期自治的体现。至此鹤鸣社区形成了村党支部领导、3 个村民自治组织（村议事会、村两委会、村监事会）为社会主体、集体经济组织（经济合作联社）为市场主体、其他组织（业委会、环境卫生保护协会等）共同参与的“131N”新型村级治理机制。

四　小结与讨论

鹤鸣村凭借其独特的历史背景与现实状况，抓住了统筹城乡综合配套改革试验的试点机遇，在确权实践，通过凝聚起村民的一致利益，激发了村民的共同参与，通过小组推选代表、自定确权规则，不仅成功进行了确权实践，而且做到了村民自主参与、自我管理和自我服务。鹤鸣村确权自治的探索，是村民自治回归和发展的一次充分体现，是村民自治实现形式的有益探索。

（一）确权自治的发展逻辑分析

对土地的登记颁证可以有效激发村民利益，而对产权共有的调整催生了村民的一致利益进而引发了共同参与。村民的共同参与从最初的无序状态，经由组织和秩序规范进而培育其村民的自治精神，使其养成自治习惯，最终形成村民自治的常态机制。

1. 土地确权激活一致利益

我国农村土地理论上是土地所有权、土地承包权和土地经营权“三权分离”，但事实上，土地所有权是集体的，而集体又没有获取土地所有权的租金收益，土地流转的租金收益由承包权持有者获得，且《中华人民共和国土地承包法》和《中华人民共和国物权法》都赋予了承包经营权物权性质，但没有登记颁证。[①] 因此，土地承包经营权的确权能从法律上确保个体经营者的权利，使得土地经营者的效益最大化。在经济不发达，土地产权收益不大时，农民不在乎土地权属是否清晰，但是当意识到土地确权之后可以进行流转增收也即产权可以带来的更大利益之后，农民更加重视产权，维护自身利益。

长期以来，同其他普通农村一样，土地作为鹤鸣村农民的一种“固定”资本，其增收只能依靠小农经营的微薄产出。而成都市推行的以土地确权为先导的产权制度改革就是要激活土地资本，使其转化成资源并上市流转。通过成都市、都江堰市、柳街镇和鹤鸣村逐级以坝坝会、户主代表大会、村民代表大会和村民大会等形式宣传产权制度改革政策时，村民们意识到了土地确权伴随的必然是经济利益。土地确权之初，村民们开始盘算着自家的土地能带来多少收益。土地确权并非单个村民的事务，而是基于产权共有的村民共同事务，但是在刚开始土地确权时，入户调查工作组和村干部力不从心，究其原因主要在于土地确权激活的是以村民小组为单位的每个村民的利益，村民们都以土地确权作为其共同目标，但是土地确权又必然引发土地权属的尤其是土地勾兑带来的土地经营权的争议甚至矛盾，因而，土地确权激活的是以村民小组为单位的，村民对于确权事务的一致利益。

2. 一致利益内生共同参与

利益是人们千古不变的追求，对利益的追求是人们行为的根本动因。马克思曾说过，“人们的奋斗所争取的一切，都同他们的利益有关”[②]。鹤

① 杨庆芳、程姝、韦鸿：《土地确权的产权经济学思考》，《农村经济》2015 年第 5 期。

② 《马克思恩格斯全集》第 1 卷，人民出版社 1995 年版，第 82 页。

鸣村由于土地确权导致的产权的变动带来了村民经济利益的变动，经济利益是人们对于直接的物质、经济、生产成果的需求，正是由于对经济利益的追求，农民为了实现、维护和增进自身利益必然参与土地确权之中。由于从家庭承包责任制开始，农村土地集体所有制形成了以产权为纽带的利益共同体，因而土地权属的调整不仅催生了个体的利益，而且也激活了以土地集体所有为基础的村民们的一致利益。这种一致利益集中表现为一致的经济利益，因而也必然带来村民们共同参与土地确权事务。

由于确权涉及村民们的利益，外出务工的村民从外地赶回来或者退掉外出的车票，搬迁走的农户也返回村内，关注村里的确权进展。确权工作组未确给其预期的土地时，他们便找村书记和村主任讨说法。出于对土地的重视以及鹤鸣村土地“勾兑”现实，所有村民都参与到土地确权中。对土地确权的一致关注所引起的村民的共同参与在一开始表现为无序甚至引起了矛盾纠纷。外迁的人、新来的人以及丢地的人都要求分到土地，土地确权甚至引发了兄弟间关于土地分配的矛盾。村民自发的共同参与并不是一帆风顺的，而是在经历了几天土地确权之后，由村组干部和村民代表讨论出通过村民小组确权的方式缓解无序参与带来的压力。村民小组则通过选举社员代表对土地确权做出公平公正的裁决，对于该如何确权，村民小组召开社员大会，根据社员代表搜集的村民意见，在不违背国家法律的前提下，制定本村民小组关于土地确权的组规民约，以规范村民参与，保障确权顺利展开。

3. 共同参与塑造自治常态

正如马克思所说“农民是一袋马铃薯，原子化而互不关联”[①]。农民享有广泛的自治权利，而其自治权利的行使方式决定了其能否充分有效地实现。家庭联产承包责任制以来，村民自治的主要载体为村民委员会，村民委员会虽然作为代表村民利益的基层组织，但是其难摆脱行政化的“宿命”。土地确权再次激发了村民利益时，村民一致利益能否实现，不仅取决于村民是否愿意参与，更重要的是村民以何种方式参与。实现其利益最佳的举措就是提升其组织化程度。因此，在土地确权时期，鹤鸣村根据土地所有权归属，以村民小组为单位，以小组自治为依托进行土地确

① 《马克思恩格斯选集》（第一卷），人民出版社 1972 年版，第 693 页。

权。小组内部选举出德高望重的人作为社员代表，同时，从各小组代表中选出部分人组成村级议事会。鹤鸣村的自治组织不仅可以凝聚起村民的个体利益，而且可以有效实现确权的一致利益。

共同参与能够长效持续进行需要对参与的具体行为进行规范，以有序地参与保障自治落地。鹤鸣村各村民小组在土地确权时，为了保障确权的顺利进行，各村民小组制定了组规民约，鹤鸣村制定了村规民约以有效约束村民行为，使村民的行为尤其是关乎利益的行为有章可循。自治规范可以有效培育村民的自治精神，养成自治的习惯。确权自治的最大价值在于其在土地确权中形成的村民自治的精神在土地确权之后得以持续延伸。鹤鸣村在社区建设中，村民充分讨论小区建设，入住小区之前，小区住户共同制定了《入住公约》。入住小区之后，通过住户自发选举组成业主委员会管理小区公共空间。这些都是鹤鸣村村民自治的体现，而在小区共同参与基础上形成的村民对小区的认同感和责任感也即小区共同体意识又进一步促进村民自治的发展。

回顾鹤鸣村确权自治的发展历程，土地确权的开展激活了土地承包经营权主体的一致利益，进而引发了村民的共同参与，村民在共同参与中形成自治组织，制定自治规范。在土地确权中，鹤鸣村培育了良好的自治精神，在小区建成后形成了以小区共同体为治理对象的小区自治。从这一过程可以看出，要想在贫穷落后的普通村落实现村民自治，首先需要治理要件的牵引，也即有足够牵动村民利益的对象促使村民参与，其次是治理主体的参与。村民自治的主体是治理要件相对应的村民，当治理要件没有唤起村民的参与意识时，政府和村委会应当主动宣传，动员这些村民参与。最后，要充分发挥村民的主观能动性，通过民推民选自我组织，在逐步提升组织化程度的同时，形成自主参与、自我约束的习惯以更好地进行自我服务。

（二）确权自治的局限

无论是土地承包还是土地确权，其实质都是“分”土地。“分”土地激活了个人的利益，使得村民愿意参与土地承包和土地确权事务，通过吸纳单个的农户到确权事务中，鹤鸣村形成了一个短暂的共同体。村民们致力于土地确权，因而能形成一致的行动进行自治。但是为了确保土地确权的持久效益，鹤鸣村土地承包经营的期限从原来的30年不变到长久不变，这也意味着在国家政策不变的前提下，土地的承包经营权“固化”到个人。同时，土地确权之后鹤鸣村大部分耕地通过集体经济组织流转出去了。传统的乡村治理是基于税赋和土地调整基础上，税赋取消后，村集体与村民之间的联系主要表现在土地的调整，原鹤鸣村主任余跃的工作基本为土地“勾兑”。土地确权完成后，村集体丧失了土地调整的功能，其同村民之间的关系必然会疏远。

确权自治是鹤鸣村在土地确权过程中形成的。当土地确权完成之后，原来基于土地确权形成的一致利益已经消散，何以牵动村民的自治热情成了新的难题。由于村民自治的实现形式多样，鹤鸣村基于产权共有而进行的确权自治是村民自治的一种有益探索。在土地确权之后，村民们发扬其自治精神围绕着小区公共空间进行自治。然而，鹤鸣村的小区自治也存在着明显的不足。鹤鸣社区在建设之初，参与社区建设是村民的自愿选择，全村571户中有489户参与建设，分别入住鹤鸣新村和鸣凤家园。在小区成立业委会的同时，未参与小区统一规划的82户散居农户也成立了散居院落业主委员会。然而，由于散居农户以自己的原有宅基地为主要活动场所，散居农户之间、散居农户与小区住户之间缺乏共有产权或者共有财产、公共空间，难以形成共同利益。因而，这些散居农户的自治意愿不强，也很容易被小区自治排斥在外。鹤鸣社区虽然每年有40万元的村级公共服务资金，资金使用由各户提出，户主代表大会表决，但是这些资金的去向自然更易倾向于作为绝大多数的小区居民。因而，如何建构起散居院落和两个小区间也即整个社区的共同利益，实现整个社区居民自治是下一步需要思考和完善的。

党建引领:混居社区治理的新探索*

——以都江堰市蒲阳镇和平社区为例

和平社区位于四川省都江堰市蒲阳镇，历经区划调整、征地和拆迁安置，历史遗留问题多，干群矛盾尖锐，居民高度混居。其中，因拆迁安置而产生的新居区管理更是一大现实难题。2012 年以来，在上级党委政府的支持下，和平社区以成立临时党支部为先导，完善管理架构，搭建自治体系；推行自主物业，完善基础设施，带动群众参与，实现了新居区的有效管理。在此基础上，和平社区进一步深化党组织建设，改进内部沟通方式，制定党支部工作手册，提高党员凝聚力，增强党组织的引领能力。同时，还成立党员志愿活动小组，优化党小组设置方式和党员活动方式，引领社区服务，满足群众对公共服务的多样化需求。通过这些措施，和平社区增强了党组织的引领能力，初步破解了社区治理难题，为此类混居社区的治理提供了宝贵经验。

一 问题倒逼:高度杂居下的社区治理困境

和平社区于 2010 年由金藤村、原和平社区、建设村的部分村民小组合并而成。在此之前，因经济开发区落户蒲阳镇，和平社区进行了大规模的征地和拆迁安置工作，来自数个村庄的村民高度杂居，使得社区的管理异常困难。同时，对安置点的管理，刚开始也没形成一个有效的办法，居民的基本需求得不到满足，群众意见很大。另外，居民日益“原子化”，

* 作者：华中师范大学中国农村研究院李灏哲。

党员的凝聚力下降，进一步加剧了社区治理的困难。这些问题迫切需要找到一个妥善的解决办法。

（一）高度杂居，管理“比做工程还要恼火”

和平社区是数个村庄合并而成的，来自多个村庄的村民高度杂居，人口众多，管理关系没理顺，干部人数少，管理难度很大。

1. “既有场镇，又有农村”

2010年，镇政府决定进行区划调整，对原金藤村的8个村民小组、原和平社区4个村民小组、建设村3个村民小组进行合并，组成了现在的和平社区。合并后的和平社区总共有15个村民小组，面积2.5平方公里，6200人口，2100多户，无论是从面积还是人口来看，均为普通村庄的数倍。

社区合并带来的管理困难不言而喻。社区内既有场镇又有农村，原金藤村的8个村民小组和原建设村的3个小组是农村，对他们来说，要更多考虑征地、拆迁、入保等遗留问题；原和平社区的4个小组属于场镇，较少有这些问题的困扰，但也面临着老旧院落无人管理、公共服务不完善的难题。正如曾担任过蒲阳镇镇长、现为都江堰市委组织部副部长的任明德所说，“像和平社区，特别复杂，既有场镇，又有农村，它们面临的问题不一样，在管理的时候以哪一部分为主呢?”社区不同质，加大了村干部的管理难度。

2. “到底谁是管事的”

2009年以来，因经济开发区落户时的征地拆迁，以及2008年地震的影响，蒲阳镇开始进行大规模的拆迁安置工作，全镇累计拆迁安置群众9000余户，2万余人，涉及全镇48%的家庭和90%的村组。和平社区是拆迁安置的主要区域，在安置的过程中，村民被打乱分散在数个集中安置点，和平社区辖区范围内的安置点也居住着为数众多的来自其他社区的居民。一部分涉及原村经济利益的事务，如征地安置保障、集体资产分红、农村大病医疗、社会救助等，属原村管辖；小区环境卫生、治安保安等，主要由新社区管理；党员活动、征兵服役、计划生育等事务，存在原村与新社区交叉管理现象；另外，其他一些事务如民主选举、党员关系等，主要以户籍为依据，而居民户籍有的已迁往新社区，有的还保留在原村。

多个村庄的村民混居在一起，各个村之间的关系也没完全理顺，往往出现村民有事不知道找谁的问题。曾任蒲阳镇安置点管理办公室主任的左顺勇说："因为当初按拆迁先后顺序安置，建制村被打乱，新居区混村混社区混楼栋现象普遍存在，面临很大的管理难题。不像本村本社区好管理，整村整社区的时候书记主任管自己的人。有 13 个社区、69 个组住在一起，存在几个不想管，自己的村上不想管，安置点也不想管，都互相推诿，管理主体存在问题。"

3. 我们是"六职干部"

按照规定，都江堰市村庄或社区的干部配备分为三种情况：第一种是城市社区，配备社区干部 8 个；第二种是农村村庄，配备干部 4 人；第三种介于前面两者之间，称作"场镇社区"，配备干部 6 人，和平社区属于这一种。普通村庄人口一般在几百人或一两千人左右，而和平社区实际居住的人口高达 8000 余人，规模数倍于普通村庄。和平社区不仅要完成上级党委政府安排的各种事务，还要负责本社区的社保、计划生育等事项；老旧院落"居民的下水管漏水了"要找社区，一些突发事件比如孤寡老人去世或村民遇到车祸也要社区出面解决。一位工作人员抱怨道："我们现在实际上和城市社区差不多，但只配备六个干部。"因管辖人口多，管理事务多，和平社区常感到人手不够，力不从心。之前做工程的和平社区党支部书记陈存实说："和平社区特别复杂，有拆迁安置，有征地入保，压力很大，比做工程恼火。"

（二）遗留问题多，难破解的物管"死循环"

建设 A 区是和平社区辖区内的一个主要安置点，包括建设 A1、建设 A2、建设 A3、建设 A4、建设 A5 五个小区，总共有 36 栋楼，103 个单元，1076 户，3022 个居民，居住面积达 96000 平方米。建设 A 区安置点虽然在和平社区的辖区范围内，但安置点的居民来自多个村庄。建设 A 区的管理，尤其是最基本的物业服务，是和平社区的一大难点。刚开始政府出资请物业公司来管理，但效果并不理想。盗窃案件多发，居民的财产安全得不到保障，居民对物业公司不满意，甚至出现了被盗居民给物业公司送花圈的事例。因此各方都不顺心，新居区的管理问题也一时难以解决。

1．“新居区到底怎么管”

对于新居区的管理，刚开始，蒲阳镇党委和政府以为只要政府掏钱，将物业公司请进来就万事大吉了。“党委政府觉得将物业公司请来就省心了，然后再成立业委会，就和城市里的商品房小区一样上了轨道，政府想先出资给老百姓购买服务，然后让老百姓慢慢习惯”，左顺勇说。于是建设A区在2011年3月份正式开始安置的时候，就配备了物业公司。物业公司是政府请来的，居民只需每人每平方米每月交1角钱的物业费，其余部分由政府财政补贴。没想到一段时间的试验下来，物业公司的管理与服务效果并不好，每年400万元的物业费让政府不堪重负，感觉吃力不讨好。社区有心无力，好多问题无法解决，居民只好去找镇政府，左顺勇就坦言“办公室成了居委会婆婆了，经开区建设出资，物业公司推诿，心头烦得很，天天都是我家的房子漏水啊这些事情。”物业公司也感觉很麻烦，赚钱赚得不顺心，想着合同期满后赶紧退出，其中一家诚沁物业公司在合同期未满之前就解除了合同。在这种情况下，新居区到底怎么管理，成为困扰着和平社区和蒲阳镇的大问题。

2．“给物业公司送花圈”

一方面，村民刚搬进小区，认为“我们是安置点，和别的小区不一样”，还无法立即养成交物业费的习惯，再加上服务也不到位，老百姓更不愿意交物业费；另一方面，镇财政也觉得支付物业费一年三四百万元有困难，经常拖欠物业公司的钱。没有钱物业公司发不了工资，服务也就更不到位。这样就陷入了一个一方不愿意交钱一方服务更差，一方服务更差另一方更不愿意交钱的恶性循环。

物业公司管理不善，卫生打扫不干净，“杂草有这么长”；居民的人身财产安全也得不到保障，当时小区经常有摩托车、电动车被偷。有一位居民丢了个摩托车，过了两周又买了辆，结果又丢了，于是又买了辆电瓶车，结果电瓶又让人给偷了。他气坏了，就把小区丢过车的人组织起来闹事，给物业公司的办公室抬了个花圈，这件事情持续了一个月。类似的事例还有很多，有一户居民，家住在建设A区四楼，刚出去一会儿，结果液晶电视让人给偷了。居民都觉得没安全感，纷纷跑来围观，人越聚越多，最后由镇党委政府出面，通知市上刑警大队的来，才把群众疏散。居民与物业公司矛盾激化，对政府的不信任程度加深。

（三）“原子化”的居民和“离散化”的党员

同时，村民们原先的生活方式逐渐被打破，居民之间的联系削弱，变得日益“原子化”。党员日益“离散化”，党组织的凝聚力下降，服务能力减弱。

1. “原子化”的居民

在以前，和平社区村民世代居住在固定的土地上，以土为生，安土重迁，村民在一起劳动与生活，与土地交换的同时彼此之间进行着竞争与合作。但是，随着现代化的推进，这一情况发生了变化。和平社区村组合并时，金藤村 1—8 组的村民和老和平社区的 4 个村民小组、建设村的 3 个村民小组共同组成新的和平社区。几个村庄的村民原本并不熟悉，只是借由行政力量形成一个新的行政区划，并不是原来意义上的共同体。安置点的居民来自金凤、和平、银杏、建设、凉水、同义等多个村庄，只是因为拆迁安置而搬到了同一个小区，并不是一个因相互交往、彼此熟悉而形成的“社区”。另外，居民的职业结构也发生了变化。土地被征用后，农民脱离土地，进城务工的村民增多，由之前的世代务农而变得更加多元。居民之间难以进行有效的合作，对集体事务漠不关心，原先的“共同体”被打破，居民变得更加“个体化”和“原子化”。

2. “离散化”的党员

共产党员是社区的先进分子，在干部配备不足且居民缺乏自治能力的和平社区，理应由党员担负起组织群众、带动群众的重任，然而，和平社区的党组织却无法担当起这一重任。在和平社区，村民的土地被征用，原先的那种利益结合方式被打破；村民大都搬进了安置点，原先同一个村民小组的成员现在可能居住在不同的小区。在这种情况下，原先的以村民小组为单位的党小组设置方式已经跟不上社区的需求。党员任代武说：“原来在生产队，党员都比较集中，好开展工作，现在分散了，住在各个小区，党员之间都难得见面，缺少沟通。”

此外，还有一些长期形成的问题困扰着党员和干部，造成党组织涣散，干部和普通党员关系生疏，无法使党组织有效担当起引领社区治理的重任。普通党员和干部之间缺乏有效的沟通，相互有隔膜，矛盾突出，有些党员没有正确的权利义务观，认为“书记让我们怎么干我们跟着干就行了，管其他事干什么”。还有一些党员干脆对现状感到失望，采取一种逃避的态度，不参加党的会议和活动，不交党费。有的党员不能在群众中宣传党和政府的政策，反而说一些坏话怪话，别的群众一听，你党员都这么说了，这个政策肯定不好。更有甚者，有的党员不服从党的纪律，非但不能带头，还违法乱纪，群众意见很大，有村民认为“党是好的，但有些党员太坏，丢党的脸”，还有居民认为“党员都是叛徒，不和我们居民站一起”。

二 寻找切口:党建先行试水新居区管理

和平社区所面临的问题千头万绪，在刚开始，和平社区并没有立即形成一个整体的思路以及一整套成熟有效的方法，而是在上级党委和政府的领导下，从解决老百姓最急需的新居区管理入手，先成立临时党支部，然后再一步步完善组织架构，推行自主物业，完善公共服务，在解决实际问题的过程中逐渐摸索出一条党建引领，改善社区治理的新路子。

（一）党组织先行，完善组织架构

整个新居区如不管理好，蒲阳镇的稳定是问题。但是如何管理，大家心里都没有底，诚如左顺勇所说：“从散居到集居，这是一个管理的新课题。”不管是镇党委、镇政府还是和平社区，都在思考这个问题。由物业公司来对新居区进行管理显然不行，单由社区出面也难以管理多个社区居民杂居的新居区。几年前，和平社区支部书记陈存实在成都市委党校学习时，一位编办的主任讲课，讲成都的经验，这位主任提到，有个高度杂居的小区，居民经常找物管闹事，不找业委会，于是他们通过成立临时党支部解决了这一问题。课后，陈存实还专门跑去请教，他认识到这种方法可能能解决安置点的管理难题。陈存实说：“党支部三个人就成立，找到党组织，组织给说很方便。安置的房子跟商品房不一样，小毛病维修他们直接找物业。由支部来监督物业，比如开证明，信息、公共服务。”同时，经过讨论，镇党委和镇政府决定根据党员和居民现居住地，以安置区所在社区为基础，“双重管理，双轨运行”，先成立临时党支部，再一步步成立管委会，选举小区长、楼栋长、单元长，逐步完善安置区基层治理架构。据统计，在建设A区的3022个居民中，569人来自金凤社区，1385人来自和平社区，4人来自银杏社区，478人来自建设社区，343人来自凉水社区，181人来自同义社区，23人来自蟠龙社区，32人来自互助社区，5人来自拦箱社区，2人来自场镇，和平社区的居民占到45.83%，因此建设A区的管理重任就落到了和平社区身上。

1. 成立临时党支部，重塑领导核心

之所以由成立临时党支部入手来完善安置点治理架构，是因为党员人数少且纪律性强，组织关系容易理顺；在成立临时党支部的基础上，以党员为骨干，发挥模范带头作用，将居民凝聚起来更具有可行性。同时，为发挥基层党组织在安置点的主导作用，也必须从先成立党组织入手。

和平社区党支部将建设A区党员的信息进行了登记统计，拟定将建设A区临时党支部分为6个党小组，达贵仁、唐秀碧、王福英、王昌贵、袁圣良、张国康分别担任党小组组长，陈存实兼任临时党支部书记，谭显兵和贾志担任支部委员。经过前期的酝酿与准备工作，2012年10月27日，和平社区党支部向蒲阳镇党委作了《和平社区关于成立建设A区安置点临时党支部的请示》，将这一方案上报给蒲阳镇党委，蒲阳镇党委也向市委组织部作了书面请示。2012年11月15日，都江堰市委组织部批复蒲阳镇党委，同意这一方案。

2012年11月23日上午，建设A区临时党支部成立大会在和平社区会议室举行。参加成立大会的不仅有临时党支部的各位党员干部，蒲阳镇党委书记柏易柔、镇长任明德、党委副书记李祖文、安置点管理办公室左顺勇以及建设、凉水、金凤、同义等几个社区的党支部书记也参加了会议。左顺勇在会上宣读了市委组织部关于成立建设A区安置点临时党支部的批复及蒲阳镇人民政府关于成立建设A区安置点管理筹备委员会的批复，蒲阳镇党政办主任周郑宣读了《建设A区临时党支部党员管理办法》。《办法》规定，除本社区的原籍党员外，其他社区党员均可将党组织关系移至现居住的安置点临时党支部，按属地原则纳入临时党支部管理；安置点内所有党员，在原集体经济组织析产前，均依法享受原集体经济组织所赋予的分配集体资产、享受征地拆迁补偿款、村改资金等所有经济权益；安置点党员施行“党员报到、双重管理”。

2. 成立小区管委会，确立管理机构

与此同时，成立管理委员会的工作也在紧锣密鼓地筹划中。建设A区虽然有了以和平社区为主的临时党支部，但仅有党支部是不够的，因为党支部是领导机构而非管理机构，由党支部进行日常管理有许多不便之处。建设A区必须在党支部的引领下完善基层治理架构，在实现党的领导的同时提供服务，对小区进行民主管理。

成立管委会的时机尚不成熟，和平社区决定先成立管理筹备委员会，来负责新居区的日常管理工作。2012年11月10日，和平社区建设A区安置点关于成立建设A区安置点管理筹备委员会的请示获得蒲阳镇人民政府的批复，同意建设A区成立安置点管理筹备委员会以及安置点上报的筹委会名单。和平社区党支部书记陈存实担任主任，和平社区居委会主任谭显兵和贾志担任副主任，达贵仁、唐秀碧、王福英、王昌贵、袁圣良、张国康等担任委员。在2012年11月23日上午举行的建设A区临时党支部成立大会上，安置点管理筹备委员会也宣布正式成立。安置点管理筹备委员会和临时党支部是两套班子，一套人马，以党员为骨架的安置点管理机构初具雏形。

3. 选举小区长楼栋长，明确自治主体

和平社区建设A区安置点临时党支部和管理筹备委员会成立后，选举业主委员会，完善自治体系的工作也被陆续提上议事日程。2012年12月17日，经过临时党支部和筹委会的讨论，建设A区公布了小区楼栋长选举的选举办法和被选举人参选条件。参选条件包括四项内容：一是应当是本楼栋业主；二是遵守法律，具有完全民事行为能力；三是身体健康，热心公益事业，责任心强，公正廉洁，有奉献精神；四是具有一定的组织协调能力。选举办法则较为粗略含糊，仅规定了过半数业主代表参加方为有效以及“以民主推荐方式，得票多者当选”。

选举工作于2012年12月底到次年1月初以小区为单位进行。因为是第一次选举楼栋长，社区干部和居民都没有经验，选举办法又规定得过于笼统，所以在选举过程中“主观能动性”的发挥就显得尤为重要。社区工作人员全员出动，挨家挨户去宣传，做选举的解释工作。为确保尽可能多的业主能参加选举，投票分为在小区院子里面投票和上门投票两种，居民在家里也能进行投票。包括蒲阳镇政府左顺勇和和平社区支部书记陈存实在内，镇和社区两级领导干部更是马不停蹄前往各个小区，进行指导，解决不断出现的各种难题。

最终，经过近一个月的选举工作，建设A区的5个小区最终选出了刘帮道、杨均全、卓碧森、达仕君等36名楼栋长，楼栋长当选名单于2013年1月17日在小区进行公示，公示无误后正式当选，并颁发当选证书。楼栋长自动成为小区议事会成员，达贵仁、达仕君、王昌贵、袁圣良、张国康5名小区区长兼任小区监事会成员。2013年12月27日，蒲阳镇人民政府下发《关于成立建设A区安置点管理委员会的批复》，建设A区安置点管理委员会正式成立，自此，包括管委会主任、副主任、委员、监事会、议事会在内的建设A区管委会架构正式成形。

（二）推行自主物业，完善公共服务

建设A区的管理架构已经初步完善，“管理主体不到位”的问题得以解决，接下来要做的，则是完善公共服务，满足老百姓最基本的物业需求。

1. 成立“物业服务中心”

在物业公司服务不到位的情况下，蒲阳镇以及和平社区都不得不趁早考虑安置点的物业问题。早在2013年8月，蒲阳镇的银杏、蟠龙、团结、长河等11个农村安置点开始自主收费、自主管理试点，到10月30日，已全面实现市场化自主管理。眼看着兴隆物业公司与建设A区的合同即将于2014年3月到期，经过酝酿，蒲阳镇决定于2014年1月13日开始，全面推进自治化市场管理模式。并要求加快推进基础设施建设、加快完善自治组织架构、加快推进自主化收费管理，在收费过程中严格“以支定收”，尊重住户的发言权，加强对交费与费用使用的监督，并做好收费的服务与解释工作。根据蒲阳镇的部署，建设A区安置点临时党支部和管委会发布《关于加快推进小区市场化自主管理工作的公告（征求意见稿）》，参照其他社区的情况，确定宣传与收费的具体实施时间，初步核定收费标准为0.2元/平方米/月，两天后，正式发布《关于加快推进小区市场化自主管理工作的公告》。

物业收费由之前的1角钱变成2角钱，居民有很多疑虑，刚开始很多人并不愿意缴费。为此，蒲阳镇和和平社区组织村民去率先推行自主化物

业的乡镇学习，通过“现场教学”的方式为居民答疑解惑，说服居民转变观念。陈存实说：“我们反反复复向居民讲道理，你看，咱们自己的小区，咱自己请保安请人打扫卫生，难道咱们不应该自己出钱吗？城里也收物业费，比咱们贵多了，并不是光咱们社区要收钱，其他乡镇其他社区也是自己收钱自己管理。”

不仅如此，社区还反复开会，商议收费方法和收费中所出现问题的解决办法。从 4 月的几次会议的会议记录中，我们可以看到收费工作的复杂与艰难。

谭显兵：目前建设 A 区已收到 200 余户，资金 4 万余元，要求 1—8 组组长全面动员，今年的重点工作是小区收费，在组长动员过程中所涉及的房屋质量问题我们正面对待，一定要给老百姓解决。如果我们本村有老百姓不交卫生费的，就在铜马沟租金中扣除，我们的收费标准是每平方米每月 0.2 元，请大家做好宣传工作。

……

袁圣良：我们金藤村本村老百姓工作好做，但其他村的住户工作难度大。

陈存实：金凤村说统一组上交，建设村 1 组、2 组的说村上交。

张国康：镇政府应统一口径，落实到各村各组。

陈存实：建议镇政府按村收费。

张国康：房屋涉及维修加固的，经开区没有实际行动。

罗勇：老百姓反映房屋质量，房产证的办理。

正如陈存实所说，“上门收费就像过去收租的，确实不好受，老百姓不说不交，但你先把漏水维修这些解决了我再交，但这些问题我们目前解决不了。”因此，只能从党员干部开始，由社区干部、党员、区长、楼栋长等带头缴费，再由他们劝说身边的人，带动其他居民，同时，也把带头缴费情况作为考核党员干部的一项指标。就这样，社区采取了引导居民自觉缴费、党员干部带头缴费、党员干部入户收费、各村社区合力收费的思路和社区干部责任制、小区区长包干制、亲朋好友劝解带动制等能用则用的多种具体措施，在“能用的手段都用上了”的情况下，经过几个月的努力，收齐了物业费。在收费过程中，上门十余次或入户宣传解释 1—2 个小时或多次争论才收取到一户卫生费的事例数不胜数。

解决了收费这一大难题之后，物业服务中心的筹备工作则较为顺利。2014 年 3 月 8 日，兴隆物业公司与建设 A 区管委会进行了交接。接着，小区管委会议事会成员推举陈存实为物业服务中心法人代表兼理事长，谭显兵为副理事，达贵仁、达仕君、王昌贵、袁圣良等为理事会成员。谭显兵兼任物业中心主任，贾志为副主任，王海霞、罗勇为委员。2014 年 9 月 2 日，物业服务中心获得都江堰市民政局颁发的《民办非企业单位登记证书》，物业服务中心正式挂牌成立。

2. 开“坝坝会”商议修车棚

一说起几年前丢了好几回车子，忍无可忍去给物业公司办公室送花圈的那件事，建设 A 区的居民各个记忆犹新。作为安置点，居民的生活并不十分宽裕，自行车、电动车和摩托车是最主要的代步工具，这些车辆最容易被盗；同时，居民乱停乱放，放在楼底下或过道里，既影响了别人又不美观。

由于居民的呼声强烈，和平社区早就有了修建车棚的打算。2013 年 8 月 8 日，由蒲阳镇公共服务与社会事务办公室主办的《蒲阳信息》简报第 49 期介绍了兴隆南区召开“坝坝会”，讨论修建车棚的经验。8 月 9 日，蒲阳镇党委书记柏易柔在简报上批示“请各安置点党支部借鉴”。和平社区下定决心，在建设 A 区安置点修建车棚。

在临时党支部和管委会的带领下，小区楼栋长、区长、住户代表每天七点准时在小区内进行讨论，商量停车棚怎么修、在哪修的问题，最后将地址选在建设 A2 小区后面的一块空地上。党支部和管委会向镇政府申请配套资金，小区区长、楼栋长、群众代表全程监督，很快就将车棚盖好了。车棚占地 1060 平方米，有 357 个固定停车位，可容纳 500 辆非机动车。但是，没有人管理，车辆仍然乱停乱放，车棚的作用体现不出来，有居民说：“必须有人看管，必须交收费用，不然又是烂事。”社区居委会向居民征求意见，确定了摩托车 20 元/月，电瓶车 30 元/月，自行车 10 元/月的收费标准。停车棚建设 A 区的居民均可以使用，电瓶车位还专门配备了充电设备。停车位固定挂牌使用，按照缴费顺序，车主可以自行优先选择车位，凡是在停车棚丢失的车辆小区允诺给予赔偿。管委会公开招聘车棚管理员，并签订管理协议。

在镇政府的支持下，自从 2014 年 3 月 8 日物业公司退出以来，建设

A 区进行了大规模的基础设施建设工作。首先，通过征求住户意见，经小区议事会议定，利用村公资金完善小区监控、门禁系统，公开招聘小区安保人员和清洁人员。其次，经过社区、镇政府、经开区、建筑商等多方面的协商与沟通，修补房屋，解决房屋漏水等质量问题。最后，更换破旧路灯、下水井盖、楼道灯、声控开关等，清理疏通下水道。建设 A 区的管理已然步入正轨。

3. 孙大爷带头建“小花园”

改善居住环境离不开居民的参与，如果没有居民的参与，光靠政府难以有效解决问题。对此，蒲阳镇和和平社区都有着清醒的认识，任明德说：“如果不发动群众，没有群众参与，政府的政策就不能得到很好的落实。对群众来说，这也是一个接受锻炼和教育的过程。”因此，建设 A 区在完善组织架构，履行党支部的领导职责和管理机构的管理职责的同时，也不忘调动群众的参与，对群众的参与热情进行支持和鼓励。

居住在建设 A2 小区 9 栋 2 楼的孙田元大爷就是这样一个例子。孙大爷平时就喜欢花花草草，退休后时常自己莳弄花草。孙大爷花了 800 元钱，自己买花运土、种花，在自己单元前的空坝子上打造了一块约 30 平方米的小花园。之前，小区里面有人在门前种菜，结果不整齐不好看。等孙大爷的花一长出来，大家在楼下“摆龙门阵”时顿时觉得眼前清爽多了。在孙大爷的带动下，小区其他 50 余个住户也开始种起了花。蒲阳镇和和平社区不失时机地对此进行了回应，出资为小区购买了 800 株花卉，免费交给居民种植。小区还提供车辆，帮助居民运送泥土，帮着买花，买工具。左顺勇回忆起当年的盛况时说道：“小区管委会用车辆运泥土，激励居民的积极性。当时都抢泥巴，形成的氛围特别好，整个都打扫起来了。管委会出了 3000 元，帮买花、工具，作为奖励，他们的积极性更高。”对自己的劳动果实，居民也特别珍惜，孙大爷深有感触地说：“还是好人多，大人们都把娃娃教育得好，娃娃都不摘花。”

4. 居民一起动手修“小长廊”

当地人有“摆龙门阵”打麻将的习俗，所谓“摆龙门阵”，是指几个人聚到一起聊聊天、说说话。搬进小区后，地方没有以前宽敞了，串个门也不方便，居民顿时觉得“摆龙门阵”打麻将没了地方，张大爷说：“成天待在家里不出来没意思，出来也没意思，就那么大点地方，连坐的地都没有。”这时，有居民开动脑筋，将自己家装修用剩下的砖头和地板砖拿下来，砌一摞砖头，上面用沙子水泥贴上地板砖，自制的桌凳就可以用了。其他村民看见了，也纷纷效仿，把自己家的剩余材料拿下来，在小区里做起了自制桌凳。虽然每套桌凳在大小、颜色上都不统一，看起来有些笨拙，但居民坐着自己亲手制作的凳子“摆龙门阵”时特别有成就感。建设A5小区的几位老人，不满足于这种小桌凳，他们自己组织起一些居民，集资建了一个木制的古色古香的小长廊，将自己家搬家时不用的旧桌椅拿下来，坐在里面更舒服。

三 促动党员:以自身建设提升党组织活力

在解决新居区管理难题的过程中，镇党委和社区党支部进一步认识到了一个坚强的凝聚核心对和平社区这种复杂社区的重要性。然而，目前的党组织尚无法完全担当起这一重任，因此有必要进一步深化改革，从党建入手在根子上解决问题。在市委组织部、镇党委的支持下，和平社区通过“三级党员面对面”、制定党支部工作手册，力图创立一个在基层治理体系创新中能扮演“发动机”“主心骨”角色的党支部。

（一）承前启后，深化党建想法萌发

建设A区的管理难题初步得到解决，和平社区在进行探索的过程中，进一步认识到了在和平社区这种历史复杂、“矛盾深沉”、困难重重的社区，党组织是否有凝聚力和战斗力是社区能否得到有效治理的关键。在建设A区的探索中，如果没有先成立临时党支部，在党支部引领下再一步步理顺基层治理框架，完善公共服务，发动群众参与，就不可能取得现在这样的成绩。

但是，尽管党员在和平社区的治理探索中发挥了巨大的作用，但并不意味着没有问题。普通党员和干部之间缺乏有效的沟通、相互有隔膜、矛盾突出等根本性的问题尚没有得到应有的重视，党员没有正确的权利义务观、不履行党员义务的情况也没有改观，另外，党组织的设置方式和党员活动方式仍带有很强的传统色彩。要想使党组织在日后的基层治理中发挥其应有的作用，就必须下大力气集中解决这些长远的、根本性的问题。

与此同时，上级党委也在酝酿积极推动党建工作。早在2013年年底，都江堰市委书记张余松在柳街镇调研的过程中对柳街镇在城乡环境整治过程中的创新非常赞赏。“柳街经验”最初是从打扫卫生开始，即老百姓人均缴纳20元一年，村公资金拿出一部分，通过村组干部、社区干部、镇干部每家每户做工作，全员参与城乡环境整治，如挖沟渠、清理垃圾、整治村道、市政设施等。在打扫卫生的过程中，老百姓成立了院落管理委员会，自治，分院、分片来挣这20元，没有时间做的，别人帮他做。2014年，都江堰市专门开展调研，总结出了“柳街经验”。都江堰市将“柳街经验”总结为五句话，即“党支部领导、村（居）委会管理、群众主体、多元支撑、依法治理”。在这几句话中，党的领导是第一位的，即一切工作要围绕加强党的领导和改善党的领导来做，在改善基层治理的过程中夯实党的执政基础。因此，如何改善党的领导，增强党的凝聚力和战斗力，发挥党员的作用就显得尤为重要。

市委组织部对和平社区非常重视。任明德之前担任过蒲阳镇的镇长，在蒲阳镇工作多年，深知蒲阳镇的情况以及蒲阳镇所面临问题的艰巨性。2014年，任明德调任都江堰市委组织部担任副部长，专门负责党建事务。市委决定深化“柳街经验”，推进基层治理创新之后，如何进行创新，尤其是如何改善基层党组织就成了一个他时常思考的问题。任明德说：“既然‘柳街经验’是一整套的，那么把‘党的领导’搞一个试点，‘多元支撑’再搞一个试点，‘依法治理’也搞一个试点，这些试点在全市范围内综合起来，不就是一个整体的基层治理创新了？”市委组织部决定将党建这部分的试点放在蒲阳镇和平社区，一方面是他熟悉这里的情况；另一方面是和平社区最复杂，“和平社区好几个村的人杂居在一起，有征地拆迁等各种矛盾，如果这样复杂的社区都搞成功了，那么其他社区也就可以效仿，它就有了推广的价值。”

以项目化推进党建工作是都江堰市在几年前开始探索形成的一项重要的党建经验，2015年3月16日印发的《中共都江堰市委组织部2015年基层组织建设工作安排意见》指出：“按照‘把基层党建工作的薄弱点位问题化、把突出问题重点化、把重点工作项目化’的思路，修订完善《都江堰市基层党建工作项目化管理办法（试行）》，严格项目申报、审批、监控、考核、运用的管理流程，建立3个市级党建重点项目＋基层申报特色创新项目＋围绕‘一城两区’布点连线30个示范党组织的党建项目化推动管理体系，形成点面结合、全域共振的基层党建工作新格局。”和平社区积极申报党建项目，并获得立项。

镇党委对和平社区也给予了很大的关注。李青禾2014年9月到蒲阳镇担任党委副书记、纪委书记，专门负责党建工作，同时也担任和平社区的包村领导。李青禾到社区了解情况之后，觉得和平社区很有特色，“一方面党员多，来自不同地方，情况复杂；另一方面，和平社区每次开会，会风好，素质可以”。于是李青禾也跟陈存实等人商议，打算今年以和平社区为试点，着力推动党建工作，促进基层治理创新。当然，对于党建创新，更多的源于蒲阳镇和和平社区自身的内在需求，陈存实说：“即使组织部没这个项目，今年我们也要搞。”

（二）“三级党员面对面”，改进沟通方式

和平社区首先从改善党组织内部沟通入手，社区、镇、市三个层级的党员干部坐到一起开会。在开会方式上，将“开一次大会”改为“开若干个小会”，变“干部讲话”为“党员发言”；在会议内容上，从以往单一的政策宣讲改为探讨实际问题。

1. 从“开一次大会”到“开若干小会”

改善基层党组织，必须先从改善党组织内部的沟通入手，党员干部之间有沟通了，相互理解了，凝聚力就自然加强了；同时，普通党员如果也可以说话，能经常向党组织提建议，那么就可以提高党组织决策的科学性与民主性，使党组织更好地为群众服务。

以往党员开会往往变成“一言堂”，领导在上面讲，普通党员只能在下面听，听完被动执行或者敷衍塞责。之所以这样，有多方面的原因，一方面是因为干部民主作风不够，不能听普通党员发表意见；另一方面，有些党员权利意识不强，没有认识到发表意见也是党员的一项基本权利。此外，党员规模太大，党员开会往往好几十人甚至上百人，以和平社区为例，党员总数达到190人，这么多的党员同时参加会议，根本没有发言的时间。

为此，蒲阳镇还专门制定了《都江堰市蒲阳镇社区服务工作流程（党员数50人以上）》对党建活动中的各个会议的议程、发言次序、发言

时间等进行了规定。根据规定，社区应先召开社区党支部扩大会，由社区党支部书记主持，社区党建监督员、社区党建指导员、党支部委员、党小组组长参加会议，参会人员依次发言（发言控制在3分钟之内），发言内容包括对镇党委的建议意见、对社区党支部及社会服务活动的建议意见、对社区党员干部队伍建设的建议意见、对社区今后主要工作的建议意见等，然后社区党支部书记和社区党建监督员相继发言，发言控制在5分钟之内。紧接着，社区党支部和包村领导研究制定分组类别，由社区党支部书记负责，社区党建监督员、社区党建指导员、党支部委员等进行讨论，根据社区党支部实际情况，研究制定社会服务活动小组分组类别；整理在社区党支部扩大会上收集的建议意见，并将不能办理意见报镇党委。第三步是分批次召开党员座谈会，会议仍由社区党支部书记主持，参会人员包括社区党建监督员、社区党建指导员、社区党支部委员、部分党员、2—3名群众代表，会议议程与上述两种会议相同，所不同的是，分组会议的参会党员不超过30人。

事实上，和平社区也严格按照镇上的要求，尤其是在分组讨论的时候，根据有利于每个党员都能发言的原则，安排每一次会议的参会人员名单。

第一次：（2015年3月10日，党员11人）

袁圣良　李大群　杨果　孙卓阳　王盛松　黄继平　袁效全　陈存实　李君　黄继良　贾志

第二次：（2015年3月11日，党员24人）

余国沛　罗永富　罗波　刘期惠　罗贤富　刘期发　罗正清　曾万洪　伍刚　伍平　田群香　李开富　黄帮军　赵昌林　刘天寿　张歆　王书友　贾开国　唐雪茂　岳从兵　罗勇　罗皓　杨德静　袁贤明

第三次：（2015年3月12日，党员21人，1名群众代表）

任代伍　余利华　蒋桂珍　胡伯群　李明珏　马仕华　吴华云　易安志　杨仕华　龚子荣　李秀云　贾志强　王孔国　孙兵　王昌贵　孙波　王凯　郑晓静　刘克明　张龙凡　谭文富　廖世成（群众代表）

第四次：（2015年3月13日，党员9人）

杨岷江　黄俊林　夏万和　唐前福　姜安如　王淑清　达贵仁　王勇　达仕君

第五次：（2015 年 3 月 15 日，党员 23 人）

雷定艳　樊媛　王圣洪　王大成　王长清　王德政　练巍　刘兵　姜德明　杨科明　柏顺东　杨晓容　王建容　彭阳　柏凤萍　王甫英　姚显明　林朝会　徐强　王国强　孟述良　周继　杨鑫

2. 从“干部讲话”到“党员发言”

为克服会议上党员只听不说的问题，镇党委副书记李青禾和社区党支部书记陈存实下定决心，“忍住不说，耐心听党员说”，并鼓励不爱说话的党员也开口说话。党员刚开始的犹犹豫豫，经过其他党员干部的引导与鼓励，也开始畅所欲言，“不能光拣好听的说，要指出问题提供建议。”

在 3 月 10 日的第 1 场分组讨论会上，1 组的袁圣良带头说：“我叫袁圣良，是 1 党小组组长，年轻党员平常务工，会议时间能不能照顾大家的时间，安排在周末和晚上。党员要站好自己的角度，不能忘本，要自觉执行党的纪律，要有思想和认识，不信谣、不传谣，要为维护社会稳定做贡献。”25 岁的年轻党员杨果说：“我叫杨果，是 1 组的，从事英语教育。建议开会的时间要充分征求各党员意见，相互协调，便于安排。利用空闲时间增进党员间的相互认识，建立问题反映的渠道，党组织在给党员安排工作任务的时候要尊重党员的个人时间，我也愿意为大家做事，但有时时间不好控制，所以请考虑先征求意见，再统一安排。”社区党支部书记也以普通党员的身份发表意见：“党员严重老龄化，党员门槛提高，领导怕发展有能力青年抢位置，选取党员时，要从参加学习和活动的情况综合考虑党员人选，对消极党员做好记录，优胜劣汰。”50 岁的黄继良提出：“现在‘40、50’人员打工困难，我觉得支部应该多开展指导无业群众增加收入的各种培训，帮助群众致富增收。同时，老党员要支持年轻党员开展活动。”在安置区管委会担任副主任的贾志建议针对“40、50”人员解决就业问题做研究，“现在很多‘40、50’人员都不好找工作，一般男的就当门卫，女的就当保洁。有的人又嫌工作工资低，怕辛苦，天天要起。要把机关、单位党员的关系理顺。党员要按时交纳党费。”从事体育教练工作的孙卓阳表示愿意抽出时间指导帮助社区群众开展健身方面的活动，建议“支部利用现代化的信息手段，把党员的手机号码、微信收集起来，搭建多种平台，便于党员相互交流，用短信，微信等形式传播正能量。”

3. 从“单一政策宣讲”到“研讨实际问题”

以往党员开会，大多是领导干部单方面的政策宣讲，李青禾、陈存实等人认识到，必须扭转这种局面，不能就党建而谈党建，必须把党建和解决实际问题结合起来。在后面的分组会议中，探讨实际问题的特点更加明显。

在第二次座谈会上，9 组的曾万洪说：“工业园区企业对本地人有限制和年龄有限制，造成就业难，尤其是 42 岁以上的人员。我们安置在小区居住后，管理比以前规范了，但还是有个适应的过程，小区管理上也还有很多需要完善的地方，党员、积极分子要在小区管理中发挥带头作用。”住在兴隆 3 区的伍刚说：“我在园区从事人事管理工作，在停车费、物管费上，居民与物管方有矛盾，小区里有大货车停在消防通道上，凌晨噪音大，噪音扰民，也存在安全隐患。我积极参与支部活动，党员应主动参与小区管理，主动反馈群众的意愿。”2 组的罗勇反映：“建设 A 区顶楼 6 楼渗水，存在安全隐患。”3 组的党小组组长罗皓建议：“金藤小区停车位管理、小区保安人员管理有问题，能不能把菜地硬化改建成停车位？”住在建设 3 区的党员岳从兵说：“我叫岳从兵，住在建设 A 区 3 区 15 栋，现在失业，小区中有摩托车占停车位的情况，很影响大家。”也有几位老年党员没有提出建议，只是表示愿意服从组织安排。78 岁的王书友说：“我叫王书友，现在政策好，积极听从组织安排。”86 岁的党员唐雪茂说：“我叫唐雪茂，是 7 组的，认真学习党章，按党章办事。”

第三次分组讨论的时候，大部分党员大都能够认真对待，意识到这次开会不是简单的走形式，有些党员提出了一些非常尖锐的问题。62 岁的吴华云不无感慨地说：“当前共产党员的社会形象、社会评价比以前要差了，要注重形象问题，多为群众办实事。”一些党员对这种务实的会议形式很赞赏，要求以后要多开这样的会议。71 岁的党员王昌贵说：“我叫王昌贵，是 5 组的，这种会议方式不错，建议党员大会散会后组织开党小组会议，增进认识、了解。对党员提出的问题，要进行解决、回复。”73 岁的党员龚子荣说：“这次能和大家见面，坐到一起，很愉快。我在小区里面也愿意带头做事。建议多开座谈会，增进相互认识、了解，积极做好事，处处起带头作用。”值得一提的是，第三次分组讨论会还请了一名群众代表参加，群众代表廖世成说：“党员要保持先进性，遵纪守法。党员要敢于说话，敢于发言，对违反规矩的行为要带头制止，比如有些老百姓在小区种菜的问题。老党员太多，需要新鲜血液，注重发展年轻、能干事的同志。”

之后的几次座谈会，党员们也大都能畅所欲言，直面问题。78 岁的老党员王圣洪直言不讳地说：“我个人觉得现在的党员组织生活还没有以前的团员组织生活搞得好，以前入党真是要想清楚为什么入党，组织生活会上真是要说清楚自己现在存在什么问题，咋个改进。现在组织生活开的比以前水了，希望多召开座谈会，同时，要加强组织学习。”10 组的王建容说：“今天的会我不知道开什么会，建议改变开会方式，不能光讲，要做好对社区群众的关心，比如节假日以小礼物慰问群众，等等。下次通知会议的时候可不可以告知大家今天会议的主要内容，好有个准备。”7 组的王甫英对这种会议方式表示了肯定：“我觉得这种会议方式很好，能起到双向沟通的作用。”

会后，蒲阳镇党政办将收集到的意见进行分类整理，下发给各职能部门。其中，将“部分党员群众提出 40—50 岁人员就业困难，以及工业园区企业对本地人有条件和年龄限制等问题，造成部分党员群众就业困难”问题交由公共服务和社会事务办公室办理，将“货车乱占道、小区无人住房屋该不该收取物管费、摩托车占停车位、小区路灯不亮、小区文体设施缺乏”等问题交由国土规划办公室办理。其他一些职能部门单独无法解决的、根本性的问题，则是镇党委和社区党支部要在下一步着力解决的。

（三）制定支部工作手册，规范党员管理

与此同时，和平社区也在酝酿制定党支部工作手册，将党章与社区的具体情况相结合，使之更具有操作性和可行性，对党员产生实实在在的约束力。

1. 党员“小宪法”构想的提出

在查摆问题中，一些党员也提出了党员无故不参加会议和活动，不交党费，不能带头服务群众的问题。党员杨德静说：“党组织活动参加党员人数低，党员入党承诺得好，但行为准则没有较好地履行。”党员吴华云更是为当前党员社会形象、社会评价变差而忧心忡忡，“当前共产党员的社会形象、社会评价比以前要差了，要注重形象问题，多为群众办实

事”。而对于和平社区这样的党支部，党员居住地被打乱，平常党员都难得一见，党支部鞭长莫及，这一问题就显得尤为突出。

为何党员不守纪律，不能为群众办事？陈存实等人认为，没有一个健全的制度来约束、激励党员是其中一个重要原因。任明德说：“党章是有党章，但它太宽泛了，具象到某一个社区，它就不一样了”，既然“党章在社区没法直接发挥作用，就需要结合实际制定一个党员工作手册”，要通过制定这样一个工作手册，“让党员知道应该做什么，不应该做什么，党员享受哪些权利，需要履行哪些义务，党支部开会、议事、办事的程序是什么，党员怎样进行考核”。

2015 年蒲阳镇的党建目标责任书也将制定党支部工作手册列为今年的一项重要党建任务。党建目标责任书规定：“完成制定《党支部工作手册》《社区党员行为准则》，明确党支部‘组织生活方式、内容、次数，议事规范，党员积分管理，党员考核’等规定。使党支部工作有章可循、有据可依，确保党支部工作规范运行。”因此，镇党委决定先会同和平社区率先进行试点，下一步再将成熟的经验向全镇推广。

2. 草拟与修改

镇党委和社区党支部决定由社区工作人员王海霞以及镇政府工作人员袁小凤、江秀梅三人草拟党支部工作手册。王海霞是社区居委会的文书，同时也是社区党支部的组织委员，在社区工作多年，了解社区情况，工作经验和写作能力都比较强；袁小凤和江秀梅也在镇政府工作多年，也有过一定的草拟文件的经验。

党支部工作手册的草拟于 2015 年 2 月初就已经开始了。草拟班子在草拟的过程中，以党章为范本，充分考虑部分领导以及普通党员的建议，同时参考其他地方的一些成熟做法，在草拟过程中还专门请教了蒲阳镇的几位党代表。工作手册总共十五章，具体包括总则、党支部工作职责、党支部会议制度、党支部议事规则、党支部学习教育制度、党员行为准则、党员“三亮”活动、党员积分管理制度以及密切联系服务群众制度、党员发展制度、党员激励关怀制度、鼓励党员干事创业制度、党费收缴制度、流动党员管理制度、社区活动中心管理制度等。

手册草拟完成之后，最为重要的是手册的讨论与修改。在某种程度上来说，讨论与修改最为重要，因为只有手册在制定的过程中充分考虑了每一位党员的要求，听取了每一位党员的意见，制定出的工作手册才能让每一位党员都心悦诚服。据社区党支部书记陈存实介绍，工作手册前后共修改十余次，“每个组一个小组长共同商量，作为初稿，党小组长看一下学习，不行的修改；第二次小组长提出全发下去，让党员看着分组讨论，几乎形成初步手册后，开大会，表决通过。”

第三章　党支部会议制度	1. 第三条每月为每季度。同时，加入联系该小组的支部委员列席参与；2. 本章中所有支部改为党支部；3. 第一条改支委会为党支部；4. 第三条改列席参与为参加。同时，改知识和科学技术为等；5. 第四条改研究为议定本。同时，删除集体研究，民主决策；6. 第五条对社区党支部全体党员进行民主评议改到第一条中；7. 第二条删除决定和总结部署工作；8. 第五条删除分清是非。
第四章　党支部议事规则	1. 第三条改居民会议为居民议事会议；2. 第三条对所研究的问题有什么意见可通过支部成员传达修改为对所研究议题有建议意见的可通过支部成员传达；3. 第四条删除及时反馈；4. 第五条删除认真。同时删除参加会议人员不得以任何形式泄露会议秘密事项。因泄露而造成不良影响，予以追究责任；5. 第一条加入其他；6. 第二条改支部为党支部；7. 第三条改对所研究的议题有意见通过党支部成员传达为对所研究议题有意见建议的可通过党支部成员传达；8. 第五条改予以追究责任为将追究相关责任人责任。
第五章　党支部学习教育制度	1. 加入第七条列出全年学习计划；2. 第一条改党员学习教育的目的是通过加强社区广大党员的思想建设和理想信念教育为党员学习教育的目的是不断加强社区广大党员的思想建设和理想信念教育。同时，加入稳步，改党员队伍为党员干部队伍；3. 第三条改符合党员实际需求的生活、医疗卫生等方面知识为符合党员实际的相关知识。同时，加入群众；4. 第三条改符合党员实际的相关知识为都江堰市委、蒲阳镇党员重要会议精神与工作部署。

图 1　和平社区党支部工作手册修改记录（部分）

从中可以看出，在讨论修改过程中，对每一个章节的字词、语句、提法都做出了较多的修改，但内容方面的修改则相对要少一点。

3. 开大会表决通过

讨论修改完成之后，按照计划，和平社区决定召开党员大会，正式进行工作手册的表决和其他一些事项的商议与部署。

和平社区党员大会于2015年4月2日在和平社区一楼大会议室举行。参加会议不仅有和平社区的全体党员干部，都江堰市委组织部副部长任明德、蒲阳镇党委书记罗凌等也参加了大会，陈存实主持会议。大会的第一项议程是讨论通过党支部工作手册，党员举手表决，全票通过了工作手册。

在《和平社区党支部工作手册》的内容中，有个突出的亮点，就是设立了党员积分管理制度，以确保工作手册能落到实处。和平社区将党员参加学习培训、参与社会服务活动、承诺践诺、会议出勤、完成党支部交办的工作任务等情况纳入积分管理。党员积分管理采用基础分与加分相结合，基础分为100分，参加组织生活50分、履行党员义务50分，加分项不设上限。党员考评总分＝党员积分管理得分×0.8＋党员民主评议分数，总分前20名为优秀，总分80分以上为合格，60—80分为基本合格，60分以下为不合格。根据党员考评总分进行党员年度考评工作，对被评为优秀的党员，进行表彰奖励；入党积极分子年度考评优秀的，优先列为发展对象；对年度考评基本合格和不合格的党员，镇党委、社区党支部对其批评教育，并采取“一对一”、“多对一”等结对帮扶方式，督促做好整改转化工作。对连续两年考评不合格的党员，按照有关程序和规定进行组织处理。为此，和平社区还专门制定了各项积分的计算细则，制定了专门的考评表格。工作手册制定之后，每位党员人手一册，确保每个党员都能知晓手册内容。

四　党建发力：以党员带头引领社区服务

在梳理之前座谈会上所反映的问题时，李青禾、陈存实等人发现，群众有一些最基本的需求，包括小区管理、文化、体育、教育、医疗等多个方面，这些需求仅靠政府或社区来解决有些难度，如果由党组织或者社会组织来解决，则会起到事半功倍的效果。另外，党小组的设置方式也需要调整。这两方面的问题可以结合起来，进行一个通盘的解决，在原有的党小组基础之上，根据社区的需要，按照功能将党员进行重新分组，改进党组织活动方式，提高党员服务的积极性和实效性，并将党员志愿活动小组作为社会组织的雏形，培育社会组织。志愿活动小组成立后，以志愿活动小组成员为骨干，举办了一系列活动，得到了群众好评。

（一）成立志愿活动小组，创新党组织活动方式

和平社区立足于群众需求，根据党员意愿和自身特点，设立党员志愿活动小组，并由党员进行公开承诺，用积分制进行考核，确保党员服务。

1. 摸清群众需求："群众需要什么"

对群众进行服务离不开对群众需求的把握与认识，成立党员志愿活动小组，首先要弄清楚"群众需要什么"，然后才能知道该从哪方面入手。

为此，和平社区进行了扎实的调研工作，利用走家串户、开座谈会、"摆龙门阵"等各种方式摸清群众的需求。有些居民反映"水压不足，水里全是漂白粉味道"；有的说"小区经常停电，需要一个义务电工进行维护"，"有时老年人搞不懂手机功能，需要请人帮忙看。"有的居民认为"政府对文体活动不重视"，"希望多增添些文化娱乐设施，并对现有设施进行维护"还有的主张"文化活动进小区、播放正能量宣传片，转变居民思想。"还有的居民说"没有免费体检的场所，为老年人提供免费量血压等基本体检"，"对医保报账情况不清楚，医院对能报账的药品不透明。"也有居民说"失地农民就业无法解决，特别是年龄较大的农民"，"对待业青年服务不够"。

此外，在党组织自身方面，原先的党组织设置方式所带来的问题大家都有目共睹，一些党员也提出了这方面的需求。由于原先的村组设置被打乱，原先属于同一个村民小组的村民现在未必仍然住在一起，甚至有可能一年也见不上一次面。在座谈会上，家住在军民家园的党员张龙凡就说："现在村组被打乱了，都分散到各个小区，这种情况该如何管理？"4组的党员任代武也表达了同样的担忧："原来在生产队，党员都比较集中，好开展工作，现在分散了，住在各个小区，党员之间都难得见面，缺少沟通。和群众也联系得少，存在说得多、做得少，深入群众不够。"

和平社区将收集到的党员和群众的需求进行汇总，并加以梳理和分类，以确定所要设立的党员志愿活动小组的类别，经过梳理，确定了八类志愿活动小组，分别是文化活动类、医疗类、社情民意反馈类、教育类、体育类、就业类、公共服务类、小区安置点管理类。

2. 明确党员能力："我能做什么"

在党员活动方式方面，原先的党员活动方式已经显得比较僵化。党员活动往往脱离党员的自身情况，不顾党员自身的能力、特点；活动"一锅煮"，追求数量，而不重质量；活动开展时一窝蜂，活动结束后悄无声息，没法做到常态化。在座谈会上，就有好几位党员认为，不是自己不愿意服务，而是要考虑党员的自身情况。比如杨岷江就表示："我平常外出务工多，时间不定，我会做好自身工作，服从组织安排，多与群众沟通，传播正能量。"练巍说："我在广电公司上班，我建议党组织会议时间合理化，尽量安排在周六、周日。我从事的是宣传营销工作，以后有什么优惠政策，我会积极向大家宣传。"

同时，在前期的座谈会上，一些党员在发言中也对自身的情况进行了说明，介绍了自己的长处，并表示了自己愿意发挥自己的长处以服务群众的愿望。比如，从事办公用具销售方面的雷定艳表示："现在从事与办公用具方面的工作，以后大家要是有此方面的需要，我会全力帮助大家，同时，以后的每一次党组织活动我都会准时参加，平时也会多向老同志学习。"在幼儿园工作的年轻党员樊媛说："我现在在蒲阳幼儿园工作，我愿意参加社区组织的志愿活动。"

和平社区根据党员座谈会时所表达的意愿，参照党员年龄、特长、爱好、职业等情况，由社区工作人员负责，拟定各志愿活动小组的初步名单。然后，将名单交给党员讨论，如果有需要调整的就进行调整。接着，各志愿活动小组民主推荐召集人，召集人负责各志愿活动小组的会议召集、活动组织等工作，每个小组设1—3名召集人。

和平社区在划分党员志愿活动小组时进行了创新，充分考虑了每一位党员的自身特点。比如，那些年龄较大、无法提供其他服务的老年党员，一般都划入社情民意类党小组，为社区提供上情下达、传递"正能量"等方面的工作；一些有体育、文艺方面特长与爱好的年轻党员，分别加入体育组和文化活动组。对于一些致富能力强、门路广的党员，则加入就业类党小组，为社区居民就业提供服务；还有一些党员在医院和学校工作，则分别加入医疗组和教育组；那些在社区或小区管理中担任职务的党员，大都就地取材，加入小区管理类和公共服务类党小组。在服务方式上，也进行了创新，允许常年在外的党员以自己的方式服务群众。党员罗波常年在外工作，无法经常回到社区参加会议和活动，他主动提出可以发挥自己在江苏房地产公司工作的优势，为社区提供徐州、临沂全国性的批发市场方面的信息，这一建议得到了李青禾、陈存实及其他党员的认可与赞许。

3. 公开服务承诺：“我要做什么”

各志愿活动小组的名称及组成人员确定之后，各志愿活动小组召开会议，共同设计自己的队旗和队徽，讨论制订小组活动计划。经过一段时间的筹备之后，和平社区党员志愿活动小组正式成立。

在2015年4月2日的党员大会上，除表决通过党支部工作手册外，还有一项重要的工作，就是正式成立党员志愿活动小组。在大会上，公布了党员志愿活动小组及其召集人的名单，明确了各党小组的职责，还公布了小组成员们共同设计的队旗、队徽和小组活动计划。为保障服务落实，在和平社区党员大会上，每名党员结合自身情况签订《承诺书》，就“参与服务群众活动，规范自身行为，发挥模范带头作用”等方面进行公开承诺，写明自己承诺服务的内容及期限，并在公示栏上进行公示。党员们的承诺内容大多比较具体，具有可操作性。

4. 积分量化服务：“我做的怎样”

和平社区将志愿活动小组的名单、联系方式专门定制了一个小本子，每位党员一本；还将党员的分组情况做成展板，贴在社区会议室的墙上。此外，和平社区还将党员履行承诺情况与党员积分制管理相结合，各活动小组组长根据组织活动参与程度、作用发挥、群众评价等因素对小组党员进行考核打分，在年终进行考核评议。

在和平社区的党员大会上，蒲阳镇党委书记罗凌表示，今年党建工作的一项要点就是要加强基层党组织在社会服务中的领导核心作用，成立党员志愿活动小组后，下一步，将迎来社会服务工作的重点，即按照社会服务活动小组分组，同时积极争取市委组织部等市级部门的支持，整合辖区学校、医院等资源，组织开展“文化课程辅导、拓宽增收渠道、搭建文体活动平台”等志愿服务活动。为将此项工作抓实、抓细，“我们将与

‘党员积分制管理’结合起来，将每名党员参与党支部组织生活、社会服务活动用积分的形式进行详细管理，作为社区党支部党员年终评议的重要依据。”

（二）开展小组特色活动，创新党员服务内容

随着党员志愿活动小组的设立，根据原计划，以各志愿活动小组为单位，党员们也开始行动起来。各志愿活动小组根据群众需要，以志愿活动小组成员为骨干，在社区和政府的支持下，调动辖区内党建资源，成功举办了“送法进社区”“全民阅读”“趣味体育”“免费医疗进小区”等一系列活动，赢得了群众的好评。

1. “送法进社区”

最近几年，和平社区的居民亲身经历了土地征用、拆迁安置、入保、土地确权等众多法律事务，但居民对这方面的法律规定并不十分清楚。这些年干群矛盾尖锐、越级上访事件多发，除一些客观因素外，也有群众不懂法、不会用法这方面的原因，因此就很有必要开展法律宣传活动，通过这类活动让老百姓获得一些基本的法律常识。与以往的法律宣传活动不同的是，这次的法律宣传活动由以往的政府部门唱主角变为党员志愿活动小组成员为主力。

2015 年 4 月 23 日上午，由蒲阳司法所牵头、联合蒲阳镇综治办、蒲阳法庭、蒲阳法律服务所、和平社区教育分队在和平社区活动中心广场开展“送法进社区”活动。活动主要采取发放宣传资料和现场答疑两方面的内容，向社区居民发放《百姓学法宣传手册》《法律服务便民手册》《法律援助条例》等普法宣传资料，向社区居民重点宣传《宪法》《民法》《婚姻法》等与居民生产生活息息相关的法律法规，为前来咨询的群众解答疑惑，引导他们认真学习法律法规，增强法制观念和依法维权意识。群众兴致很高，来参加的人络绎不绝。

2. “全民阅读”与“趣味体育”

紧接着，文化活动小组和体育组的党员们也动了起来。居民的文化体育活动较为缺乏，以前社区居委会囿于人力限制，很少举办这类活动，现在有党员志愿活动小组，文化组和体育组里汇集了一批热爱文化体育的、多才多艺的党员，人力资源就不是问题了。

快到五四运动96周年纪念日了，好多地方都在举办各种各样的纪念活动，文化志愿活动小组的党员们计划举办一个活动，既可以让群众觉得好玩，又要在无形中引导居民形成良好的阅读氛围，于是他们想到了“读书知识问答”这个点子。4月24日，文化活动分队的志愿者组织志愿者在社区活动中心开展“全民阅读暨读书知识问答”活动。活动包括文艺表演、知识问答等环节，答对题目多的人不仅自己觉得脸上有光，还可以领到一个小奖品，这种寓教于乐的活动深得大家喜爱，吸引了近百名社区群众的参与。

4月28日上午，体育小组的党员们组织开展了趣味体育活动，活动设了定点投篮、跳绳、两人三足等比赛项目。虽然之前做了周密的策划，却忘了当天是工作日，并且是早上，好多原本可以来参加的人没来参加。尽管这让党员们感到有些沮丧，但他们还是下定决心努力吸取教训，争取下次把活动办好。

3. “免费医疗进小区”

医疗小组的党员们也不甘落后，尽管医疗组的党员人数较少，但是专业优势很明显。眼看着其他小组已经举办了好几个活动，医疗组决定举办一次免费医疗进小区的活动，在向居民宣传健康知识、提供健康咨询的同时提供免费体检服务。和平社区党员王宏伟在都江堰市超声波特检医院工作，因此他想到联络所在医院，通过层层对接，成功邀请到了医院的专家梁德全教授等人来和平社区举办活动。

5月15日上午，和平社区社会服务医疗分队在建设A2区组织举办了“医疗关怀进小区”主题活动，都江堰市超声波特检医院梁德全专家教授亲临现场坐诊咨询，对社区居民进行免费的健康检查和健康知识的普及，受到小区居民的热烈欢迎。在义诊现场，专家们免费提供医疗咨询和诊疗服务，如测量血压、健康评估等。对高血压患者，医务人员为其提供了细致的指导，耐心地为其解答关于高血压疾病的疑问、常规治疗方法及注意事项等。

在举办活动的过程中，各志愿活动小组的党员们也在不断摸索，通过每一次的活动，增加活动经验，争取日后举办内容更加丰富、形式更加多样的活动，真正将服务提供到群众的心坎里。同时，在举办活动的同时，也要更加重视锻炼党员，更加重视调动群众参与活动的积极性。据蒲阳镇党政办主任周郑介绍，党员志愿活动小组下一步的发展方向，就是以党员为骨干成立草根社会组织，按照设想，这样既能培育社会组织，又能保证党对社会组织的领导和党员作用的发挥。

五 小结与讨论

和平社区在居住形态和产业形态发生深刻变革的情况下，以成立临时党支部为先导，完善组织架构和公共服务，又在此基础上进一步加强党组织自身建设，在解决现实问题的过程中找到了一条以党建为先导引领基层治理创新的道路，取得了一定的成效，为此类社区的治理提供了宝贵经验。

（一）和平社区党建引领混居社区治理的逻辑分析

治理困境倒逼党建引领，党建创新激发党员活力，党员服务引领社区服务，这是和平社区党建引领社区治理的基本逻辑。

1. 治理困境倒逼党建引领

和平社区集经济开发征地、拆迁安置、社区区划调整等变化于一身，治理资源持续减少和弱化。首先，从文化资源来说，在拆迁安置和社区区划调整以前，同一个村的村民世代居住在一起，共同劳动共同生活，彼此熟悉，形成共同的风俗习惯、道德舆论。这些资源和法律等制度性资源相互补充，有利于形成良好的道德风尚和治理环境。当原先的生活环境被打乱，来自多个村庄的村民居住在一起，原先有利于村庄治理的文化因素便会削弱，无法发挥应有的功能。其次，从经济方面来看，有学者指出，产权单元与治理单元对称，这是村庄得到良好治理的重要条件。[①] 之前各个村庄拥有各自土地的集体产权，当社区区划调整和拆迁安置之后，居住地和所属社区分离。另外，土地被征后村民与村庄的这一联系进一步弱化，居民的收入来源更加多样，非农收入成为村民的主要收入来源。因此，产权单元与治理单元的错位，进一步加重了治理困难。再次，从社会资源来

① 邓大才：《利益相关：村民自治有效实现形式的产权基础》，《华中师范大学学报》（人文社会科学版）2014 年第 4 期。

说，传统组织进一步瓦解，社会组织缺乏，村民的自我管理能力弱。最后，从政治资源来说，社区重组和居住地变化，原先的建制村被打乱，管理关系尚未理顺，新成立的社区居委会面临管理难题。因此，对此类社区来说，内部各种治理资源持续减少和弱化，迫切需要找到一种新的治理方式。

2. 党建创新激发党员活力

在上述治理资源弱化或缺乏的情况下，对此类社区而言，党组织就成了至关重要的治理资源。存在以党建牵引社区治理的必要性与可行性并不意味着党组织立刻就能扮演这一角色，和平社区的例子表明，要想使党组织能承担起这一重任，就必须满足一系列条件，使这一治理资源得以“激活”。一是党内民主，领导干部不重视普通党员的意见及需求，党内民主缺乏，党员之间缺乏沟通与了解，容易使党员被动应付失去主动性与积极性，使干部与党员之间产生隔阂与疏离，降低党的凝聚力与战斗力。二是制度保障，一个完善的党员管理制度有利于党员确立正确的权利义务观，更好地履行党员义务、服务群众。三是组织方式创新，根据需要灵活设置党的基层组织，有利于更好发挥党员作用。四是服务方式创新，在党员服务群众的过程中，要重视党员和群众积极性的发挥。

和平社区通过“三级党员面对面”等方式，让干部与普通党员交心，把自己的想法说出来，把自己的建议和意见提出来。党员们通过交流与沟通增进彼此之间的了解，解开心结，消除误会与矛盾。在加强党内民主的同时进行制度建设，通过党员工作手册的制定，让每一位党员有正确的权利义务观，自觉享受权利并履行义务。在党组织设置方式和活动方式方面进行创新也非常重要。居住形态和产业形态发生了天翻地覆的变化，由原来以村民小组为单位、靠近农田居住、以农业为生到村民上楼、多个社区大杂居、产业形态更加多样，为适应这种变化，和平社区从以村民小组为单元逐渐转向以居住地为单元，从群众的新需求出发探索新的党小组设置方式和活动方式。从最初在建设 A 区设立临时党支部到之后成立党员志愿活动小组，都体现了这一点。在活动方式上，改变以往不重视党员自身特点的做法，“量身打造”党员的服务方式，在服务群众时注重发动群众。

3. 党员服务引领社区服务

随着社会经济的发展，居民有了更多更丰富的需求，这就对公共服务提出了更高的要求。但是，政府提供的公共服务具有单一性和普遍性，且较为滞后，在居委会和物业中心无法满足这些需求且缺乏社会组织的情况下，只能借助于党员这一资源。同时，从党自身建设来看，正如前文所述，随着产业形态和居住形态的改变，也需要改变党小组设置方式，优化活动内容与活动方式。另外，党建引领基层治理创新，除了通过党组织自身建设加强党的领导外，最终还是要调动老百姓的参与，将老百姓引导到基层治理的过程中来，所以必须找到与群众利益的契合点，这个契合点必须从老百姓的需求中去寻找，找准需求，方能调动群众参与的积极性。因此，由党员服务引领社区服务，日后以党员为骨干成立社会组织，就成了此类社区破解公共服务问题和治理难题的可行之道。

党员引领社区服务，首先要找准群众的真实需求。最初，和平社区意识到当时老百姓最大的需求就是事情有人管、办事能找到人，物业有人负责、安全有保障，因此主要从这方面进行入手。而到后来，当这些需求初步得到满足之后，老百姓对生活有了更高的要求，因此就需要提供医疗卫生、教育、文化体育、就业、小区管理等多方面的服务，“让老百姓生活得更好”。其次，要优化党小组设置，按照功能灵活设置党小组。和平社区根据党员群众需求和党员自身特点，将党员划分为医疗、文化、体育等8个志愿活动小组，为群众提供更有效更有针对性的服务。最后，在服务方式上，要注重普通党员积极性的发挥，注意发动群众参与，培养普通党员和群众的参与意识与主人翁精神。

（二）下一步需努力的方向

和平社区在破解新居区管理难题、进一步加强党组织建设方面成绩突出，但仍然有一些不足，需要进一步加以解决。

在和平社区的一系列改革中，外部力量扮演了非常重要的角色，很多措施都是在上级党委政府的统一部署或参与下进行的。外部力量虽然重要，但只有当居民参与进来时，社区治理体系才能良好持久运行。以新居区管理为例，和平社区党支部、居委会、新居区临时党支部、管委会、区长、楼栋长、物业中心等几套机构往往是几个牌子，一套人马。虽然在基层治理架构中人员重合并不鲜见，这样也可以提高效率降低成本，但是，领导机构、管理机构、自治机构、服务机构高度重合很容易让管理代替自治，管理代替服务，同时也隐藏着一定的隐患。试想，小区监事会的成员，同时也是小区的区长，同时也多为小区管委会或物业中心的成员，如此，怎能履行监督职责？因此，在下一步的改革中，和平社区应该进一步注重新居区居民自治能力的培养，将居民自我管理落到实处，逐步做到管理、自治、服务职能相对分离。也只有这样，才能消除居民的“等、靠、要”的心理，为社区治理注入源源不断的动力。

在加强党组织建设方面，和平社区则较为主动。但是，由于党建常涉及一些根本性的问题，难以在短期内得到全面彻底地解决。在接下来的改革中，和平社区应逐步做到党支部组织生活正常化、民主化、常态化，进一步根据实际情况细化党支部工作手册；在党员志愿活动小组方面，应更加重视活动开展过程中对普通党员和群众的锻炼。此外，根据和平社区的设想，党员志愿活动小组是社会组织的雏形，和平社区将以党员志愿活动小组为基础成立社会组织。这种对社会组织的培育方式有利于确保党组织对成立后的社会组织的领导地位，但是，这样也容易造成培育出的社会组织沦为党组织和社区居委会的下属机构，无法真正发挥社会组织的作用。因此，在下一步的改革中，和平社区应在这两个方面保持平衡，在确保社会组织自主性的同时确保党的领导。

自治上楼:新型农村社区自治的有效探索*

——基于都江堰向峨乡棋盘社区的调查

由于灾后重建，2009 年棋盘村实现了全体村民的集中居住，居住区占地 118.14 亩，共建楼房 54 栋，由棋盘村全村和红火村 4 个小组组成的 1500 名村民共同居住，并更名为棋盘社区。随着社区建设和村民上楼地全面铺开和落实，新型农村社区治理也成为棋盘社区首先考虑和长期规划的问题。社区集中居住方式下，村民旧的生活习惯与新的生活方式发生碰撞，出现了诸多问题：不讲卫生、乱扔垃圾导致了环境破坏严重；庭院经济收入减少、生活成本上升导致收支不平衡；闲暇时间增多，休闲方式单一导致文化生活匮乏，散居时简单的自治模式已不能满足新社区多样化的自治需求。对此，棋盘社区以村民自愿为基础，搭建多种形式的自治参与渠道调动群众参与，充分发挥了村民在自治中的主体作用。通过在原村庄所在的小区单元内开展环境整治、完善基础设施、发展集体产业、成立兴趣小组，并在活动开展的过程中成立了物业管理中心、村民议事会、猕猴桃合作社、老年人协会等自治组织，棋盘社区实现了规范化、制度化的自治，激活了群众的内在动力，形成了“群众自愿、服务到位、管理有序、多元互动”的社区自治新格局，为如何在新型农村社区实现有效自治提供了宝贵经验。

一　自治背景:社区化带来内生动力

棋盘村位于向峨乡的北部，面积 3.5 平方公里，下辖 7 个村民小组，

* 作者：华中师范大学中国农村研究院马文婕。

共253户，838人。2008年6月，棋盘村进行灾后重建，以土地置换的方式建设统一规划的新社区，2009年1月，社区正式交付入住。集中居住改变了农民原有的居住形态，一方面，现代化的居住方式与传统农村的生活方式之间的冲突呼唤着社区进行自治转型的探索；另一方面，新居形态下适度的自治单元与棋盘村重视群众意愿的传统有机结合，为开展更广泛深入的自治奠定了良好基础。

（一）需求推动：社区生活问题多

棋盘社区实现集中居住后，村民的社会生活需求发生了巨大变化，同时也带来了一些新的社区问题，如不良卫生习惯带来的环境问题、收支不平衡带来的经济问题、文化需求增多带来的公共服务问题等。为了应对这些新的难题，满足居民需求，棋盘社区展开了多样化的自治探索，社区自治模式转变的内生动力由此产生。

1. 社区环境“脏、乱、差”

在生活上，村民仍保留着散居时的习惯，没有爱护环境的责任意识，在社区乱扔垃圾、私搭乱建、圈地养鸡。但在集中居住的社区，人口密度大，私人空间少，公共空间多，乱扔垃圾，这样做不仅影响村民自己家的环境，也会妨碍附近的村民，甚至侵害整个社区。才入住没两天，社区里的街道就被垃圾所占据，河道里、绿化带、废水沟也都被各种生活废弃物填满，才修好的新社区不到一星期就变得脏乱不堪。当被问及初到社区时的卫生情况时，村民们表示极不满意：“才从山上刚搬过来的时候有60%的人都是垃圾随便扔，农村人嘛，都是这样子的，没有意识的垃圾到处丢撒，本来这些村民文化水平就相当低，才搬过来的时候，垃圾袋、牛奶盒、烟头，不管啥子都到处甩，瓜子壳花生壳到处都甩得是，包括这河里头，坎边上，到处都是。”入住后一个月左右，社区的街道又被村民们陆陆续续搭建的堆放农具和其他杂物的棚房所占据。此外，村民还把在散居时在自家院子里养鸡养鸭的习惯也带到了社区里，没有院子就用竹条或木头围起一块地圈养。这些行为既妨碍了社区的交通，又影响了社区的整体形象。家禽乱窜，粪便满地，臭气熏天的状况更是让村民们到现在都记忆犹新：“那时候路上都是大家围起来的鸡笼子，刚开始的时候真的是不得了，（社区里）到处都是他们养的鸡，路上都是鸡屎，那个味道好大的。”

时间长了，老百姓的这些行为对社区公共环境造成严重破坏，同时也开始影响居民的日常生活，转变老百姓的环境意识，在社区内开展整治和维护环境的需求显得日益迫切。

2. 生活成本增加："打开门就要钱"

村民上楼，集中居住后面临的另一大问题就是生活收支的问题。在集中居住的新社区，农民生活实现了水、电、气全覆盖，日常生活得到极大便利和改善的同时，维持生活的开销也增加了不少，收支不再平衡。生活收支不平衡的原因主要来自于四个方面，一是伙食上开销的增加；二是取暖费开支的增加；三是庭院经济收入的减少；四是交通费用的开销增加。首先，在伙食上，散居时村民做饭主要是靠烧柴，村民要柴火自己去砍就行。而在新社区，通了水电气后，村民煮饭用的是电，烧菜用的是气，这一笔费用一年就能多出来几百元。其次，在取暖上，村民从冬天烧炭火变成了用"小太阳"电暖器，电火箱等电热器，这又给村民的日常生活增加了一大笔电费。再次，在庭院生产上，村民居住从独门独院变成单元楼栋，村民家的院子没有了，卖菜和养鸡的收入没有了不说，以前吃菜到自己院子里摘一把就行，现在村民还得每天去买菜。最后，在交通上，散居时村民建房都就近选择离自己家土地较近的位置，交通靠步行即可，无须其他工具。而集中居住让大部分村民从家到地里的距离变远了，村里的道路修好后，许多村民为了方便都购买了摩托车，养车又形成了一笔新的开销。

平均下来，集中居住后村民每月的生活开支至少要增加 150 元不说，收入还比以前变少了。对此，棋盘社区的村民没少抱怨，2 组的董宗书就说："现在在家里，做个饭要用气，洗个衣服要用电，晚上看个电视也是电，更别说还一天到晚开着冰箱，真是打开门就要钱。"生活收支的不平衡导致村民上楼后住不安心，不踏实，成为影响社区百姓和谐生活的一大经济因素，社区也面临着开辟新的收入来源，提高社区村民收入的新任务。

3. 到处"砌长城"

除了环境和经济外，集中居住对村民的文化生活也带来了新的影响。在棋盘社区，村民们形象地将打麻将称为"砌长城"，因为堆好的麻将牌就像长长的城墙一样。散居时，村民们"砌长城"的时间很少，这一是由于出工时间长，每天早上八点，吃完早饭村民就开始下地干活，晚上天黑才踏着月光回家，等到吃晚饭时已经是晚上十点多了，根本没有时间。二是有些妇女就算不用去地里干农活，家里洗衣做饭的家务事都忙完，一天的时间也剩不了多少。三是农户之间相隔的距离较远，凑齐一桌人也不容易。而集中居住后，村民的闲暇时间开始增多：村民担心天黑以后走那么远的山路不安全，所以通常会赶在天黑之前到家，下午六点多就回到了社区，同时，忙于做家务的妇女时间也被广泛应用的家用电器所解放。时间一多，村民就常常聚在一起打牌打麻将，特别是搬到社区后，村民之间约伴也很方便，“砌长城”几乎成了社区里唯一的娱乐方式，从社区头到社区尾都是此起彼伏的麻将声，赌博的不良风气也渐渐盛行。日子久了，开始有村民担心起来：“社区到处都在‘砌长城’，走到哪里都是哗哗的麻将声，小孩子天天看到的都是这些东西，我们社区的小娃娃以后长大了岂不是各个都要成赌棍?”闲暇时间的增多和娱乐方式的苍白向社区自治提出了文化建设的新要求。

（二）民意助力：社区自治基础牢

建设集中居住社区后村民的生活出现了许多问题，亟待解决。但同时，棋盘村的村务治理十分重视村民的意愿，对村民的争议以集体协商的方式进行解决，村民上楼后又以原村庄所在的小区为单位进行治理，村民自愿传统在熟人社会的基础上得以延续和发展，这都为在棋盘社区开展更广泛更深入的自治，来解决社区生活中的问题提供了可能。

1. *“老百姓都很懂道理的”*

长期以来，棋盘村的自治都遵循着群众主体的原则，将老百姓的意愿放在第一位。而农村繁杂的事务中难免会出现不同的声音和相左的意见，就拿社区入住分配房子的事情来说，一部分村民认为应该公平抓阄分配，而另一部分出让了土地来修建社区的村民则要求优先选房。社区只能建在地势较低，且相对平坦的地方，这肯定要占用一大片质量较好的田地。当时只有棋盘村二组和三组的田地满足这个条件，为了尽快开工建房，村民同意让出自己的田地，建好社区后再从其他组村民手里调回多占用的土地。然而，到社区建好分配住房的时候，二、三组的村民开始提意见：“调给我们的田肯定不如我们原来的田，我们吃了这么大的亏，把自己的好田地拿出来给大家修房子，做了这么大的贡献，选房子的时候我们占点便宜先选好房子，难道不应该吗”。而对其他组的村民来说，二、三组的村民有70余户，在492套总房数中并不是一个小数目，而且492套房子又分为5种不同的户型，这70户村民的户型也各不相同，如果让他们先选，每种户型的好房子都给了他们，房子又是一辈子的大事，这对其他入住社区的村民来说也是不公平的。社区干部既要保证分配住房的公平；又不能不顾少数村民的意见，强迫其上楼。对此，社区干部多次召开了坝坝会，利用晚上村民休息的时间给二、三组组民做思想工作。据社区书记李天平说，刚开始的时候二、三组的村民意见非常大，第一天晚上开了几个小时的会都没有说通。特别是当时村里有个叫张洪钟的人，快40岁了还没娶老婆，说他的好田地都没了，就等着要一套好房子才有可能娶老婆了。但是几晚上的会议之后，通过反复给村民讲道理、摆事实、举例子，村民还是理解了公平分房原则的重要性，张洪钟也说自己娶老婆是“寡妇死儿无望了”，大家都放弃了优先选房，按自己抽取的分房序列号，心甘情愿的住进了随机抽取的安置房。“分了房以后，大家不但没有再责怪和抱怨，还常常夸国家的政策好，让大家都有房子住了。其实老百姓都是非常可爱的，也很懂道理，只要你不强迫他们，好好跟他们把道理讲清楚了，他们都能理解你的”。在社区干部的眼中，社区干部应给群众以正确的引导，而不是滥用权力强迫群众。基于这种思想开展社区治理工作、处理社区事务时，社区干部很少引起干群纠纷，对村民间的纠纷也能及时调解，从而扫清自治工作中的障碍。

2. “基层工作要让每个人都满意”

在合理引导村民，获得村民理解的基础上，棋盘村干部在开展工作时，对每个村民的利益都考虑到位，不失偏颇，也因此获得了村民很高程度的信任。上文中提到，棋盘村二组和三组村民让出了良田作为集中居住建设用地。作为补偿，其他组的村民要将自己组的田地拿出来一部分来调给二、三组村民。调整土地权属的事情涉及面广，人数众多，繁杂琐碎，但即使如此，棋盘村也做到了让所有的村民都满意。调地时，根据人均占地面积计算，入住的农户应按0.08亩/人的标准调整田地给二、三组的村民。在开展补偿调地工作的动员会议上，村长董泽平坚决地表示：“二、三组的村民把自己最好的田地让出来给我们建房子，解决了大家的燃眉之急，那我们调地也一定不能亏待了他们，大家必须把村里土质最好的连片的田地拿出来调给他们。”然而，不是所有人都有适合用于调补土地的，因此，在实际操作中，调补土地可采取偿还现金和偿还土地两种方式。以现金方式调补的村民在根据家庭人口算出占用土地面积后，按照 3 万元/亩的市场价格进行补偿；以土地形式调补的村民则需按 0.09 亩/人的标准计算调地面积，以抵消边角土地无法利用带来的面积损失。

为了保障调地补偿工作公平落实，棋盘社区成立了土地面积丈量小组、记账小组、边界确定小组和纠纷调解小组。边界确定小组和面积丈量小组合作，在田间地头挑选确定合适的土地调补给二、三组村民。在丈量过程中记账小组各成员分别记录，最后统一核对，记录情况完全一样的才能通过核对。通过各个小组的相互分工合作，调补土地的合理性、准确性得到了多重保障。补偿调地的工作基本完成时，调地工作不仅得到了村民的一致认可，甚至连耕地复垦时来棋盘村开挖掘机的师傅都忍不住赞叹：“能让老百姓自愿把自己土地拿出来调整，还没有人有怨言，你们村的工作真的做得好。”对此，董泽平回应：“基层工作就是要每一个人都满意，哪一头都要照顾到。只有所有人都觉得好，都满意了，大家才会相信你，以后你要开展什么工作，老百姓才会配合。”实际情况也的确如此，谈到社区干部的工作，村民们都表示：“这里的干部对我们都很好，什么事都替我们考虑，所以有什么工作我们一般都支持，都相信他们是为我们好。”村民对社区干部充分信任，自愿配合他们的工作，因此社区开展自治容易调动村民参与。

3. “一村一小区”

良好的治理习惯要在规模适度的自治单元内才能得以发挥，规模过小会降低优良传统改善自治的效率，而规模过大又将削弱其影响力。棋盘社区共居住有村民 1530 人，其中原棋盘村的 838 人住在棋盘社区的下半个小区，红火村 4 个组的 692 人住在上半个小区。混合居住面临着人员不熟悉的问题，如果以社区为单元进行自治，要构建新的自治组织，如何选出新干部，新干部如何对两个村的村民进行管理，如何处理各村原有矛盾都可能阻碍社区自治，降低自治效率。为了发挥原村庄治理传统下的村民自愿优势，棋盘社区采取一村一小区，社区分区而治的办法，将原来的村组干部原封不动的保留了下来，在原村庄范围内进行自治，社区不进行混治。在介绍为什么要分小区而治时，向峨乡乡长程绍荣就曾说："要是大家混在一起，红火村的人来管，棋盘村的人不听，棋盘村的人来管，红火村的人又不听，而且每个村有每个村的问题，两个村搞到一起，那不是每个村不仅要处理自己村的问题，还要处理别人村的问题，那好麻烦噢。"以村为小区进行自治，小区干部对村民熟悉，可以利用原有的熟人社会关系开展工作，发挥村民自愿的优势，从而迅速开展自治工作，提高自治效率。

二　自治展开:多方探索尝试破解问题

为了解决棋盘社区面临的诸多问题，棋盘社区的社区干部带领村民进行了多方面的探索：开展环境整治，转变群众意识，撬动社区自治；共议村公资金，调动群众参与，激活社区自治；培育集体产业，提高群众收入，保障社区自治；进行文化建设，丰富群众生活，联动社区自治，在探索中扩大了群众参与范围，搭建并拓宽了群众参与渠道，培育和提高了群众参与能力，实现了集中居住后村民自治方式的转变。

（一）环境整治撬动自治

村民搬入棋盘社区之初，社区最迫切的需求莫过于环境治理。然而村民千百年来形成和延续的生活习惯要在一朝一夕之间根除，这项工作并没有想象中的那么容易。在整治环境碰壁后，社区将转变村民思想意识作为推进整治工作的第一步，提高村民保护环境的自觉性，调动村民配合并参与环境整治。

1. 开会唤醒环保意识

2009 年 3 月初，棋盘社区开始采取措施进行环境整治，向村民提出禁止乱扔垃圾，定时打扫卫生，拆除棚房鸡圈等规定。通知发出后，村民抱怨的声音此起彼伏："以前大家烟头、垃圾随便甩，不也过得挺好的，我们每天干活带孩子都累死了，谁还有那个国际时间去搞卫生"、"让我们把棚棚都拆了，我们种地的锄头、铲铲、铛铛放到哪里去？难道都丢掉噢。"没有村民的理解和配合，社区干部不能强迫执行，环境整治的通知成为一纸空文，社区干部开始意识到，要推进环境整治的工作，必须先转变村民的环境意识。

3月中旬，棋盘社区召开了村民大会，对村民进行环保问题的宣传教育。村书记李天平向大家分享了两个农村集中居住社区环境卫生治理的反面典型，向村民敲响了公共卫生的警钟。2006年，村支书李天平作为省人大代表赴北京开会时参观了北京两个著名的集中居住村韩春湖村和琉璃村。这两个村是当时国家统规统建的集中居住区，社区建设得非常漂亮，全国各地经常有人慕名而来参观。然而好景不长，由于老百姓的生活习惯不改变，随地乱扔垃圾、争相在道路上搭建棚房、圈地养家禽家畜，时间长了，社区道路从康庄大道变成羊肠小道，以前可以开过大卡车，后来连摩托车都过不了，行人落脚都困难。除了道路拥挤，社区内还有鸡、鸭、狗流窜，充斥着家禽家畜臭烘烘的味道，环境脏乱差，卫生状况不堪。也因此，小区爆发了传染病。此时，由于长期疏于治理，这两个村庄已渐渐被外界遗忘，疾病爆发，却不能及时获得外界的医疗救援帮助，最后导致近两千人死亡。这两个村庄的教训对棋盘社区的村民起到了一定震慑作用，村民开始对社区卫生警醒："死了那么多人，真是想想都后怕，看来讲卫生、爱干净，保护好环境还是很重要的。"

随后，社区干部趁热打铁，随即又召集党员、群众召开了多次大大小小的会议，充分调动党员的带头作用，要求党员以身作则，积极配合环境整治，做出表率。除了党员大会、群众代表大会、村民大会等一般的规范性会议外，棋盘社区还在社区露天电影广场、办九大碗的小广场多次与村民召开非正式的"坝坝会"、在村广播不定时播音宣传，向老百姓反复强调保持环境卫生的重要性，对村民进行思想教育。

2. 组长承包楼栋

为了进一步强化和保障思想教育的效果，2009年5月，棋盘社区又采取了组长责任制的方式全面培养村民的责任意识，对村民进行管理和监督。所谓组长责任制是指，每个组长承包四栋楼栋，经常上门向该楼栋的住户进行宣传，不仅要遵守社区公共卫生，还要检查该楼栋周围、楼栋间、楼栋内农户家中的卫生状况。在组长承包的范围内如果有任何不干净的地方，组长须承担责任。为监督组长工作落实情况，社区成立一支志愿服务队定期到农户家中进行卫生检查，并对卫生情况进行星级评定，卫生情况良好的每次记一颗五角星。到年底，社区根据组长承包楼栋农户获得的五角星数量对组长进行奖惩，五角星多的发给奖金，五角星少的则农户和组长一起登在后进榜上挨批评。

“大家都要面子嘛，都不想自己管的楼栋被批评嘛。”出于这样一种心理，组长开始重视环境卫生问题，并积极督促自己负责的区域打扫卫生。据社区书记李天平说，有个别组长还自掏腰包给村民买烟，让村民配合工作，打理好个人卫生。社区的胡全儿是出名的“卫生钉子户”，40 多岁还没有娶老婆，一个人住也不注重个人卫生，一个月都不铺一次床，床单被子都快黑了。组长包楼栋后，隔三岔五就到胡全儿家劝说，实在劝不动了，就拉上社区书记一起去劝。面对组长和书记的轮番“轰炸”，胡全儿不屑地说：“反正你又不跟我一起睡，你管我洗不洗铺盖嘛。”情急之下，书记竟回了一句：“你把铺盖洗干净了，我就来你家睡！”虽然这是一句玩笑话，但还是起到作用，胡全儿被社区干部坚决的态度所打动，终于对自己的行为感到羞愧，开始主动打扫卫生了。再见到组长和书记，不等对方开口，胡全儿就会主动汇报：“书记，今天你去检查，我家里的卫生都搞得干干净净的。”

组长承包楼栋的措施实施后取得了立竿见影的效果。组长承包楼栋前，棋盘社区流传着这么一句谚语“外面看像欧洲，里面看像非洲”，指从外面远远看起来，社区的楼房建得像漂亮的欧洲小洋房，而从社区里看，社区街道和农户家中却脏乱如同非洲难民营。整治后，村民乱丢垃圾的习惯逐渐开始转变，街道上的垃圾不见了，家里的家具、农具也摆放齐整，垃圾装到垃圾桶里。村民从根本上认识到了环卫工作的重要性。现在，再问及社区的环境卫生问题，村民们都感到无比的骄傲：“我们这个小区，哪怕你早上很早来都看不到有什么垃圾。而且不光是进来的道路干净，包括后面的山边上、坎边上、沟边上、前面的河道上，随时都是干干净净的”，老百姓已经自然而然地形成习惯，甚至连幼儿园的小孩都知道垃圾要丢到专门的地方去。村民从根本上认识到了环卫工作的重要性。

3. 拆除窝棚

村民环境意识提高，社区乱扔垃圾的现象得到改善后，到了 7 月，社区干部拆迁棚房、鸡圈的工作也获得了大部分村民的理解和支持，村民开始清理杂物、卖掉家禽以配合社区开展拆迁工作，但仍有少量村民不愿意接受。此时，村干部将开大会宣传改为单独谈话，逐个疏导村民的意见和不满。

当时坚持要搭建窝棚鸡圈的有两户村民，一个叫李文全，一个叫董正前，李文全家是经营化肥生意的，而董正前是一位患了食道癌的老党员，一人独居。由于上了年纪，又身患重病，既不能种地做重活，也找不到临时工可做，董正前因此希望能靠养鸡赚一点医药费。而李文全则是因为和董正前是邻居，两家共用一个阳台，所以董正前养了鸡，他家也就跟着养了起来。村支书将两人单独叫到村委会办公室后就开始做思想工作："我理解你的困难，但我如果给你一个人开了绿灯，也就是开了因为特殊原因破例的先例，那到时候其他人也会有其他的希望通融的特殊原因，村里的工作也就没办法做了。你作为一个老党员，应该做其他人的榜样，应该起表率作用，怎么反而还拖后腿了呢?"经过村干部的多次思想工作，董正前终于转变了思想，开始重视全村的整体利益，同意拆除窝棚。而董正前都同意不再养鸡了，李文全就更不好意思再养鸡了。

在全村老百姓都理解并同意拆除棚房、鸡圈后，棋盘社区专门请来了挖掘机车对搭建的棚房进行拆除，又租用了小三轮车托运村民清理出来要扔掉的杂物。在清理过程中，全村两百多户人清出来的杂物用小三轮车装了有上百车。拆除工作完成后，社区面貌整体得到了改善，时间长了，老百姓感受到了社区里环境整洁，干净卫生的好处，对当初的拆除工作都从最初的反对变成了赞不绝口："现在有人要养鸡，领导不说我自己都要反对，那个气味难闻。搬过来就不要养了嘛，不养这边就干净，养了就不卫生了嘛。之前都在养，多亏了我们领导重视，下定了决心把大家改过来了"、"我觉得我们这个小区整治还是巴适，这儿是小区里头不能养鸡的，圈地不行，那个围起来好臭嘛，你臭到自己还要臭到别个嘛。"

拆除村民私搭乱建的鸡圈、棚房，不仅是让村里的环境卫生得到了保障，从另一个角度来说，更是从根本上培养了村民的公共意识，让村民从过去独门独户只要自己方便就好的行为准则转变成以不损害社区利益为准则。"屋里头有什么不方便的，要在小区里修东西的话，要跟村里申请，不能影响我们小区的整体形象嘛。你要是整得漂亮当然就没有人说你，你要（把小区）整丑了就不好嘛"，社区一位刚生完宝宝的年轻妈妈笑着说。

（二）村资共议吸引参与

开展环境整治的同时，社区的基础设施配套也不能落下。社区建成后，都江堰和成都市两级财政决定自2009年起，每年共同划拨一笔公共服务和公共管理专项资金（以下简称村公资金）用于建设完善新型农村社区的公共服务，并规定要对其使用进行民主决策，对其实施进行民主管理。为此，棋盘社区成立了议事会，并在此基础上形成了三级议事和两级监督的管理制度，对村公资金进行民主决策、民主管理、民主监督。

1. 成立议事会

在获知有村公资金可供社区支配后，为了解决村公资金如何分配、由谁分配、由谁监督的问题，保证其使用公平，在上级政府政策要求下，棋盘社区组织成立了议事会，议事会成员协商决定村公资金的使用。

实际上，早在2009年以前，棋盘村就有村务监督委员会对村务进行协管和监督，其职能类似于议事会，但由于散居时村庄公共事务较少，村务监督委员会常年处于无事可议、无事可督的状态，组织形同虚设。2009年2月，棋盘社区重新规范了村务监督委员会的运行规则，并将其应用于议事会，进行了议事会成员选举。

议事会成员选举分为村和组两级，村议事会成员从组议事会成员中产生，组议事会成员由小组农户选举产生，每组3—5人，村级议事会成员共有23名，其中村组干部11人，党员9人。由于村公资金是上级政府用于提供社区公共服务而发放的资金，为保证资金的用途，政府规定议事会会长由社区支书兼任，监督村公资金的使用。组议事会成员经选出后要及时向村民传达社区的政策、规划，同时了解村民的意见和需求，将其传达给村级的议事会。村议事会成员则基于组议事会需要和上级政府要求通过开会投票进行民主决策和议事。

2. 农户—小组—村三级议事

为了充分调动村民参与，议事会将村公资金使用决策的范围扩大，将使用方向分为农村环境整治综合类、社会治安维护类、基础设施建设类、公共设施管护类和代办村务类五大类，并制定《村公资金使用意见表》，以户为单位发放给村民，在全村范围内征集村民意见。意见表由组议事会成员以原村小组为单位回收，并进行第一轮整理筛选。组议事会将获得提议次数较多，效益覆盖面较广的建议汇总后交由村议事会成员进行第二轮讨论。村议事会成员对组议事会成员提交汇总表中的使用意见进行投票，得票数量高者优先执行，依次类推直至用完当年村公资金为止。这样，村公资金就形成了农户—小组—村三级议事的决议模式。

2015 年棋盘社区村公民意收集项目表决汇总表

项目类别	序号	具体项目名称	提议户数	收益范围（村小组、人数）	表决意见
农村环境整治综合类	1	小区绿化整治	164	7 个组 838 人	20
	2	村域内资源管护及环境整治	57	7 个组 838 人	16
	3	小区候车点打造	120	7 个组 838 人	18
	4	污水处理	9	7 个组 838 人	1
	5	文化活动开展	124	7 个组 838 人	19
农村社会治安维护类	6	物管人员工资及设备	175	7 个组 838 人	18
基础设施建设类	7	51 栋后停车场地面硬化	93	7 个组 838 人	19
	8	5、6、7 组铺设碎石作业道路	104	3 个组 344 人	15
	9	沟堰渠未回	142	7 个组 838 人	15
	10	污水处理站修便桥	54	7 个组 838 人	11
	11	四组修作业道路	19	1 个组 130 人	2
	12	1 栋旁修停车场	4	7 个组 838 人	1
	13	停车棚	24	7 个组 838 人	1
	14	一、二组猕猴桃堆放坝子	1	2 个组 258 人	5
	15	1 栋后修河道堡坎	3	7 个组 838 人	1
	16	1 栋后修散步场所	3	7 个组 838 人	2
公共设施管护类	17	小区路灯改造	153	7 个组 838 人	18
	18	照明及环卫设施维护	41	7 个组 838 人	18
	19	红白喜事场所酒席餐用具	93	7 个组 838 人	17
	20	小区公路减速带	3	7 个组 838 人	4
代办村民事务类	21	便民服务	146	7 个组 838 人	19
	22	涉农政策宣传	65	7 个组 838 人	14

观察棋盘社区 2015 的项目表决汇总表，容易发现，村民参与决定村公资金分配的广度很高，参与提议的农户比例高达 100%，村干部向社区

258户村民每户发放的意见表悉数收回，整合重复意见后共获得建议22条。村公资金提议建设的项目以能覆盖全村利益的项目为主，获得表决赞成票较多的也多为这一类项目。可见议事会议决的方式有效保障了村公资金的应用范围，将其限制在提供村级公共服务的范围内。

在村议事会成员对农户提议的项目投票后，预审小组对实施这些项目所需的砖瓦、泥沙等用料以及人工费、机具费进行预算，算出当年可执行的项目数量。预审小组是独立于议事会的技术指导组织，从社区下辖的7个村民小组中，每组选举出1名成员，其成员多为工匠出身，对建筑耗材预算较为精通，因此其预算审计过的开支大体上符合实际支出。2015年，经预审小组估计后，预计有13个项目可于今年开工投建，其中，获得票数最高的项目获得了棋盘村70%农户的提议。议事会三级议事的决策方式使每个农户的利益诉求都得到了合理的表达渠道，诉求是否予以满足也得到了公正民主的评定裁决。

3. 监事会—村民两重监督

除了通过三级议事制度保障村公资金使用决策的民主，棋盘社区又从议事会成员中选出了五名成员组成监事会，对项目执行进行监督。村公资金建设项目从采购原材料到建设使用的全过程都要求监事会成员参与，在获得监视会成员全体签字确认后，村公资金建设项目产生的费用才能在乡政府完成报账。

在置办红白喜事场所酒席餐用具的时候，棋盘社区要购置一批椅子，当时负责购买椅子的社区干部跑了几个地方比货，最后定下来一家店，和老板谈好了要订，就差付钱拿货了。因为村公资金的使用要监事会的人签字，提货时必须有监事会的成员到场，所以第二天，社区干部叫上了监事会成员一起提货。监事会成员中有一个人很会精打细算，到了店里还要和店老板讲价，让他每把椅子再便宜一块钱，而店老板觉得之前已经谈好了价格，不同意让价。最后，因为监事会成员不满意这一块钱的价格差，这笔交易最终只能作废。事后，社区文书董晓阳忍不住感叹：“现在大不一样咯，以前老百姓都没得说话的份，现在都是老百姓自己说了算咯。”而议事会的成员也因此真正有了当家做主的感觉：“从来没有想过有一天我还能像干部一样可以有发言权，普普通通了那么多年，今天我也算当了回官。当然，这个官是老百姓选出来的，老百姓信任我们，我们肯定要对得起他们的信任，要当一个好官。要是当不好，老百姓不满意，3 年换届被换掉了，那就太丢人了。”

除了监事会的监督，在社区层面，议事会还要将村公资金使用决策过程中村民提议项目汇总表、议决结果、执行情况张贴在村务公开栏向全社区农民公示，接受全体社区村民的监督。然而，尽管村公资金的决策、使用、执行、监督有一套比较完善的机制进行保障，但仍有少数村民长期在外打工，平时既不参加议事会，也不关注村务公开栏展示的村公资金使用情况。对此，议事会每年还会将村公资金建设项目、项目经费、年度结余资金都打印成清单，发到每一户农户家里，或者张贴在农户的家门外，以便村民了解村公资金的去向。此外，近两年，议事会还在社区里拉上了横幅：“今年我村收到村公资金 45 万元，欢迎村民监督，参与项目实施”，并附乡镇和市统筹局办公电话供村民监督。这样一来，棋盘社区就形成了监事会—村民监督的两重监督机制。

议事会在村公资金决策的事前、事中、事后完全尊重民意，倡导民主的运行方式得到了社区村民的一致认可，在这种认可下，议事会成员本身也被激发出了一种责任感。在议事会决策和监督下，通过高效利用村公资金，棋盘社区已完成了社区绿化、修建公厕、停车场、红白喜事场所、安装监视器等多项公共服务建设项目。据村支书李天平说：“以前村里没有什么公共资产可分配的，牵扯的集体利益不那么明显，难免决策民主就差一点，很多事情村干部直接就决定了。那时候不管村干部工作做得怎么样，总有个别老百姓会骂我们是官僚主义，什么事情都是当官的说了算，对干部很不信服。但是现在，每年实施的项目、需要执行的政策从议事会成员的嘴里宣传出去，老百姓就会觉得，这是对的，因为议事会这些人是自己选出来的，信任度就高很多。”

在对村公资金的决策、使用进行探索的过程中，棋盘社区充分调动了村民参与自治的热情，同时也形成了一套规范化的自我管理制度。由于群众反响良好，又提高了自治效率，议事会的议事范围逐渐超出了对村公资金使用决策的决议，开始涉及其他村内公共事务。2014 年，棋盘社区议事会共召开了 14 次会议，2015 年召开 7 次会议，议事内容涉及村公资金使用、低保户评定、巡逻人员删减、社区管理制度制定和修改等方面。

（三）产业发展提供保障

环境整治和议事会制度缓解了棋盘社区村民社会生活和公共服务上的问题，而解决村民经济问题，则要依靠产业的发展。自 20 世纪 80 年代起，棋盘社区的村民就已经陆续开始种植猕猴桃，20 余年后，2009 年时，棋盘社区 80% 以上的农户都种植猕猴桃，社区村民种植面积达 2300 余亩，人均种植面积 3 亩，猕猴桃种植已成为棋盘社区的支柱产业。为平衡社区村民的生活收支，提高村民收入，棋盘社区干部决定从传统的猕猴桃产业入手带领村民发展经济。

1. 猕猴桃的烂摊子

尽管棋盘社区的村民们拥有丰富的猕猴桃种植经验，但果品质量的参差不齐、品种的单一性、市场价格不稳定等因素，收入也随之波动。因此，要改变村民没有一点抵御市场风险的能力，只能靠“运气”来决定收入的现状，必须要有一个能够抵挡市场风险的组织才能保护农户的利益。由于上海宝山区当时是棋盘社区的对口援建单位，通过对口单位联系介绍，棋盘社区引入了由上海盛为木业有限公司（以下简称盛为公司）与社区农户合作，成立了申爱猕猴桃专业合作社，流转土地 1000 亩，并建立了爱心猕猴桃园区，形成了农户负责生产管理，合作社负责技术指导和市场销售的援建模式。流转土地时，为了形成连片土地以便统一管理，有些村民原是种植水稻的梯田也被流转给了盛为公司，并由梯田整理成了坡地以种植猕猴桃。为延长果品保质期，增长市场销售期，棋盘社区还修建了 1000 吨猕猴桃气调库。一时间，村民们摩拳擦掌，种植猕猴桃的热情空前高涨。

流转半年后，都江堰市国土局出台了农村土地整治的政策，在辖区开展土地整治活动，棋盘社区所流转土地也包括其中。在整治过程中，盛木公司与政府在土地整治问题上发生了冲突，认为整治后的土地已不适宜种植猕猴桃，因此拒付地租给棋盘社区的村民。盛木公司与村民多次因租金问题发生纠纷闹得不愉快后，放弃流转的土地，撤离了棋盘社区。盛木公司一走了之，村民非但没有获得收益，土地还成了一片荒地，两年的青苗费亏损了不说，由于梯田已经整成了坡地，连种植粮食都成了问题。据李天平回忆：“当时上面政府怪我们，引来公司留不住，下面百姓怪我们，流转土地倒赔钱，公司老板拍拍屁股走了，留下一个烂摊子，我们只能自己想办法收拾。”

2. 成立越宇合作社

为了解决盛木公司留下的问题，给村民一个交代，棋盘社区支书李天平决定由社区牵头成立合作社，接过来流转的土地，进行猕猴桃种植和管理，偿付村民的租金。2011 年 8 月，棋盘社区越宇猕猴桃合作社正式成立，成立之初共有成员 22 户，由党支书担任社长，与 3 名理事会成员和 5 名监事会成员共同管理。理事会成员和监事会成员均由合作社全体成员选举而出，三年一届。

合作社成立后的第一件事是就是进行品种改良。2011 年前，棋盘社区种植的猕猴桃有 95% 以上是“海沃特”品种，这种品种产量虽高，但品质略差，价格偏低。当时品质较好的猕猴桃品种“金果”的成本很高，种芽就要 5 元 1 个，老百姓因此很难接受改种。为了猕猴桃发展的长远之计，合作社提出了品牌塑造的理念，组织动员合作社成员树立“家家都讲品质、户户都是品牌”的意识。作为社长，李天平率先从自家园子改起，同时发动合作社其他党员跟着干起来。为降低成本，她跑了蒲江、金堂多地，寻求帮扶资金政策，帮助农户索要免费种芽。

引导合作社对产品进行了改良后，仍需做好日常的栽培作业。于是越宇合作社在社员中挑选猕猴桃种植技术骨干组成服务队，在猕猴桃的修枝、抹芽、嫁接、拉枝、清园、肥水管理等 10 多个环节为合作社成员免费提供技术服务，以保障猕猴桃的良好生长。另外，为了维护合作社的整体利益，对猕猴桃种植环节的质量标准进行严格监管，合作社成员签订了以 10 户人为一个单位的《联保质量责任书》，不分亲疏、不分长幼，一律按照合作社技术指导进行种植。合作社成员无一例违背种植原则，才保障了合作社猕猴桃的品质。到 2012 年，越宇合作社实现品种改良 800 亩，改良后的猕猴桃产值占到原来全村猕猴桃总产值的 1/3 以上，改良部分的产值已超过原来的总产值。

3. “闪着金光的猕猴桃”

随着猕猴桃种植规模越来越大、产量越来越高，销售问题也变得日益严峻。过去，猕猴桃就是压在老百姓心头的一块大石：“猕猴桃收获的时候我们每天睡觉都睡不着，就怕没有人来买，或者卖不出好价钱，一年的辛苦都白费了，”如何解决销售问题成为合作社长足发展绕不过的一道坎。为了解决销售，合作社又成立了专门的销售小组。销售小组成员通过连线网络公司对医院、超市、水果批发市场进行渠道销售，同时在网站上开通绿色猕猴桃预订窗口，不仅解决了销售问题，还减少了中间环节，帮助农户提高了售价。到收获的季节，合作社还组织志愿者小组成员组成不计酬劳的义务采摘队，帮助合作社成员中劳动力缺乏家庭的猕猴桃采收，以防采摘不及时导致落果减产。由于合作社统一提供的产量大，品质好，越宇合作社与这些公司形成了良好的长期合作关系，为猕猴桃销售打开了局面。社员李春秀笑着说：“现在我们看到漫山遍野的猕猴桃，感觉都在闪着金光，别人到我们棋盘来买猕猴桃，谁还会愁挣不到钱啊。”

2014 年年底，越宇合作社实现猕猴桃种植面积 2004 亩，挂果面积 1400 亩，总产量达 150 万斤，仅猕猴桃产业总收入达 230 万元，人均收入达 10000 元。由于经营状况良好，合作社会员扩大至 97 户，折合入股资金 104.4 万元。棋盘社区以合作社的形式对社区猕猴桃产业进行统一管理、统一销售、统一打造品牌，在提升村民生产组织化程度的同时，也为社区村民集中居住条件下的生活提供了经济保障。

（四）文化建设联动村民

解决了生活的经济来源问题，社区村民开始有精力关注精神生活，文化建设的需求也变得日益强烈。为了改变集中居住后社区村民闲暇时间增多，而娱乐休闲方式单一的状况，棋盘社区利用村民的空余时间引导村民自发组织成立了多种兴趣小组，以兴趣小组为依托开展了丰富多彩的社会活动。兴趣小组的成立改善了散居时村民只在本小组内交际的社交状况，拉近了社区邻里关系，使社区村民迅速融合，同时又改善了社区的社会风气，形成了良好的文化气氛。

1. 兴趣小组“百花齐放”

棋盘社区在转型前是典型的传统农村，村民每天的生活就是面朝黄土背朝天，文化生活十分匮乏，如何将文化素养较低的村民组织起来，是成立棋盘社区开展文化建设的一大难题。此时，风靡全国的广场舞给了社区干部以启发：广场舞不需要人宣传号召，就能组织起如此多的老百姓，是因为大家对舞蹈、对健身感兴趣，兴趣是人与人之间最好的黏合剂。于是棋盘社区开始以村民特长、爱好为导向成立不同的兴趣小组，并开展丰富多彩的文化活动。从搬入社区至今，棋盘社区已陆续成立了腰鼓队、舞龙队、楹联协会，创办“绣娘工坊”。除此之外，社区还组织村民练习太极拳、跳广场舞，极大地丰富了社区老百姓的文化生活。

春节期间是棋盘社区舞龙队——双龙队伍最为活跃的时候，春节舞龙灯是中华民族的传统习俗，舞龙灯贺新春，20 人组成的双龙队伍走街串巷，敲锣打鼓，彩龙在他们挥舞的手中时而腾空而起，时而盘旋游走，惟妙惟肖的表演把节日的气氛舞动得热热闹闹。除了舞龙队，逢年过节，社区腰鼓队也会为村民献上自己平时在社区请来老师指导之下训练排演的节目。18 个队员穿上统一的大红色表演服，踩着欢快的鼓点，将节日氛围渲染得淋漓尽致的同时，也使老百姓享受到了民俗文化带来的欢乐。

腰鼓和舞龙多在节日里表演，平常日子里，社区村民则多在社区小广场里跳广场舞、打太极拳。每天早上 7 点左右，村里的老人就开始在村民办红白喜事的空地上活动筋骨，活动完，太极拳小组的队长就开始带着大家起势、推掌、出拳。而到了傍晚，同样一块地方又换了一拨人占领。村里的妇女放下碗筷就赶了过去，领队从村委会借来音响，音乐一响，少则四五十，多则八九十位妇女就开始跟着节奏舞动起来。二组的村民李春秀今年 49 岁，她想趁着还不算太老开始借着社区的这个平台调整自己的生活方式：“早上打打太极，晚上跳跳舞，既打发时间又可以锻炼身体，比天天坐着打牌打麻将好多了，我现在每天都去。”

相对于舞龙队、腰鼓队、太极拳队和广场舞队这些宜动的兴趣小组，蜀绣工坊和楹联协会则聚集了那些好静的社区村民。社区村公资金出资请了专门的蜀绣老师对“绣娘工坊”的兴趣成员进行技术培训，棋盘社区 28 名绣娘在老师指导下飞针走线，完成蜀绣作品订单 130 件，创收一万余元。村民易图洪更是靠着一双巧手成为都江堰地区唯一一位进入四川首届金针杯蜀绣大赛决赛的“绣郎”，在棋盘社区乃至向峨乡都出了名。而楹联小组的成立则更具历史底蕴——社区内很早以前就有颇多书法爱好者，楹联成立后，兴趣小组人数不断增加，棋盘老支部书记的书法作品更是受到了四川省书法协会的好评。

到目前为止，加入棋盘社区舞龙队、腰鼓队、太极拳等兴趣小组的成员共计300余人，基本实现了社区村民全覆盖。通过兴趣小组编排特色节目、举办各类文体活动、和相邻社区开展友谊联欢交流文艺汇演，棋盘社区逐步形成了独具特色的地方文化品牌。一时间，棋盘社区的文化建设呈现出“百花齐放”的繁荣局面。

2. *志愿活动温暖人心*

棋盘社区号召社区的热心人士组成志愿者小组，开展“我为社区当义工”的志愿服务，调动村民参与到社区建设中来。2012年，在社区干部组织引导下，棋盘社区志愿者服务队正式成立，发展至今，已吸纳了15名成员。

这些志愿者既要帮助进行社区公共设施维护，又要深入到棋盘社区残疾人、空巢老人、留守儿童家中。对留守老人和残疾人士，志愿者帮助他们打扫家中卫生、更换灯泡、与老人拉家常；对留守儿童，志愿者给他们送文具，陪小孩子们玩游戏，了解他们的生活状况；对贫困户，逢年过节，志愿者会组织看望，给他们送上棉絮、大米、猪肉、油等过冬物资和春节慰问品。

任永长是社区的热心人士，也是志愿者队伍的一员。在“我为社区当义工”活动启动之日，任永长第一个为社区做贡献，他利用自己懂电的优势，找来梯子、电线、胶布等工具逐个把小区路灯线路重新检修了一遍，把不亮的灯泡重新换了下来，又恢复了原来的光明，为小区居民夜间出行提供了方便。

家住社区46栋3号的王婆婆（王玉琴）今年已83岁高龄，因患气管炎每年到冬季呼吸困难、行动不便，常年在家中，郁郁寡欢。棋盘社区志愿者服务队了解到老人的情况后，立即到老人家中，并组织志愿者为老人打理家务和与老人交心谈心，丰富了老人的精神文化生活，让老人心灵得到了慰藉，也让她感受到了社会的温暖。志愿者经常和空巢老人们谈心，帮助他们平稳心态，培育良好的心理品质，预防心理疾患的发生，使老人老有所养、老有所依。

通过号召社区居民参与活动，社区村民关系得到改善，人际交往和谐，人与人彼此之间更加信任。同时，村民对社区的感情也得到加强，更懂得珍惜、爱护小区公共环境和公共设施，为小区营造良好的环境。

三　自治升级:制度建构保障治理规范

在解决影响社区村民生活的各种问题的过程中，棋盘社区在村民的密切参与中逐渐丰富了自治内容、拓宽了自治主体、提高了自治能力，社区自治方式开始转型。在新的自治方式下，社区自治逐渐规范化、制度化。在物业和养老自治上，棋盘社区成立了明确的组织，以组织为依托开展自治；进一步，棋盘社区建立了规范的评比制度，保障自治长效可持续。在社区村民自治中，棋盘社区依托议事会进行民主决策，依托其他自治组织进行自我管理和自我服务，在多个不同自治组织的互动协作中实现了对社区的有效自治。

（一）建组织，明确自治主体

在长期自治实践的基础上和向峨乡政府的领导下，棋盘社区成立了老年人协会对社区养老服务进行专门化的自治；成立物业服务管理中心，专门负责包括社区环境、治安等方面在内的物业自治。

1. 老年人协会

自改革开放以来，农村外出务工的人员越来越多，留下的缺乏亲人照料和陪伴的留守老人也越来越多，农村养老成了一个越来越不容忽视的问题。在山区散居时，村里的老人难以集中，出门又不便，即使统一建设养老服务中心也难解决问题。集中居住后，老年人的分布集中起来，在社区组织下，棋盘社区的志愿者开始向村里的老年人提供志愿服务。2010 年，为了规范社区养老自治，棋盘社区成立了老年协会。

老年协会下设 3 个职能小组，分别是文体小组、和谐调解小组和志愿服务小组，对老年人的生活进行分工管理。其中，文体小组共有成员 5 人，负责社区老年人的内务管理、组织老年人开展文化活动；和谐调解小组 5 人，负责协调解决社区老年人涉及的邻里矛盾、家庭赡养老人纠纷、老年人维权、老年人健康体检等问题；志愿服务小组 15 人，负责老年人活动场所的卫生、绿化、茶水和看管设施设备等每天日常工作。

在决策涉及老年人切身利益的重要事项之前，比如环境绿化、卫生、家庭美德建设、为老服务、青少年教育、优抚救济、计划生育和物业管理等老人关注的事项，老年协会成员要召集社区内老年人召开听证会，请老年人自己讨论自己的事，保证决策的制定建立在充分了解老人意愿的基础上，不与老人的实际需求相背离。

在老年协会牵头，社区老人自主讨论之下，棋盘社区建立起了日间照料服务中心。服务中心设施齐备，具有洗浴室、康复室、理发室、休息室、综合服务室、日间照料室等场所，为社区老年人开展了：洗澡、理发、棋牌、看电影、喝茶、文化娱乐、康复护理、健康养生、法律维权等服务项目，给老年人提供了方便、舒适的养老生活环境。另外，对于独自居住的老人，志愿服务队成员每隔3—5天上门服务一次，帮老人做家务、打扫房间，陪老人聊天，吃饭等。在老年协会的努力之下，老人们对社区产生了强烈的归属感，社区一组已经75岁的周永宽老大爷甚至夸赞道："每天到中心坐坐，都是我们一样大年纪的人，一点都不觉得冷清。老年协会把我儿子该做的都做了，对我们的照顾比家人还周到些。"

2. 物业管理服务中心

经过前期的环境整治，棋盘社区的环境卫生问题得到了一定程度的控制，但由于社区清洁、巡逻人员工资、设施维护资金均来自政府补贴，一旦政府取消补贴，社区环境能否保有持续性则不得而知。为此，2013年4月，在向峨乡政府牵引下，棋盘社区未雨绸缪，成立了物业服务管理中心，把社区卫生、治安等部分治理权交到村民手中，让村民自己对居住社区的管理负责，培养村民的主人翁意识。

物业服务管理中心经议事会讨论后成立，设主任一名，巡逻人员四名和保洁人员两名。中心运行经费主要是工作人员的工资费用，一部分由村公资金补贴；另一部分向村民每人每年收取40元卫生费来支付。由于部分物业管理经费来源于村公资金，乡镇府规定主任和副主任分别由村支书和村主任兼任，兼职不兼薪，仅起到作为村委会代表参与，监督村公资金合理使用的作用，中心具体的管理职能另增设专职副主任，由专职副主任承担。专职副主任、巡逻和保洁人员则通过在社区内公示招标，由村民自主报名，全体村民票选得出。

物业管理中心对管理事项和成员岗位职责有明文规定，社区治安巡逻、环境维护管理、车辆进出管理、停放管理、物业服务纠纷调解及重大事件报告等物业管理中心管理事项均须严格按照管理制度执行。物业管理

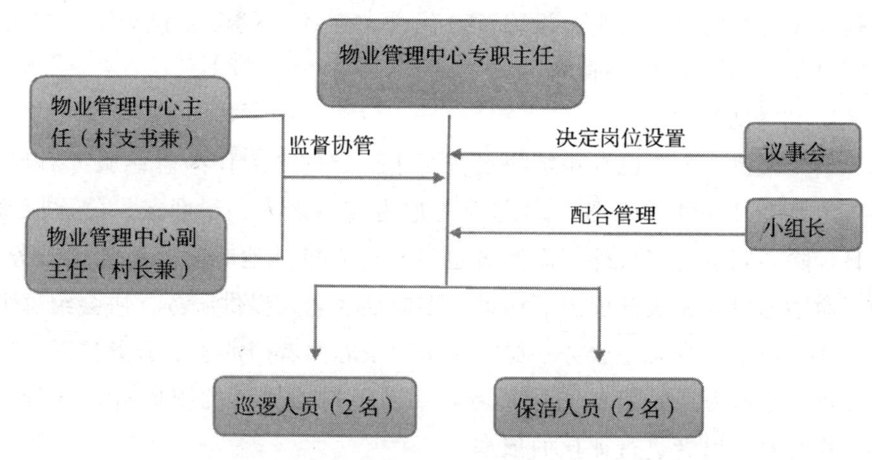

物业管理中心组织架构

中心的明文规定的制度共12条，由村干部根据前期开展环境整治的工作经验草拟出初步制度，再召集村民代表和议事会成员开会讨论。议事会成员将讨论结果传递给各组村民，听取村民意见后再反馈，再召开二次议事会修改确定。修改后的制度经公示无异议后，每户农户签承诺书同意遵守，才形成最终通用的管理制度。

此外，据专职副主任郭天云介绍，巡逻队员不仅仅是保障村民的生命财产安全，还实行“一工双职”制，负责帮老百姓维修水、电、气这些设施。“大家把自己擅长的部分报告给我，我再根据他们的特长给他们分工，有的人专门负责电路维修，有的人专门负责换水管，通下水道”。中心工作人员只领取固定工资，维修服务不另外收费，但服务态度、服务质量要严格接受社区村民的监督：“对于如果他们的工作中有言行不规范，或者是物业管理中心工作情况不公开、不透明，老百姓随时都可以举报。如果老百姓举报物业管理中心工作人员工作上不认真，一次罚款五十元，两次罚三百元，三次将予以辞退。这就是老百姓对我们工作人员的监督。”

（二）常评比，保障长效自治

老年人协会和物业管理服务中心的成立使得棋盘社区在物业自治和养老服务上具有了相对完善的自治机构。但自治机构的长期有效运转仍需一定的评定机制加以保障。对此，棋盘社区分别制定有养老志愿服务和卫生打扫方面的定期评比机制，设置了“优秀志愿者”、“卫生星级”、“十佳文明户”等不同的评比标准。

1. 优秀志愿者

老年人协会为志愿者小组成员分配了固定的老人作为志愿服务对象，并规定每个月 8 号、18 号、28 号是志愿者探望老人、帮助老人的志愿服务日。除了固定的三天外，志愿者也可自行安排其他时间开展志愿服务。为了激励志愿者积极开展志愿活动，多向社区老人提供服务，协会给每个志愿者发放了一本志愿服务手册，用来记录志愿者们的志愿服务情况。每次提供志愿服务后，服务的接受者在手册上对志愿者的服务进行评价打分，作为对志愿者进行评比的依据。

志愿者每个月小评比一次，年底根据每个月的评比情况汇总，评选出社区的优秀志愿者。2014 年度的评比中，社区的优秀志愿者表示：“志愿者本来就是一个人思想好，有奉献精神的体现。被评为优秀志愿者，这就是一种荣誉，一种认可啊，平均每个月我的志愿服务活动次数都有 20 多次左右，要是每次评比，你的本本上（志愿者服务手册）上都没得几次，一点都不积极，那还当什么志愿者嘛。”优秀志愿者评比作为一种外部激励手段，为志愿者服务活动的持续添加了动力。

2. 星级月评

棋盘社区的卫生星级月评是在成都市的引导下全面铺开的。2009 年 10 月，成都市正式启动了“新家园、新风尚、新生活”的“三新”活动。2010 年，棋盘社区的环境整治取得成效后，就开始了以星级月评为主要内容的“三新”自治。星级月评是指由社区对村民的家庭卫生情况进行以月为期限、以户为单位的定期检查，并根据卫生评比制度判断农户家的卫生情况。在卫生评比制度中符合卫生情况良好条件的，就评给一颗五角星。每个月，村民的星级评定结果都要在社区里进行公示，一年下来，每个农户最多可获得 12 颗五角星。到年底，议事会根据全村总的五角星获得情况和村公资金余额充裕度议定每颗五角星值多少钱，再对应的发给村民奖金。

“以前老百姓搞卫生要组长来催，组长不催了大家又懒下来了，后来开始搞评比，你不搞，一年下来别人都是 12 颗星星，你一颗都没有，那多难看噢，真是想偷懒都不行。”

“刚开始大家都觉得不理解，这个卫生有什么好一直强调的，以前大家都是这么过的，不也过得很好嘛。后来形成了制度以后，时间长了就习惯了，有慢慢觉得讲卫生爱干净是个好习惯，不管在家里还是在社区都一样”。

从社区村民的态度可以发现，星级评定长期保证了村民的环境意识，也因此保障了社区的环境治理工作的长期顺利开展。

3. “三新”评优

2011 年，对一年星级评定的工作进行总结后，棋盘社区进一步完善了“三新”活动的评比范围，除了对农户家庭卫生进行星级评定以外，又设置了“十佳文明户”、“清洁之家”、“五好文明家庭”，从家庭卫生、文明活动、社会民风等多个维度对村民进行“三新”评优。进行评定的人员由乡政府分管领导、农户代表、社区党员、干部共同组成，评比每个季度开展一次，年底对 4 次季评结果汇总后得出总评结果。评定的结果要在社区进行为期至少一周的公示，同时在每天中午 11—12 点和下午 5—6 点定时广播通报，确认无异议后才能进行颁奖。据李天平介绍：“获奖的村民没有现金奖励，社区每年从村公资金里拿出 1 万元左右，给获奖的村民买一点米和油。奖品并不丰厚，但关键在于让老百姓有这种意识和荣誉感。”

（三）联组织，规范组织分工

并非所有的社区事务都如同物业、养老服务一样可依托特定组织进行常态化的自治，对于村民偶然性提出的新需求新意见，各组织需要分工合作，共同处理。随着社区生活的往前推进，2013 年，流动小商贩、“九大碗”宴席的铺张浪费之风对社区村民的和谐生活造成影响，经议事会协商得出应对措施后，物业管理服务中心进行具体实施。由此，棋盘社区在琐碎的村务治理上形成了“全员提议——议事会决策——相关自治组织执行——社区监督”的规范性组织分工。

1. 热闹的小市场

棋盘村村民集中居住以后，村民们没有了种菜的地方，每天做饭的食材都需要外购，加上村民集中到了一起，需求量大，一时间大量开着三轮车、面包车的小商小贩涌进了棋盘社区，这些小商小贩们沿着社区主干道一路走一路吆喝，老百姓需要买东西时就招呼他们停下来。这种“流动的市场”虽说比起每天从社区往返镇上采购来说，给村民带来了一定的方便，但是各种小商贩的车辆在社区里随意停停走走，却也给人一种管理十分混乱的感觉，打扰社区村民的生活的同时也影响了社区整体形象。小商贩对村庄影响的两面性增加了社区对其进行管理的难度。既有村民抱怨：“中午都还有人在街上喊卖东西，吵吵闹闹的，睡觉都睡不安生”，也有村民维护小商小贩：“有他们（小商小贩）在现在买东西多方便啊，买瓶油买瓶醋买把面条的，开个门招呼一声就可以了，不然还得天天往镇上跑。”

随着村民对小商小贩的争议声越来越大，为了解决这一矛盾，村干部召开议事会。经议事会讨论协商，棋盘社区制定出两条解决方案提出治理流动小商贩的措施：一是流动小商贩必须在指定的地点买卖货物，比如衣服、玩具、水果、蔬菜、肉等；二是对流动小商贩收取物业管理费，三轮车进来一次收 3 元，四轮车进来一次收 5 元，但对村里老百姓贩卖自己种的菜不收费。

然而议事会的职能主要在于议事、决事，在收费和管理上，物业管理服务中心在向村民收取物业费时已经形成了更为完善的系统。因此，对小商小贩的收费由物业管理服务中心负责，由中心治安人员收取，收取到的费用作为物业管理经费上交社区两委的账户。在多个自治组织的配合下，议事会制定的流动商贩管理措施得到有效执行。小商贩交了管理费以后统一在社区修建的农贸市场里摆摊卖东西，一是社区村民可免于商贩吆喝时的噪声打扰；二是村庄整体形象看起来更为有序；三是货车经过社区带来的垃圾也能被集中清扫。

管制小商贩后，社区主干道上再也看不到流动的小商小贩的货车摊子了，而每天傍晚，从地里下工回家的村民都聚集到了农贸市场，小商小贩忙忙碌碌的身影，等待着前来挑选需要商品人们，形成了一个热闹的小市场。

2. 红火的九大碗

一直以来，棋盘村的村民只要家里有红白喜事，就会宴请亲朋，举办传统的“九大碗”酒席。随着村民经济条件的改善和生活水平的提高，社区村民的攀比之风日渐盛行，在举办“九大碗”宴席时更是越吹越猛——主办的村民以酒席的丰盛程度来显示自家财力的雄厚，让自己的家族更显气势；而随礼的村民则以红包的丰厚来表现自己与主人的情谊深厚。这样一来，“九大碗”的宴席标准虚高，常常是宴席结束，桌上的菜肴却还剩大半，铺张浪费十分严重。除了浪费严重以外，举办“九大碗”也给办礼和随礼的双方增加了不小的经济压力。

为了控制村民之间的攀比之风，维护淳朴的社会风气，棋盘社区提出了由社区负责承办“九大碗”的建议，社区统一对宴席规格标准进行控制，将宴席标准从原来的400元每桌降低到200元每桌，保证菜肴让参加宴席的村民吃饱吃好又不浪费。为了征求村民的意见，社区召开议事会宣传通知，议事会成员按小组向村民传达建议，了解村民的意愿后作为代表进行投票。建议提出后，村民们拥护的呼声一浪高过一浪：“早就该管管这股歪风邪气了。”但社区在红白喜事公共场所承办“九大碗”，办完以后宴会后会场卫生需要有人收拾。社区卫生属于公共环境范畴，依规应由物业管理中心负责，因此议事会提议主办方按每桌5元的标准给物业管理中心交卫生费，上交的管理费同样作为社区物业管理经费。

在获得多数成员投票赞成后，议事会成员将这一建议整理成文字规定在社区张贴公示，公示无异议后开始在村里执行。

棋盘社区2015年6月红白喜事场地收费情况

日　期	姓　名	金额（元）	备　注
6月1日	董振良	100	
6月11日	董海洲	200	
合　计		300	

董海洲：“让社区帮我办‘九碗’，我又省心又省力，花的钱还少，交两百块钱场地管理费，还用在管理社区物业上，我自己也享受了物业服务，何乐而不为呢?”

这一措施执行后，每个月都有村民将宴席交由社区承办，社区承办宴席后也会将收费金额以月为单位在村内公示，接受村民监督，保证账务公开透明。

由此，棋盘社区通过“全员提议——议事会决策——相关自治组织执行——社区监督”这一流程对社区的各类自治组织进行了明确的分工，将村务自治程序和组织互动程序规范化，使自治组织在与社区村民和其他自治组织的联动中实现对琐碎的社区事务的自我决策、自我管理和自我监督。

四　思考与分析

本文采用个案研究方法，通过研究棋盘社区村民上楼对自治方式的影响，分析了导致棋盘社区实现自治转型的内在动力和自治发展的逻辑。棋盘社区的自治是建立在集中居住共同体的共同利益基础上发展起来的，以尊重群众自愿为保障开展的，以较为系统的机制约束规范的自治，在这种模式下社区真正做到了村民自己的事情自己管理，激发了群众的内在活力，使其在自治中发挥了实际作用，实现了社区自治方式的转型。

（一）自治上楼的发展逻辑

2014 年和 2015 年连续两个“中央一号”文件提出“开展以社区为基本单元的村民自治试点”，对村民自治的探索指明了方向，也提出了新的要求。新型农村社区建设是一项牵动村庄外观及内核的系统性工程，需要平衡有力的推动才能保证自治的有效运行。在我国城乡一体化工作的推进过程中，许多村庄让村民上楼，实现了“村改居”的转变。然而，当前我国的现实情况是许多集中居住的村庄生活居住水平迅速提高，而治理水平仍较为落后，使得这些地区的村庄治理遭遇瓶颈，亟待实现治理方式的相应转变。棋盘社区自治实践的经验表明，新型农村社区自治遵循着居住方式转型形成居住共同体——引导村民参与激发群众自治活力——构建体制机制约束规范社区自治的内在逻辑，从而形成新型农村社区完备的动力体系，使自治持续运转。

1. 村民上楼：构筑居住共同体

随着我国城乡一体化工作的推进，传统农村的自治单元和居住方式被打破。散居形态下，村民居住具有较大的私人空间，公共活动空间和农户接触相对较少，利益关系简单。这种情况下，农户之间相对独立，自治参与较低，自治程度较弱。而村民上楼迅速将村民集中起来，形成新的居住共同体——公共的社区环境、治安、基础设施、生活服务等需求因集中居住而产生，这些公共的需求日益将与每个在社区居住的村民息息相关的利益紧密的联结在一起，形成了自治的基础和需要。

马克思曾说，人们奋斗所争取的一切，都同他们的利益有关。[①] 利益是自治的基础和核心，不同的利益相关度决定不同的利益共同体，不同的利益共同体决定不同的自治水平。[②] 集中居住条件下的共同利益呼唤着棋盘社区的村民参与到社区自治中来，以实现对自身权利的维护和对社区生活的管理。自治需求骤变，而传统农村长期形成的村庄管理方式却未能实现同步的转变，新农村社区居住共同体的自治需求与其缺乏参与弱的自治管理方式不相适应，导致新型农村社区的诸多社会问题难以及时得到解决。此时，棋盘社区通过转变村民意识、成立议事会、兴趣小组、老年人协会、物业管理服务中心等自治组织，为村民参与自治搭建了广阔的渠道，撬动了村民参与，解决了社区的环境整治、公共设施建设维护、产业发展、文明培育等方面的问题。因此，要解决村民上楼后所面临的社会问题，实际上是要转变新型农村社区传统的治理方式，激发村民在社区自治中的活力，吸引其参与自治，并形成一种适合社区集中居住条件下，村民生活需求多样化特点的自治模式。

2. *参与自愿：激活群众活力*

村民自治的主体是群众，生命力也源于群众。[③] 而群众自愿是激活群众参与自治的前提和基础。尊重群众的主体地位，充分维护好保障好群众的民主政治权利、合法经济利益和社会生活权益，才能为社区自治提供持久的动力。棋盘社区在社区建设的过程中就培育了充分的群众自愿基础。在群众可自由支配的事情上，棋盘社区给予群众充分的权利，比如确定房型时在规定人数的基础上可由农户自由组合；在群众意愿与政策公平冲突时，及时与群众沟通，争取群众理解，比如在村民对抓阄选房提出异议时及时开会协商，劝导村民，而不是以强制力量强迫村民。在社区治理过程中，棋盘社区更充分尊重了群众的主体地位，以转变群众意识作为开展工作的第一步，以征求群众意见作为制定决策的第一步。基于群众自愿的自治既扩大了自治的参与范围（比如通过三级议事、两级监督等形式将社

① 《马克思恩格斯全集》第1卷，人民出版社1995年版，第82页。

② 邓大才：《利益相关：居民自治有效实现形式的产权基础》，《华中师范大学学报》（人文社会科学版）2014年第4期。

③ 徐勇：《积极探索村民自治的有效实现形式》，《中国乡村发现》2015年第3期。

区自治从少数村庄能人的参与转变为社区的全面参与），又深化了群众的自治参与（比如将村民参与由农村的投票选举扩大到参与决策、参与管理、参与监督等自治事务上来）。村民在自愿参与中强化了自治意识，提高了自治参与能力，其活力得到激发，在社区自治中扮演着越来越重要的角色。通过引导群众自愿参与，棋盘社区村民实现了村公资金决策、村务监督、社区文化乡风建设等社区事务的自我管理，在该阶段实现了有效自治，群众在自治中所发挥的作用也日益凸显，自治中的群众活力得到强化，自治进入正轨。

3. 制度约束：群众参与的常态化

农民的行为和意识存在着反复性、阶段性，这就决定了农民在参与中培养起来的社区认同和自治积极性的不稳定性，自治长效性得不到保证。而制度即规程，它是一种行为规范，在较长时间内具有稳定性，可以推动村民常态化、规范化的参与自治，保障自治参与的长效性。在棋盘社区的自治实践中，制度构建大致可分为成立自治组织、建立评比制度两个方面。对于村务决策、物业管理、志愿养老服务等日常性、规律性的社区事务，棋盘成立了对应的自治组织，如议事会、物业管理服务中心、老年人协会等，各组织均有规范的运行制度流程。以制度化的自治组织管理社区，一是为村民参与自治提供了长期存在的稳定途径；二是组织内部较为完善的运行机制也为村民参与提供了可以遵循的规范。此外，棋盘社区在农户家庭卫生上开展星级月评，在社区风气治理上开展“三新评比”，在志愿者活动上按月评选优秀志愿者，对自治组织管理的事务辅以评比制度。定期的评比制度一方面为村民对参与行为进行判断提供了统一的制度标准；另一方面，也可以培养村民的参与习惯，将自治参与转化为村民生活的一部分，形成常态。通过建构组织，订立制度，依托各个社会组织开展的社区自治实现了自治主体权责清晰，不同的自治组织对日常自治事务进行常态化的制度规范，将群众自治融入社区村民的日常生活，从而使得群众的自治意识在社区生活中得到不断强化，也保障了村民自治参与的长效性，使群众在社区自治中长期焕发活力。

（二）棋盘社区自治实践的价值与不足

棋盘社区的自治探索体现出群众自力的亮点，为有效实现新型农村社区自治提供了宝贵经验和丰富素材，具有一定的借鉴作用。另外，作为一个新型农村社区，棋盘社区的自治到此并未结束，如何进一步完善自治中的不足之处，实现未来长足发展也是推广新农村社区自治值得思考的问题。

1. 价值：内力推动的有效自治

棋盘社区作为灾后重建的集中居住社区，其良好的社区自治运行情况最终可归结为发挥群众内动力的结果。这为在新农村社区推广自治提供了几点思路：一是社区自治要规模适度。规模适度是激活群众内动力的外部基础。棋盘社区采取一村一小区，社区分区而治的办法，将原来的村组干部原封不动地保留了下来，对原村庄成员进行自治，社区不进行混治。以原村庄为单位小区进行自治，干部对村民熟悉，可以利用原有的熟人社会关系开展工作，自治工作才得以迅速开展，自治效率得以提高。二是社区自治要激发内在活力。分析棋盘社区的自治开展过程，可以发现自治的进步与群众活力之间具有紧密联系。群众活力由群众对自治的参与意识、参与能力和参与机制决定。自愿参与是自治的基础，群众参与能力是自治的手段，参与机制是自治得以持续的保障。充分激发群众活力，意味着群众参与意识较强，参与能力得到培育，参与机制明确且完善，有效的社区自治需要强大而持续的群众活力才能实现。

2. 发展：尚待突破的局限

棋盘社区的自治转型在很大程度上提高了居民参与，促进了居民自治的开展，但仍存在一定的局限性，在未来的发展中应有所突破。

首先，进一步理顺社区管理体制。农民集中居住后，原农村和新的农民集中居住区社会管理职能未有序衔接，这导致棋盘社区内，环境、治安等事务的治理也被按照原村庄单元被划分为棋盘和红火两个区域，各自为政的局面虽然避免了两个村庄人员不熟悉带来的治理困难，但同时却造成了人力、物力资源严重浪费。另外，很多事务如民主选举、党员关系等，主要以户籍为依据，而居民户籍有的已迁往新社区，有的还保留在原村，原村与新社区的关系错综复杂，造成管理上的混乱和诸多矛盾，这些关系也需要在未来的社区自治中进一步加以理顺。

其次，进一步加强村民自力，减轻对政府等外部力量的依赖性。棋盘社区议事会、物业管理服务中心等组织运行的经费大部分来自上级政府。

如果没有政府援助的资金，议事会或又将陷入过去无事可议的境地，社区基础设施的建设和维护也失去了资金来源，由于物业管理中心人员的工资大部分来源于村公资金，其持续运行更将令人担忧，现行的自治体系难以为继。社区依托物业管理服务中心向村民、小商贩收取卫生管理费的方式在一定程度上减轻了这种依赖，集体经济产业的发展也能在一定程度上缓解撤出政府力量带来的冲击。

最后，进一步调动群众参与的主动性。尽管棋盘社区在自治中充分尊重群众的意见，提供多样化的参与渠道，但村民的参与多为社区引导下的被动性参与，缺乏主动性和积极性。特别是在涉及村务决策的问题上，参与主体范围局限在少数热心骨干中，其他村民的参与度还是较低。因此，在保障村民自愿参与的同时，还要进一步调动群众主动参与，发挥群众在自治中的主观能动性，集中群众的智慧来对其自身进行管理。

经验篇

院落单元，党引民治：打造基层善治的地方样本*

——基于都江堰市党建引领基层治理创新的调查与思考

党的十八届三中全会提出了“推进国家治理体系和治理能力现代化”的重大命题，这说明当前已处于从“管”向“治”转化的制高点上。都江堰市作为改革创新的先行者，随着新型城镇化的推进，大量新增的社会事务和社会需求对传统包办式、闭合式、粗放式的管理方式提出了严峻的挑战，民众维权、干部维稳的局面亟待转变。为此，都江堰市以适度的院落为基本单元，以党的引领为基本动力，以激活民力为基本目标，重构了镇（街）治理、村（居）服务、院落（小区）自治的基层治理体系和框架，变“嵌入型自治单元”为“内生型自治单元”，实现了从“党政发动”到“党社联动”、从“党政包办”到“党群共治”的转变，探索出了一条“院落单元，党引民治”的治理新路径，作为基层善治的地方样本，具有普遍性的价值和意义。

所谓“党引民治”是指党领导下的村（居）民自治。党引是对基层党的领导方式的创新，由以往的直接管理变为引导，将党融入社会之中、让党成为社会中先进的一员，从而强化基层党组织的作用。民治是以群众主体为核心的村（居）民自治。党引民治是在依法治理的框架内，将党自上而下的外部推动力和群众自下而上的内生活力相结合，将“党的领导、群众主体、村（居）管理、多元支撑、依法治理”融入治理体系中，

* 作者：华中师范大学中国农村研究院白雪娇、郭瑞敏。

实现了党的领导、群众主体和依法治理在基层善治的统一。

一　多重转型下的基层探索："党引民治"的现实基础

作为先行先试的排头兵，都江堰在村（居）层面的治理机制创新上取得了一定的成绩。但是随着民众需求的日益多元化，依然还存在党组织引领无力、群众参与不足、自治活力不足等问题。尤其在国家治理体系和治理能力现代化的大背景下，急需探索一种新的治理模式。

（一）政府投入在加大，群众满意度却降低

当前随着新型城镇化的推进，政府基础设施和公共服务的投入在逐年增加，与此相应，民众对政府的满意度却并未相应提升。对于都江堰而言，在统筹城乡后，村（居）民的生活环境发生了翻天覆地的变化，至今农村地区的水、气、电、路全通率达100%。而农村集中居住区（简称"农集区"）的基础设施和公共服务更是提前了20年。为了实现这一目标，政府投入了大量的财力，仅2013年，全市投入18.9亿元用于城乡基础设施建设和社会民生保障体系建设。然而，村（居）民的满意度却没有相应提升，在近几年，成都市三圈层区（市）县公共服务满意度测评中排名靠后。如何转变这种"花钱找骂"的尴尬不仅是都江堰更是全国各地急需破解的难题。

（二）党的建设在加强，党的引领作用没增强

为了提升党组织对基层的领导，对于基层党建的力度一直在加强。但是在这个过程中，往往会出现"就党建谈党建，为党建而党建"，没有和基层治理、和人民群众很好地融合在一起，从而限制了党对基层治理引领作用的发挥。对于都江堰而言，为了加强基层党组织对于基层治理的领导，都江堰在基层党建方面加大了投入力度。但是这种投入并没有完全撬动基层治理，尤其是城乡统筹后，民众的多元化诉求迅速增加，如何有力、有序地满足村（居）日益增长的需求，如何有效发挥基层党组织在其中的作用，是一个全国性难题。

（三）自治单元不适度，治理机制缺乏活力

对于都江堰而言，特有的川西林盘形成了以院子为单位的散居格局，规模一般在20户左右。然而这种围绕林盘的院子不仅规模小，而且分布散，甚至同一个村民小组内院子不相连。目前，都江堰这种“小而散”的院子有3020个，这种散居格局导致了两个问题。其一，自上而下的管理不到位。行政村（社区）——村（居）民小组的行政体制无法实现公共服务和基础设施对院子的全覆盖，并且由于院子规模太小，也无法实现规模效益；其二，自下而上的自治难落地。当前村（居）民自治主要以社区为基本单元，面积太大，社区一般2—5平方公里，而院子又太小，导致自治落地缺少有效的单元基础。因此，寻找适度的单元，组织民众、激活自治成为当务之急。

二　以院落（小区）为依托，寻找党引民治的单元基础，变“嵌入型治理”为“内生型治理”

长期以来，以行政村（社区）为单元的治理体系，由于最基础的自治单元不便于自治，导致自治难以契合村庄（社区）的内生需求，难以落地。都江堰市根据“地域相近、规模适度、群众自愿、利益相关”等原则，以院落（小区）为基本单元，打造院落（小区）自治，激活了自治的内动力，实现了村民自治由“嵌入”向“内生”的转变。

（一）整合院子，重构“散居区”自治单元

如同全国其他地区一样，都江堰虽然在新型农村社区建设先行一步，但是还有大量的农村地区处于散居状态。为了破解“单元不适”带来的自治空转难题，都江堰市本着需求导向，将散居的自然院子整合成院落，实现了自治与管理的有效衔接。

1. 地域相近，构建生活“小群体”。当前都江堰基层有两种单元，一种是以行政村—村小村为主体的管理单元；一种是以自然院子为基础的生活单元。当前，以管理单元分割自然单元的现象，导致居住相近的农民可能不是一个村民小组，这就导致以村民小组为单位开展的公共活动难以运

转，不利于共同生活体的构建。为此，都江堰立足于自然院子，按照50—100户的规模，依循群众自愿、地域相近的原则，将院子整合成院落，这就在行政体制的基础之上重构起一种生活共同体。目前都江堰将全市3020个自然院子整合为1032个院落，形成了以生活共同体为基础的自治单元。

2. *规模适度，构建服务"小单元"*。在推进城镇化过程中，都江堰将散居院子作为落实"美丽我家、美丽我院"行动的着力点。然而自然院子太小，"撒胡椒面"做法的难以实现效益最大化，只有探索重新划分自治院落，才能集约财力、实现规模效益。辖886户，2620余人，面积达3.5平方公里金华社区，在推进自治过程中对分散带来的服务难题感同身受。社区书记感慨，"散居院落管理和服务都很困难，比如距离村庄较远的一个小组，辖45户人家，分散为3个自然院子，平均一个自然院子15户，你总不能专门给这15户人通天然气管道吧"，为此，金华社区将13个居民小组，划分为7个院落。这样一来，以院落为单元通水、电、路、气等，更加方便。

3. *便于自治，构建参与"小平台"*。为了充分发挥群众主体作用，都江堰在重构起便于自治的院落单元，并在院落内搭建起自治组织，让自治运转起来。当前都江堰立足院落，成立了院落管理委员会等自治组织，由院落村民民主推选院落管委会主任、副主任等成员，由院落管委会负责院落的环境卫生、安全秩序、矛盾纠纷等大量事务。目前都江堰共成立院落管委会1000多个，院落管理委员会成员一般3—5人。通过自治平台的重建，使得一批长期在家、有威望、有能力并且愿意为大家义务服务的人能够站出来，带领村民参与到院落自治当中。正如一位院落管委会成员所言"现在我们都是义务为大家服务，并且干的是大家的事，大家谁还好意思不参与……"

（二）立足小区，建构"集居区"自治单元

都江堰在推行城镇化过程中，创新集中居住区建设。截至2015年，已经建设完成222个农村集中居住点，涉及25000余户，73000余人。为了实现集居区的自治，都江堰探索出楼栋——小区——社区三级自治体系。

1. *以楼栋为基础，推选单元长*。为了方便集中居住区的自我管理和

自我服务，都江堰以楼栋为基础，推选出楼栋长和单元长。以鹿池社区为例，在村两委的引导下，村民通过民主推荐方式产生每栋楼的“栋长”1名、每单元的“单元长”1名，由“栋长”管“单元长”，“单元长”发动群众，共同参与楼层和公共区用气用电安全、环境卫生保洁以及规范晾晒衣服、堆放杂物等具体事务。栋与栋之间的“栋长”每天对值班、卫生等情况进行交叉检查，由村民每月评选出前3名“先进栋”，予以荣誉奖励。同时按照“栋连坐制”，本栋内有一户违反文明公约，影响整栋居民评选“五星文明户”，借此推动楼栋内的相互监督。

2. *以小区（片区）为范围，产生业委会*。都江堰各地区以小区（片区）为单位、选举产生业主委员会等自治组织，并制定小区入住公约，自我管理、自我服务、自我监督。柳街的鹤鸣社区就由鹤鸣新村和鸣凤家园两个小区组成。鹤鸣新村小区由小区成员共同商议，选举产生业主委员会8名，负责卫生清洁、治安巡逻、纠纷调解、关爱老人和留守儿童、文化宣传和小区资金管理等。当前小区物业费由小区业委会按照户型收取；此外，鹤鸣新村以小区为单位，由业委会起草，全体村民讨论，制定住户公约，如“门前五包”及菜地管理等。其中村民罗某因长期在外，其菜地被业委会依照公约收回管理。

3. *以社区为统筹，上延自治网*。集中居住区在小区（片区）、楼栋基础上，由社区进行统筹协调和指导，提供统一的公共服务和公共管理。金龙社区有散居院落7个，集中居住区1个。金龙社区以社区为单元统筹散居院落和集中居住区，讨论使用村公资金、开展公共活动、评选文明家庭等。2014年，在社区的统筹下，分别在散居院落黄家大院和集中居住区泉水家园以及社区中心举办近10场活动。通过社区村委会和小区业委会的联动，将小区和社区衔接起来。相比金龙社区，完全集中居住的棋盘和鹿池社区，在社区成立群宴协会、文体协会、志愿服务队等社区社会组织，进一步提升小区（片区）自治。

三　以党建为牵引，激发党引民治的动力基础，变“单向度治理”为“共同性治理”

基层党组织是基层治理的主导力量。受传统单一的党组织设置方式、党员结构和党员分布不均，党员活力难以有效激发，党组织作用难以有效发挥。为此，都江堰创新基层党建思路，强化理念引领、组织引领和服务引领，变“单向度治理”为“共同性治理”。

（一）理念引领，注入思想动力

都江堰通过让党员主动承诺激发党员责任感，通过党员“立承诺”、“下院子”、“带头干”、“一起议”等方式，将党员与群众的思想凝聚起来，从理念上强化基层治理的思想动力。

1. *以承诺“换脑袋”，促动党员。*为了破解党员散而无力的难题，都江堰通过“承诺上墙”和“三级见面会”等方式，转变党员思想，变群众“找上门”为主动“走出去”。首先，以三级见面会动员党员。和平社区召开“镇党委—社区党支部—普通党员”三级见面会，社区180名党员依次谈自己要做什么。78岁的老党员王大爷提出：“现在的组织生活变水了，应该多召开座谈会，同时加强组织学习，提升服务能力。”其次，以主动表态激励党员。石羊镇金羊社区的67名无职党员，根据自身特长主动认领服务。其中7名党员主动担任“文明劝导员”、“义务管理员”和“和谐示范员”，向群众宣传“三新”知识。最后，以科学指导提升党员。翠月湖镇五桂社区每6个月对党员进行一次岗前培训，目前以开展上岗、岗位职责等培训活动4期，使上岗党员掌握相关的政策法规、群众工作方法和实用技术，提高思想觉悟和工作能力。

2. *以互动“转观念”，整合群众。*都江堰始终将群众作为主体，为了充分发动群众，转变群众“等、靠、要”思想，以“下院落、树典型、给激励”三个步骤激活群众。一是走院落，发动群众。都江堰将院落（小区）作为发动群众的主战场，将党员干部“赶”下去，通过坝坝会、乡村夜话等形式，了解民需，发动群众积极参与“美丽我家·美丽我院”行动。2015年以来，全市3万余名党员干部走到院落，召开坝坝会、林盘会、座谈会等数万场，收集意见10万余条，群众参与率达到100%。二是树典型，引导群众。除了走院落发动群众外，都江堰还通过树立典型样本，组织外出学习、参观等方式，形成“比学赶超”的氛围，引导群众。在“美丽我家·美丽我院”行动中，黄家大院作为首批试点院落，成为周边竞相学习的榜样。三是给激励，撬动群众。为激发群众的参与热情，都江堰在市和乡镇开展“最美院落”评比，获得“最美院落”的院落有8000元奖金，由群众自主决定如何使用奖金。

（二）组织引领，注入发展动力

都江堰通过优化基层党组织设置，将党组织设在院落（小区）、产业和协会，带领农民改善生活环境、发展经济，同时助推草根组织发展，为持续发展注入动力。

1. 党组织建在院落（小区），“带”农民生活提质。在从散居到集居的转变过程中，都江堰与时俱进，根据居住需求重新设置党组织。一是散居院落设立院落党小组。都江堰在将自然院子整合为院落后，将地域相近的党员整合起来，成立了院落党小组，完善了院落的治理架构。目前都江堰已经成立院落党小组1000多个。二是集中居住区（片区）成立党支部。相比于散居院落，集中居住区规模较大，为此都江堰以混居的小区（片区）为单位成立党支部。中兴镇九龙社区成立社区党总支—小区党支部。三是安置小区成立临时党支部。聚源镇羊桥小区成立临时党支部，试行“支部进小区”模式，由机关中层干部担任支部书记，另外4名支部委员由属地社区党员推选产生，支部党员既参加原社区支部组织的活动，又参加小区支部活动，双线管理。

2. 党组织建在产业，“引”特色经济发展。“环境优美、生活富美、风尚新美”是美丽院落的“三美”要素。为此，都江堰市强化党组织对产业发展的引领，推动群众“生活富美”。方法一，成立合作社党支部，以“一条龙”服务引领产业发展。棋盘社区为了推动该村猕猴桃产业发展，组织全村31名党员成立了猕猴桃生产发展党支部，下设生产党小组、服务党小组、销售党小组等。由党员先行示范，尝试新品种，成功后将经验传授给其他村民。目前，都江堰市类似的在合作社成立党支部（党小组）有400余个，实现了党组织全覆盖；方法二，成立园区党委，以信息共享引领产业发展。天马镇为带动产业发展，在产业园区成立园区大党委，下设2个产业型党支部。园区党委采用“社区和产业双重报到”，将天马镇683名党员融入产业园区。同时借助产业党支部这一信息共享平台，共同商量销售渠道、进行技术交流，有力地推动了产业发展。

3. 党组织建在协会，“育”社会组织成长。都江堰采取党员带头成立协会、发展协会带头人为党员、党组织建在协会上等方式，引领社会组织发展。一是党员“上流”，助推发展型社区社会组织。王家院子为发展院落经济成立了民宿旅游协会、工匠协会等社区社会组织。为更好地发挥协会的作用，已将民宿旅游协会会长周某为入党积极分子，借此将党组织的服务融入协会。二是党员“融入”，壮大文娱型社区社会组织。天马镇将党员融入文娱组织中，由党员带头开展“全民太极”活动，组建群众太极健身队伍13支，将群众从“麻将桌”引到“文化广场”，转变了社会风气。三是党组织“下沉”，引领社会组织。除孵化社区社会组织外，对于规模较大的社会组织，党组织也积极发挥作用。天马镇将党组织建在“文联”上，将国家政策与文化宣传结合起来。

（三）服务引领，注入行动动力

为了增强党引民治行动动力，都江堰强化党组织的服务能力，以群众需求为导向，以提升服务为抓手，让群众动起来，最终实现党群互动、党社联动。

1. 走院子问服务，让群众从“窝头”到“院头”。群众的需求是党员努力的方向。都江堰始终将群众需求作为工作的出发点和立足点，眼睛向下看、工作向下做。一是半月工作法，寻找需求。永丰街道永寿社区推出的“半月谈工作法”，即支部成员每半个月到不同的村民小组开会了解村民的想法、收集民意、化解矛盾、及时反馈。二是融入生活，摸清需求。向峨乡棋盘社区的党员干部，通过与农民喝茶、与农民打牌、与农民跳舞，融入农民生活，摸清群众需求。三是建立台账，跟踪需求。为了跟踪群众需求，都江堰各个社区开始建立台账，目前，全市所有社区均建立“走基层”问题台账，并按照台账管理办法，有效解决了群众各类问题困难。历史遗留问题较多的灌口街道，也于2015年3月底前建立起了本台账：党员信息台账、困难群众台账、民生诉求台账。都江堰通过众多举措，切实了解到民需，让群众真正感受到党组织的行动力。

2. 多形式送服务，让群众从“围观”到“行动”。为了挖掘群众的自我服务能力，都江堰基层党组织创新服务方式，打破了“党员干群众看”的局面。一是“定制服务”，暖民心。针对特殊人群，都江堰基层党组织提供“定制服务”，比如永丰街道的有爱社区开展“幸福里有爱”行动，温暖民心。二是“预约服务”，带民动。从2011年开始，大观镇创新领导干部“双休日预约”服务，把群众反映的热点、难点、棘手问题放在时间相当从容、宽松的双休日，由当事人预约主要领导，自行选择地点，面对面的交流，把问题弄清楚，将思路理明白。三是“联合服务”，凝民力。为了有效补充党的服务，奎光塔街道龙潭湾社区以“两团互动”的形式开展服务，由党员干部组成的综合服务团，与群众代表组成市民协商议事团，上下对接，互为补充，满足群众的服务诉求，带动群众从等待服务为自我服务。

3. 大家议评服务，让群众从“沉默”到“发声”。都江堰以群众评议党员服务，为了提升服务质量，让沉默的大多数获得“发言权”。一是党员给群众“晒单”。为了更好地发挥党员的带头作用，和平社区创新性地采用党员主动“晒承诺”的方式，将党员的承诺张贴于公示栏，主动接受群众监督。二是群众为服务“签单”。党员每次入小区为群众服务之后，由群众对服务的时间、方式、质量等打分并签字确认，以此作为年终党员积分测评的依据。三是群众代表为服务“打分”。都江堰将党员服务与党员积分测评结合起来，以此激励党员的服务热情。2015年4月10日，和平社区召开组织测评大会，由党员和群众代表进行测评，最终党组织测评得分为96分。其中，林先生提出党组织在工作制度中有两项存在不足，应扣4分，得分11分。

四　以民治为核心，夯实党引民治的主体基础，变“保姆式治理”为“自主式治理”

随着经济社会的深刻变迁，以往政府包办式和保姆式的治理方式已经无法满足当前的治理需要，甚至会出现政府“做得越多、挨骂越多”的现象。基于此，都江堰转变观念，坚持群众主体，让群众自我管理、自我服务、自我教育，变包办式治理为自主式治理。

（一）小议会立基，实现民事民议

为了真正做到让民说了算，都江堰各社区成立了村级议事会和村民小组议事会，以两级议事会为核心，由村民自主选举议事员，按规范自主议事，实现了民事民提、民事民议、民事民决。

1. 公推议事员，让民议有主体。为了确保选出的议事员真正代表群众的意愿，都江堰制定严格的程序，由群众民主推选议事员。一是“一组一榜”，让议事员更有群众性。议事员选举前，在入户广泛宣传动员和充分征求意见的基础上，以村民小组为单位，张榜公布具有选举权和被选举权的参选人名单，确保所有符合资格要求的村民都能参选。二是“一户一票”，让议事员更有民主性。为保证议事员具有广泛的民意基础，由村民小组内村民进行“海推”，按照得票过半数的多少由高到低，选出5—7名组议事会成员，再在组议事会成员的基础上推选25名左右的村议事会成员。三是“结构席位”，让议事员更有代表性。都江堰规定村组干部不超过村民议事会成员的50%，同时每个村民小组要有2名以上村议事会成员，以充分保障群众和每个村民小组的话语权，更好地协调村民小组间的利益差异。2009年3月24日，在鹤鸣村首届村民议事会选举中，选举产生的22名村民议事会成员中，村组干部有8名，每个村民小组有2人进入议事会。

2. 两级议事会，让民议有平台。村级和组级议事会在不同范围内分工协作，搭建了两级议事平台。一是村组分级议事。小组议事会能够解决的问题不提交村级议事会议，力争做到“小事”不出组。小组议事会重点就承包地、村公资金使用等涉及小组成员共同利益的事务进行自我管理。水月社区10组的村民为了修本小组道路，多次召开小组议事会协调村民意见，先后4次修改修路方案，最终小组成员一致同意以“路”为单位，住在路两边的居民投工投劳，不够的资金集体筹集，最终将道路修好。二是村组联动议事。如果议题关系到整个村庄，或者涉及多个村民小组，如村公资金的分配等，则提交村级议事会进行协商讨论，仍然无法达成协议的，则通过村民代表大会或户代表表决的方式解决。2011年3月，仙鹤社区议事会决议用20000元修建连接8组和10组的桥梁，会后三天，8组议事会成员要求增加7000元工程费，社区就此事召开村民代表大会，其中85%的村民代表不赞同增加款项，该提议被否决。

3. 八步议事法，让民议有规范。议事会的有效运行离不开规则的保障。《都江堰市村民议事会议事规则》（以下简称《规则》）明确规定了“八步议事法”的议事程序，以制度确保规范议事。首先，依规提议。

《规则》明确规定“村（组）议事会成员负有每月走访群众不少于10户且需填写《议题收集单》的义务”，“社区夜话等活动须有党员干部参加”。2015年1—7月，胥家镇土什社区村民议事会共收集基础设施建设、环境整治等意见建议16件，形成了议题15项。其次，依规商议。议事会严守《规则》讨论议题，实行一事一议，对议题逐项进行充分讨论。每次商议时，都会把会议议题、各方观点等内容记录下来，保证规范议事。九龙社区一位议事员表示，“我们干什么都要按照规定来，不能乱办的。”最后，依规决议。都江堰各社区严格遵循“户决制度”进行决策。同时，村公资金项目必须经由党支部、议事会、项目预算小组、监事会4个组织的审议与签字，真正做到了“一两个群众说了不算，干部说了不算，只有制度说了算”。

（二）小资金助力，推动民事民办

为了破解自治浮于表面、流于形式的难题，都江堰充分运用村公资金、自筹资金和奖励资金三类资金，以小资金为杠杆，引导村民积极主动地参与到村庄治理中来，助力自治有效运转。

1. *以村公资金为牵引，注入外引力。*都江堰通过引导社区民主使用村公资金，激发群众参与自治的热情。一是户代表提议，做到民资民议。发放“民意收集表”，征集户代表对当年拟实施项目名称、发包方式等的意见，民意收集有效率必须达到95%。2015年棋盘社区通过“一户一表”的方式，共收集议题5类22项，其中物业管理人员工资及设备、小区绿化分别获得175票和164票提议，成为今年村公资金使用优先项目。二是议事会共议，做到民资民决。在户代表提议基础上，村民小组议事会对本组提议的项目进行梳理、排序，提交村民议事会进行议决。如棋盘社区议事会投票后确定将村公资金用于22条项目建议中的13个。三是村民共监督，做到民资民察。村公资金的每笔支出都要经过监事会的集体确认，使用明细每季度要公示1次，同时打印成清单发放给每户村民。2009年鹤鸣新村小区新修沟渠150米，淘修沟渠500米，沟渠修建用时一个月，仅监委会现场监督就不下20次，整个工程费比预算节约了2000元。

2. *以自筹资金为补充，激活内动力。*为了激活群众参与自治的内动力，群众自筹部分资金，通过小资金来撬动大民主。一是资金自己议，激发群众自愿参与。在院落整治中，卫生费交多少、怎么交，都由群众自主决定。因为是民主决定的，大家都愿意参与，自觉打扫卫生。正如金龙社区群众所说的，“交了20元钱，就是自己的事了，肯定愿意扫地。”二是资金自己用，激发群众自主负责。不仅资金由群众议，保洁员的数量、工资标准以及选任也由群众自主决定。有群众表示，“以前资金由政府支付，钱都给干部亲戚拿走了，卫生也不好好打扫。”自从资金自筹以来，群众因关心资金的使用，主动要求更换了一批不称职的保洁员。三是资金自己管，激发群众自觉监督。有的社区成立农宴协会对群宴进行管理，由社区承办宴席，每桌收取5元的卫生费。既倡导了节俭的风气，又实现了村民的自我服务。更重要的是，如果农宴协会乱收或少收费，群众会主动提出质疑。

3. *以激励资金为保障，增强持续力*。为了让自治可持续，都江堰通过各类奖励性资金，让群众养成民事民办的习惯。一是奖励“星级农户”。为了形成卫生保洁的长效机制，都江堰不少社区设有“社区卫生五星评分榜”和“笑脸墙”，由院落（小区）卫生评比小组对每户居民的卫生情况进行评比，五星农户每人月返还2元，如果该户连续10个月以上被评为五星农户，就可以收回缴纳的20元保洁费。二是奖励“文明之家”。如棋盘社区每月评选社区“文明之家”，根据评选情况将农户分为玫瑰之家、月季之家等几个等级，对排名靠前的农户进行奖励，如“玫瑰之家”每次可以获得100元奖金。三是奖励“最美院落”。都江堰建立了市、乡两级“最美院落”评比机制，每个最美院落都可以获得8000元的奖励资金。资金数额虽然不大，但是可以极大地激发群众的集体荣誉感。不少群众表示，“我们现在都不好意思乱丢垃圾，因为担心影响‘最美院落’评比。”

（三）小制度规范，促进民事民管

为了延伸基层自治的法治基础，做到基层自治“有法依法，无法依规，无规依约”，都江堰依照自愿、民主和依法的原则，引导群众制定了各项符合自身实际的自治规范。

1. *以院规民约为基础，夯实民治法治根基*。院规民约作为草根规则是法治落地的基础，都江堰立足院规民约，夯实基层法治。一是院落公约树新风。对于散居院落，都江堰着力引导各院落根据村民需要自主建立院落公约。目前都江堰有1000多个散居院落制定了院落公约，其中黄家院子《院规民约》就将“出门穿戴整洁，不讲脏话”等内容写入规定，并以打油诗的形式内化于心“人活脸面树活皮，家园长扫日日新，秽语污言均陋习，文明张扬好风行”便是一例。二是住户公约美家园。对于集中居住区而言，为了实现生活方式从农村向城市的转变，都江堰的集中居住区在入住前都会共同约定入住公约。鹤鸣新村的《鹤鸣新村住户公约》就是由大家入住前提前商定，以口语化的语言将“不能饲养家禽、不得随地大小便”等行为规定起来。

2. *以自治章程为保障，提升民治运行规范*。都江堰的党引民治是在依法自治的框架内展开的，集中体现在院规民约的基础上，着力发挥“小宪法”（村民自治章程）的作用。一是程序民主。村民是自治章程的制定主体。中兴镇的九龙社区在2009年制定自治章程时，按照党支部提议、“两委”干部汇集民意、社区“两委”商议、党员动议、党员大会审议、村民议事会讨论、村民代表大会决议、公开决议的程序，保障村民的主体地位。二是内容务实。相比于院规民约，村民自治章程内容更具项。九龙社区的村民自治章程中对社区的财务管理、土地的使用和管理、集体经济收益等做出了详细规定，并根据实际需要，于2014年将公章使用办法纳入自治章程修订中。三是规范有力。村民自治章程正是在程序民主、内容务实的基础上，所以才有强大的约束力。九龙社区的代书记就说：“村民自治章程更具有操作性，大家更关心，所以约束力也更强……”

五　善治达标:“党引民治”的实际效果

都江堰结合基层的发展变化，充分发挥党组织的引领作用，通过划分院落，重构基层自治单元，以“美丽我家·美丽我院”行动为抓手，培育多元社会组织，激发民力，让自治有效运转起来，重构了基层治理体系，打造了基层善治的地方样本，取得了良好成效。

（一）变“悬浮”为“落地”，基层自治得以运转

通过创新多样自治形式，都江堰群众在党组织的引领下真正参与到社区事务中来，让“悬浮”的自治得以落地，村（居）民自治得以有效运转，实现了自愿参与、自我服务和自主管理。

1. “自愿式”参与得以实现。村（居）民的有效参与是村（居）民自治有效实现的必要因素。通过党引民治，群众的主体意识逐步形成，自觉自愿参与到社区事务中来。一是自愿参加会议。有社区干部表示，“在以前，通知村民开会，得发礼物才行，大家根本不会主动参加会议，甚至少数党员从来不参与组织生活会，参与积极性很差”，“现在，只要吆喝一声，大家就到院子里来了。”二是自愿加入协会。莲花社区为了带领村民致富，成立了绿色农业基地，形成“公司＋基地”经营模式，78户居民自愿参加，流转土地1200亩，目前已经发展药用竹栽种600亩。三是自愿参加活动。自从“美丽我家、美丽我院”行动以来，群众参与各种活动的积极性空前高涨。以柳街镇首届“稻田捉鱼”大赛为例，这场原本面向400人的活动，吸引了8000余人参加，村民的参与热情空前高涨。出于安全考虑，大赛不得不取消。

2. “自助式”服务得以强化。以前公共服务由政府大包大揽，政府花费大量的财力物力用于公共服务，群众却依然不满意。现在，在党组织的引领下，民众的自助服务能力和自我服务意识持续提升。一是投工投劳，设施自修。通过民众投工投劳的方式，2014年都江堰新建健身小广场534个，健身设施500余套，557个院落基础设施完成适度提升，提升率达51.74%。二是管理自助，物业自筹。以往物业由政府管理，财政压力过大。如今，通过引导群众自治，成立了物业管理服务中心、业主委员会等自治组织，由村民按照每人20元收取垃圾费，用于发放农拉人员工资，真正做到了物业自筹。三是奖励评优，服务自给。都江堰市通过“最美院落”和“最美农户”等评比机制，激励农民主动维护自家和院落卫生。据统计，都江堰群众自主完成了1032个散居院落的环境卫生整治，清理建渣、垃圾、杂物等6967.5吨，清理林盘76620平方米，清淘沟渠782条291505米。

3. “自主式”管理得以提升。经过不断的自治实践，都江堰各社区

逐步实现了由被动管理向自主治理转变。一是平台助推，让群众能管理。在以前，村民缺乏一个参与的渠道。院落管理委员会和议事会等村民自治组织的成立，以及户决制度的实施，让村民能够参与村庄事务，2014 年全市 1821 个院落成立了物业管理委员会。棋盘社区居民表示“以前只有议事会的成员和代表才有权利商议村庄事务，现在村庄议事采取户决制度，每个人都能参与投票。”二是民事民办，让群众会管理。如今村庄事务都由群众自我管理，提议、商议、决议和执行全程参与。在实践中，群众的管理能力有所提升，效果良好。鹤鸣社区干部表示，“自从让每人交 40 元物业管理费后，村民对村庄事务变得热心起来，路上碰到也会询问资金的使用情况。”2014 年都江堰院落整治考核结果显示，散居院落综合治理覆盖率达 100%，院落治理合格率超过 93.80%，群众对院落治理满意率达 98.60%。

（二）变“包办”为“共办”，社会力量得以激活

都江堰市委转变了政府以往“包办式”的服务方式，通过发育社会组织，激活了村民自我服务的意识和能力，激活并聚合了民力，实现了政府和社会的合作。

1. *草根组织发育，激活了民力。*截至目前，都江堰全市已备案文化、艺术、体育、社会服务类等多种社区社会组织 322 家。其中，2014 年备案社区社会组织 90 家，这些社会组织的发育，激活了群众的力量。一是激活了公共服务能力。在服务类社会组织的支持下，都江堰市为困难家庭失能老人和 80 周岁以上老人提供居家养老服务 19632 人次。以水月社区为例，2015 年 6 月至今，邻里互助协会已先后在举办“扶老助残”、“爱心助学”2 次活动。二是激活了经济发展能力。产业协会等的成立激活了经济活力，提升了居民收入。如 2014 年棋盘社区猕猴桃挂果面积达到 1200 亩，总产量为 150 万斤，仅猕猴桃产业人均收入就有 10000 元。2014 年全年，都江堰市农民人均现金收入 13207 元，同比增长 12%。三是激活了文化服务能力。近 4 年来，都江堰共计举办各类文艺演出 4000 余场次，开展各类文艺培训 513 次，放映农村公益电影 11419 场。2015 年 6 月 8 日，天马镇“百场文艺汇演”活动正式启动，参与演出者达 300 余人，观看群众达 3000 余人，草根组织的发育激活了群众自我服务的

能力。

2. 群众力量激活，减少了成本。以前的基层服务中，往往是干部干的“热火朝天”，群众“冷眼旁观”，政府大包大揽给财政带来了巨大压力。如农民集中居住区全部规划建成后约有 280 个点位，建筑面积约 760 万平方米，假使按照 0.1 元/平方米/月收取物业费，政府每月将支付 76 万元，全年财政将支出 912 万元，负担沉重。近年来，都江堰积极探索“三三机制”，由“三条渠道”筹措资金，大大减少了政府开支，也增强了群众的主人翁意识。正如一位街道干部所言，“以前政府从里到外全部承包，现在只出规划钱，经费大大减少。”数据表明，2014 年 1—11 月，都江堰全市“三公”经费支出较去年同期下降 11.9%。此外，在社区基础设施建设中，普遍采用投工投劳的方法，由居民投工代替政府投资，取得了良好效果。水月社区 10 组组长姜平表示，“我们组修路共花了 6 万余元，这比请外面的施工队修路，费用减少了 50%，并且是居民自己修路，质量也有保障。”

（三）变“疏离”为“融合”，党群关系得以缓和

以往由于党员在“案头”工作，和居民的沟通、交流和互动等相对较少，党群关系不够融洽。如今，经过“党引民治”的实施，党员和群众实现了面对面、手拉手、心连心，党群关系得以缓和。

1. 沟通增加，从“背对背”到“面对面”。以前党员干部工作在案头，群众难得见党员干部；现在干部工作在“院头”，群众党员低头不见抬头见，真正做到了“面对面”。柳街镇在“美丽我家、美丽我院”行动中，转变“一级一级下文件”的方式，采用“深入基层现场教育”的方式开展工作，先后召开镇、社区、组、院四级宣传动员大会 600 余次，召开千人大会 10 余次，党员干部和群众的距离也越来越近。据统计，仅 2015 年 4 月，柳街全镇干部走院子的次数就达到了 109 次。再如天马镇 2015 年上半年共开展“乡村夜话”活动 26 次，解决了群众问题 93 个。在与群众“面对面”交流的过程中，党员和群众之间的信任增加了，党员的行为作风也得到了扭转。

2. 合作增加，从“手把手”到“手拉手”。以前党员和群众的互动缺乏，党员单向地提供服务，群众参与较少。通过党引民治，将党员的外

部牵引力和群众的内生动力有机地结合起来。天马镇将民间文艺联谊协会中的36名党员组织起来，成立文联党支部，组织近600名文艺爱好者开展活动。在党员的带领下，以说快板、诗歌朗诵等生动活泼的形式宣传“中国梦”、“社会主义核心价值观”等，借助文艺活动推进政策下乡，改变了原来党组织单方面向群众提供文化服务的状况，党员和群众合作，共同发展文化事业。又如和平社区转变原来党员单一提供服务的方式，引导社区168个无职党员加入8个服务队，带动群众参与，其中文化活动服务队参与者有200余人。

3. *互动增加，从“心离心”到“心连心”*。通过党建引领基层治理创新，干部切实改变了以往“抓大放小”的作风，从群众关心的小事做起，得到了群众的认可和拥护。2014年4月，柳街镇在“美丽我家、美丽我院”行动中，共解决矛盾纠纷1142项，现场解释、调解800余项，经机关科室合力协调解决300余项，报市级部门协调解决42项。黄家院子李亚君表示，“以前村民觉得，你是党员干部，不得了了，眼睛都不向下看人了。现在村民和党员干部关系很好，对党员干部的评价很高。”王家院子村民也表示，“我们书记每天都骑着自行车在院子里转悠，与村民谈心，解决问题，确实为村民做了很多实事。”随着党群互动和交流的增加，党群之间实现了“心连心”。

六　何以长效:“党引民治”的启示和思考

都江堰立足单元，完善了治理体系；以群众需求为导向，提升了基层自治能力；通过党组织引领，将党建与基层治理结合起来。最重要的是，都江堰的改革具有普遍借鉴意义，尤其是对全国广大的农村散居地区而言，为如何发动群众，实现自我治理，探索出新的路径和方向

（一）院落单元是党引民治的前提和依托

当前以行政村为基本单元的基层治理体系更多是出于国家便于管理的角度，而不是出于便于自治的角度，所以村民委员会承担更多的行政功能，而自治功能萎缩。为此，2014年“中央一号”文件提出“完善和创新村民自治机制，探索不同情况下村民自治的有效实现形式”。对于都江

堰而言，在统筹城乡的过程中，通过村民议事会、八步议事法等在村（居）层面的治理创新上已经先行一步，而“院落单元，党引民治”将自治单元下沉到村（居）的生活区——院落，可以说是对基层治理创新的再出发，并将党的领导、群众主体和依法治理融为一体，是对国家治理体系和治理能力现代化的有力回应。

（二）党引民治是党建引领基层社会治理创新的重要实践

当前如何解决将党融入社会、融入群众是影响执政党基础的关键。都江堰通过党引民治，以“美丽我家、美丽我院”了解民众需求，拉近党群距离，融合党群关系，正如一个干部所言，“以前办事是老百姓求我们，现在是我们求老百姓。”同时，都江堰通过党引民治，既保证了自治在党的领导下开展，还为民治注入动力，更重要的是通过引领基层治理将党员凝聚起来，倒逼党组织转变服务方式，提升服务能力，对于新时期创新基层党建具有借鉴价值。

（三）党引民治是激活内动力，降低治理成本的有益探索

在体制惯性的影响下，当前基层治理体制仍然受到传统管理体制的影响，政府主办和包办倾向明显，群众参与不足。但是随着经济社会的快速发展，民众的需求日益增多，政府大包大揽的方式带来了严重的财政负担，所以如何调动民众参与、降低治理成本是许多基层政府面临的难题。都江堰是一个欠发达地区，政府能力有限，这就急需要让民众自我管理、自我服务、自我监督。都江堰立足院落，通过院落整治、院落自治激发民众内生动力，激活民智、汇集民力，对于其他地方尤其是欠发达地方的基层治理具有非常重要的意义。

（四）以院落为单元推进党引民治需要进一步理顺基层治理体系

都江堰以院落为单元的党引民治在全国具有一定的参考意义，但是还需要进一步理顺治理体系，构建体系完备的治理架构。首先，理顺“乡—村—院落”三级之间关系。纵向上构建镇（街）统筹、村（居）服务、院落（小区、片区）自治的三级治理体系和框架。其次，理顺“乡—村—组”三级之间关系。目前都江堰初步形成了社会自治和经济自

治的双轨体系，以院落为基本单元进行社会自治，以村民小组为基本单元进行经济自治，如何实现双轨良性对接是进一步发展需要解决的问题。最后，厘清“乡—村—院落”三级事务清单。抓紧明确乡镇、村居、院落的职责范围，形成清晰、完备的三级事务清单，尤其是明确院落的事务清单院落，保证院落作为自治单元的自治性。

融入性党建：打造基层善治的组织标本*

——基于四川省都江堰市基层党建创新的调查与思考

抓好农村基层党组织建设，健全党组织领导下充满活力的乡村治理机制，是巩固和加强党在农村的执政基础、推进基层治理体系和治理能力现代化的重要内容。然而实践中，不少基层党组织和党员干部仍然习惯于站在群众之上代民做主，脱离群众，甚至站在群众的"对立面"。近年来，随着城镇化的快速推进，都江堰市农村的生产、居住和生活方式深刻转型，传统的嵌入式党建难以适应基层的变化，党组织有效覆盖难展开，党的微循环机制难畅通，党员的引领作用难发挥。为此，都江堰市创新融入性党建新思路，党融入社会之中，引领社会、整合社会。所谓"融入性党建"，就是通过党组织建在院落、党员走进群众、服务嵌入发展，融入自治、融合服务、融生民生，将党凌驾社会之上的命令式、动员式社会管理，转变为党融入社会之中的引领式、参与式社会治理，党成了群众的"引路者"、"巧帮手"和"贴心人"，创新了基层党建的有效实现形式，打造了基层善治的组织标本。

一　多重挑战下引领乏力，催生"融入性党建"新探索

伴随着经济社会的发展，近年来都江堰农民的生产、居住和生活方式都发生重大改变。新型经营主体大量涌现，党的引领能力相对滞后；居住方式的转型，对党员的凝聚提出更高的要求；党的群众服务难以满足农民

* 作者：华中师范大学中国农村研究院史亚峰、唐丹丹。

日益增长的多样化需求，基层党建面临重重挑战。

（一）生产方式转型，党的有效引领难跟上

党组织是农村产业发展的核心引领力量。面对规模化、集约化经营的转型，党组织的设置跟不上产业发展的速度，农业产业和经济组织内部党员作用难以发挥、整合困难，党的引领能力受到制约。

1. 新型经营主体组织“空隙”难覆盖。近年来，伴随着产权制度改革的推进，各类新型农业经营主体如雨后春笋般涌现。截至2014年，全市就有专业合作社423家，家庭农场42家。由于发展过于迅猛，党组织设置无法及时跟上，新型经营组织成为“空白点”。目前全市新型经营主体党组织相对较少，党组织覆盖率偏低。由于没有党组织的有效引领，缺乏对发展方向、方针政策的把握，新型经营组织发展遇到了不少困境，有的还存在一些值得关注的问题。

2. 经济组织党员作用“虚置”难作为。一方面，以往党员身份主要体现为参加各类政治生活，与经营活动脱节，难以把党员优势转化为经济组织发展优势。鹤鸣社区党员唐群说，“好多群众觉得党员不先进、不干事，都不好意思承认自己是党员。”另一方面，基层党员的文化和专业技能偏低，无法在经营和管理中发挥作用。比如天马镇一批农业企业种植蓝莓等高技术的作物，但是企业内不少党员受自身能力的限制，无法成为这方面的“能手”，只能望“莓”兴叹。

3. 产业内部党员分布“松散”难整合。由于组织设置没有及时跟上，产业内部的党员人数较少且分散，缺少强有力的组织引领，个体党员如同一盘散沙，难以凝聚起来形成整体效应。比如天马镇永兴葡萄园和附近几家葡萄园有的仅有1名党员，有的没有党员，无法成立党支部，难以促进整个葡萄产业快速发展。“以前，我们都是各自经营，我虽然是党员，但是能力有限，其他的党员也一样，没有党组织来引领，我们只能自己摸索。”康龙葡萄园党员杨洪道如是说。

（二）居住方式转型，党的组织建设难开展

在快速城镇化进程中，由于集中居住区打乱了原来的建制，党员管理混乱的局面亟待改善；而尚未集中居住的散居院落面临发展等问题也迫切

需要将党员凝聚起来，党的组织建设面临不少难题。

1. *散居党员“少而散”，党员凝聚无力*。都江堰传统的村庄依林盘而建，农民分散居住在大小不一的院坝里。这些院子最小的只有几户居民，最大的也不过二三十户，而里面党员更少，相当一部分院子没有党员。由于党员数量少，居住分散，无法成立党小组。一位社区书记说，“院子里就一两个党员，支部很难管到他们，党员不起反作用就是好事了。”加上城乡一体化的发展，散居院落农户的生活方式逐渐向城市靠近，单个党员有限的能力难以满足农民的要求。

2. *集居党员“多而乱”，党员管理无方*。2008 年以来，都江堰不少农村地区改变散居的生活方式，搬进集中居住区，目前全市集中居住率达到了 70%。由于入住时打破了原来的村组建制，结果出现“书记找不到党员、党员也联系不上组织”的情况。一位社区书记愤慨地说，“入住社区后，党员更加散漫了。有的党员看到是你书记的电话号码，直接就把电话挂掉了。”以会元桥社区馨苑小区为例，该小区的 56 名党员来自原来的 11 个社区（村），由于党员归属不同的党组织，如果不创新管理方式，党员管理将会十分困难。

（三）生活方式转型，党的群众服务难落地

都江堰的农民上楼后，生活方式实现了城市化，对公共服务的要求也持续增强。相应的，党的群众服务由于总量不足、供需错位、方式落后等原因，无法满足群众日益增长的需要。

1. *生活环境改善，公共需求急需服务“拓展”*。一方面，入住社区后，治安维护、小区绿化、卫生保洁等一系列问题相伴而生，同时居民对基础设施和公共服务提出更高的要求。正如一位集居区居民所说，“都江堰多巴适，我们这儿不能啥都没有，政府不能不管。”另一方面，由于社区两委忙于应付上级行政任务，无法及时疏通自下而上的民意表达渠道，导致基层党组织提供的服务与居民的需求不相吻合，“下来的服务不一定是村民最想要的服务”，出现供需错位。

2. *生活成本增加，增收需求呼唤服务“提质”*。原来分散居住的时候，农民吃水、烧柴等都不花钱；集中居住后，群众的生活水平大幅提高，但是水、电、气、卫生保洁等费用都要支付，生活成本也相应增加。

以棋盘社区为例，平均每户每个月要多支出200元左右。同时，集中居住过程中，一些农民的土地流转出去或被征用，就业、创业渠道有限，收入增加相对缓慢。如何才能“不仅把房子盖起来，还要让村民的腰包鼓起来”，成为基层党组织必须面对的问题。

3. *生活习惯改变，文化需求亟待服务“增能”*。集中居住后，农民享受到的公共服务提前了20年，在生活环境改善的同时，农民的文化需求日益强烈。水月社区何女士说，“以前都是下地干活，现在不一样了，环境改善了，饭后都想出来耍，跳跳舞啥的。”同时，入住社区后，农民的参与意识增强了，已不满足于被动接受文化服务，而是希望通过各类社区组织等参与其中，成为文化活动和服务的“主角”，这也对基层党组织提出了转变文化服务方式的新要求。

二　需求导向下创新融入，开启“融入性党建”新实践

面对基层党建工作的重重挑战，都江堰市近年来探索融入性党建，以基层治理需求为导向，创新基层党组织设置方式，扩大党组织的有效覆盖，激活党员的服务能力，引领基层发展，促进党群关系融合，构建了平等、协作、服务的新型党建工作模式。

（一）组织建在院落，做实融入，破解党组织“不转”难题

院落作为都江堰的基层治理单元，党组织在院落作用的有效发挥对推动院落发展具有至关重要的作用。为此，都江堰市根据基层发展的需要，创新性地将党组织融入院落，激发党组织的运转活力。

1. *重构党小组，融入散居院落*。都江堰传统村庄依林盘而建，村民小组小而散，党员也散落在各村小组中，彼此联系少、互动少，党组织在基层的引领作用难以发挥。2013年以来，都江堰以激活党组织运转为目标，摸清院落党员身份，对部分规模相对较大、党员人数达到3人以上的散居院落，按照“便于党组织发挥作用，党员经常开展活动”的原则，突破原有党小组的区域限制，以院落为单位，采取联合组建或单独组建的方式，重新构建院落党小组。截至目前，都江堰已成立1032个院落党小组。以柳街镇为例，在“美丽我家、美丽我院”行动中，全镇的散居院

落共成立党小组 107 个，从而将过去撒在“点”上的党员串起来，每个党员都有了新的“归属”和行动上的依托，增强了党员的服务意识，基层党组织得以有效运转。

2. 活设党支部，融入集居院落。随着城镇化的快速推进，都江堰不少农村从过去的散居转变为集居，有的乡镇集中居住率达到了 98%。村民入住社区后，突破了原有村民小组和行政村的建制，出现了大量混村、混组、混楼居住的情况。会元桥社区馨苑小区居住了原来 11 个村的居民，支书找不到党员，党员也联系不上党组织，党组织难以发挥作用。为此，都江堰以小区为单位，灵活设置党支部，破解党员管理难题。为了有效管理刚入住建设 A 区的 80 名党员，和平社区 2012 年成立了建设 A 区临时党支部，负责小区的党建事务，将杂乱的党员有效凝聚起来。又如聚源镇创新党员管理，探索“支部进小区”模式。2012 年 7 月在羊桥小区成立临时党支部，由镇机关干部担任支部书记，4 名支部委员由属地社区党员推选产生。支部党员既参加原社区支部组织的活动，又参加小区支部活动，实现了“双轨管理”，从而最大限度地发挥了党员的服务能力。

（二）党员走进群众，推进融合，破解党员“不动”难题

服务好群众是基层党建工作的出发点。都江堰市积极转变党员作风，让党员走进群众，听民需、解民困，让群众成为党员工作好坏的“裁判员”，实现党员与群众观念、行动与情感上的融合。

1. 从“案头”到“院头”，促进观念融合。过去，都江堰的基层党员干部多是坐在办公室等群众上门，党员不下基层，听不见群众最真实的声音，造成了群众与党员干部离心离德。2013 年以来，都江堰市以转变党员思想为切入点，让党员从“案头听事”变为“院头办事”，和群众打成一片。一方面，乡镇党员干部“下院落”。乡镇党员干部带头，通过入户访谈、坝坝会、夜话等方式，从“案头”走到“院头”，了解民意诉求，建立“民意台账”，解决群众问题。如大观镇创新“双休日预约”服务，把群众反映的热点、难点、棘手问题放在时间相当从容、宽松的双休日，由当事人预约乡镇主要领导，自行选择地点，面对面的交流，使党员干部走到民情第一线。另一方面，村组党员干部“入农户”。2015 年，柳街镇 15 个村、218 个组的党员干部全部入院进户，亲近群众，梳理院落

发展中亟待解决的问题，将能化解的矛盾在家门口立即化解。又如永丰街道永寿社区推出“半月谈工作法”，支部成员每半个月到不同的村民小组开会了解村民的想法、收集民意、及时反馈，有效改变了群众诉求难反映的局面。党员干部亲自到院落“找”需求，构筑了党群新的沟通桥梁。

2. 从“座谈会”到“坝坝会”，促进行动融合。一直以来，基层党建是一种命令式、动员式的方式，党员“做的”和群众“想的”对接错位，导致群众对党员工作认可度低，加深了党群之间的误解。基于此，都江堰市创新性地转变党员工作方式，将过去严肃化、动员式的“座谈会”，转变为群众喜闻乐见的“坝坝会”，在党群互动中增进融合。首先，群策聊需求。为了解群众需求，2015 年以来，柳街镇已召开“千人坝坝会”20 余场、社区坝坝会 50 余场、院落坝坝会 200 余场。通过“坝坝会”的“亲民”形式，收集群众意见建议 1260 余条。方家院子的村民方革修在一次坝坝会上提出，“现在出门‘晴天出门一身灰，雨天出门一身泥’，院落环境太差，建议将附近的垃圾池移走，并对道路进行维修。”该意见被党员采纳，他反映的问题也很快得到解决。继而，协商定决议。了解群众需求后，党员与群众开“坝坝会”，一起商议解决办法。滨江街道安顺社区 8 组的农民划地自建房屋，占道违章建筑较多，搬迁、补偿上的分歧使得道路无法修建。为此，街道党员干部通过“周会商、月见面、季恳谈”的坝坝会方式深入群众，由群众自行商议，最终达成“你拆违、我修路”的决议，党员带头无偿拆除违章建筑，街道投资修通水泥路，20 多年的难题终于顺利解决。

3. 从“自约”到“互约”，促进情感融合。以往，党员评议一般在党组织内部进行，作为党员服务对象的群众，却无法对党员进行评议。都江堰市在党内评议的基础上，拓宽评议渠道，让群众成为评议主体，对党员服务进行约束。一是向群众晒“承诺单”。如和平社区通过召开“三级见面会”，让全体党员结合个人的岗位职责、能力专长和兴趣爱好等，与社区党支部签订《党员承诺书》，明确自己在社区建设中应当承担的责任和义务，并通过党员公示栏、承诺墙等，将党员的服务承诺、完成时限、兑现情况向群众公示，让群众监督党员的工作，并参与其中。二是由群众签“服务单”。过去，党员服务大多是面上工程，为做实党员服务工作，都江堰提出由接受服务的群众对党员服务的时间、地点、内容、质量等进行签字确认。年终根据党员服务活动的记载，将服务内容积分化，用来量化考核。三是请群众看“成绩单”。每年年终进行积分考评，按照总分 = 积分 × 80% + 党员民主评议分数，对不同分数等级的党员进行奖励和勉励。得分在 60 以下的为不合格，不仅要在党员大会上对其进行批评，同时还要张榜向群众公示。一位社区书记感慨地说：“群众都看着呢，一个党员连分数都不能合格，是很没面子的，他自己以后就会慢慢改正。”

（三）服务嵌入发展，促变融生，破解党群“不合”难题

都江堰市将党建工作与基层发展相结合，让党建工作融入群众最关切的发展领域中，通过整院子、兴产业、育文化，实现美好家园的建设、基层经济的发展和淳朴乡风的培育，促进了党群融合。

1. *整院子：服务方式与家园建设融生*。为了让党员更好地服务群众，都江堰将党组织融入院落和小区，将党员的工作场所“搬进”院落或小区，通过深入基层一线的服务方式，夯实院落治理。一是扫院子，建设美好家园。在院落党小组的领导下，实行党员干部包片责任机制，由党员“带头干、帮民扫”等形式，每天定时打扫院落的责任区。对于观念难以转换的居民，党员每天义务为其打扫院子，在党员带头扫院子的行动中，院落的环境卫生得到了改善，过去一些不愿意打扫卫生的居民，也觉得面子上挂不住，一起加入了进来。二是促经济，发展院落产业。为推动院落的持续发展，都江堰基层党组织结合院落特色，汇聚共同利益，引导和帮助群众发展院落经济，增加农民收入。水月社区王家院子、金龙社区黄家院子在党员带动下，依托林盘院落资源，发展起民宿旅游产业，仅王家院子就有 30 多户居民主动参加第一期建设。三是依民趣，丰富院落活动。在院落经济水平提高后，都江堰积极回应民众需求，党员牵头，组织了各具特色的院落活动，建华社区的锅庄舞会、蒲家院子的手绘“文化墙”、金龙社区的老年人健身操等，根据村民兴趣，开展丰富多彩的院落活动，村民活动多了，心情好了，院落的氛围也更加和谐了。

2. *兴产业：服务能力与经济发展融生*。增收致富是群众最主要的民生需求之一。过去，都江堰农村的产业发展实行“散打模式”，群众自己干自己的，发展相对缓慢。为此，都江堰将引领产业发展作为基层党建的重要内容，着力提升基层党组织和党员服务经济发展的能力。一是活设产

业党组织，为发展“引路”。为凝聚各经济组织中党员的力量，天马镇依托“德弘—四季农庄”为中心，组建“现代农业发展园”产业党委，下辖德弘公司、永兴葡萄园2个产业党支部，以及附近的7个社区党支部，发挥党员示范带头作用，实施园区的整体打造。二是党员带头探索，为发展“拓路”。建华社区计划引入青蛙养殖项目，为打消群众疑虑，社区党员自行带头养殖。青蛙养殖的收益逐渐显现，群众悬着的心也逐渐落地，开始加入养殖行列。先行先试的党员耐心地教授养殖技巧，统一销售与管理，带领群众实现增收的目标。三是扶持产业协会，为发展“筑路”。都江堰市鼓励党员牵头成立各类产业协会，引领经济发展。目前，仅柳街镇就建立了79个产业协会。如水月社区王家院子成立了民宿旅游协会、无公害农产品协会2个产业协会，其中无公害农产品协会有会员45户，民宿旅游协会有会员35户。通过党员的引领和服务，不仅可以提升党员的服务和带动能力，而且可以助推产业协会实现快速发展。

3. 育文化：服务内容与民风转变融生。针对群众日益增长的文化需求，都江堰不断拓展文化服务内容，丰富群众精神文化生活，转变乡风民风。一是营造和睦的家庭文化。都江堰把家庭作为文化服务的基点，通过党组织和党员的引领，努力推动家庭文化的营造。2014年6月28日，金龙社区开展“文明家庭”评比活动，按照家庭美德、家庭环境等标准，从众多参与者中选出50户“文明家庭”，树立家庭模范标本。棋盘社区书记发挥女性的特殊优势，经常通过坝坝会，向社区妇女宣传婆媳和睦、家庭教育等家庭相处之道。二是构建友爱的邻里文化。仙鹤社区蒲家院子将弘扬邻里友爱的诗歌、图画、小故事等画上院落的“文化墙”，营造邻里互助、和睦的新风尚。2015年7月，向峨乡在社区开展“讲传统故事，寻身边好人”的分享会，向现场村民介绍邻里互助的真实故事，其互助友爱的行动感染了所有村民。三是培育和谐的院落文化。为激发党员群众的文化热情，都江堰将党组织融入文化组织中，培育院落文化。天马镇成立文艺联谊协会党支部，引领各院落组建各类兴趣组织，吸引600名文艺爱好者的参与，群众的互动多了、矛盾少了，院落关系也更加和谐。建华社区书记感慨地说：“自从开展了文化活动，社区里原来喝茶都不愿给钱的人，现在居然主动买了个大风扇，每天给跳舞的人免费扇。”

三　党群互动下激发活力，引领“融入性党建”新发展

都江堰通过党建引领基层治理，将党建融入院落、融入发展、融入服务之中，以群众的切身利益与诉求为出发点，使党的微循环活力得以激发、党群关系得以融洽和谐、党建与自治得以有效结合，党建不再与治理“两张皮”，实现了基层党建的真正落地。

（一）引领力夯实，实现了党组织有效运转

都江堰融入性党建工作的实践，有效地延伸了党组织的覆盖触角，将院落、产业、社会组织中的党员都凝聚起来，赋予党员发挥作用的广阔空间，让党组织真正的在基层运转起来。

1. *引领了院落的治理发展*。都江堰市通过立足院落，重新寻找群众的利益诉求点，依托院落共同利益，谋求院落的治理发展。随着全市727个散居院落党小组和276个集居院落党小组的相继成立，有效地将基层松散的党员队伍重新集结，党员有了归属感、责任感，服务意识大大增强。院落党小组在成立后，积极引导院落群众民主选举成立业主管理委员会等自治组织，推动院落治理发展。2014年在柳街镇各级党组织的领导下，由群众共同协商，确定2015年每人缴纳20元的物业管理费，并通过每个月的“星级”家庭评选，在年终按照2元/人/月的标准返还给群众。群众自己制定的规则，参与热情大幅提高，不仅积极投入卫生整治，还帮助邻里开展互助活动。党组织的有效融入，激发了院落自治的活力。2014年都江堰院落治理合格率超过93.80%，群众对院落治理满意率达98.60%。

2. *引领了基层的经济转型*。为社会新生机体，新型经营主体发展能力相对较弱，因此，都江堰因需成立产业党组织，将分散在各组织中的党员凝聚起来，充分发挥能人党员的优势，引领农村经济顺利实现转型。为了推动猕猴桃产业发展，棋盘社区党员带头，群众自愿参与，共同成立越宇专业合作社。为进一步推动合作社发展，社区党总支领导成立了合作社党支部，促使党员主动参与到合作社的发展服务工作中来，帮助协会成员统一购买生产资料、共享销售渠道、共担市场风险。2014年，棋盘社区

猕猴桃挂果面积达到1200亩，总产量为150万斤，仅猕猴桃产业人均收入就有10000元。党员的带动作用得到充分发挥，新型经营主体根基逐渐稳固，都江堰顺利实现了经济转型。又如水月社区种植大户刘超，发挥自己作为党员的带头作用，发起成立了无公害农产品协会，在村里流转了200亩土地种植无公害蔬菜。目前，村内一半以上的蔬菜种植农户都加入了进来。

3. 引领了基层的文化培育。过去，都江堰居民的休闲方式大多是打麻将，邻里之间互动少，文化活动方式单一。为丰富居民生活，加强群众间的互动，都江堰市深入挖掘各社区的文化底蕴，通过文化组织党支部的引领，积极创新多类文化活动，以群众喜闻乐见的方式开展，激发群众的参与激情。2015年6月，天马镇在"文联"党支部和各文艺协会的组织下，正式启动"百场文艺汇演"活动，各社区文艺协会自行组织群众，编排表演节目，购买表演服饰，当天参与活动者达300余人，观看的群众达到3000余人。而中兴镇每周参加歌友会、诗友会、川剧会等文体活动的人数达1500人次以上，群众参与文化活动的热情空前高涨。通过党组织的牵引，党员的带头示范，都江堰成功地让群众走出家门，将健康、互动、和谐的文化氛围带到群众的身边，饭后跳舞成为都江堰农村妇女最时髦的休闲方式。

（二）向心力增强，保障了党员服务水平

过去，都江堰党员的服务大多是被动参与，党员能力跟不上、服务质量难保障。通过构建融入性党建工作后，都江堰吸纳积极参与的骨干群众，从党员的个人能力出发，实现了服务参与的主动化。

1. 从"单向推动"到"双向互动"，优化了党员队伍。目前，都江堰的基层党员不仅在原行政村支部内发挥作用，还加入到各类功能性党组织当中，通过服务活动，将党员的特长、技能发挥出来，在治理参与中提升了党员的服务能力。此外，通过"双向培养"机制，将党员转化为社会组织、经济组织等领域内的骨干队员，同时将社会组织、经济组织当中的积极分子，通过党员的带动，逐渐吸纳到党组织当中，不断优化党员队伍结构，激励群众参与社会服务，不断提升参与能力。天马镇建华社区的袁小军是婚庆公司的老板，是社区内的创业能手，通过多次参与社区文化

活动，与党员一起服务社区，在党组织的感染下，袁小军于2014年主动申请入党。都江堰将社区内能力突出的群众纳入党员队伍，提高了党员队伍的质量，将服务落实的态度融入每一位党员，构建了一支强有力的党员人才队伍。

2. 从“被动参与”到“主动融合”，改进了党员作风。都江堰通过建立“积分量化”考核、民主评议等党员评价制度，激发了党员的带头示范作用，充分发挥了党组织的战斗堡垒作用。“积分量化”等的管理方式，使党员在服务群众过程中，从“不想揽活”到“主动服务”。天马镇2015年上半年开展“乡村夜话”活动26次，主动有效解决了93个群众问题。向峨乡棋盘社区在李天平书记的带领下，大力发展猕猴桃种植业，由于猕猴桃采摘仅能依靠人力进行，而社区内部分群众因为年龄、身体等原因不便采摘，眼看猕猴桃就要熟了，很是着急。了解到这一情况后，社区干部带领社区党员主动先帮困难群众进行采摘，并统一帮他们销售，解决了困难农户的燃眉之急。党员主动服务的意识逐渐增强，党员的工作作风逐渐改善。

3. 从“政策导向”到“能力导向”，激发了党员活力。过去，党建工作主要是依上级政策，将任务分配给党员，而不考虑其实际的服务能力，不仅服务质量跟不上，也挫败了党员的积极性。都江堰市在创新融入性党组织过程中，通过党员的带动、宣传，将社区中的“五老”、文艺爱好者、致富能手等乡村能人都发动起来，发挥各自的优势，使得村庄中政策有人宣传、矛盾有人调解、困难有人帮扶、产业发展有人带头。如棋盘社区考虑党员年龄、能力、兴趣等因素，组建了3支党员先锋队和10个功能性党小组。又如和平社区根据党员特点，组建了医疗服务队、舞蹈队、教育服务队、民情反馈队等8个志愿活动小组，特别是吸纳了社区内168名无职党员的加入，有效激发了党员活力，带动了党员参与。

（三）服务力提升，促进了党群关系融洽

都江堰将党员融入群众身边，应民需、化民困、解民忧，将群众服务工作落到实处，不仅仅促进了党群情感的融合，也在理解中深化了双方互动，构建了基层融洽、和谐的党群关系。

1. 情感融合，党群矛盾最少化。通过融入性党建，都江堰将党组织

建立在群众的身边，将党员凝聚起来，通过走院子、听民声、解民困，第一时间与群众面对面沟通。2013 年，柳街镇党员干部通过走院子，收集群众意见建议 1260 余条，解决突出问题 1100 余件，报上级部门协调解决 40 余条，群众满意率达到 95% 以上。党员与群众接触多了，让群众实现困难“门前诉”、矛盾“门前解”，顺利化解了基层矛盾，增强了对党的信任度。和平社区由于拆迁安置，群众矛盾多且复杂，是蒲阳镇的上访大户。近年来通过党群互动加深，群众需求得到满足，与 2010 年相比，2014 年社区上访量减少了 80%，党群矛盾逐步消除到了最少状态。一位乡镇党委书记深有感触地说：“以前我们干部不常去村里，一到村里遇到的全是反映问题的。现在我走到社区，村民见了我就主动围上来，不是像以前一样反映问题，而是主动发烟，硬要留我吃饭，很温暖很感动。”

2. *合作发展，党群互动最大化*。都江堰通过创新融入性党建，不仅拉近了党群距离、化解了党群矛盾，更重要的是推动了党群之间的互动合作。民兴社区党支部结合社区实际，积极转变农业产业发展模式，由党支部引导、党员带头、广大群众参与，先后成立了金丝瓜种植农业专业合作社、盆景制作农业专业合作社等 3 家农业专业合作社，大大增加了居民的经济收入。同时，党组织积极与各类社会组织合作，提供群众需要的服务，改善群众生活，调解群众关系，增进党群信任。2014 年，柳街镇依托志愿服务组织，开展了邻里互助 126 人次，调解矛盾纠纷 216 人次。柳街镇党委书记说：“以前让群众开会不发点东西是不会来的；现在只要吆喝一声，大家就到院子里来了。”现在，党员为群众做实事了，交流互动比以前频繁，将党群从过去“对立”的双方转变成“合作”的彼此，共同为社区发展、农民致富努力，实现了党群关系的和谐发展。

四 党建牵引下治理升级:“融入性党建”的经验与价值

融入性党建是都江堰适应全面深化改革背景下基层的变化创新党建方式的有益探索，激发基层党组织和党员活力，实现了党领导下基层治理体系和治理能力的提升。对新时期探索基层党建的有效实现形式，深化党建引领下的基层治理创新具有重要的价值与意义。

（一）融入性党建是实现党融入民、党合于社的有效尝试

植根人民、服务人民，是党的最大政治优势，也是党永远立于不败之地的根本。然而从实践看，当前不少基层党组织和党员干部仍习惯于站在群众之上，甚至出现代民做主、与民争利的现象，影响了群众对党的信任度。都江堰通过党组织建在院落、党员走进群众和服务嵌入发展，将党凌驾于社会之上的命令式、动员式社会管理转变为党融入社会之中的引领式、参与式社会治理，实现了党融入民、党合于社，解决了党站在人民之上还是站在人民之中的根本问题，初步探索出融党的领导、人民参与和依法治理为一体的基层善治之道。

（二）重塑党与多元主体的平等协作关系是融入性党建的着力点

治理主体多元化是经济社会发展的必然要求，也是不断提升党的执政能力的重要途径。在社会格局深刻调整的背景下，党组织高居社会多元主体之上的相对闭合的联系方式必须转变。只有重塑党和多元主体的平等协作关系，促进党组织领导下的多元共治体系，才能提升党组织的引领和整合能力。都江堰将党建融入基层治理之中，充分尊重群众和各类组织的主体地位，引领它们自我服务、自我管理、自我提升，不仅提升了党的引领和服务能力，而且有效地解决了党和政府大包大揽、村级组织行政化、社会活力不足的难题。

（三）灵活组织设置是激发基层党组织活力的重要途径

创新基层党组织设置方式，激发基层党组织活力，是巩固和加强党在农村的执政基础、推进基层治理体系和治理能力现代化的重要内容。基层党组织设置要因地制宜、因时制宜，既抓好传统领域党组织的优化调整，又加强新经济组织和社会组织党组织的创新设置，推进党的组织有形覆盖、有效覆盖。近年来，都江堰结合生产、居住和生活领域的变化，及时优化基层党组织设置，将组织建在院落，同时创新功能性党组织，激发了基层党组织和党员的活力，优化配置党群服务资源，促进民生改善和产业发展，引领经济和社会组织发展，以融入性党建带动基层治理创新，基层社会治理能力得到显著提升。

（四）创新基层党建必须找准党建与群众诉求的结合点

群众诉求是党的一切工作的出发点和落脚点。全面深化改革背景下经济社会结构深刻调整，过去党组织与群众相对单一的利益联结方式作用日益有限。找准党建工作和群众诉求的结合点，才能探索基层党建的有效实现形式。都江堰通过党员大量的走院子、访农户，了解到了群众需要什么、不需要什么，找准党建与群众生产生活发展共同诉求的结合点。引领群众从最迫切的环境和发展问题入手，将党组织融入院落和经济社会组织，推进院落美化，发展院落经济，激发群众参与活力，增强党群间的良好互动，把党建工作落到了实处。

“扫把革命”：扫出干群关系的新常态*

——基于都江堰市柳街镇“环境整治”的调查与思考

干群关系直接决定着农村基层政权的稳固和发展。近年来，伴随着都江堰快速的城镇化进程，群众的主体意识持续增强，然而基层传统的命令式、包办式管理方式没有及时跟上基层的变化，一方面导致群众活力受到束缚、政府不堪重负；另一方面导致干部脱离群众、干群关系紧张，影响了基层的治理和发展。鉴于此，都江堰市柳街镇以“美丽我家、美丽我院”行动为抓手，从群众需求出发，从办得到的“小事”出发，积极回应民需民求，开展了以“扫院子”为主题、党员干部带头示范、引导群众共同参与的“扫把革命”，探索出了以“服务、互动、融合”为基本内涵的“干群关系新常态”。

一　“扫把革命”的开展：从干群分离到干群协同

为了改善干群关系，柳街镇找准群众诉求，在全镇开展了以“美丽我家、美丽我院”为主题的“扫把革命”，在“为民办实事、干群齐参与”中重塑了干群“鱼水情”。

（一）走院子，汇民需，变“我来讲”为“听你说”

柳街镇干部以“进村入户”为切入点，走出办公室，深入院落（小区），与民沟通、与民交心，倾听民意民需民求。一是乡镇领导“下院落

* 作者：华中师范大学中国农村研究院李华胤。

(小区)”，察民需。柳街镇以创建“五优”服务型基层党组织为抓手，通过党组织负责人带头，党员干部入户进院，深入群众了解民意诉求，收集“人、事、地、物、组织”等基础信息，察看民需，建立“民情台账”。二是第三方新闻媒体“访农户”，听意愿。为了解群众打扫院落（小区）的意愿，2013 年初，柳街镇邀请都江堰市电视台，深入全镇 364 个散居院落，利用 3 个月时间，走访全镇 90% 的农户，并制成 1.5 小时的“民意光盘”，组织全镇党员干部观影，倾听民需民意。调查了解到，全镇 98% 的群众都愿意参与打扫院落。三是党员干部“串家门”，理纠纷。组织骨干党员、两代表一委员、村两委干部、村组干部深入院落（小区），梳理院落存在的问题，询问民众需求。同时，在“走院子”中，以“三步调解法”调处院落内部矛盾和纠纷，排查不稳定因素，配合乡镇做好民情摸底工作。四是社区社会组织“说政策”，转民念。发动柳风诗社、柳风文艺队、老年体协等农民社团，编排节目，进村巡回演出，近距离宣传解说，举行大小宣传会 447 余场，动员全镇 9954 户参与环境整治。

在“走院子”中，柳街创新“两级联动、外力促动”的方式，找准了群众第一需求点——清洁院落（小区），并以此为突破口，开展以“美丽我家、美丽我院”为主题的“扫把革命”。

（二）带头干，引民动，变“代你扫”为“一起扫”

林盘是川西坝子独特的居住特点，散居的群众没有打扫卫生的习惯，为了引导群众参与“院落打扫”，柳街镇党员干部带头，先行先示范，引导群众。一是依托院落党小组，促进党群互动。柳街镇以 50—100 户为基准整合散居院落，在整合院落的基础上，成立院落党小组，实施党员包片责任制，带头打扫院落责任区和公共区域。经过一个多月的带动，大部分群众自觉加入了打扫院落的行列，开始自觉打扫。二是立足院落（小区）管委会，推动干群互动。对于小部分始终不愿意打扫自家院子的农户，院落管委会成员每天清晨为其义务打扫，一边做思想工作，一边用真诚感动群众，实现干群齐扫地。张家院子的农户说：“看着主任给自己打扫院子，心里都不好意思了，就自觉扫地了。”三是借助院落（小区）坝坝会，推进群众互动。在“院落精英、群众骨干”的带领下，黄家院子不定期举行坝坝会，一起议论“扫院子”，商讨院落打扫进展。同时，大张旗鼓评选表彰扫地先进户，举行最美院落坝坝宴（九大碗），以先进带落后，实现院落大家一起扫。

（三）注资金，聚民力，变“政府事”为“自己事”

为调动群众参与的积极性，柳街镇以小资金为杠杆汇聚民力，为“扫把革命”注入持久动力，实现“自己事自己办”。一是以自筹性资金为基础，聚合民力。通过民主决议，院落（小区）管委会以每人每年20元的标准向农户收取清洁费，用筹资到的80万元资金开展院落整治，同时督促大家养成讲清洁、爱卫生的习惯。金龙社区的群众都表示：“交了钱，就是自己的事了，肯定愿意扫地。”二是以政策性资金为补充，开发民力。2015年，都江堰市为每个村都配备了不少于40万元的村级公共服务和社会管理专项资金，柳街部分院落将20万元主要用于社区基础设施建设，另外按每人每年30元用于院落整治，如鹤鸣社区每年提取14万元作为院落清洁费。自筹资金、村公资金加上农垃资金的“三三机制”，构成了稳定的“资金池”。三是以奖励性资金为杠杆，撬动民力。柳街镇定期开展“清洁之家”、“最美院落”等的评比。一方面对“卫生户”给予每人每月2元的奖励，农户如果有10个月以上被评为“卫生户”，就可以收回自己缴纳的清洁费；另一方面由乡镇对“最美院落”给予8000元的奖励，年底用奖金在“最美院落”举办坝坝宴等活动，以增进农户之间的情感交流，激励群众自我服务。

（四）建制度，安民心，变“干部评”为“大家议”

柳街镇引导群众，自主制定了一系列的约束评议制度，为“扫把革命”提供了有力的制度保障。一是院规民守，保障秩序。各院落管理委员会召集群众，召开坝坝会，共同制定院规民约，规范和约束群众的行为。目前，全镇整合后的107个院落（小区），全部制定了以卫生保洁、文明新风等为主要内容的院规民约。二是院落民评，激励先进。柳街镇建立“对户月评、对院季评、对村年评”制度，采用三方测评的方式，结合村庄的日常评比结果，在全镇范围内评比年度“最美院落”，在院落评比季度“流动红旗”，评选人员由群众、干部、第三方机构等共同组成，全过程向群众公开。2014年1月，全镇就评选出了20个最美院落。三是成效民议，监督实干。通过制定“领导包片、科室干部包网格、村组干部包院落（小区）、党员（议事会成员）包户”制度，建立干部绩效考核挂钩机制，以走院落（小区）频数、矛盾调解数量、服务次数等指标考核干部的工作实效。

二 干群关系新常态：从干群冷淡到干群融合

柳街镇结合实际情况，始终以群众需求为工作导向，以“环境整治”为突破口，党员干部进村，带动群众参与，化解了干群矛盾，走出了探索当代“干群关系新常态”的新路子。

（一）观念一致，提升了干群合心力

以往柳街镇的施政过程是“两条线”——政府做政府的，群众干群众的，执政理念与群众诉求往往出现严重的偏差和错位，以至于治理效率低。在“扫把革命”中，这一局面得以扭转。一方面，立足群众需求，办迫切之事，为民着想。“扫把革命”使干部们养成了“搜集民意、调研民需”的习惯，将群众的迫切需求作为自己的工作出发点。近年来，特别是群众路线教育实践活动以来，柳街镇党员干部在半年不到的时间里，搜集了各类诉求、矛盾纠纷共1260条，按照“轻重缓急、比例大小”的标准，进行分类分级办理，共解决突出问题1100余件；另一方面，着眼自身实际，办能办之事，为民谋福。柳街从实际出发，综合考虑人力、物力、财力等因素，从小事办起，办实事求实效。2014年，金龙社区开展“文化惠民”活动累计达10余场次，累计参与人数达4000余人次。

（二）情感融合，增强了干群凝聚力

柳街镇干部们走出办公室，走进院落，与民沟通，和谐了干群氛围，实现了情感融合，增强了凝聚力。一是从“背对背”到“面对面”，拉近了干群距离。从乡镇到院落，实施干部包片制度，所有干部“包村驻点、包组到户”，与群众零距离接触。仅在2015年4月，全镇干部走院子人均就达到了10次。二是从“求你办”到“主动办”，消除了隔阂。柳街镇干部利用群众喜闻乐见的方式，如“坝坝会”、“摆龙门阵”和“院落夜

话”，变被动为主动，请民议事、找民办事，改变了以往“门难进、脸难看、事难办”的局面。2014 年 4 月，在全镇“院落整治”工作中，共解决矛盾纠纷 1142 项，现场解释、调解 800 余项，经机关科室合力协调解决 300 余项，报市级部门协调解决 42 项。王家院子的村民感叹道：“院子里的矛盾少多了，干部办事也勤快了。”

（三）行动一体，提高了干群互动力

柳街镇以“扫院子”为突破口，干部带头，发动群众参与，实现了干群行动上的一致性。一是干部先行，实现了干群联动。柳街充分调动党员干部的积极性，先行先干，时时走在群众前面，用实际行动办实事。2014 年，全镇共召开“镇、村、组、院落”四级宣传动员会议 477 次，发动群众参与整治工作达到了 95%。黄家院子管委会主任李亚君说，“干部们还是愿意为我们服务的，不是甩手掌柜。”二是转变角色，实现了干群协同。柳街以群众为“扫院子”的主角，干部充当“配角”，在互动中激发参与热情，共同努力整治环境。黄家院子不仅清除了 4 卡车的垃圾，群众都笑谈：“这次把祖祖辈辈的垃圾都清除了，看着巴适多了。”黄主任这样说，“现在，老百姓见面打招呼，逢人便问‘扫地了没？’扫地还把干群隔阂扫没了。”

三　“扫把革命”的价值：从“对立体”走向“关系体”

都江堰市“扫把革命”在共同行动中拉近了干群距离，创新探索干群关系新常态，使干群关系从“对立体”走向“关系体”，具有重要的启示与价值。

（一）“扫把革命”的最大意义在于密切了干群关系

干群矛盾反映形式的差异性，决定了干群关系改善路径的特殊性。因地制宜，只有找到改善干群关系的关键点——群众的真实诉求——才能有的放矢。柳街镇“扫把革命”正是党员干部在“走院子、串农户”中，结合实际情况，找到了群众的真实诉求点——环境整治，并以此为突破口，在“为民服务、为民办实事”中探索出了干群关系的新常态。创新

探索改善干群关系的基础在于"应民需、办实事"，关键在于"群众参与，重视长效"。

（二）改善干群关系需找到有效的切入点

改善干群关系的关键在于群众本位，但是仅仅凸显群众主体是不够的，还需要找准真正的民需，从群众利益出发，办小事，办实事，办能办之事。精准定位民需民诉民求，找到有效的切入点，是改善干群关系的根本所在。这也是由各地干群矛盾表现形式的多样性与差异性所决定的。在柳街，以"美丽我家、美丽我院"为主题的环境整治是院落（小区）所有住户的最迫切愿望与需求，"扫把革命"正是以"清洁院落（小区）"为突破口，在政府能力范围内，为群众办能办的小事，改变了干部形象，实现了干群互动，重塑了干群关系。

（三）干群合力是改善干群关系的核心所在

干部和群众是干群关系中的两大主体，"干群合力"是干群关系的融合核心。一方面，要干部引领，发挥先锋模范作用，带动群众愿参与，培育群众能参与；另一方面，要坚持群众本位，以群众诉求为出发点，以服务群众为落脚点，办能办之事，办民需之事。都江堰在"环境整治"的全过程中，将"干部带头"与"群众参与"有机地结合起来，干部先动、群众后动，干部引导、群众为主，实现了干部与群众的"合心合德"，创新探索了以"扫把革命"为切入点的融合干群关系的新路向。

功能性党组织：打通党员服务群众的“最后一公里”*

——基于对四川省都江堰市基层党建工作的调查

党的基层组织是党的全部工作和战斗力的基础。抓好基层党组织建设，是巩固和加强党在农村的执政基础，推进基层治理体系和治理能力现代化的重要内容。2008 年以来，都江堰市经历了经营方式和居住方式的深刻变革，基层治理体系进行了重构，然而传统的党组织设置和服务方式难以适应新的变化，党组织作用难以有效发挥。为此，都江堰立足群众需求和党员自身能力，灵活设立功能性党组织。具体而言，就是以群众需求为出发点，以党员能力为依托，以制度建设作保障，科学整合党员资源，依托“两新”组织和群众性组织灵活设置党组织，实现基层党组织凝聚力、服务力和持续力大提升，畅通了党的“微循环”系统，打通了党员服务群众的“最后一公里”。

一　功能性党组织：服务群众的新实践

都江堰立足经济社会发展的实际需求，灵活设置基层党组织，根据党员自身特点建强服务队伍，在服务群众的过程中，党组织的凝聚力与服务力充分发挥，持续性有效保障。

（一）因需而设，从追求“覆盖率”转向“凝聚力”

都江堰市根据需要灵活党组织设置，不再局限于覆盖率，而是更加注

* 作者：华中师范大学中国农村研究院李灏哲。

重凝聚力的提升和服务功能的发挥，从“有形覆盖”转向“有效覆盖”。一是需求出组织。都江堰市通过实地走访、意见征集、座谈会等方式确定党员群众需求，以党员群众的需求为标杆，“哪里有需求，党组织就设置在哪里”。2011年，新住进蒲阳镇建设A区安置点的80名党员面临原有的组织关系被打乱，找不到组织、无法过组织生活的困境，群众也急需小区管理等方面的服务。蒲阳镇及时回应群众需求，于2012年11月23日以建设A区为组织单元成立临时党支部。二是差别定功能。都江堰市在征求广大党员群众意见的基础上，对不同地域进行差别化对待，确立功能性党组织的具体功能。蒲阳镇和柳街镇分别围绕小区管理与散居院落整治设立党组织，而天马镇和棋盘社区则分别依托现代农业产业园区和猕猴桃合作社设立党组织。三是“四缘”聚党员。都江堰市以“业缘、志缘、趣缘、地缘”凝聚党员，在服务党员、服务群众中加强党的凝聚力与向心力。天马镇民间文艺联谊协会党支部，有党员36人，凝聚着协会130余名成员，吸引了600多名本地文艺爱好者，共同为群众提供文化服务。

（二）因能而为，从追求“活动量”转向“服务力”

过去，基层的党员活动往往脱离党员的自身情况，活动“一锅煮”，追求数量，而不重质量。为激发党员的服务能力，都江堰结合党员的不同特点，组建多种服务队伍，切实满足群众需求，助推服务落地。一是服务内容应量力。以尊重党员意愿为前提，以党员自身能力为基准，组建功能小组进行服务。棋盘社区总共组建3个服务先锋队和10个功能党小组，6名有见识、门路广、能致富的党员组成致富带头先锋队，10名党龄长、觉悟高、有威望的老党员被编为文明宣传先锋队。和平社区根据辖区党员特点组建8个党员志愿活动小组，各小组成员民主推荐召集人，共同设计队旗、队徽和制订小组活动计划。其中，4名在医院工作的党员成立医疗服务小组，27位有文艺体育爱好的党员则分别加入文化类、体育类志愿活动小组。二是服务方式要创新。在服务方式上，都江堰改变以往单一、固化的形式，根据党员意愿，进行了多元化创新。和平社区在外工作的党员罗波提出可以发挥自己在江苏房地产公司工作的优势，为社区提供徐州、临沂全国性的批发市场方面的信息；在医院工作的王孔国等四位党员，主动要求为社区提供免费体检、健康咨询等方面的服务。三是服务落实有承诺。为保障服务落实，蒲阳镇各社区组织召开党员大会，每名党员结合自身情况签订《承诺书》，就“参与服务群众活动，规范自身行为，发挥模范带头作用”等方面进行公开承诺，在公示栏上进行公示。并将党员履行承诺情况与党员积分制管理相结合，各活动小组组长根据组织活动参与程度、作用发挥、群众评价等因素对小组党员进行考核打分，在年终进行考核评议。

（三）因规而久，从追求“影响度”转向“持续力”

都江堰市立足一个“实”字，改变以往为扩大影响力而开展活动的做法，通过扎扎实实的制度建设，在保证党组织服务群众的“续航”能力上下功夫。一是手册定权责。为规范党员管理，提升服务质量，2015年4月，蒲阳镇和平社区经过20余次分组讨论修改，召开党员大会表决通过《蒲阳镇和平社区党支部工作手册》，将党支部和党员的权利、义务载于工作手册，使党支部管理严格规范，党员行为有章可循。党支部180名党员人手一册，严格按照党员手册规范自身行为。二是积分量服务。都江堰市对党员的服务情况设立衡量标准，以便进行比较和评价。棋盘社区制定党员服务群众统计表，党员服务时由服务对象签字确认；和平社区设立党员积分管理制度，以积分衡量党员服务。三是奖评保持续。都江堰市根据积分多少，在年终考评时给予一定的精神与物质奖励，以保证党员服务的持续性。棋盘社区书记李天平说：“即使是奖励毛巾、杯子等日用品，一些小礼物，大会上的一句表扬，也很管用。”

二　提质增效:功能性党组织现优势

都江堰市通过功能性党组织建设，不仅加强了党组织自身建设，提升了服务效能，而且畅通了党组织的“微循环机制”，促进基层治理能力大提升。

（一）党组织的自身管理得以加强

都江堰市通过功能性党组织建设，使党的自身管理得以加强。首先，党员得以组织。功能性党组织适应了居住形态和产业形态改变的新局面，将党员重新组织了起来。柳街镇在院落整治中健全了15个社区的院落组织架构，将分散的1000余名农村散居院落党员凝聚起来。蒲阳镇党政办主任周郑表示：“功能性党组织打破区域限定，让党员能找到组织，群众办事能找到组织”。其次，党员义务得以履行。由于理顺了组织架构、加强了党组织凝聚力，党员不交党费、不参加会议、不参加活动的情况有了很大改变。和平社区尽管在去年年底就取消了党员开会的务工补助，但今年党员大会仍有80%以上的到会率。最后，党员作用得以发挥。都江堰市科学整合党员资源，党组织的凝聚力、战斗力显著增强。党员围绕党委政府的中心工作，带头交物业费、参与小区管理，充分体现模范带头作用。2014年，在党员干部的带头与努力下，都江堰市实现物业100%覆盖，其中和平社区缴费率达到98.5%。

（二）激活了党领导的“微循环机制”

都江堰市通过功能性党组织将党组织的血液输入到群众生活的各个方面，打通了基层党组织的“微循环”。一是每个领域都有党员。都江堰市根据需要跨组织、跨地域灵活设置功能型党组织，凡是与群众生活密切相关的领域，都有党员的身影，党员在群众身边发挥作用。到目前为止，1032个散居院落均成立了功能性党小组，已建立879个院落管理自治组织和院落党员群众骨干队伍。185个集中居住区组建了289个“业缘、志缘、趣缘、地缘”四型党小组，实现了党组织全覆盖。二是每位党员都能服务。都江堰市充分发挥每一位党员的主观能动性，将以往只是被动执行上级命令的无职党员和老年党员的作用也发挥了出来。和平社区上至刘期惠、张龙凡等六七十岁的老年党员，下至杨果、张楚鸿等20岁左右的年轻党员，都能进行服务；常住在社区的张科等党员可以在本地服务，常年在外的罗波等党员也可以找到服务社区的方式。三是每位党员都能带头。都江堰充分整合和调动“两代表一委员”、离退休老干部、老教师、老工人、企业家等有经验、有威望的人力资源，形成了“1%的党员干部带动10%的党群骨干，再以10%的党群骨干带动大部分群众”的良好局面。同时，由于在划分党小组时充分考虑党员自身特点，加强了党员培训，党员可以在政策宣传、文体活动、环境卫生、小区管理、带头致富等多个方面发挥带头作用。

（三）党员服务群众的效能显著提高

以功能性党组织为载体，都江堰市党员服务群众效能显著提高。一是服务内容更丰富。以前党员服务群众的内容仅限于逢年过节看望困难群众、带头捐款、带头打扫卫生等，经过安置区管理党小组、就业类志愿活动小组、文化活动党小组等功能性党组织的建设，党员服务的领域延伸到小区管理、就业帮扶、医疗卫生、产业发展、文化服务等多个方面，在服务方式上也更加多元，更有针对性。二是服务能力有提高。由于党小组的设置充分考虑了党员自身的兴趣爱好、能力、职业、年龄等因素，改变了以往党员“有力无处使”的情况，极大提高了党员服务群众的能力。和平社区就业组召集人杨岷江，充分发挥自己生意往来多、门路广的优势，已帮扶 4 人就业。在社区产业党支部的带领下，棋盘社区猕猴桃挂果面积达到 1200 亩，仅猕猴桃产业人均收入就有 10000 元。三是服务效果大提升。由党员收集居民需求，并由对应的功能小组进行服务，激发了群众参与，大大提高了服务的满意度。2015 年 4 月以来，以党员志愿活动小组为骨干，蒲阳镇已成功举办健康饮水宣传、免费体检进小区、趣味体育等志愿服务活动 40 余场，群众参与 5000 余人次。

三　巧设活用:释放党组织服务群众强能量

都江堰市通过优化党组织设置，充分释放党组织的服务能力，为加强服务型党组织建设提供了宝贵经验。

（一）功能性党组织是提升基层党组织服务能力的有效形式

提升基层党组织服务能力需要一定的组织形式为依托，在社会经济高速发展、党员流动加快的今天，原有的组织形式已经无法适应党组织的应有功能。因此，就有必要进一步优化基层党组织设置，以实现党组织资源的优化组合，提升基层党组织服务能力。都江堰市以功能性党组织建设为抓手，通过优化组织设置，科学整合基层组织党员资源，依托不同类别、形式和功能的“两新”组织和群众性组织而建立起具有不同功能的党组织，使党组织的政治功能和服务功能有效凸显，服务能力显著提升。

（二）灵活组织设置方能有效发挥基层党组织作用

当前，基层社会的发展变化对党组织设置方式提出了新要求。基层党组织设置必须因地制宜，根据不同地方的实际需要灵活设置。不同地区情况有别、需求有异、基础有差，应避免“一窝蜂”、“一刀切”地推行某种功能性党组织架构。都江堰的基层功能性党组织之所以能发挥作用，是因为它从各个乡镇、社区的实际需要设立功能性党组织，从党员的实际特点出发确定功能性组织的人员和活动方式，使组织设置由传统型向开放型转变。只有组织目标符合当地的实际需要，组织方式符合当地的实际条件，基层党组织才有生命力，才能有效发挥自身作用。

（三）功能性党组织应以释放党员的服务能力为目标

组织设置是外形，是手段，更有效的服务群众才是目的。一切组织形式的最终目的都是为了更好地服务群众，更有效地保障党的执政地位，功能性党组织建设归根结底要落到释放党组织的服务能力上来。都江堰市立足党员和群众的实际需求，以“地缘、业缘、趣缘”等为纽带，重视党员参与，极大激发了党员参加组织生活和服务群众的积极性。尊重党员意愿，充分考虑每一位党员的自身特点与需求，将每一位党员放到最能发挥作用的地方。改变以往命令式、任务式的服务方式，充分考虑服务对象的差异，重视党员主观能动性的发挥。通过这些措施力图做到使每个党员“人尽其才，物尽其用”，充分释放党组织服务群众的能力。

（四）功能性党组织良好运行须以完善党员管理机制作保障

创新功能性党组织设置，决不能满足于一两次服务，而应在使之良性运行的长效机制上下功夫。要使功能性党组织良好运行，就必须有相应的党员管理机制加以保障。结合地方的实际情况、制定过程中重视党员参与是使管理机制有效发挥作用的必要条件。都江堰市将党章的一般性、原则性的规定与本地的具体情况结合起来，加以明确和细化，创新适用于基层党组织管理的工作手册，使基层党员管理真正有规可依。同时，狠抓落实，运用积分管理等机制加强党员管理，使每一位党员有规必依。这些措施充分保障了功能性党组织的良好运行，使党员服务群众的效能显著提升，疏通了党组织的“微循环”。

"两团"互动:社区协商何以落地*

——基于都江堰市协商民主实践探索的调研与思考

社区协商是推进基层治理现代化的应有之义和重要路径。近几年，都江堰城镇化进入"快车道"，但经济发展和社会服务没有及时跟上，"群众有需求，政府难满足"的矛盾日益凸显，成为摆在基层治理的现实难题。鉴于此，都江堰市奎光塔街道以问题为导向，以社区协商为路径，成功探索出问计、问需、问效于民的"两团"互动模式。即以服务为切入，激活参与；以组织为抓手，贯通运转；以监督为保障，实现长效。打造出了更加严实、更加自主、更加有效的社区协商民主新样本。

一 "两团"互动:探索社区协商新形式

为使协商民主作用充分发挥，奎光塔街道先试先行，探索出服务团与观察议事团互动的社区协商新路径。

（一）服务团下沉，激活参与稳根基

奎光塔街道组建综合服务团，在服务中集民所意，解民所需，引民参与，夯实了协商民主的群众基础。首先，干部组团服务到家，汇集民需。57 名机关干部、社区两委干部和网格员组成了 9 个社区综合服务团，每星期不少于 2 个半天将矛盾纠纷调解、创业创新推广、环境治理普及等 10 项服务送到居民家。至今，综合服务团累计收集意见建议及民生诉求 407 件。其次，微心愿入手应民需，走进民心。奎光塔街道从居民生活小诉求入手，

---

* 作者：华中师范大学中国农村研究院刘思。

进一步拉近干群距离。随着给安顺社区周岁汤素华老人过生日、帮秦华超配钥匙等居民微心愿的落实，“以前见面不认识的居民，现在老远见着都喊我吴团长”，街道综治办主任吴兴说道。最后，院落（小区）共治牵引民心，激发民动。前街道党工委书记李川虎表示：“为群众服务，不仅要倾听呼声，排忧解难，更需调动群众参与。”在院落（小区）卫生整治服务中，综合服务团成员进入包片院落（小区）带头修枝剪叶、清除“牛皮癣”、拔除杂草等，10 天内带动了 300 余人次群众参与进来。

（二）协商团上联，组织贯通促运转

市民观察协商团的建立，功能上与综合服务团形成相互补充，并使多层级组织联合起来，让多元主体连接起来，推动了协商议事的有效开展。一是主体“并联”，广代表。在成员构成上，奎光塔街道建立的市民观察协商团，即包括辖区机关、内企事业单位、社区“两代表一委员”等“政府”人员，也包括律师、社区退职老干部、信访老户、院落议事员、常住异地户籍人员。52 位代表不同利益的群众个体聚集在议事团，形成了广泛协商。二是层级“串联”，满覆盖。奎光塔街道不仅在街道组成市民观察协商团，同时在社区、院落（小区）层面也相应地建有协商议事组织，为此，上至街道下至院落（小区）协商渠道实现畅通。同时，三级大事小事都能进入协商，实现了事务全覆盖。三是功能“共联”，全循环。市民观察议事团在功能设置上，赋予了组织群众提出议题、商讨议题、做出决议和监督执行的职能，与综合服务团功能相互补充。“两团”共同形成“我来服务，你来提议；我来落实，你来监督”的协商议事流程循环体系。

（三）“两团”互动，监督落实保长效

奎光塔街道为把好协商落地的最后一关，服务团主动“亮身晒单”，观察协商团严以监督评价。一是一卡“亮身”，便民监督。奎光塔街道将包含服务人员姓名、照片、职业以及联系方式等信息的“身份卡”公布到院落（小区），向群众公示。都纸小区的陈大爷表示：“通过身份卡，谁落实、监督谁、监督什么，大家都清清白白。”二是“一表晒单”，让民监督。政府每周向综合服务团成员发送一张《走访情况登记表》，对服务对象姓名、服务执行以及群众建议等进行记录，由服务享受者签名确认

后，向上呈交。汇总后，每周四统一在镇、社区、院落（小区）全面晒单，让群众监督。三是组团巡视，实民监督。以市民观察协商团作为群众代表，每周不定时地在全街道各小区、院落开展现场巡视，对服务落实进行灵活的检查，以防止干部偷懒、服务作假。到目前为止，市民观察协商团已经进行500人次的现场巡视。四是评分量化，助民监督。2014年7月23日，全街道"市民观察协商团"成员和社区群众代表共800余人对街办机关干部下社区落实服务的情况进行打分。而这次评分也将以25%的占比进入政府部门及干部年终绩效考核中。

二　协商落地：打造基层民主新常态

"两团"互动严以行动，让民做主，协同共治，扎实地践行协商民主的内涵，使社区协商更具民主性、规范性和实效性。

（一）从"口号"到"行动"，协商更真实

奎光塔街道以"两团互动"将协商民主这一口号，真正落实到行动实践中。具体而言，一是回溯民生，内容更加实在。议事团抛弃没有实质性影响的问题，着眼"民生"，积极讨论紧贴居民的小区物业管理、文化活动开展等日常热点。同时，不回避矛盾，将轻工校片区棚户区改造、安顺1、2组城中村改造、滨江小区拆迁安置房分配等存在激烈利益冲突的民生问题公开商议。二是回归生活，形式更加实用。奎光塔街道灵活运用居民生活中的社区夜话、坝坝会等形式，以及微信软件平台，让两团进行互动，打破"户户闭门"带来的沟通不畅，大大降低了协商门槛。龙潭湾社区马书记表示："原来社区活动基本只有老年人参加，现在上至50多岁，下至20岁的上班族也能随时参与"。三是回应规则，流程更加严实。两团在互动实践中，按照提出议题、审核议题、公告议题、讨论议题、表决议题、公告决定、执行决定、监督反馈流程逐步开展，回应了省市提出的"八步议事法"规则。

（二）变"官办"为"民定"，议事更自主

奎光塔街道以"两团"互动，倒逼干部转变"家长式"作风，还权

于民；牵引群众树立“主人翁”意识，自主用权。首先，由民来提议。经过一年多的互动实践，奎光塔街道服务团干部化身“服务员”，群众变身为服务“点单者”。在2015年6月，服务团走基层下小区308人次，40位居民提出21件民生述求。其次，由民来商议。面对鑫桥苑天然气入户难问题，社区服务团与院落议事团长沟通，由议事团组织小区80户住户召开5次院落会议，与违章搭建的住户协商讨论，最终，全部同意并主动拆除管道铺设处的违章搭建，实现天然气入户。最后，由民来决策。在龙潭湾社区，政府财政转移资金的使用由少数民族、综合服务团、企业、民非机构、居民组长等15类代表45人共同组织会议商议，并做出了临窗阁安装监控、美食街改造等22个项目决议。

（三）从“独唱”到“合唱”，落实更有效

从结果来看，“两团”互动中政府与社会团体、群众形成合力，有效落实了服务，减轻了政府压力，并获得群众认同。一是服务落实更加快速。面对轻机厂家属区270户改造搬迁，奎光塔街道做好至少奋战2个月的准备，但在“两团”互动下，仅用了18天时间就达到了96.7%的签约率。“这在棚户区改造中创造了新的速度”，街道办事处宋维平主任感慨道。二是办事经费更加节约。居民的参与还减轻了政府财政压力。经服务团、观察协商团和商家代表协商，在江安中路美食特色街改造中，55户商家纷纷自费改造。街道黄芳书记表示：“政府从里到外全部承包至少需要数十万元，现在只花了少量的设计费用进行整体风格规划，经费大大减少。三是落实结果更加满意。在万达项目拆迁安置房工程中，滨河社区服务团与观察协商团对提前来了解安置房源的200余人进行客观公正的介绍，并主动对接，为安置住户解决水、电、气等问题。入住后，安置住户的满意度达到99%。

三　协商深化：“两团”互动的思考与建议

奎光塔街道的“两团”互动，使社区协商成功落地，为协商民主发展提供了借鉴。同时，在运行过程中仍然遇到现实难题和发展不足，亟待解决。

（一）畅通参与是社区协商实现的基础

多元主体的利益实现需要参与渠道，现代社会治理需要社会主体参与进来，社区协商在双向参与需求中产生。可见，参与是协商的核心，畅通渠道则是有效参与的关键。奎光塔街道探索的社区协商方式——“两团”互动，最大的意义在于为不同群体间尤其是官民之间搭建了一个畅通参与的互动平台。在这个平台中，参与主体以对话与协商为互动方式，并在制度化的集体活动中，形成了良性互动。正是在这些互动过程中，进一步激发了社会的参与意愿，培育了居民的规则意识与公民精神，从而为协商民主真正实现提供了社会土壤。

（二）社区协商以坚持群众本位为核心

习近平曾指出：“协商民主是党的群众路线在政治领域的重要体现。”反之，协商民主自我运转与发展也必须坚持群众本位。奎光塔街道“两团”互动的有效实现，恰恰在于综合服务团提供的服务正是群众所愿，议事团所议之事正是群众所需，为此才有广泛参与的群众基础。并且在协商中让群众共同决议，找到群众意愿和要求的最大公约数，最后由政府落实，群众进行监督验收，才实现群众持续互动参与的热情。因而，协商为民，协商于民是目标，也是践行协商民主必须坚持的路线。

（三）社区协商组织职能需进一步明确

当前，奎光塔街道以“两团”互动模式作为社会协商的践行方式，市民观察议事团承担提议、协商、监督等职能。但除市民观察议事团，奎光塔街道还有院落（小区）议事会、社区议事会、社区基层民主自治代表大会、街道社会协商会议等各种同样具有相应功能的协商组织。为此，一方面，在同一层级，市民观察议事团与街道社会协商会议定位分工还有待明确；另一方面，不同层级，市民观察议事团与社区各协商组织之间的关系还有待明晰。组织职能明确才能更好地发挥应有功能，预防新的矛盾发生。同时，市民协商议事团在街道领导小组指导下进行运行，要避免“行政化”。

（四）有序协商急需完善的制度体系保障

民主天然具有一定的无序性和盲目性，因基层民主引发的某些失序现象常为人诟病。协商民主作为一种民主制度，社区协商作为协商民主的一种形式，也不可避免存在这一问题。当前，奎光塔分别颁布了《关于组建市民观察协商团的实施意见》和《综合服务团及成员服务基层的实施意见》两个文件，在文件中明确了组织的成员组成、工作内容和职能、考核办法等。但组织只是社区协商的载体，关键要落实协商议事，并其在法律范围下运行。目前而言，对于“两团”具体协商议事的规范文件处于缺失状态，需要补充完善。

（五）提高参与能动性是协商深化的关键

群众是社区协商的主力，但在实践运行中群众参与存在一定困难。一是市民观察议事团，包括其他协商组织属于群众自我发展、自我协商、自我管理的自治组织，群众参与属于义务服务，没有工资和补贴。为此，持续发展需要群众集体精神和责任意识为保障。二是从目前参与群众来看，社区协商组织成员普遍为退休人员，在活动参与中，普通群众的参与也还充足，需要进一步激发群众的参与。三是社会事务复杂多样，有些事情需要专业知识才能形成有效判断，在激活群众参与时，要注重对专业精英的吸纳。

以文"化"人：让治理之基悄然生长*

——基于都江堰市天马镇以文"化"人实践的调研与思考

随着城乡一体化进程的加快，农民的文化需求也随之增长，但是当前农村文化服务多采用"蜻蜓点水"的模式，不仅点少、面浅、形式单一，更严重的是将作为主体的群众排斥在文化之外，群众"被文化"的现象十分普遍。为了充分发挥文化的引领力，都江堰市天马镇依托深厚的文化底蕴，积极探索"以文'化'人"的治理方式。具体来说，就是以群众主体为核心，以多元组织参与为支撑，以培育正能量为根本，以党建引领方向为关键，渐次调动群众的自觉、自动、自主意识，使群众逐渐从文化活动的"旁观者"向"参与者"直至"主导者"转变，不仅推动了文化繁荣，唤醒了群众的公共精神和民主意识，而且有效化解了群众内部矛盾，夯实了基层治理的社会根基。

一　文化引领，群众主体，激活治理新能量

在统筹城乡的背景下，村民们对文化的需求日益高涨，天马镇顺应民意，以基层文化为切入点，积极调配文化资源，通过文化手段引领治理，激活治理新能量。

（一）服务送下去，群众"走出来"

为了让文化服务落到百姓身边，天马镇将服务层层下移，引导群众走

* 作者：华中师范大学中国农村研究院崔杰。

出种种不良之风。一是服务到社区，群众走出“麻将桌”。打麻将是川西农民的传统爱好，然而农村打麻将之风盛行多是因为缺乏其他休闲娱乐方式，天马镇通过将文化服务送到每个社区，引得农民们逐步走下麻将桌，走到广场欣赏和参与节目。金玉社区焦家院子农集区居民严申元高兴地说：“这节目可比麻将牌好看多啦。”二是服务到院落，群众走出“饭菜局”。天马镇地处川西平原，每逢节庆日子，这里都要大摆筵席庆祝，弥漫的吃喝风给村民的生活带来了不小的负担，也给公共安全带来了隐患。通过将文化活动送到大大小小 80 余个院落，村民们再遇到节庆时可以选择通过文化节目来庆祝，从而使村民们走出了宴席的困扰。三是服务到家，群众走出“安乐窝”。由于缺乏公共文化生活，农民基本上都待在自己家里面，将大多数时间耗费在看电视上面，很少从家里走出来。天马镇采取由政府购买服务形式组织百场文艺巡演进社区、进院落，将文艺舞台搬到村民家门口，让村民们走出家门，主动参加到活动和演出中来。2015 年 6 月 5 日在金陵社区的“金陵花园”农集区开展的“天马镇百场文艺巡演启动仪式”，就吸引了周围 1000 多人前去观看。

（二）组织构起来，群众“动起来”

天马镇通过构建各级文化组织，使得群众充分参与到文化活动中来。一是建立乡镇联盟，调动文艺精英热情。2014 年 3 月，在天马镇政府和党委的引导下，20 多位书画、楹联、诗歌、散文爱好者，自发组建了“民间文艺联谊协会”。此后，象棋协会、天马民间艺术团等组织应运而生，相继加入“文联”中来。截至目前，文联已拥有固定会员 136 人，极大地调动了广大农村文艺精英的热情。二是推广社区协会，激发文艺爱好者的热情。在“文联”的带动和影响下，各个社区积极成立自己的文艺队伍，到目前为止，天马镇 13 个社区全部建立了本社区的文艺团队，吸纳文艺爱好者 600 余人。三是普及院落小队，培育普通村民热情。受“文联”活动和百场文艺巡演的感染影响，许多群众跃跃欲试，积极投身到文化活动中来。如仙鹤社区就成立了 6 支院落文艺小队，该社区蒲家院子共有居民 25 户，就成立了舞蹈小队和民乐小队 2 支文艺队伍，每当夜幕降临，院落内载歌载舞，参与者不少于 50 人，文艺活动逐渐成为村民们的新习惯。

（三）平台搭起来，群众“活起来”

为了让群众自觉的参与到文化活动中来，天马镇积极搭建各种平台，促使群众在文化活动中真正活跃起来。一是搭建学习平台，让群众“知”于文化。为了密切“文联”和社区居民的联系，全镇13个社区的宣传委员全部加入了文联，架起了“文联”与社区文化队伍引领交流的桥梁，文联定期派人到各社区帮助发展社区文化，为村民们提供了学习的平台。二是搭建展示平台，让群众“好”于文化。金马社区于每月16号设立了固定的“居民展示日”，每逢16号，社区在文化大院内为居民无偿提供设备，供居民们在此展示才艺。居民李女士根据自身经历改编的脱口秀《我这一辈子》，引得在场观众潸然泪下，赢得掌声不断。三是搭建创作平台，让群众“乐”于文化。仙鹤社区在村民家的墙壁上开发出一块块白色画框，然后为居民无偿提供画笔、颜料等材料，村民可以自主进行创作。短短几天的时间，《三字经新解》《君子图》《美丽的家》等近百幅书画作品布满了院落的大墙小壁，村民们成了村中的小画家、书法家。村民对此乐此不疲，原本开拓的画板不够，又主动要求新增了十几块画板。

二　文化聚力，多元参与，营造治理新格局

文化的繁荣与发展，需要不同社会主体共同努力。天马镇各方文化主体共同参与到文化发展中来，汇集多方合力，共同创造治理新格局。

（一）编织“文化网络”，形成发展合力

天马镇政府积极调配文化资源，将有限的资源集中起来，集约化使用，将均等化的公共服务洒向全域。一是以院落为单元，编织“空间网络”。以往的文化下乡多是悬浮于社区甚至是乡镇上，很多村民享受不到公共服务。天马镇积极筹划，将全镇35个集中居住院落和45个散居院落，全部纳入服务范围，将文化下乡的范围精确到院落，保证每个院落都能享受到优质的文化服务。二是以周期为节点，编织“时间网络”。除了在空间上合理分布文化资源之外，在时间安排上同样科学合理，镇政府制定的“百场文艺巡演”和“百场电影放映”活动交替进行，时间范围覆

盖 365 天，保证一年 52 个星期中，周周都有节目送到百姓身边。

（二）勾画“文化线条”，激活社会活力

以文“化”人活动开展以来，各类社会组织如雨后春笋般成长起来，为居民们勾勒出丰富的文化生活。一是横向覆盖，勾画文化“水平线”。目前，天马镇已经实现了横向上的文化组织全覆盖，辖域内的 12 个农村社区和 1 个城镇社区都成立了自己的文化协会，建立了完整的文化组织链条。二是纵向联动，勾画文化“垂直线”。在文化组织的纵向结构上，全镇形成了完备的三级结构。在乡镇层面，成立了“民间文艺联谊协会”，简称文联；在社区层面，成立了各自的社区协会；在院落层面，因地制宜的形成了各具特色的文艺小队。各级组织之间互相交流，互相学习，不断强化着文化对社会的影响。三是横纵互动，勾画文化“波浪线”。各级各类文化组织之间并不是孤立的存在，而是互通有无、激发活力。2015 年 5 月 13 日，天马镇举办二十四式太极拳比赛，全镇 14 支太极拳习练队伍参加了比赛，最终评选出一等奖 2 名、二等奖 4 名、三等奖 4 名，活动受到居民的广泛好评。四是重定职责，勾画文化“螺旋线”。天马镇以政府购买服务方式，投入 10 万元向文联等文化组织订单采购文化服务。既实现政府公共文化服务方式的转变，又为文联等社会组织由政府包办向自我“造血”、有偿服务的生存发展方式转变注入了持续的生命力。

（三）楔牢“文化结点”，凝聚发展持久力

群众是文化活动的主体，以文“化”人活动中，群众积极参与，为文化活动的开展提供了持久的动力。一是从需求入手，开凿文化“动力点”。群众对美好生活的向往，是文艺创作者的不竭源泉。村民们将自己喜爱的文艺内容和形式反映给文艺组织，使得文艺组织可以有针对性地进行文化创作。《天马，我的家》《农民》《说说咱心中的中国梦》等一大批优秀作品应运而生。二是以兴趣为基，楔牢文化“联结点”。巡演队伍走进社区和院落，激发了村民们的文艺兴趣，村民们积极参与到文艺节目的表演中来，与较为专业的文艺工作者同台演出，既提高了自身的文艺修养，也增加了节目的观赏性，使得节目更加“接地气”。三是以效果为据，拓展文化“耐力点”。天马镇制定了《菜单式公共文化服务文艺巡演

测评表》，每次演出后分发给群众，群众填写后收集回镇文联存档分析，对文化巡演效果进行评估，从而确保文化巡演朝着百姓喜爱的方向长久发展。四是以价值为标，凝聚文化“集结点”。天马镇文联成立了党支部，始终把培育社会主义核心价值观作为群众文化活动的主方向，指导和引领各级文艺组织、文艺爱好者创作、编排、演绎体现社会正能量的节目，以群众喜闻乐见的形式，引领农村社会文明和社会舆论向着积极阳光的方向发展。

三 文化内化，培育精神，铸就治理新氛围

以文化人的最终目标在于对人的教化。天马镇通过将文化理念扎根于人，逐步培育村民的公共精神，从而营造治理的新氛围。

（一）内化于“身”，激发社会主体精神

文化的价值，需要通过人得以体现。天马镇积极牵引，将文化与人联结在一起。一是以规束身。各级文化组织在成立伊始，都建立了各自的规章制度，通过将个体化的会员置于制度框架之内，约束并规范成员们的行为。经过多次讨论的天马文联的活动章程就对文联的定位等做出了详细规定。二是以文养身。天马镇积极鼓励百姓发展自身兴趣爱好，为活动的开展提供便利，通过文化活动陶冶居民情操，维护居民身心健康。碧鸡桥社区李永弟原本患有高血脂，不善运动，加入舞蹈队后，他每天和舞伴们一起翩翩起舞，不知不觉中身体恢复了健康，人也变得精神多了。三是以德正身。金马社区的杨家术性格急躁，说话刻薄，与周围邻居纠纷不断。自从反映邻里生活的小品等在家门口演出后，内心深受震动，他逐渐意识到了自身的问题，开始改正自己的缺点，主动与邻居们改善了关系，同时家庭关系也更加和睦了。

（二）内化于“心”，培育社会责任精神

文化可以影响人的思想，同时，人的信念也会对文化的发展产生反作用。天马镇通过将文化理念植入人心，从而推动了文化更深更远的发展。一是以文化发展树立“事业心”。镇政府积极引导“文联”等组织有条件的组织在市里登记备案，对于村民们自发组建的不具备登记备案条件的文

化组织，由镇里统一备案，为其正名。“文联”主席兰志尧坚定地说：“以前只是爱好文艺，现在，文艺是我下半辈子的事业。”二是以文化使命培养“公益心”。天马镇制订了“百名文化使者”计划，目前已有文化使者 136 人，政府的信任与厚望，促使使者们担负起向公众传播文化的使命。三是以文化服务造就“责任心”。政府通过购买服务的方式，让“文联”等文化组织承担起文化下乡的职责，使得文化组织扮演起了协助政府提供公共文化服务的角色，“政府使者”的角色促使其高质量地完成每一次演出。2015 年 6 月起推行的“百场文艺巡演”活动，目前已完成 66 场次，每场都受到了群众的广泛好评。

（三）内化于“行”，催生社会参与精神

天马镇将正确的价值观融入进节目中，向社会传播，从而潜移默化的影响百姓的认识，改变群众的行为。一是“有所不为”，引导村民爱护村庄。文化组织们将不能破坏社会治安，不能破坏村庄环境等道德和政策底线编入小品，向社会传播，寓教于乐，收到了良好的社会效果。长虹社区居民李某激动地说道：“以前我们的垃圾都到处乱扔，现在不一样啦，你看看谁还舍得把垃圾往地下扔，大家都自觉地保护我们的家园。”二是“有所为”，鼓励村民爱惜村民。文联通过编排快板剧《说说咱心中的中国梦》《依法治国就是好》等，将社会主义核心价值观以及传统美德融入艺术表演，从而引导社会风气的好转。建华社区书记赵光全表示：“自从我们开展了文化活动，我们社区里原来喝茶都不愿给钱的人，现在居然主动去买了个大风扇，每天给跳舞的人免费扇。”

四　以文“化”人的经验和启示

天马镇通过以文化人的方式化解了社会矛盾、巩固了社会根基、重塑了精神家园、强化了国家认同，取得了良好的社会效益，这一过程具有以下几点价值和启示。

（一）以文“化”人是夯实社会根基的有效切入点

社会的有效治理，有赖于基层社会根基的巩固与夯实。基层社会治理

的内容庞杂，不同的联结纽带交错在一起，这就使得摩擦与矛盾时有发生，寻找到一条行之有效的矛盾化解渠道是基层工作的当务之急。文化，因其所具备的利益无涉特性，而受到广大群众的普遍接受，都江堰天马镇以文化人活动的成功开展进一步表明，文化手段是传递国家政策法规，调和社会矛盾，化解社会不安定因素的行之有效的手段。通过将国家政策注入文化节目中，一方面愉悦了百姓；另一方面传播了国家政策，从而稳固了国家治理的社会根基，提升了国家的治理效能。

（二）群众本位是以文“化”人开展的出发点

以往的文化活动之所以效果不佳，其症结就在于对群众主体地位的忽视甚至是颠倒。天马镇以文化人活动开展过程中，始终坚持“用群众的语言，说群众身边的事，反映群众的心声”，从而保证了文化活动内容受到群众的认可和欢迎。同时，群众在文化活动中的地位逐渐从旁观者向参与者直至主导者转变，热情高涨的百姓掌握了文化的主动权，传统的“政府定制，组织承接，百姓接受”的文化供给方式，逐渐为“百姓定制，组织承接，政府买单”的新模式所取代，群众成为文化活动的主宰者。这样的运作模式，巩固了群众在文化活动中的主体地位，也增强了文化活动开展的生命力。

（三）以文“化”人的目的在于培育公共精神

以文“化”人在开展过程中增加了村民交流，化解了日常矛盾，增进了村民的感情，这自然是以文“化”人的应有之义，但是，这并不能包含以文“化”人的全部意义。市场化、经济化的浪潮冲垮了村庄的集体经济，也摧毁了村民的公共意识，都江堰市天马镇以文“化”人活动的开展，在营造基层和谐的基础上，力图重构基层社会的公共精神家园，一方面是对自己所处社区、村庄的认同与归属；另一方面，也是对国家的认同与归属。只有村民们能够重拾对家园的热爱与珍惜，重塑对国家的信任与拥护，基层社会才能稳定，基层治理才能和谐有序，根基筑牢后，整个国家的治理能力才能更上一层楼。

“让制度表态”:基层治理法治化的有效诠释*

——基于四川省都江堰市基层依法治理的调研与思考

2008 年以来，都江堰市农村在居住方式、经营方式等方面发生了翻天覆地的变化。然而伴随快速发展的同时，由于基层社会规则与秩序的缺失，都江堰的基层治理面临着“无规可依”、“有规不依”的双重压力。为破解这一难题，都江堰市积极运用法治思维谋划社会治理，在基层广泛建制、规范运行，探索基层法治的新路径。具体而言，就是以民主定规为基础，以草根规则扩充制度骨架、以监督考评保障规则落地，在树立基层规范的实践中培育法治民风，用法治思维引领社会治理，为基层治理法治化做出有效的新注释。

一　制度发声，让法治主导话语

为了进一步规范社会秩序，都江堰市先试先行，谱出“民主定规、循规而治、依制规制”的基层法治三部曲，助推法治掌握基层治理话语权。

（一）民主定规，以草根规则延伸法治触角

都江堰市采用民主形式制定草根规则，扩充基层法律制度的骨架。首先，以法为基。草根规则作为“软法”，其制定和实施须以符合“硬法”为前提。如都江堰市《村民议事会组织规则》的制定，就是既参照了

* 作者：华中师范大学中国农村研究院邓佼。

《中华人民共和国村民委员会组织法》，又参照了《四川省〈中华人民共和国村民委员会组织法〉实施办法》等3类政府文件。其次，以民为主。都江堰以普通群众作为规则制定的主体。九龙社区2009年9月26日通过的《社区入住公约》和2014年9月16日通过的《物业管理服务公约》，就是通过征集民意、代表讨论、反馈修改、表决通过的步骤，制定出来的日常生活规则。最后，以治为需。都江堰各地因地制宜，在生产上制定如棋盘社区《猕猴桃合作社章程》、天马镇《现代农业产业园制度》等，在治理上制定如鹤鸣村《村民自治章程》、水月社区《社会组织活动章程》等，切实以村庄发展为导向助推村庄繁荣有序。

（二）循规而治，以制度表态践行法治理念

都江堰市以法治思维贯穿治理始终，切实发挥规则的"法力"，将"制度表态"分为"三步走"。第一步，按规汇民意。各社区发动党员干部在汇聚民意时"充分亮相"，并纳入规范化轨道。如规定"村（组）议事会成员负有每月走访群众不少于10户且需填写《议题收集单》的义务"，"社区夜话等活动必须有党员干部参加"。不到半年时间，仅柳街镇党员干部就收集群众建议1260余条。第二步，依制共商议。都江堰致力于寻求基层治理的最大公约数，将不同群体均纳入议事范围并平衡人员比例。如规定"各村级议事会议事长由村党支部书记兼任；议事会成员中村组干部人数不得超过50%。"同时，议事过程也有所规范。中兴镇九龙社区规定：社区议事程序应遵循"党总支提议、村民提议、村两委商议、党员大会审议、议事会讨论成案、村民代表大会决议"6个步骤。第三步，照章同决策。柳街镇规定，村公资金的使用必须采用"户决"的方式（即全村以户为单位共同投票）进行决策。棋盘社区规定，村公资金项目须经由党支部、村民议事会、项目预算小组、监事会4个组织的审议与签字。棋盘村民表示，"以前根本不知道村公资金几十万花哪儿了，现在清楚了，还能做主了。"都江堰基层治理法治化的一大突破正在于以制度形式将决策主体由一元变多元。

（三）依制规制，以监督考评保障法治落实

基层规范要实现常态化运转，须有健全完备的配套机制"保驾护

航”。首先，内外监督保运行。都江堰除以组织内的制度监督规范基层外，又以组织外的群众监督曝光制度死角。蒲阳镇定期公示《党员履职责任书》，为村民监督基层党员提供平台；向峨乡设有“村民意见箱”，村民可时时监督、投诉社会组织成员或物业管理人员。棋盘社区书记李天平直言，“2014 年我们就因群众的多次投诉，开除了 1 名保洁员。”其次，灵活考评助落实。都江堰对议事会、党支部、社会组织等均采用灵活考评机制，以助力法治落实。柳街镇规定“议事会成员参加各类活动时要填写《都江堰市村民议事会议事员记事本》，以备后期考核。”和平社区对基层党员的组织参加、义务履行情况等进行内容细化并赋分，根据《党员积分加分、扣分登记表》对党员进行民主评议。向峨乡设立“先进榜”、“后进榜”，以此考核物业管理人员的工作绩效。最后，适度奖惩促持续。草根规则的持续运转离不开适度的奖惩机制，都江堰为此制定了一批颇为有效的草根奖惩制度。如多个社区设有“社区卫生五星评分榜”，棋盘社区更每月评选“文明用户”，对当选住户奖励 100 元现金。鹿池社区则采用“楼栋连坐法”，以楼栋为单位予以卫生评比公示，用集体荣誉感作为惩戒机制的杠杆，撬动基层治理。

二　制度发力，让法治站稳脚跟

都江堰“让制度发声”的系列做法使得基层不仅有了规矩，还守了规矩，推动了法治在基层落地生根。

（一）从“混沌”到“清晰”，权力运行得以规范

都江堰市通过制定草根规则，将基层治理主体均纳入法治轨道，把权力关进制度的“牢笼”，还权力运行一片蓝天。其一，明晰权责。都江堰各社区对各类组织的职能及其人员权限，均做出了详细规定，划清了权力边界，让不同主体各司其职、各行其道。九龙社区村民议事会就被赋予了 10 项具体的议事决策权。五一社区干部则表示，“现在每个人都知道自己该做什么，不该做什么。”其二，理顺程序。都江堰在明晰权责的同时，在组织管理程序、人员活动方式等方面也建章立制，进一步规范了权力运行。2015 年上半年，棋盘社区在“6 步工作法”的规范下，顺利收集整

合村公资金使用意见 22 条，最终通过项目 13 个。其三，按规办事。在权责明确、程序规范的前提下，全市各社区治理主体均严格照章办事。仅在 2015 年 4 月间，柳街镇干部就按照“干部包片制度”的规定，走院子汇民意达 109 次。

（二）从“认人”到“认法”，法治意识得以培育

都江堰市巧妙地将法治意识的培育寓于树立规范的实践之中，扭转了基层治理只“认人”而不“认法”的局面，营造了“有法依法，无法依规，无法无规依章程”的良好风气。第一，遇到事情找法。自 2015 年 1 月都江堰法院引入以人民陪审员为主体的诉讼帮调机制以来，已有百余群众主动上门、寻求帮助，5 个月内就有 411 件纠纷被顺利调处。第二，解决问题用法。2015 年上半年，都江堰各基层调解队伍，通过组建人民调解专家库等方法，妥善处置了 6 起医疗纠纷和 220 起交通事故损害赔偿纠纷，在矛盾调处中培育了干部和群众的用法意识。第三，化解矛盾靠法。水月社区干部表示，“《乡规民约》的制定让社区内的矛盾纠纷率下降了 70% 左右，现在有了问题，村民都愿意按定的规矩解决问题。”2015 年1 月至 5 月，全市发生矛盾纠纷 6401 件。但在各类硬法、软法的规范下，纠纷解决率超过 92% 。

（三）从“无序”到“有序”，基层治理得以提升

都江堰在各类社会基本单元中树立规范、制定章程，不仅规范了人的行为、调节了社会关系，还使基层治理得到了提升。一是规范了治理秩序。都江堰有的放矢地建章立制，理顺了基层治理的程序，规范了基层治理的“施工图”。2014 年，都江堰就“农村散居院落整治”工作，先后制定了《都江堰市农村散居院落环境治理标准》《都江堰市农村散居院落综合治理工作流程》等 4 个标准 1 个流程。其中，仅柳街镇的散居院落自治管理制度就建立了 3000 多个。二是强化了治理能力。全市通过建立民主管理机制，广泛发动各类主体参与到基层治理当中，充分开发基层治理能力。仅奎光塔街道的“街道 + 社区 + 网格”的三级联动微信群，就有 400 多名居民及干部共议公共事务。正如棋盘社区文书所言，“现在的老百姓可积极了，对村里的事情都很关心，他们也能够管好自己的事情。”

三　制度表态，让法治焕发新生

都江堰以制度建设为抓手的治理法治化探索，为基层法治注入了新的活力，托起了依法治理的新未来。

（一）制度之治是基层治理法治化的有效探索

法治是法律之治、规则之治。依法治理是依据完备的法律法规和制度规范体系所进行的社会治理。由于现代社会纷繁复杂，社会治理规则体系成为不同类别、层级、效力的社会规范集合体。乡规民约、团体章程等多种形式的社会规范，成为除国家法律法规外，治理社会公共事务的有效工具。都江堰通过在党组织、议事会、村委会、社会组织等各类治理主体中建立草根制度，对基层治理的组织和成员个人做出了重要的规范、指引和约束，为我国基层治理的法治化做出了有益探索。

（二）法治落地需以制度认同为前提

法治的权威源自群众的内心拥护和真诚信仰。要使群众自觉地通过契约合意来自我规范或解决问题，就必须以群众对制度的认同为前提和基础。习近平同志强调，“要以法治凝聚共识，树立全社会对法治的信仰，培育法治文化，弘扬法治精神”。都江堰自行探索的制度化依法治理体系之所以可以发挥自我管理、自我约束的效用，正是基于不同主体在制度上形成的合意。只有行为主体认可了制度，法治才能落地、避免空转。都江堰的草根制度不仅落在了纸上，更走进了群众的心里。

（三）依法治理的关键在于多元参与

随着经济社会的快速发展，我国社会呈现社会层次立体化、社会主体多样化、社会利益差别化、社会矛盾复杂化的新格局。多元主体的共同参与愈加成为加强社会治理、实现社会善治的必然选择。都江堰在利益日趋多元、利益主体日趋复杂的情况下，广纳参与主体、统摄利益诉求，积极寻求依法治理的最大公约数，有效夯实了基层法治的根基。由此可见，法治的关键就在于将法律规定、法治原则和法治精神，融入各类社会主体的活动之中，最大限度地激活依法治理的社会参与。

（四）草根规则是我国法律体系的有力补充

法治建设，根在基层。作为我国法治建设的"晴雨表"，基层却备受"无规可依"、"有规不依"的困扰。国家法律过泛、过远，导致法治悬浮、难以渗透下行，影响了基层秩序、动摇了稳定根基。要破解这一难题，必须健全基层"软法"，用"软法"渗透治理、规范秩序。都江堰市先试先行，在"民主定规、循规而治、依制规制"的基层法治三部曲中，制定出一系列切实可行、富有成效的草根规则，有效弥补了基层生活、生产、治理中的制度空白，规范了社会秩序，成为我国法律体系的有力补充。

院落自治：探索村民自治的有效实现形式*

——基于都江堰市散居院落村民自治有效实现形式的调查

2015 年“中央一号”文件明确指出“探索符合各地实际的村民自治有效实现形式”，这表明以行政村为单元的村民自治在实践中遇到了困境，需要各地因地制宜探索适度的自治单元。就都江堰而言，在统筹城乡发展过程中，“量大”、“形小”的散居院落面临着“上面管不着、下面难自治、服务难到位”的困境。为此，都江堰以“美丽我院、美丽我家”环境整治为契机，探索出一条以院落为单元，党引民治的发展新路子。具体而言，就是通过“一整、两定、三组织、多协同”弥补了基层治理的基础环节，走出了村民自治有效实现的“最先一公里”，有力地推动了基层治理体系和治理能力的现代化。

一　村民自治运转的现实困境

农村难发展，自治难落地成为都江堰城乡发展一体化的瓶颈。政府对农村扶持力度越来越大，干群关系却越来越紧张，镇村矛盾也越来越尖锐。

（一）自治单元过大，院落难“合力”

川西林盘是都江堰农村特有的居住形式，村民以几户到十几户不等形成一个自然林盘（自然院落），行政村下辖大量自然院落，增加了自治难

---

* 作者：华中师范大学中国农村研究院杨明。

度。一是“量大”，相互难协调。都江堰市有3020个散居院落，涉及69751户农户，地理区位不一，群众生活、发展需求差异大，难以有效协调。二是“形小”，规模难形成。自然院子最小的只有几户，最大的也只有十几户，致使公共资源难以有效发挥作用。例如水月社区每年将有限的建设经费分摊到50个院子，每个院子所得份额很少，服务活动很难展开。

（二）村委行政导向，服务难“合意”

大量行政事务致使村委会职能错位，其造成的直接后果就是：首先，干部难“倾心”自治。从梳理的结果来看，每村3—5名干部承担着不下100余项的行政事务；行政村（居）之下，每个小组仅有1名小组长，要管辖200—300人，很难及时回应群众的服务需求。每村虽有1名人民调解员，但是限于村庄面积过大，人数多，经常导致调解工作不到位，更使得村庄“小事变大事”。其次，群意难“牵引”服务。一方面，“量大”、“形小”的自然院落，各自为政，群意难凝聚；另一方面，正由于半径过大，村干部人力有限，缺乏自下而上民意表达渠道，对于公共服务，群众处于被动接受的状态。

（三）政府政策“悬置”，发展难“合心”

随着社会多元化的加剧，民众利益往往难以达成一致，导致一些有利于发展的项目和政策难落地。从2009年始，都江堰加大了对农村发展的支持力度，光2014年都江堰对农村的各项投入达9140万元。在这些资金和政策的支持下，农村基础设施有了很大的改善。但是随着政策资金的下拨，群众对于财务村务公开的需求增加，一定程度上对于传统的治理模式提出了挑战，这就需要寻求更加强劲的合力，推动政策下乡。2013年7月，在柳街镇开展院落自治探索初期，就收集到突出问题1100余件，其中报上级部门的就有40多件。

二　院落自治:村民自治实现形式的新探索

为了突破困局，都江堰就如何激活乡村活力，推动自治发展进行了全面探索。

（一）整合院子，形成规模适度的自治单元

为破解自然院落难成自治规模和自治虚化的双重困局，都江堰以形成适度规模单元为方向进行了探索。一是以共同生活为据，形成自治单位。以村民聚集度为标准，就近划分院落，每个院落面积在 0.3—0.6 平方公里，村民在 50—100 户左右为适度。二是以便于服务为向，划分服务单位。以村民共享共用公共服务为标准划分。水月社区李家院子共 113 户，320 人，因同用道路和沟渠等基础设施划为一个院落。三是以便于组织为依，构筑发展单位。金龙社区黄家大院地处青城线一侧，发展乡村旅游条件优越，原属 2 个村民小组的 116 户村民合为一个院落，在院落管委会成员李亚军等人的带领下集体发展旅游餐饮。全市的 3020 个自然院子经整合，划为了 727 个院落。

（二）"一组两会"，搭建党引民治的自治平台

都江堰在院落整合的基础上，继续完善自治组织建设。一是设立院落党小组，选好"领头人"。以院落为单位对党员进行优化整合，建立院落党小组，以做实服务强化支部领导。目前，都江堰在 1032 个院落中全部建立了党小组，覆盖率达到了 100%。二是成立院落委员会，选好"当家人"。在划分院落后，由本院落 2/3 以上村民以无记名投票的方式推选产生 3—5 名村民义务组成院落委员会，负责院落自治事务，不承担行政事务。三是建立调解委员会，选好"调解人"。由部分院落委员会成员和党员代表、村民代表组成矛盾纠纷调解委员会负责调解院落日常纠纷，并收集意见及时与村、镇相关室、所对接，建立"台账"。2014 年柳街镇通过各院落矛盾纠纷调解委员会收集群众意见建议 120 余条，解决突出问题 50 余件。

（三）院规民约，构筑依规治理的自治规范

为了保证自治有序运转，都江堰还引导群众自己制定"草根"规则。一是定院规，明权责。院落村民共同制定院规，细化村民义务和院委会权责。王家院子院落住户规约中就规定要做到房前屋后无"三乱"，违者进行广播通报；黄家院子则规定管委会定期召开"坝坝会"向群众报告近

期工作。二是立民约，践民诺。院落将村民文明生活的承诺书面化，签订承诺书，贴在每家每户的门口。《方家院子文明行为约束机制》就规定“院落住户内、外物品摆放整齐有序，不乱放、乱挂”。三是接章程，成规范。各院落承接村级村民自治章程，制定院落自治章程。九龙社区各院落率先制定院落自治章程，明确了院落委员会选举程序、责任分类、考核制度及其工作规划。

（四）组织协同，实现主体多元的自治支撑

在发展自治组织的同时，都江堰还围绕产业发展、邻里互助、生活服务、纠纷调解等农村群众生产生活实际发展社会组织，协同自治发展。一方面，以志愿组织协同服务。村民依据个人特长或职业，成立志愿服务组织，开展志愿服务。如工匠协会、邻里互助协会、舞蹈队等。正在建房的水月社区王永昌说：“工匠协会帮了很大的忙，要不是他们，我至少多花5万块钱。”同时，为保证持续性，符合条件的志愿组织还可承接社区的服务购买；另一方面，以产业协会协同发展。都江堰鼓励院落能人牵头成立各类产业协会，发展院落经济。水月社区王家院子已经建立起民宿旅游协会、无公害农产品协会2个产业协会，其中无公害农产品协会，会员数共45户；民宿旅游协会，会员数共35户。目前仅柳街镇就建立了79个这样的社会组织。

三 自治落地，村民自治显活力

都江堰通过探索形成了一套完善的党引民治的乡村自治体系，走出了村民自治有效实现形式的“最先一公里”。

（一）激发活力，提高了自治效率

从整体来看，院落自治激活了群众自治意愿，提高了自治效率。首先，民意汇集更快了。在整合院落之前，3—5人的村干部队伍疲于应付。整合后，各院落委员会人员平均不低于3人，服务群众的人增多了。2014年柳街镇共收集群众意见建议2000余条，90%以上突出问题得到妥善解决，群众满意率达到95%以上。其次，群众议事更方便了。院落自治前

很难召开一次村民大会，即使是开村民代表大会、议事会，也因意见难协调，致使自治效率极低。而开展院落自治后，开院落村民大会成常事，相关事务，院落村民傍晚开一个坝坝会就解决了。最后，执行效果更好了。院落事务由群众自己议决，群众相互监督，执行效果明显改善。在院落自筹20元卫生费过程中，有很多院落都达到了100%的缴纳率，很多村民自愿多交10倍乃至20倍，全镇共筹集此项资金75万余元。

（二）扩大参与，提升了自治能力

院落自治使从“不愿参与”、“不能参与”变为了“愿意参与”、“乐于参与”。一是搭建了参与平台。群众可以通过自治组织和社会组织充分参与到院落的管理和发展中。水月社区村民周仕强通过成立民宿旅游协会，带领17户村民发展民宿旅游，由此带动了18个农户参与旅游服务。二是畅通了参与渠道。院落村民通过常开的院落“坝坝会”、民评民审、院落例会等即可实现参与，还可以通过提供志愿服务、带动发展参与到院落事务中。三是激发了参与热情。通过群众自主决策和完善的制度保障，村民参与积极性极大提高。金龙社区李家院子村民以有限村公资金购买材料、自己投工投劳的方式，共投1100个工，折价近140400元，整修了村里的通户道路3366米、活动广场2个。

（三）规范运行，完善了自治体系

都江堰在探索院落自治的过程中将组织建设和制度完善相结合，自治体系得以进一步完善。一是延伸了党的领导，规范了组织体系。通过院落整合，实现了院落党小组100%的覆盖率，党员的服务意愿更强烈；同时，也延伸了党的领导，完善了自治组织体系建设。二是完善了制度规约，规范了制度体系。一方面，通过院规民约和院落自治章程的建设，增强了自治规则的“草根性”，更有利于实际运作；另一方面，建立了院落自筹资金管理制度、民评民审公示制度，“三三制”矛盾调解机制和问题、意见收集台账制度，进一步完善了制度体系建设。

（四）多元支撑，强劲了自治动力

通过乡村社会组织建设，丰富了自治内容，增强了自治发展的内生动力。一是互助合作渐成风尚。通过志愿服务组织延续了乡村邻里互帮互助的优秀传统，形成了互助和谐的生活新风气。2014 年柳街镇依托志愿服务组织开展了邻里互帮互助 126 人次，开展矛盾调解 216 人次。二是共同发展成为共识。通过产业协会，村民抱团发展，共同发展渐成共识。水月社区 20 多户村民，在猕猴桃种植协会会长刘超的带领下，建成了 300 多亩的猕猴桃产业园，参与农户每户年均增收 2 万余元。三是协同能力持续增强。柳街镇通过自治组织与民宿旅游协会和和谐邻里互助会等社会组织的协同合作，共建立了民宿旅游 30 余家，开展了文艺巡演 26 场次，开展招聘和外出务工推荐 1200 余人次。

四　院落自治的思考与建议

（一）院落自治是村民自治实现形式的有效探索

2014 年和 2015 年“中央一号”文件都提出，要“探索村民自治的有效实现形式”。都江堰通过整合自然院子，下移自治单元，将自治做实。同时，创新党组织设置，发展多种社会组织，建立起了“院落单元，党引民治”的自治体系，形成了村民自我管理、自我教育、自我服务、自我监督和自我发展的“五自”格局，激发了乡村活力，同时加快了城乡发展一体化。院落自治是村民自治有效实现形式的积极探索，对于推进国家基层治理体系和治理能力建设具有重要意义。

（二）院落自治可以弥补基层治理最基础环节

在“三级所有、队为基础”的传统乡村治理体系中，基层组织主要停留在行政村或社区一级，没有向下延伸。村或社区以下更多的是处于一种无组织状态，基层治理“最后一公里”没有解决。都江堰从群众的生产、生活实际需要出发，将分散的院子进行整合，下移自治单位，形成了以院落为单元的自治单元。通过院落实现了自治组织下沉，将原有的“队为基础”进一步做实，弥补了治理体系最基础、最关键的环节，可以进一步探索形成“乡镇—村（社区）—院落”三级治理体系，有效解决基层治理体系现代化问题。

（三）群众需求应成为划分自治单元的标尺

村民自治归根结底是村民自己的自治，村民意愿理所当然应成为推动自治发展的动力和标尺。适度规模自治单元的探索，重在适度，群众的自治需求、服务需求、发展需求就应该成为“适度”的衡量标尺，只要便于群众开展自治的单元就是适度的自治单元。都江堰在自治规模的探索中，没有采取“一刀切”的做法，而是按照便于自治的标准来探索自治单元，由群众根据生产、生活和发展的实际情况自行确定院落规模，由此形成了具有一定弹性的院落自治单元。

（四）明晰自治权责是院落自治进一步发展方向

都江堰的院落自治是在行政村（居）之下进行的自治探索，进一步明晰两者群权责对院落自治未来发展至关重要。都江堰通过倒逼建立了以院落为单元的自治单元后，自我管理、自我服务主要是在院落进行，院落自治就是纯自治；行政村（居）主要是承担公共服务，指导院落自治，协调院落关系。在院落自治下一步的发展中，要通过列举式的方式形成事务清单、财务清单，详细规定哪些事务应由院落进行自我管理和服务，哪些服务应由村（居）提供，进一步明晰院落中各主体职责，将自治做实，使院落成为一个完全的自治单位。

以农村社区为单元探索村民自治的有效实现形式*

——基于四川省都江堰市农村社区自治的调查和思考

2014 年和 2015 年连续两个“中央一号”文件提出“开展以社区为基本单元的村民自治试点”，对村民自治的探索指明了方向，也提出了新的要求。在实践中，以村民小组为单元的自治有效实现形式有很多探索，但是以社区为单元的村民自治还鲜有成功的探索，一些地方甚至出现了“逼农民上楼”的现象。作为地方实践的领跑者，都江堰在城镇化过程中，以农村社区为基本单元探索村民自治，取得了良好成效。其主要做法是：以社区为单元，以经社双轨运行为核心，以草根规则为保障，充分发挥社区“群众自愿、服务到位、便于管理、便于自治”的优势，探索多样、多类、多层的自治形式，从而激发了群众活力，实现了管理与自治的互动、居民安居和乐业的互动。

一　农村社区何以成为村民自治的基本单元

近年来，都江堰以农村社区为单元推进农民集中居住。都江堰在社区建设和管理过程中，充分尊重群众意愿，合理控制规模，大力发展产业，从而为村民自治的开展提供了有利条件。

（一）群众自愿，便于自治

相比于其他地区的社区建设，都江堰在社区建设、入住及管理等方面

* 作者：华中师范大学中国农村研究院白雪娇、史亚峰。

始终遵循群众自愿的原则，为社区的自我管理、自我服务奠定基础。一是自愿参建。农民是否参加集中建房，采取哪种方式建房，完全由他们自主决定。同时，采取“统规统建”和“统规自建”两种方式，农民愿意采用哪种，就采用哪种方式。二是自选入住。房屋建好后，普遍采用“两委组织、议事会监督、公证处公证、村民参与”的分配方案，确保居民对分配结果满意。三是自主组合。在房屋规划过程中，专门设计了 2 人、3 人、5 人等多种户型，家庭人数相同的农户可以自由组合，自主选择自己的邻居。通过组团式居住方式，最大限度地尊重了农民意愿，减少了邻里纠纷的可能性。

（二）规模适度，便于服务

集中居住之前，全市有 3020 个自然院子，最小的只有几户居民，最大的也不过二三十户，这种量大、形小的状况增加了基础设施和公共服务供给的成本和难度，也导致公共资源无法充分发挥作用。为此，都江堰以“规模适度”为基本原则，确保每个居住点不少于 200 户，同时又避免规模过大。一方面便于集中提供公共服务。目前，都江堰已建成的 282 个集中居住点实现了水、电、路、气、网、活动场所等的全覆盖，农民享受到的公共服务提前了 20 年；另一方面便于服务实现规模效应。由于集中居住，各类公共设施的使用率很高。以鹿池社区为例，212 户居民共同使用社区的公共设施，每天社区文化广场和活动中心都挤满了人，根本不用担心资源会闲置和浪费。

（三）地域相近，便于管理

集中居住以后，以社区为单位的管理比以村庄为单元的管理更加便利。一是管理半径小了。原来平均每个村庄有十几个自然院子，集中居住后，社区干部跟居民生活在同一个小区，管理更加便利。有的居民讲，“我在这生活了几十年，以前一年难得看到干部几次，现在天天都能看到”。二是政策距离近了。以前政策下达到村庄以后，要通过村民小组长才能传达给每家每户。集中居住后，干部和小组长们在同居民喝茶、聊天中就可以宣讲政策，政策进村便入了户。三是党员凝聚方便了。以莲月社区为例，以前社区的 53 名党员分布在 13 个村民小组，党员开个会都困难。入住社区后，根据党员特点划为5个功能性党小组，党员被合理的整合起来，发挥作用更加便利。

（四）产业支撑，便于发展

当前，不少地方的社区建设由于缺乏产业支撑，农民离开土地后缺少增收渠道，出现“上楼致贫”的现象，社区发展难以为继。集中居住后，群众的生活水平大幅提高，但是生活成本也相应增加，平均每户每个月要多支出200元左右。为此，都江堰提出“不仅要把房子盖起来，还要把产业搞起来，让村民的腰包鼓起来”。各社区引导农民在土地整治和流转的基础上，通过“公司+基地”、“公司+合作社+农户”等形式，大力发展规模经营；同时依托景观农业和林盘发展乡村旅游业，将农业种植业、生态养殖业、乡村旅游及服务业结合起来，第一、第三产业互动增加农民收入，让农民住得下、富得起。

二　农村社区自治如何有效运行

都江堰积极引导社区改变过去“大事不议、小事全揽”的工作方式，以社区为单元，探索多形式、多类型和多层次的自治实践，充分激发内在活力，引导群众进行自我管理、自我服务。

（一）以社区单元为依托，探索多种自治形式

都江堰以社区为单元，立足群众主体，因地制宜探索多类型、多层级的自治实现形式。一是建立多类型的自治实现形式。都江堰结合自身实际探索出物业管理服务中心和业主管理委员会两种自治实现形式。对于山区集中居住区，成立物业服务管理中心，以社会组织的形式推进物业自给。如棋盘社区2013年4月成立社区物业服务管理中心，负责卫生保洁、治安巡逻等。中心的岗位设置、岗位职数、工资标准以及岗位人员的产生办法等由居民自主决定。同时，经户代表表决，每年向每个居民收取40元的物业管理费。对于平坝地区的集中居住区则以业主委员会的形式进行自我管理。如鹤鸣新村小区由居民推选8人组成业主委员会，负责收集居民意见、收取物业费用以及纠纷调解等。二是探索多层级的自治实现形式。

除横向上开展分类自治外，都江堰在纵向上建立社区—小区—楼栋三级自治体系，将自我管理、自我服务的体系延伸到居民身边。在小区业主委员会的指导下，鹿池社区由居民民主推选每栋楼的“栋长”和每单元的“单元长”，由“栋长”管“单元长”，“单元长”发动群众，共同参与楼层和公共区用气用电安全、卫生保洁以及规范晾晒衣服、堆放杂物等事务。同时，在业主委员会的协调下，栋与栋之间的“栋长”每天对值班、卫生等进行交叉检查，由居民每月评选出前 3 名“先进栋”，居民之间形成了“比、学、赶、超”的良好氛围。

（二）以双轨运行为核心，丰富多样自治内容

从散居到集居的过程中，居民采用自主组合的方式入住，打破了原来村民小组的行政划分。为此，都江堰将社区经济事务与生活事务分离，以小区和村民小组为基本单元，建立双轨体系，避免集中居住引发的身份矛盾和权属纠纷。一是以社区—小组体系，实现经济自治。以村民小组议事会为载体，发挥村民小组作为行政和产权共同体的作用，完成政策宣传等行政和服务事项，同时重点就承包地、村公资金使用等涉及小组成员共同经济利益的事务进行自我管理。二是以小区—楼栋体系，实现生活自治。通过业主委员会、文体协会等社区组织将物业、治安、文体活动等承接起来。有的社区成立农宴协会对群宴进行管理，由社区承办宴席，控制消费上限，办席的居民每桌只需交纳 5 元的卫生费。既减轻了居民办礼和随礼的压力，又倡导了节俭的风气。三是以社区两委为轴，实现经社统筹。双线运行并非彼此脱钩，两条线最终由社区统筹，实现经济和生活协同。以会元桥社区馨苑小区为例，该小区的 332 户居民来自全镇 11 个社区（村），混村混组高度杂居。为了避免因人员过杂出现利益纠纷，社区两委按照“经社分离”的思路，将土地征用、安置补偿等事务交居民原属村居或村民小组处理，小区的绿化美化、车辆停放等由社区物业服务中心负责，两委统筹指导、居中协调，确保了小区和谐有序。

（三）以草根规则为抓手，强化多层自治保障

为了便于集中居住后居民自我管理，都江堰通过各类草根规则为自治运转提供保障。一是“协议性规则”，让自治有基础。各个社区带领居民

制定入住公约，对物业管理、设施保护、卫生保洁等进行约定。比如九龙小区入住公约规定小区内不设垃圾桶，居民把垃圾拎出小区丢到垃圾池内。入住以后，居民逐渐养成了习惯，即使住在小区最里面、离垃圾池1公里远的居民，也会自觉地把垃圾带到小区外投放。二是“约束性规则”，让自治能规范。通过议事会讨论、村民代表会议审议、户代表表决的方式，自主制定社区和小区自治章程，对干部和居民的行为进行规范。如《鹤鸣新村住户公约》和《鹤鸣新村业主自治章程》就小区的卫生整治、住房居住、物业管理等进行了约定。2015年5月，一户居民因为长期外出无法管理菜地，被业委会依据自治章程收回。三是“激励性规则”，让自治可持续。群众的自治热情离不开规则的激发。都江堰采用“以奖代交”的方式，对于达到卫生保洁要求的居民，每人每月返还2元钱，调动他们参与的积极性。不少社区设有“卫生五星评分榜”，每月评选“文明住户”，对当选住户进行奖励。有的社区则采用“单元式连坐法”，以楼栋为单位进行卫生评比，一家搞不好，全楼栋居民一起“受罚”，用集体荣誉感作为杠杆，促进居民养成自我管理、自我服务的习惯。

三 社区自治的启示与思考

以农村社区为单元探索村民自治的有效实现形式是都江堰创新基层治理的重要探索，对深化以农村社区为基本单元的村民自治提供了范本，具有重要的价值和意义。

（一）农村社区是村民自治有效实现的基本单元

2015年“中央一号”文件提出，“继续搞好以社区为基本单元的村民自治试点，探索符合各地实际的村民自治有效实现形式”。中央文件为以农村社区为基本单元的自治指明了方向。农村社区是农村管理服务的基本单元。伴随着城镇化和农业现代化的加速推进，农村社区的自治和服务功能日益凸显。从都江堰的实践以来，农村社区“群众自愿、规模适度、地域相近、产业支撑”的优势，为自治的有效运转提供了条件。农村社区是适合都江堰实际的村民自治的基本单元。

（二）充分尊重群众意愿方能有效促进社区自治

群众自愿是自治的前提和基础。尊重群众的主体地位，充分维护好保障好群众的民主政治权利、合法经济利益和社会生活权益，才能为社区自治提供持久的动力。都江堰在农村社区建设和管理服务过程中，始终坚持群众本位，不搞强迫命令，不搞整齐划一，从社区住房建设到公共服务供给，从产业发展到自治规则制定，完全由群众说了算；同时尊重群众的首创精神，因地制宜成立各类自治组织，开展多种形式的自治活动，真正实现了自我管理、自我服务。

（三）社区的有效自治需以适度规模为条件

自治的有效性与自治单元的规模密切相关。当下以行政村为单元的自治之所以陷入瓶颈，重要的原因是自治单元过大，人口过多，地域太广，村民认同感不强，参与机会少，参与成本高，自治走向形式化、悬浮化。都江堰按照“一村一社区”的模式建设农村社区，实现集中居住，社区的规模较为适度。既可以集中供给公共服务，实现服务的规模效应，又不会因为规模过大影响自治落地，找到了便于服务和便于自治的结合点，实现了自治的有效运转。

（四）社区自治的核心在于激发内在活力

自治的一个核心要素是自力，就是激发基层的内在活力。只有激发基层的内在的活力，实现由依靠单一的外部推动力，向依靠外部推动力与内在活力双力结合转变，才能使自治持续运转。激发活力关键在参与，农村社区为群众参与提供了多样化的渠道和途径，搭建了多样化的载体和平台，对于激发内在活力具有重要作用。都江堰农村社区通过生活自治、经济自治和规则自治等，让群众真正参与到自治中来，从而将蕴藏在群众中的活力有效地激发出来。

阳光村务：拨开“村雾”见村务*

——基于四川省都江堰市创新村务监督的调查与思考

加强对公共权力的有效监督和制约，是国家赋予人民的基本权利。党的十八届三中全会提出：“让人民监督权力，让权力在阳光下运行。”都江堰市在新型城镇化过程中向基层投入了大量公共资金，但是由于监督制度虚设、内容虚化、反馈虚无，导致公共资金没有得到有效的利用，甚至出现“小官大贪”现象，给基层治理带来了阻碍。为此，都江堰市通过打造全方位监督，探索出一条村务监督的新思路。即以民主化监督为核心，以制度化监督为保障，以生活化监督为创新，拨开了悬浮式监督的“迷雾”，使村务得以在阳光下运行。

一　悬浮式监督：村务何以成“村雾”

传统的悬浮式村务监督往往存在制度虚设、内容虚化、反馈虚无问题，致使村务笼罩在雾霾之下，难以见光。

（一）制度上墙不落地，有制无序

都江堰市通过制度规范监督过程，但是其监督制度存在如下两方面问题。一方面，制度泛化难合意。为了规范村务监督，四川省出台了《四川省村务公开条例》，都江堰也制定了《村务公开制度》和《村务公开听证制度》，但是这些制度的制定没有充分吸纳群众意见，因而规定往往过

---

* 作者：华中师范大学中国农村研究院何昭青。

于笼统，易成为束之高阁的“空牌子”，无法充分反映民意；另一方面，制度空化难落实。由于制定出的制度空化不切合实际，导致执行时大打折扣。有村民形象地总结为“形势来了一阵风，形势过后没人问”。2008—2009 年，都江堰市灌口镇共处理 3 起因灾后重建资金问题发生的信访案件，均是因为村两委在救灾物资、上级财政补助和钱款发放上没有完全依照程序。监督制度虽然上墙了，但群众难参与，监督难落实，村民们不得不通过信访甚至一些极端的方式维护自身利益。

（二）内容上栏不达意，有名无实

都江堰以往村务公开内容、方式以及时间等存在各种问题，难以符合村民需求。第一，公开内容避重就轻。2009 年之前，都江堰市农村村务公开栏公示的内容，主要包括重大财务收支情况、计划生育情况和村干部的任期目标等，而征地拆迁、青苗补偿费、办公经费、村干部离任财务清理等群众真正关心的事务均没有公开。第二，公开方式呆板单一。以往的村务公开基本上是通过村务公开栏进行，大部分群众因为不能经常去村委会而看不到公开的内容。此外，村务公开栏的公示单在风吹雨打后，往往字迹模糊不清或者消失无踪。第三，公开时间不合时宜。鹤鸣社区产权制度改革后，社区 2/3 的人大半年时间外出务工，无法监督社区每年 4 次的村务公开。同时，村务公开往往是事后的结果公布，村民无法在事前和事中进行监督，监督流于形式。

（三）意见上传不反馈，有话无果

监督的有效实现，不仅取决于群众给出监督意见的数量，更重要的是基层干部对于意见的受理、反馈情况。过去，由于缺乏代表民意的监督组织以及村干部不愿接受监督，致使村民反馈的意见得不到处理，造成监督“夭折”。金龙社区 7 组社员代表表示，2005 年，社区在公示政府征地补偿 20 万元时没有列出具体事项，社区共 25 人自发组织要求社区干部“给个说法”，此事最终以社区干部搪塞，社区居民不再愿意监督了结。基层群众虽然有监督的话语权，但是由于村干部的不受理而使监督落空，干群矛盾也愈渐突出。

二 监督落地:让村务在阳光下运行

为有力破解监督悬空难题，都江堰市创新了基层监督组织，拓宽了群众监督途径，规范了监督程序，实现了村务监督“不留死角”。

（一）监督民主化，让村民做得了主

都江堰市由村民选举成立监督组织和决策组织，拓宽村民监督的范围，保障群众在村务监督中的主体地位。一是民推民选，建组织。都江堰市203个村（社）在村党支部的领导下，全部由村民民主选举产生了村务监督委员会（简称监委会）。2014年9月，鹤鸣社区11个小组分别召开社员大会，每组推选出5名候选人，再由村民代表大会从中选举23人组成村民议事会，最后由村民代表大会从23人中选出5名非干部（亲属）组成村务监督委员会。如此选出的成员，既能实现民主监督，又能保障监督效率。二是民督民查，看实效。都江堰市各村通过成立监委会，制定《村务监督委员会工作细则》，将村务决策、村务公开、资金管理、资产资源管理、工程建设项目以及村干部等纳入监督范围。同时，都江堰市各村每一笔款项都由监委会成员审核，经认定合乎规定的才可签章报销。此外，每一笔款项的用途和使用情况都详细的上墙公示。

（二）监督制度化，让权力管得住

都江堰结合自身实际探索出了事前、事中和事后全过程的监督制度，让权力管得住。首先，三重预审，把关决策。各村通过村民代表大会从村里懂财务、法律的“土专家”中选举产生预算小组，对村里资金超过5万元的项目进行估价。审核通过后经村务监督委员会评审盖章同意，最后由乡（镇）纪委对各村上报的村级预算事项予以审查并向市里报送。通过三重预审，可以有效保障村民自主决定村庄事务的权利。其次，监工否决，落实执行。监委会成员有权对议案实施过程出现的问题进行建议、质询和否决。2009年鹤鸣社区灾后重建安置点外围西南方新修沟渠150米，淘修沟渠500米，议事会议定费用40000元。沟渠修建用时一个月，监委会现场监督20余次，此外就修建中议事会提议，二次拓宽淘修沟渠0.5

米事项提请村民代表大会审议并予以否决，在监委会的有效监督下工程费剩余2000元。通过监委会对施工的全程监督，可以有效落实决策的执行，切实保障“钱用到刀刃上”。最后，评估反馈，强化成效。工程建设类项目完工后，由社区组织受益村民小组的户代表进行现场评议，评议结果满意度达到90%以上的项目方可竣工并编制决算报告，对于满意度未达到90%的项目限期整改，直到评议合格后方能组织竣工验收。同时，都江堰市各乡镇纪委在其所辖村（社）设立廉情举报热线，随时接受群众的意见和建议。通过上级纪委带动和下级群众推动，强化了监督实效。

（三）监督生活化，让监督看得见

都江堰市通过创新监督形式，让村民在日常生活中对村级事务实现监督。一是“清单”送入户。都江堰市通过村务清单进农户，让每位村民都参与监督。棋盘社区每年年终时都会列出村务清单，由村干部、议事会成员、监委会成员和无职党员将村务清单贴在每家每户的门后，方便群众监督。二是“夜话”大家论。水月社区王家大院在开展“美丽我家、美丽我院”活动初期，村干部召集村民晚饭后一起“吃坝坝茶”、“摆龙门阵”，讨论院落整治资金如何配置，形成了开坝坝会的习惯。水月社区李大爷满意地说：“坝坝会上我们跟村干部有啥就说啥，大家和和气气的就把社区的事理顺了。”三是“喝茶”闲中聊。棋盘社区大部分劳动力外出务工，社区剩余劳动力也在附近公司打临工。社区干部基于社区成员作息安排，结合社区喝早茶的习俗，通过陪大家喝早茶，跟村民畅聊村务。四是“见面”随口问。鹤鸣社区监委会成员夏安容说：“以前大家碰面的时候问，你吃饭了没有？现在都爱问村公资金用到哪里去了？村里最近在搞什么项目？”都江堰市创新监督形式，使村民养成了日常监督的习惯。

三　阳光村务：在监督中开创自治新局面

都江堰市通过组织监督、制度监督和群众日常生活中的监督，约束了干部行为，改善了干群关系，吸纳了群众广泛的参与，实现了真正的监督。

（一）约束了干部行为，实现了真正监督

都江堰通过村务监督让干部明晰权责，按规矩办事。一方面，明晰了权责，干部变“明白人”。都江堰市通过干部述职、干部承诺、民主评议和考核测评工作，使干部的权力边界和职责更为明晰。都江堰市中兴镇12个社区2014年民主评议12次，48名村干部均于2014年12月底进行述职，12名社区书记共回答了来自监委会和村民代表的质询24条；另一方面，约束了行为，干部成“规矩人”。群众通过“接地气”的规则，监督村组干部，使得干部办事公道，行为廉洁规范，“做啥子事都在框框里头”。鹤鸣社区2008年进行土地确权时，1组小组长为自己和亲戚多分田地，被监委会提请村民代表大会“罢免”了。通过村务监督，让村干部不敢也不能越权。

（二）改善了干群关系，减少了基层矛盾

都江堰市通过落实监督，缩短了干部与群众的距离，使得干群关系更为融洽。一是从“朦胧”到“透明”，干群信任最大化。都江堰市通过民主化、制度化和日常化监督，拨开朦胧“村雾”，使村务公开透明，让村庄事务都置于群众的监督之下，增强了干群间的信任。鹤鸣社区居民王明祥喜笑颜开地说：“过去哪个晓得村干部干了些啥，现在我们老百姓自己来监督，对干部也就更放心了。”二是从“对立”到“互动”，干群矛盾最小化。通过代表民意的村务监督委员会，可以有效约束村干部的行为，消除干群对立状态，增进干群互动，调解干群矛盾。和平社区通过监委会的监督，强化了群众权利，约束了干部权力，与2010年相比，社区上访量减少了60%，使干群矛盾处于最小化状态。

（三）激发了群众参与，培育了民主能力

都江堰市通过创新监督形式，完善监督机制，激发了群众参与，提升了村民民主监督的能力。首先，激活了参与意识。都江堰市通过制度约束规范干部的行为，让村民意识到监督不再是村干部“点兵点将”，被浇灭的参与火花再度燃起。鹤鸣社区居民周仲民开怀地说：“以前村干部压着没人敢说话，现在连我们社区七八十岁的人都关心起村里的事来了。”其

次，增强了参与热情。都江堰市通过实现监督生活化，让更多的人乐于参与村务监督。棋盘社区李书记说："我们每年底都要送村务清单入户，2014 年外出打工的人当中有 70% 主动找我们村干部再具体跟他们解释。"最后，提升了参与能力。都江堰市通过监督生活化，使村民在长期的参与中，强化参与社区事务的民主能力。鹤鸣社区刘书记满意地说："以前让老百姓发表意见吵吵闹闹一窝蜂，开半天会搞不清楚，现在老百姓都比较熟悉，有啥意见一个一个地来。"

四 监督升级:在监督中提升基层治理

都江堰市通过试点灵活监督形式，在基层治理中找到了监督的有力抓手，同时得益于群众的广泛参与以及制度的保障，落实了监督，推进了基层治理。

（一）监督的有效运行在于激发群众活力

要确保权力在阳光下运行，就离不开强有力的监督体系。而群众是监督不可缺少的力量。因此，把群众监督纳入制度监督范围，在"动真格"中依靠群众力量，是破解"小官大贪"的关键所在。都江堰市通过引导群众自发组织，将监督与日常生活结合起来，让群众在村务决策前发声、决策中参与、决策后评估，充分行使监督权利，使群众"愿参与、能参与、会参与"。这充分表明，落实基层监督，要以群众为核心，最大限度发挥群众的主体作用。

（二）灵活的监督形式是实现监督的有力抓手

随着村级公共事务的增多以及群众监督意识的增强，落实村务监督变得愈发迫切。因此，如何有效实现群众监督成为新的难题。都江堰市以预审小组、监委会和乡（镇）纪委三层平台为组织依托，探索出事前预审、事中监工和事后评估三部曲。与此同时，都江堰市各村结合本村实际将村务监督融入日常生活，形成了"坝坝摆村务"、"喝茶话村务"、"见面聊村务"等多样的村务监督方法。通过创新村民监督村务的形式，吸引了更多群众参与监督，整合了农村监督力量。这种多层级多类型的监督形式成为实现村务监督的有力抓手。

（三）落实监督要以完善的制度为保障

落实监督需要用制度作为其长效保障。然而，由于监督主体、监督对象等的差异，监督制度可适用的范围也相应发生变化。因此，除了根据上级制定的法律法规外，以此为前提完善基层法制显得尤其重要。都江堰市在基层监督的过程中，以法律法规为前提，根据村务监督实际，形成了事前审核、事中监督、事后反馈的机制，实现了全过程监督，使得监督制度得以落地，为基层监督以及制度建设提供了有益探索。

（四）村务监督是推进基层治理法治化的有效形式

党的十八届四中全会明确了全面推进依法治国的目标。法治工作重点在基层，推进基层法治建设，必须加强对权力的监督和制约，防止权力滥用。村务监督通过发动群众参与村庄所有公共事务，可以有效实现对基层权力的约束，使基层治理回到法治化轨道。都江堰市通过健全村务监督组织、做实全过程监督制度，引导群众从“要我监督”到“我要监督”，让村务监督不留死角。通过村务监督的落地，有效实现了基层权力在阳光下运行，推进了基层治理法治化进程。

让“小钱”发酵：撬动基层自治活力的有益探索①

——基于四川省都江堰市基层治理改革的调查与思考

随着都江堰城乡一体化建设的快速推进，政府承担大量公共服务建设，大把资金投向农村。然而政府大包大揽导致农民参与不足，村民自治能力薄弱，自治陷入空转。久而久之，都江堰基层治理中出现了两个问题：一是农民“等、靠、要”的倾向增强；二是政府财政不堪重负，无力承担庞大的公共服务支出，最终导致“农民变懒了，政府累坏了”。基于此，都江堰市创新理念，从村民切身利益出发，通过引导村民自筹资金、组织分配公共资金、评比发放奖励资金，以“小钱”为杠杆，撬动村民参与自治，构建了长效参与机制，使村民在参与中实现自我服务、自我管理、自我监督能力全面提升。

一 小资金如何撬动大自治

面对村民参与缺乏积极性，参与浮于表面、流于形式的难题。都江堰市以资金为杠杆，引导村民参与到公共事务的治理中来，从而有效地撬动了自治运转。

（一）自筹性资金，撬动参与大主体

都江堰推进城乡一体化建设以来，农村环境整治、基础设施配套等费

---

① 作者：华中师范大学中国农村研究院马文婕。

用由政府承担，农民逐渐形成了“等、靠、要”的思想。为引导村民参与自治，都江堰提出资金自筹的治理方式。一是筹物业，环境清洁共参与。物业管理与每个老百姓的生活息息相关。柳街镇以此为切入点引导村民成立院落管理委员会、村民议事会等自治组织，对环境整治问题进行民主议事。院落管理委员会成立后倡议村民按20元/人/年的标准自行筹集卫生管理费。2014年通过村民自筹全市共筹集资金441.9429万元，占全年整治资金的20%。对此，黄家大院村民黄怀清评价道：“就花个20块钱把卫生搞得干干净净，大家都愿意交。”二是管群宴，倡导节俭乐参与。近年来，都江堰农村举办宴席时攀比之风盛行，铺张浪费日益严重，村民不堪重负。为此，棋盘社区提出由村庄承办宴席（变企业承办为村民自办），控制酒席消费上限，保证村民既满意又不浪费。经社区议事会商议并投票，决定将现行的约400元每桌的宴席标准下降到200元每桌，除酒桌成本外主办方每桌另支付5元准备宴席和宴后打扫的人工费。这样既减轻了办礼和随礼双方的压力，又倡导了节俭的风气，获得村民一致好评。

（二）公共性资金，撬动决策大民主

为了完善农村基础设施和服务，成都市和都江堰市两级财政每年向农村社区拨付一笔村级公共服务和社会管理资金（以下简称“村公资金”），平均每个村庄每年45万元左右。在参与村公资金的使用和监督过程中，村民民主自治能力得到提高。一是一户一票，全员献策表需求。村委会以户为单位向村民发放村公资金使用意见卡，征求意见，了解需求。以棋盘社区为例，2015年，村干部向社区258户村民每户发放一张意见卡（表），村民填写后由议事会收回，整合重复建议后共获得建议22条。村民董晓阳感叹道：“以前村里的事老百姓根本说不上话，现在真是大不一样了。”二是议员投票，立足需求配资金。从农户那里征集到的意见在议事会进行筛选，由组、村两级议事会先后投票，得票数量高者优先执行，依次类推直至用完当年村公资金为止。在棋盘社区，议事会投票后确定将村公资金用于22条项目建议中的13个项目。三是结果公示，集体监督保执行。村公资金的每笔支出都要经过监事会成员集体签字，使用明细既要在村务公开栏公示也要打印成清单发放给每户村民。全体村民的实时关注

保证了村公资金只能用于提供村内公共服务。向峨乡项目施工队的董师傅都深有体会：“每次实施新项目开工，花了多少钱，村里公示栏都要贴出来，村民散步聊天的时候都会看一看，一分钱都不能乱花。”

（三）奖励性资金，撬动机制大保障

为保障村民参与的持续性，都江堰建立了评比机制奖励院落整治中的表现优秀者，激励和保障村民参与。一是农户定星级，月度评比养习惯。为建立参与长效机制，散居村庄以院落为单位，每个月组织群众代表参与星级住户的评比活动，根据卫生整洁程度对星级住户给予每人每次 2 元的奖励，帮助村民将参与环境整治养成习惯。定期评比一段时间后，金龙社区一位周姓年轻村民表示：“以前打扫卫生要村干部来催，后来每个月都要评比，不用村干部催，大家天天都自觉搞卫生。”二是院落选先进，集体嘉奖筑风尚。都江堰每年对进行整治的院落进行村、镇两级评比。在村内最美院落评比中排名前三至四位的，就可获得村公资金预留的基础设施资金进行基础设施建设，黄家院子就用这比资金修建了一条村组道路。在村最美院落基础上，再评选出镇最美院落，由镇财政奖励资金 8000 元，用于年底举办传统的“九大碗”宴席进行庆祝。参加过“九大碗”的村民赵中强说：“你平时不好好打扫卫生，哪好意思去吃九大碗？到时候大家热热闹闹地吃酒，你就只能在家里后悔没打扫卫生了。”

二　小资金带来哪些大效应

（一）培育自我服务能力

都江堰进行物业管理收费后，村民自愿投工投劳，主动参与村内公共服务建设项目，实现了从依赖政府向自我服务的转变。一是自我打扫，美化了院落面貌。都江堰以小资金吸引村民参与院落环境整治，村民自主打扫完成了 1032 个散居院落的环境卫生整治，清理建渣、垃圾、杂物等 6967.5 吨，清理林盘 76620 平方米，清淘沟渠 782 条 291505 米，林盘院落成为散居农户休闲娱乐场所。王家大院的黄奶奶由衷感叹：“我活了 60 多岁，从来没有觉得自家林盘这么漂亮。”二是自我建设，完善了基础设施。社区建设村公项目时所需投入的物料由村公资金出资购置，而所需投

入的人力则有村民提供，通过社区投资村民投工投劳的方式，2014 年都江堰新建健身小广场 534 个，健身设施 500 余套，557 个院落基础设施完成适度提升，提升率达 51.74%。三是自我巡逻，保障了社区治安。社区组织村民成立巡逻队，维护村内安全。巡逻队成员 3—5 名不等，实行 24 小时轮班制。在向峨乡鹿池社区，208 户住户每户派出一名代表参与小区夜间巡逻，每户人家平均一月轮值一次，实现了该村盗窃案件零发生。

（二）提高自我管理能力

通过合理注入资金，都江堰改变了过去村民无事可议的状态，构建了村民进行自我管理的渠道。一是自我管理有平台。在筹资用资过程中，根据各村情况不同，都江堰成立了议事会、院落管理委员会、物业管理中心等多种自我管理组织，实现了自治组织全覆盖，分别对村公资金、散居院落自筹资金和集居区自筹资金进行管理。二是自我管理有方法。在资金决策过程中，各管理组织探索出户—组—村三级投票制、一户一票建议制、预审小组预算制、监事会签字审核制以及村资公示等多种方法，保障资金用于农村公共服务的提供和基础设施的建设。三是自我管理有效果。2014 年，都江堰通过随机抽查的方式对涉及农村散居院落的 145 个社区抽取 194 个院落进行考核验收，考核指标涉及环境治理、基层组织建设、社会治安综合以及文明新风四方面，结果显示，散居院落综合治理覆盖率达 100%，院落治理合格率超过 93.80%；发出民意调查表 2350 份，回收 2343 份，群众对院落治理满意率达 98.60%。

（三）强化自我监督能力

由于参与的缺位，过去都江堰对公共事务的监督主要依靠政府，民众的力量得不到发挥。以资金带动参与后，村民的监督能力全方位提升。一是监督主体多了。过去，村民对监督村务漠不关心。物业实行自筹后，不少村民表示：“钱是自己出的，总要明白钱发到哪去了”，市场化的运作使每一个村民自觉或不自觉的都参与到了村庄监督，成为了监督主体。二是监督内容广了。资金自筹之前，农民几乎不参与村内公共服务建设，村务监督可以说是无事可监。筹集和划拨公共资金后，村庄环境是否整洁、村资使用是否到位、宴席举办是否节俭，都成了村民主动关注的内容。三是监督效果实了。过去，监督只有结果公示，村务细节村民并不了解，对公示的情况往往不满意、不信任。如今，公共资金从决策、使用到结项进行全过程公开，且使村务信息下达到户，在外打工的村民、不识字的老太太都对公共资金的动向一清二楚："钱都拿给村里搞建设了，去年修了停车场，今年又要修吃九大碗的地方咯。"

三　如何用好小资金的启迪

（一）资金效益发挥以提高自治能力为根本目的

在国家经济社会格局瞬息万变的冲击下，基层治理的需求也发生着日新月异的变化。过去那种政府唱独角戏，村民被动参与的治理方式已不再适应农村发展的需要，村民自治能力亟待提高，这就要求村民以更高的自我服务、自我管理和自我监督能力作为支撑。都江堰自筹物业管理费用和组织村民参与使用公共资金的决策，其落脚点都在于培育村民的权利意识和责任意识，调动村民参与公共事务管理的积极性。同时，通过在对资金使用的决策、执行、监督等全方面地反复参与实践中，实现了村民自治能力的提高。

（二）小资金活用才能吸引村民自治参与

在长期的基层治理实践中，政府"保姆式"大包大揽的工作方法使村民形成了等、靠、要的思维惯性，群众主体地位缺失，参与意识淡薄。同样是政府资金投入的村庄公共资金，都江堰改变资金使用方法，提出"环境整治先行，发展助推在后"，让居民先自筹部分物业费用，再给予公共服务建设的村公资金，培育村民参与意识的同时使其切实感受到公共服务建设关乎自身利益，从而拉动村民参与公共事务的管理决策。无论是自筹经费还是下发公共资金，都江堰灵活运用资金这一介质吸引了村民参与自治。

（三）群众参与是资金发挥效益的关键

在利用资金撬动自治的过程中，一味的给予资金补贴是毫无意义的，只有通过资金刺激村民的主体意识，并不断培育这种意识，引导村民参与到基层治理的工作中来，不断扩大参与广度，挖掘参与深度，才能使资金充分发挥作用，提高自治能力。在都江堰模式中，正是村民充分发挥主观能动性，投工投劳，集众人之智决策，筹众人之力执行，才使小资金发挥了杠杆作用，政府只花费少量的资金，却达到了四两拨千斤的效果。

（四）利益相关是资金激发自治活力的有效条件

共同利益是将村民联系起来拧成一股绳的支撑条件，使村民能各司其职又集体共同协作。没有共同利益作为纽带，那么村民在基层自治中的状态将是一盘散沙，无法找到参与自治的着力点。在都江堰模式中，都江堰牢牢抓住公共服务建设这一利益共同点，以环境整治为切点，以户为单位，将每个村民纳入一件公共事务的治理中来。都江堰利用资金撬动自治，其重要价值就在于探索出一种从需求出发寻找利益共同点，以共同利益为纽带联结利益相关者的新模式。

以草根组织助推村民自治再发力*

——基于四川省都江堰市社区社会组织的调研与思考

2015 年“中央一号”文件提出“激发农村社会组织活力，创新和完善乡村治理机制”。农村社会组织作为基层治理的主体之一，其作用的发挥直接决定着基层治理的效果。经过新型城镇化建设，都江堰农民的居住方式和经营方式发生巨大改变，需求急剧增加，但是政府服务能力有限、社会组织发展不足，致使很多公共服务难以落地。鉴于此，都江堰市依托草根组织创新基层治理新模式。具体而言，就是农村社区社会组织以社会自治、经济自治和文化自治为关键，通过惠民“聚力”、富民“添力”、乐民“提力”最终做到精准“发力”，实现政府治理、社会参与和群众自治的良性互动。

一　让组织建起来：农村草根组织缘何而生

2008 年以来，都江堰农村的居住方式和经营方式发生了历史性的变化，农村需求爆炸性增长，而政府公共服务能力和居民自我服务能力严重滞后，迫切需要新的服务载体，各类草根组织应运而生。

（一）“两大革命”，多元需求猛增长

伴随着新型城镇化建设，都江堰出现了“两大革命”，带来了需求的迅猛增长。一是由“散居”到“集居”，服务需求急增。经过新型城镇化

---

* 作者：华中师范大学中国农村研究院方帅。

建设，都江堰的集中居住率达到了70%，农民的居住方式发生了翻天覆地的变化。伴随着集中居住，一些过去散居时候不存在的问题，如物业管理、小区治安、环境卫生等接踵而至，迫切需要进行解决。二是由“分散生产”到“规模经营”，合作需求迫切。随着居住方式的变革，农民生产经营方式变革的需求也随之增加。棋盘社区的农户过去都是以一家一户为单位分散种植猕猴桃，经营规模小、组织化程度低、服务体系不健全，人均年收入不高，很难满足农民增收要求。农户们认识到要实现规模经营快速致富，只有通过合作社（协会）才能办到。

（二）能力有限，服务供给难到位

自新型城镇化建设以来，农民的刚性需求很难及时得到满足。一方面，政府供给有限。农民集中安置后，政府公共服务支出大幅度增加，仅物业一项，平均每年政府财政支出就要几千万元。除了政府财力负担较重外，社区人力资源也难以跟上。以鹿池社区为例，该社区共有703人，而社区两委干部只有5人，人手紧缺、能力有限，根本无法为大家提供服务；另一方面，个体能力不足。单兵作战难以有效整合资源、无法满足服务供给。如水月社区的致富能手周仕强很早就打算发展民宿旅游，但个人能力有限，无法建设和完善基础设施，最终只能放弃依靠个人发展产业的想法。

（三）因需而设，草根组织应运而生

草根组织是推进社区服务精细化的重要载体。都江堰农村社区基于上述背景建起了多种草根组织。一是因“能”而建。社区群众根据自身的技能成立了不同类型的协会组织。水月社区一批工匠成立了农民工匠协会、金龙社区的厨师成立了农宴厨师协会，通过一个个协会把拥有相同技能的人组织起来。二是因“趣”而建。社区拥有不同兴趣爱好的群众汇聚一起，组建了各有特色的兴趣组织，如广场舞协会、棋类协会、舞龙队、骑行队等，丰富了大家的文化生活。三是因“和”而建。为构建和谐社区，实现“美丽我家、美丽我院”，水月社区的李义广牵头成立了邻里互助协会，康中祥成立了老年协会，棋盘社区的李雪发起成立了志愿者协会，类型多样，功能各异。四是因“产”而建。基于对经济发展的迫

切需求，各社区群众依托自身优势，着力打造具有特色的产业组织，例如棋盘社区的猕猴桃协会、水月社区的民宿旅游协会、天马镇金华社区的花卉协会等。

二　让群众动起来:草根组织搭准自治脉搏

有限政府难以满足当前基层社会的全部需求。都江堰市审时度势，依托草根组织，撬动“民力”提供公益服务，发挥“民智”破解发展难题，顺应“民需”丰富文化生活。

（一）以惠民聚力为基础，聚焦公益，促进社会自治

都江堰公益性草根组织采取传帮带的方式为社区群众服务。首先，社工介入，“面对面”以专培专。为确保服务的专业性，都江堰天马镇金陵社区志愿者协会成员在上善社会工作服务中心金陵社工站 2 名社工的带领下，通过实战的方式进行业务培训，开展“童缘圆梦”主题活动，收集到 174 个儿童心愿，找到了与儿童有效沟通的方式和话题。其次，协会帮扶，“心连心”以情动情。幸福镇友爱社区的“幸福里有爱助老”服务队成员每月为 60 岁以上的老人集体过生日，定期探访社区空巢、独居、孤寡、五保、残疾等特殊老人，了解社区老人需求，用真情服务打动老人。最后，群众参与，“手牵手”以行传行。蒲阳镇和平社区广泛发动社区舞蹈队、棋艺队等民间组织和志愿者参与志愿服务活动，群众在感动的同时也纷纷加入其中。截至目前，开展过“健康饮水·健康生活”、“全民阅读·快乐生活”、“医疗关怀进小区”等活动 21 次，群众参与 3000 余人次。

（二）以富民添力为重点，立足资源，推动经济自治

在“美丽我院”的基础上，都江堰引导产业协会有效整合资源，大力发展庭院经济。一是挖掘资源，变土为金。柳街镇的种植大户刘超在社区内流转了 200 亩土地种植无公害蔬菜，并发起成立了无公害农产品协会，有 45 户村民加入其中。协会将各户种植的农产品统一定价、统一销售、统一管理，实现协会成员收入的持续增长。二是农旅结合，“一三互

动”。由村民周仕强牵头成立、35户村民加入的民宿旅游协会依托社区的第一产业，借助“成青线”便利的交通优势，大力打造观光旅游，同时提供别具农家特色的民宿。2015年6月协会迎来了第一批客人，17户村民收获了协会成立以来的“第一桶金”。三是以“小工匠”，助“大社区”。水月社区的工匠王怀松将社区内34位工匠师傅组织起来成立了农民工匠协会，积极承接社区内部的修建和美化工程，并免费帮助村民装修房屋，村民何群书的三间房便是这群“小能手”助修而成，节省了人力成本5万元。

（三）以乐民提力为保证，丰富生活，实现文化自治

都江堰以文化活动丰富群众的精神生活。一方面，协会承办，群众“点戏”。柳街镇文化站工作人员通过入户访民收集群众文化需求，及时调整服务“菜单”；镇政府再通过购买服务的方式送“文化”下乡。目前，柳风艺术团等各文艺协会根据自身特点和能力，以表演和宣讲等形式先后承办过“柳街·薅秧歌民俗文化节”、“文化四季风”、“送法下乡”等活动；另一方面，协会引导，群众“唱戏”。在院落整治的基础上，天马镇文联协会引导村民在自家墙上进行文艺创作。以仙鹤社区蒲家院子为例，在4位文联协会成员的指导下，40余户村民纷纷拿起画笔在自家墙上书写《三字经新解》《奋进》等文艺作品，几天的时间里，家家户户的大墙小壁上都是“文化”。

三　让基层活起来:草根组织落地生根

以草根组织为抓手，都江堰市创新基层治理有力地延伸了政府的服务触角，极大地激发了群众的自治活力，有效地完善了基层的治理体系。

（一）功能落实处，延伸了政府的服务触角

都江堰草根组织将功能落到实处，对政府的工作起到了“拾遗补阙”的作用。一方面，推动了服务横向到边。草根组织成立后，为群众提供各种类型的服务，覆盖了各类人群，实现了服务到边。善行社会公益服务中心为蒲阳镇300户特困家庭、50名特困学生，近40名残疾人等特殊困难

群体提供了帮扶服务；虹口乡多次组织卫生院志愿者为下辖社区的各类人群做义诊。另一方面，实现了服务纵向到底。草根组织利用自身的优势，可以把服务送到院落坝子、田间地头，让服务真正“进村入户”，实现服务“零距离”。向峨乡棋盘社区的王玉琴老人行动不便，同社区的志愿者王宜芬女士每周都会上门前去照看 3 次，帮忙洗被子、换床单，老人表示：“感谢这些志愿者，现在的生活巴适（舒适）得很。”

（二）活动接地气，激发了群众的自治活力

都江堰的草根社会组织是基层群众参与社会治理的一种重要途径，其开展的活动贴近生活，紧接地气，效果显著。一是唤醒了群众参与的意识。群众的观念开始从“我向社区要什么”到“我能为社区做什么”转变。棋盘社区的支部书记表示“过去你让农民去开会，到会率很难保证；现在不同了，协会的服务让大家受益了，群众的评价高了，开会也有人来了。”二是丰富了群众自治的内容。草根组织的有效运行将自治的内容和形式进行了极大扩充，从修建场地到购置设备，从居家养老到纠纷调解。协会组织已经成为丰富群众自治内容的重要平台。三是激发了群众自治的热情。如天马镇 247 名社区文艺爱好者带头在各个社区成立了群众自己的文艺队伍，主动开展“院落广场舞”、“百姓故事会”、“棋艺 PK 赛”等活动，让昨天的围观群众变成今天的活动“主角”。

（三）组织多类型，完善了基层的治理体系

国家治理体系的现代化离不开基层治理体系的现代化，都江堰通过多类型的组织逐步完善了基层的治理体系。一方面，丰富了基层的治理主体。从一元主导到多元参与，都江堰转变过去的“家长式”作风，探索出多元共治的治理模式，使社会、市场、群众等主体都能参与治理。如棋盘社区志愿者协会的成员除了党政人员外，还包括事业单位人员、企业人士和村民议事会成员等；另一方面，优化了基层的治理层级。通过草根组织，都江堰打破以往垂直的治理格局，实现了治理的“扁平化”，大量的公共服务项目不再由政府逐级下达，层层告知，而是交由草根组织直接代办，实现了服务“直通车”。

四 让自治转起来：草根组织助推基层治理再发力

都江堰创造性地借助于草根组织实现经济自治、文化自治和社会自治这一做法，对于助推基层治理提档升级和促进社区的长远发展具有重要意义。

（一）草根组织是助推基层治理再发力的中坚力量

社会组织是社会政策的实践者，也是社会公共服务的提供者，更是推进社会治理体系和治理能力现代化的重要力量。在社会组织中，扎根于基层的草根组织作用更为凸显。都江堰市草根组织自寻发展出路，自我提档升级，承担起了社区的公益项目、举办了社区的文化娱乐活动、激发了群众的参与积极性，极大地夯实了村民自治的基础。都江堰的实践证明，草根组织是助推基层治理提档升级的中坚力量，能够为政府“减压”，为社区“减负”。

（二）草根组织持续发展的内在动力在于满足差异化需求

草根组织的活力来源于满足群众差异化需求的内在动力。都江堰政府从现实问题着手，根据群众的不同需求引导成立了功能各异的草根组织。这些组织针对群众特定的需要提供特定的服务，赢得了群众的一致好评。可见，草根组织得以有效、持续发展的内在动力正是这种差异化需求理念，它能更集中地反映群众诉求、更多样化地提供公共服务，真正做到让群众“小事不出社区、大事不出镇街”。

（三）政府职能转型是草根组织生成的制度性空间

草根组织的发育有利于在社区形成不同的“治理共同体”，但是其充分发育需要有相应的法律和政策制度环境，需要有一个培育和发展的过程。都江堰市委市政府立足实际，结合自身职能转变，通过制度规范和政策引导搭建了社会组织孵化园，通过政府购买服务支持社会组织成长，大力培育社区社会组织，为其发展和成熟提供了广阔的实体平台和制度空间，形成了多元共治的社会治理格局。

（四）草根组织自治的核心在于激发基层治理活力

草根组织自治的有效实现应着眼于以人为本，让群众乐于参与也便于参与。都江堰通过培育草根组织，为群众参与社区治理提供了一个组织平台，充分调动了群众的积极性，实现了干群关系的融洽，夯实了村级治理的根基，让村民自治不再空转。进一步透视，草根组织有效运行的背后反映的实质是充满活力的基层治理的缩影，是新形势下社会治理的创新。为此，草根组织自治的关键环节在于以人为本、以人为先，激发基层治理的活力。

社会反响篇

柳街镇创新社会管理
村民自治“我的环境我做主”

四川文明网 2013 年 9 月 11 日

记者：施华琼，蒋雨洹

柳街镇位于都江堰市最南端，素有“诗歌之乡”、“兰草之乡”、“川西水乡”的美誉。全镇面积 47.2 平方公里，总人口 4.1 万余人，辖区 15 个社区、218 个小组，有自然院落 167 个，院落总户数 9954 户。

在深化城乡环境综合治理过程中，柳街镇积极以实施散居院落整治为突破口，加强院落居民自治为核心，在全镇 167 个散居院落中开展自治管理和集中整治工作，并取得实效，为全镇改善人居环境、提升群众生活品质及社会管理做了一次创新探索。

村内宣传专栏告知着所有村民政治的基本情况

村民自筹资金 20 元，带来的角色大转变

据柳街镇党委政府主要负责人介绍，柳街镇对散居院落的整治行动，是从 2013 年 4 月开始的。为了强化村民的自我管理、自我服务、自我监督的自治意识，此次行动推行的是院落自治管理。村民按照 20 元/人/年缴纳卫生管理费的形式自筹资金。

“以前活动有经费，但这次活动需自筹资金。村民不想交钱，不想干。一些村上长期积累的问题未得到解决，村民怨声不断，积极性很难提高。”柳街镇党委政府主要负责人说，活动之初，困难重重。为了解村民的真正意愿，镇村干部只能一户一户深入村民家中，倾听百姓的意见和呼声，并制作宣传片、召开千人大会等为百姓宣讲活动意义及政策。令人欣慰的是，这些决策得到了柳街镇全体村民的响应。

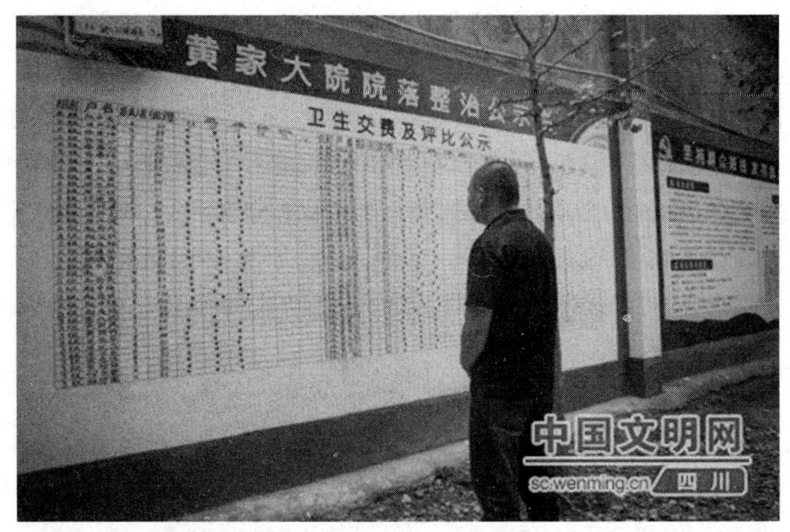

评比栏随时更新各户情况

如何让村民从被动参与到主动参与，从被管理人员成为整治活动的管理者。柳街镇积极探索，推出了“村公资金反补”的长效机制。在倡议住户按 20 元/人/年自愿缴纳卫生管理费的同时，实施村公资金按照院落自筹反补 20 元/人/年和 10 元/人/年用于激励个人现金评比。村民自愿缴纳的卫生管理费，主要用于民主选举出的院落保洁人员劳动报酬补充。

资金由专人负责管理并定期公示，接受全体院落住户的监督。村民享有“参与权、选举权、监督权”。

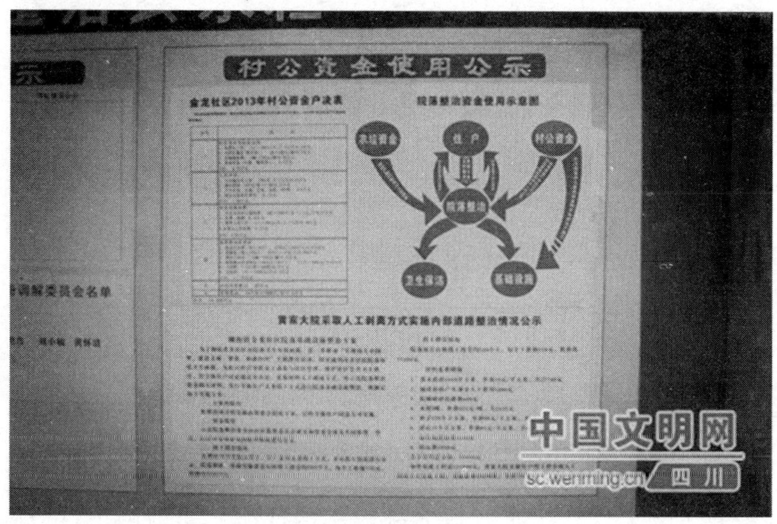

村公资金使用示意图

“村民自筹的卫生费，可以用来购买社会服务，也可以民主选举农拉人员。彻底解决了以前农拉人员三不管的现象，老百姓同时有权利推举和监督保洁员，让村民实现自治，也改变了环境卫生治理是政府的事情的意识。”柳街镇党委政府主要负责人说，“评比只是来激励村民的集体荣誉感，我们教会的应该是村民的环境参与意识，角色的定位，这样才能强化村民的自我管理、自我服务、自我监督的自治意识”。

星级评比，民主推选，激发民主自治热情

针对自然院落管理难的现状和存在的问题，柳街镇还形成“政府引导、支部带头、群众做主、全民自治”的工作思路。推行以 100 户为一个基准，成立业主管理委员会，每个业主委员会就负责他那个区域的环境整治的指导工作。村民可以通过公推、自荐、民选的方式，召开院落住户大会，推选业主管理委员会成员。

同时，各社区在镇党委的指导和村两委的组织下，通过自评、互评和第三方测评等方式，评选出“最美院落”，党委政府以奖代补的形式，匹配相应的村公资金用于“最美院落”内部基础配套设施的材料购置费用。

很多年没有清理过的淤泥沟也是改造环境的重点区域

金龙村黄家大院是此次“散居院落整治行动”实施民主自治的试点之一。该村黄家大院业委会组长王建军告诉记者，“以前大家见面问候的第一句是：‘你吃饭了没有？’现在都直接问：‘你把卫生搞好没有？’”通过整治活动，空气变好了，环境变好了，村民的环保意识也逐步地提高。“活动开展4个月以来，如果没有老百姓的思想意识的提高，整治成效绝对保持不了这么长久”。

村民在清理院外杂草

整治为契机，亲民为民，密切干群关系

“我们是乡镇党委政府，我们服务的根本对象就是老百姓。百姓要认识政府的人员，我们也要认识百姓的人员。如果这个都做不到，就谈不上联系。如果没有联系群众，认识群众，了解群众，这个整治行动是做不成功的。”对于此次散居院落整治行动能顺利地开展，柳街镇党委政府主要负责人感慨道：“从群众中来到群众中去，是这次整治活动成功的关键。”“以前村民对干部评价是只闻其名，不见其人。现在，镇村干部对村民每家每户情况门门清，大到林盘数量、位置，小到每户人家的家庭情况都了如指掌。”

在院落整治期间，柳街镇还以此为契机，探索群众路线实践方法。建立“书记带头示范、班子成员整体跟进、机关干部包村住店、村组干部包组到户”的“直线式零距离”联系群众工作机制。建立“分片网格式”收集诉求。结合院落整治工作的开展，建立由领导包片、驻村干部包村、村组包院落、党员包户的矛盾诉求收集工作组，根据矛盾纠纷的轻重缓急分步解决。目前收集群众意见 1260 条，解决突出问题 1100 余件。

金龙村村主任刘向东，深有体会地说：“我们以环境整治为机会来交流，和老百姓说其他的工作都轻而易举了、见面交谈更亲热。去每个院落都感觉像是去自己的家一样，以前一个月两个月都很难去一次，没有提矛盾，因为矛盾没有掌握在我们的手头，现在每个院落的矛盾，我们都了如指掌。我们现在和老百姓走近了，我们工作也很有动力。”

散居院落整治　撬动农村社会管理创新

《四川日报》2013 年 12 月 16 日　记者：罗向明

都江堰市柳街镇探索破解农村“新二元结构”

2013 年 12 月 11 日，都江堰市柳街镇黄家大院，整洁清爽的林盘间，掩映着一幢幢漂亮的民居，黄灿灿的银杏叶儿，在冬日暖阳的映衬下，给大地染上一片金色，犹似一幅精致的田园风景画。

推行大半年的散居院落环境整治，让黄家大院发生了翻天覆地的变化。

近年来，随着统筹城乡的深入推进，农村集中居住区与散居院落之间的差距变大。都江堰市柳街镇从院落环境整治入手，探索创新社会管理工作，最大限度激发了社会活力，减少了不和谐因素，成功化解了集中居住区与散居院落之间在服务管理上形成的“新二元结构”，基本实现集中居住区与散居院落之间统筹发展、成果共享，圆了农村居民多年的“环境梦”。

环境整治　老院焕发新生

如今，行走在柳街镇，可以看到散居院落的面貌焕然一新，清新宜人的村庄、整洁美观的路面、郁郁葱葱的林带，“室内美如画、室外脏乱差”的现实窘境变成了“室内室外相映成画”的崭新风貌。而这在一年前是乡亲们不敢想象的。

柳街镇位于都江堰市最南端，是一个典型的农业乡镇。镇域内分布 288 个农民居住区，其中自然院落 167 个。2009 年以来，该镇全域推进土地综合整治，共规划建设农民集中居住区 20 个，并探索形成了较为成熟的“三级管理”模式。集中居住区内各种基础配套设施齐全，环境优美、舒适。

较新建成的农民集中居住区相比，各散居院落环境管理明显滞后，院落林盘中杂草丛生，庭院杂物堆放无序，路边沟边垃圾遍地，塑料农膜随风飞扬。集中居住区与散居院落在卫生秩序、社会管理和公共服务方面形成新的“二元结构”。

如何改变这种农村新的“二元结构”？柳街镇从事关家家户户看得见、摸得着的散居院落环境整治入手破题。“刚开始提出来搞散居院落环境整治时，很多人不理解，村民抵触情绪也大。”柳街镇相关负责人介绍。为了引导农村群众开展自我教育，主动融入、全面参与进来，全镇召开镇、村、组、院落四级宣传动员会议477次，利用晚饭后时间到院落开“三无坝坝会”（没有固定会议程序、没有正规场所、没有照本宣科发言），通过与群众拉家常、话乡情，让群众在潜移默化中受到教育，“美丽我家、美丽我院”成为当地群众的自觉行动。

4月20日，开完全镇动员会后，金龙村2、3组黄家大院110户群众开始动起来。“几十个人硬是整整干了1个星期。”3组组长李亚君感叹，黄家大院房前屋后林盘里，居然清理出100多车各种垃圾。清理结束，镇上配套资金，把院落的入户道路统一硬化，配置一些运动器械。黄家大院焕然一新，一位年过半百的老人由衷感叹：“我活了60多岁，从来没有觉得自家林盘这么安逸。”

长效机制　自己家园自己管理

“原本一开始是选择黄家大院作为试点，准备用1年的时间在全镇推广。”柳街镇负责人说，没有想到，其他村的村民看到黄家大院的变化后，纷纷要求马上进行院落整治，“全镇一下子就铺开了”。

通过环境整治，林盘环境变得整洁优美，过去大人不愿进、小孩不敢进的林盘成为农民群众休闲纳凉、谈天说地的好去处，有些群众还利用茶余饭后在林盘里举办“锅庄舞会”、“乡土诗会”。

如何将这种成果保持发扬下去？柳街镇在推进过程中，摸索出一套“自己家园自己管”的长效机制，即引导全镇167个院落全部成立院落管理委员会，对院落环境整治进行自我监督和日常管理。院委会成员由本院村民自己选出，代表院落村民形式管理权限。

院委会聘用1—3名本院落困难群体作为卫生保洁员，并把居住区划成若干个卫生清扫“板块”，每户就近负责一块，加强院落环境治理。开展住户卫生评比，以“面子”来影响大家争先创优。而全镇则以院落为单位展开评比。

同时，柳街镇以管理资金和运行机制为重点，一方面完善环境治理资金来源；另一方面引进环卫社会化服务，保障散居院落环境整治的长期性和延续性，以此打消村民们的顾虑，让群众甩开膀子干。

创新载体　促进干部工作作风转变

“形象点说，柳街镇用一把扫把扫出了农村社会管理创新的新天地。”都江堰市政府党组成员张果说，柳街镇通过散居院落环境整治，找到了散居农户社会管理服务的创新载体，加强和丰富了基层组织的凝聚力和战斗力。

为了推动院落整治工作有序开展，柳街镇实行领导干部和党员包片到户的工作方式，镇、村、组三级干部组成以院落整治工作为主线，同时关心到群众生产、生活情况，主动获取矛盾纠纷和信访事项，分类梳理记入台账进行定期研究，并根据轻重缓急，采用“三步化解法”进行处置，即对于轻微矛盾，包片领导、村组干部进行现场调解；对于需要镇级相关科室合力解决的，报党委后安排限时解决；对于需要市级相关部门帮助解决的，报党委备案并及时报告市委、市政府和相关部门协调解决。

在这一过程中，干部工作作风得到极大转变，干群关系更加融洽。民安社区王老汉说：“以前找领导办点事签个字都不好找，现在感觉领导随时都在身边转悠。”

一组数据直观地说明这种转变——截至2013年7月，全镇共收集群众意见建议1260余条，解决突出问题1100余件，报上级部门协调解决40余条，群众满意率达95%以上。全镇连续两个月实现零信访，无一件治安事件和刑事案件发生。

柳街镇从院落环境整治入手，推动农村社会管理，形成了以“政府为引导、群众为主体”的群众共建、共享、共参与的散居院落“四自管理”（自己动手、自筹资金、自主管理、自我监督）模式，变单纯行政命令为群众自觉行动，变政府的被动管理为群众的“我要管理”，切实改善和加强了农村社会管理，形成了新型散居院落自治管理机制。

扫清了院子垃圾　敞亮了邻里心门

记者探访都江堰柳街镇"拆小院并大院"加强社会管理创新基层治理之路

《成都日报》2014 年 2 月 13 日　记者：杨天，杨永赤

编者按：日前召开的市委政法工作会议要求，创新社会治理方式，深入推进社会矛盾预防化解。其中，深入开展好社会矛盾"大排查"，是推进平安建设的重要抓手。都江堰柳街镇、彭州濛阳镇和金堂土桥镇结合本地实际，不断完善矛盾纠纷排查调处体系，基层矛盾纠纷第一时间就能得到及时化解，人民群众切身利益得到有效维护。

柳街镇位于都江堰市最南端，素有"兰草之乡"、"川西水乡"的美誉。全镇总面积 47.2 平方公里，总人口 4.1 万余人，辖区 15 个村（社区），有自然院落 167 个，院落总户数 9954 户。

昨日，当记者走进柳街镇金龙社区泉水家园时，只见黄墙红瓦的小洋房错落有致地排列在光亮的沥青路两旁，完善的基础设施、漂亮的凉亭、路旁整齐的树木共同呈现出怡人的院落环境。这个具有典型川西民居风格的黄家大院，环境优美、卫生整洁。这就是柳街镇在统筹城乡背景下"拆小院并大院"而新建成的农村集中居住区和农村散居自然院落的真实体现。

在创新社会基层治理、深化城乡环境综合整治过程中，柳街镇以实施散居院落整治为突破口，以加强院落居民自治为核心，在镇上 167 个散居院落中开展自治管理和集中整治工作，为农村乡镇改善人居环境、提升群众生活品质、创新社会管理做了一次有益探索。"以环境整治为切入，激

发基层细胞自治，构建自我管理、自我服务的长效机制，才是‘大院落’管理方法的真正目的。”都江堰市委政法委书记谭小春告诉记者。

“柳街镇以散居院落环境卫生整治为突破口的社会管理创新，其实就是强化基层治理的一次创新，是中心城区‘三无’院落整治的延伸，是‘小院落、大文章、小整治、大民生’的又一次生动实践。”市委政法委研究室相关负责人如是说。

15 个社区

共建 19 个集中居住点

据了解，从去年 4 月以来，柳街镇以院落整治为抓手，全力推进基层社会管理和平安建设工作。该镇 15 个社区共建了 19 个集中居住点，实现了院落整治工作的常态化监督与管理。镇上将 364 个自然院落按 100 户为单位建立了 107 个网格（大院落），实现了“优、中、差”三级管理激励机制。

“由于新建小区是很多个村组的村民迁来共同居住的，相互不太熟悉，导致邻里之间不太容易相处，院落矛盾纠纷突出。”这是小区居民王婆婆入住时的感受。为此，院落专门成立了院落管委会，推选当地居民自己担任“带头人”，负责调解居民的矛盾纠纷。“我们本来就是住在这院子里的人，乡里乡亲再熟悉不过，发生矛盾我们出面，既有利于沟通又减少了隔阂。”黄家大院管委会成员李亚君告诉记者。

记者了解，在矛盾发生后，调解小组调解时、通过设身处地、与居民沟通、共同生活在一起等方式随时掌握居民情况，主动获取矛盾纠纷线索，并对潜在可能引发的家庭、邻里、土地纠纷提前介入，通过积极地沟通协调工作，将矛盾纠纷化解在萌芽状态。

事实上，黄家大院调解小组只是柳街镇 107 个基层调解组织中的一个，而一个调解组织就构成一个调解网格，这 107 个网格覆盖整个柳街镇，工作深入到每家每户，及时掌握情况化解矛盾。

同时，柳街镇成立了由镇、村、组三级干部组成的矛盾诉求收集工作组，该镇 107 个调解小组每周上报掌握的矛盾纠纷线索，镇级调解组织将全镇收集上来的矛盾纠纷和信访事由分类梳理计入台账，形成《社区院落民情民意调查汇总表》，做到随时掌握情况，并根据矛盾纠纷的轻重缓急实施“三步化解法”，做到将矛盾纠纷化解在基层、消除在萌芽状态。

每人 2 元的补贴

给每次评上的“星级户”

要说农村集中居住区和散居院落之间最大差距，无疑是缺乏管理的散居院落环境卫生堪忧的事实。散居院落居民“自扫门前雪”的老旧观念，只顾自家门前“清净”而不顾及整个公共区域的环境卫生，垃圾乱扔、杂草丛生，让整个小区卫生环境非常糟糕。

去年 4 月，镇上开了动员会，金龙村 2、3 组黄家大院作为试点，率先动了起来。一个星期时间，黄家大院房前屋后林盘里，居然清理出 100 多车的各种垃圾。清理结束，镇上又配套资金，把院落的入户道路统一硬化，配置一些运动器械，让大院焕然一新。

看到黄家大院的变化，其他院落的村民都被打动了。原本准备用一年时间来推广的院落整治，一下子就铺开了。如今，柳街镇散居院落林盘环境变得整洁优美，过去大人不愿进、小孩不敢进的林盘成为农民群众休闲纳凉、谈天说地的好去处。

环境是整治好了，如何形成长效机制也是柳街镇思考的问题。记者在黄家大院的公告板上看到社区星级院落评分表，以及黄家大院“八好”星级户评分表。

“每个评选上的星级户会有每人 2 元的补贴，钱虽不多，但是很能增强居民的荣誉感和积极性。”柳街镇相关负责人说，环境优美了，邻里之间的矛盾自然而然也少了许多，大家都争当“星级户”和“星级院落”，散居院落如今也变了大模样。

村民自筹 20 元

“我的家园我做主”

“你看我们院子的这些花台，这树上的灯笼多漂亮，我们都没花一分钱。”黄家大院居民刘婆婆自豪地向记者介绍。原来，柳街镇各社区在镇党委的指导和村两委的组织下，通过自评、互评和第三方测评等方式，评选出“最美院落”，党委政府以奖代补的形式，匹配相应的村公资金用于“最美院落”内部基础配套设施的材料购置费用。

从去年4月开始，为了强化村民的自我管理、自我服务、自我监督的自治意识，参与院落环境整治的村民按照20元/人/年缴纳卫生管理费的形式自筹资金。

“以前活动有经费，但这次活动需自筹资金。村民不想交钱，不想干。一些村上长期积累的问题未得到解决，村民怨声不断，积极性很难提高。”柳街镇副镇长陈宇曦告诉记者。

如何让村民从被动参与到主动参与，从被管理人员成为整治活动的管理者。柳街镇积极探索，推出了“村公资金反补”的长效机制。在倡议住户按20元/人/年自愿缴纳卫生管理费的同时，实施村公资金按照院落自筹反补20元/人/年和10元/人/年用于激励个人现金评比。村民自愿缴纳的卫生管理费，主要用于民主选举出的院落保洁人员劳动报酬补充。

钱收上去了，怎么花的，花在哪里？黄家大院都有专门的公告牌进行公示。资金不仅专人负责管理并定期公示，接受全体院落住户的监督。村民享有“参与权、选举权、监督权”。

“村民自筹的卫生费，可以用来购买社会服务，也可以民主选举农垃人员，彻底解决了以前农垃人员‘三不管’的现象，老百姓同时有权利推举和监督保洁员，让村民实现自治，也改变了环境卫生治理是政府的事情的意识。”柳街镇党委政府主要负责人说，“评比只是来激励村民的集体荣誉感，我们教会的应该是村民的环境参与意识，角色的定位，让村民真切感受到‘我的家园我做主’，提升基层自治组织的自治能力。”

一线搜集群众诉求 “院落综合服务团”来了

都江堰市滨江街道探索居民自治助力院落管理，破解民生服务难题

《成都日报》2014 年 6 月 12 日　记者：付启，杨永赤

小区居民自己行使职能

核心阅读

■“引导居民自治，不仅要让他们自己承担起管理职责，更是要了解他们所担心的环节，把这些环节透明化，才能让大家真正参与其中，激发大家更多的自主意识。”都江堰市滨江街道党工委书记李川虎表示。

■为了帮助居民们实现院落管理水平的提升，滨江街道成立了“院落综合服务团”，党员干部来到一线，搜集群众诉求，协调职能部门解决群众所需。

■社区已全面完成了物业全覆盖工作，社区也对收取的费用都进行公

示，让每一笔资金的支出老百姓都一清二楚。

■为群众服务，不仅需要倾听呼声，排忧解难，更需要基层管理部门发动群众参与日常管理，特别是涉及广大群众切身利益的时候，以民主自治的方式进行引导和解决，才能提升社会管理水平，夯实社会治理的基础。

今年3月1日晚，都江堰市滨江街道金江社区书记王忠云接到了一个电话，来电的是67岁金江小区居民徐德芳。

“王书记，小区的物管在今天晚上全部撤场了，现在小区里的大门没有人守，清洁没有人做，居民们都聚集在一起……”赶到现场后，王忠云发现情况比电话中所描述的还要严峻。眼看自己小区没了物管，居民的情绪很激动，要求社区和街道给个说法。

金江小区跨区域安置了包括聚源镇、滨江街道、玉堂镇、青城山镇等7个乡镇2142户居民，是当地集中安置小区之一。在此之前，小区一直有物管公司负责管理。政府购买了3年的前期物业服务，物业服务企业因合同到期撤场后，小区立现无人管理状态。

当晚，街道党工委对小区启动了临时应急处理，安排社区工作人员和联防治安队员对小区主要通道进行临时看护，居民们的情绪暂时得到了安抚，但小区今后该如何进行有效规范管理，广大居民依然心存疑虑。

要管理先自治　居民定决策

对这样一个习惯了政府购买物业服务，居民从不掏钱费心的院落来说，要实现自我管理的难度是巨大的。

“首先，经费只能通过向所有住户收取来筹集，这就会让许多人觉得自己掏了钱，而这些钱是不是就用在了日常管理上，他们就会心存疑虑。”社区书记王忠云告诉记者。

在街道党工委的支持下，社区准备通过指导院落自办物业服务中心的形式来解决日常管理的问题，即使是这样，如何向群众收取物业服务费用，依旧是困扰着社区工作者的一大难题。

在街道和社区的组织下，金江小区成立了27人的议事会，就如何管理好自己的家园，大家坐在了一起，而在此之前，他们中的许多人还不认识。

“我们是一个居民来自7个乡镇的集中安置小区，大家习惯了以安置前的邻里乡亲作为日常交往的纽带，一起坐下讨论我们的日常管理，这还是第一次。”安置前是玉堂镇居民的徐德芳阿姨成为其中的代表，而她的发言代表了许多群众的意见，“我们这个小区已经好几天没人打扫了，垃圾也无人清运，虽然通道出入口暂时有人把守，但毕竟不是专业物管，大家还是不放心。所以，我们议事会的工作，就是要彻底解决这些问题。”

议事会开了好几次，大家的共识越来越清晰，制定的管理章程也越来越规范：在社区帮助下成立物业服务中心，优先聘用院落居民作为服务人员；议定每户居民每年收取100元的物管费、每辆汽车每年收取300元的停车费作为物管费用；账务由物管中心独立管理，支取费用需经过严格审批手续……为了保证这些内容落到实处，有居民代表提出由社区居委会主任兼任物业服务中心主任，带领大家一起搞好院落管理，这一议题也得到了议事会的表决通过。随着时间的推移，物业服务中心的筹备工作也在紧锣密鼓地进行，居民们自管家园的愿望正一天天变为现实。

有了自主意识　物管费收取率百分百

听说自己所在的小区要成立物业服务中心，曾在都江堰市一家物业公司担任管理职位的蒋永建非常高兴。

“在外面虽然也是搞物管工作，但能管自己所在小区，为大家多做点实事，我确实应该出一把力。”通过竞聘，蒋永建担任了物业服务中心的副主任，他决心在新的岗位上大显身手，为院落管理做出一份成绩。

但就在蒋永建上任后不久，他就感受到了这份工作的难度。

“那是我们刚开始公示收取停车费的第一天，一位车主就非常不满要交停车费的决议，竟然驾车撞坏了大门口的挡杆，扬长而去。”社区工作人员说，当时找到了这位业主做工作，开始他根本不配合，觉得是有人从中“吃了钱”。但得知为了管好小区，大家都在全力以赴工作，甚至有人放弃了外面的高薪，回来为居民服务的情况后，他对自己的行为非常后悔，不仅赔偿了损失，还主动在小区入口贴了一份检讨书。

“这件事情对于居民们的触动很大，当他们通过一段时间的比较，亲身感受到居民自管的成效后，不仅主动配合理解大家的工作，还在居民中当起了宣传员，号召更多人积极缴纳物管费用。”社区工作人员说。

3 个月过去了，金江小区的物管费收取率达到了 100%，停车费也收取了 98% 以上，引导居民自主参与基层管理的工作初见成效。目前，小区的物业管理中心已经有了 17 名员工，他们大多是来自小区内的居民，正在自己的大家庭内行使着管家的“职责”。为了提升管理条件，社区还为小区配置了高清摄像头，组织老年义务巡逻队纠正小区内的不文明现象，小区里的安保和管理水平正在逐步提高。

“引导居民自治，不仅要让他们自己承担起管理职责，更是要了解他们所担心的环节，把这些环节透明化，才能让大家真正参与其中，激发大家更多的自主意识。”滨江街道党工委书记李川虎表示。

物业全覆盖　旧貌换新颜

和金江小区不同，滨江街道安顺社区缺乏对小区院落，特别是老旧院落进行统一集中管理的基础。社区里有 13 个新集区和老旧院落没有物业管理，小区脏乱差现象较为严重，群众环境管理和自治意识薄弱，给社区管理带来了难度。

为了解决这些院落“物业托管”的现状，滨江街道提出了在今年 5 月 30 日前实现物业全覆盖的工作目标。为了动员广大群众积极参与到自主管理的工作中来，更让大家全面了解和认识到物业全覆盖是一件利民和惠民工程，安顺社区印发了 2000 份“致辖区业主的一封信”，挨家挨户发到群众手中，制作了宣传栏 20 个安装在各个院落中，召开各种坝坝会 20 余次，让居民们充分了解了物业全覆盖工作的实质意义，收取的费用也是取之于民、用之于民，得到了大多数群众的认可。

为了帮助居民们实现院落管理水平的提升，滨江街道成立了“院落综合服务团”，党员干部来到一线，搜集群众诉求，协调职能部门解决群众所需。

为发动群众积极参与的思路来推动和完善小区自治管理，社区两委和街道综合服务团成员、服务站工作人员、网格员分批进入到包片院落进行卫生整治，大家修枝剪叶、清除“牛皮癣”、拔除杂草等，短短 10 天时间党员干部发动群众 300 余人次，原来脏乱差的环境得到了彻底根除。将整治干净的院落交到居民手里，这一举措为物业全覆盖工作开展奠定了基础。

根据议定的每户每年30元的物业管理费标准，安顺社区开始全面的收费工作。安居苑的范俊英大娘今年72岁了，作为院落管理员，她负责100多户业主的收费工作，有时一晚上下来她累得腰酸腿疼，用俗话说“走路都打转转”，但她却没有退缩过，依旧每天坚持收费工作。王芳是社区居民小组长，自己负责215户业主收费工作，有时为了收取一户的费用她多次吃闭门羹，最让人难以接受的是一些业主还对她冷嘲热讽，可她却坚持不懈地上门做解释工作，直到业主交费为止。目前，整个安顺社区的收费达到了90%。

目前，安顺社区已经全面完成了物业全覆盖工作，社区也对收取的费用都进行公示，让每一笔资金的支出老百姓都一清二楚。

解决大难题　群众得实惠

多年来，龙潭湾社区鑫桥苑的居民在用电过程中，由于线路老化年久失修，一直存在比较严重的漏电现象，导致居民在每月交纳电费时，因总表与住户分表反映的数字不符，公摊的电费让部分居民很不满意。过去小区住户也曾提出过将其改为智能电表的申请，但终因多种原因未能实施。

今年3月，群众再次提出安装智能电表的要求，希望社区出面与市供电部门协调。网格员白建君随即深入所辖院落，通过与院落议事长和居民群众的多次沟通交流，认真倾听民声、了解具体情况，提出了解决方案。经过与市供电部门的多次衔接和沟通，在街道、社区和院落的共同努力下，今年4月，供电部门派专业安装人员经过两天的紧张施工，成功为居民安装了42只智能电表，老小区用电存疑的问题得到了解决，居民对此非常满意。

在龙潭湾社区，社区干部在与老百姓的交谈中深深感受到了他们对能用上方便快捷的天然气的强烈盼望，街道包片负责人和社区负责人随即多次联系天然气公司，协调小区通天然气事宜。燃气公司告知，在2006年小区就申请过安装天然气，但由于违章搭建较多，管道无法铺设，所以至今未办理相关手续。

了解到这一情况后，社区负责人多次和院落议事长进行沟通，并组织社区相关人员在小区先后召开了5次院落会议，对违章搭建的住户代表进行耐心细致的劝说，最终，大家同意拆除管道铺设处的违章搭建。随后，龙潭湾社区邀请了市政工程部进行了多次勘察，最后确认可以安装后又和小区议事会成员协调好了缴费的相关问题。目前，该小区80户住户已顺利用上了天然气，日常生活得到了极大的便利。

“在这些工作中，广泛发动群众参与，调动他们的管理热情和积极性，成为了解决这些民生难题的关键。”李川虎表示，为群众服务，不仅需要倾听呼声，排忧解难，更需要基层管理部门发动群众参与日常管理，特别是涉及广大群众切身利益的时候，以民主自治的方式进行引导和解决，才能提升社会管理水平，夯实社会治理的基础。

都江堰市:散居院落综合整治惠及群众

《四川日报》2014 年 2 月 19 日　记者:罗向明

“走基层、解难题、办实事、惠民生”在院落里生根开花

2014 年 2 月 14 日，按照传统习俗，马年春节还没有过完，都江堰市便全面启动城乡环境综合治理工作，提出在 2014 年全面完成农村散居院落综合治理工程。

这从一个侧面反映出都江堰市对这项工作的重视程度。都江堰市主要领导认为，提升城乡治理水平，绝不是简单的扫扫地、管管垃圾，而是一项事关城乡面貌、社会和谐、干群关系的大事。

都江堰市委十三届三次全会明确了奋力推进国际旅游城市的总体定位，只有瞄准先进、对标一流，着力营造更加整洁、靓丽、宜人的城乡环境，才能为产业转型、开放合作创造良好的外部条件，才谈得上旅游形象和城市品质。

奋力打造国际旅游城市，都江堰从看得见摸得着的城乡环境治理入手，期望通过全域推广“柳街经验”，充分发动群众，调动群众积极性，让全体人民共同参与到国际旅游城市建设的大潮中。

散居院落治理的柳街经验

位于都江堰市最南端的柳街镇，在推进新农村建设中，散居院落在环境卫生、管理上与集中居住区的差距日益拉大，正逐渐形成“农村新二元结构”，柳街镇干部通过走基层发现，散居院落群众不满情绪加大。

如何解决这一新矛盾？从去年下半年开始，一场对农村散居院落的“卫生大扫除”在柳街镇悄然进行。“开始时，部分干部不想碰，群众怨气大。”柳街镇党委书记高尚介绍，起初，在散居院落整治动员中，无论是村镇干部还是群众，都不想去揭开这个盖子。

为了引导群众开展自我教育，主动融入、全面参与进来，全镇先后召开镇、村、组、院落四级宣传动员会议477次，利用晚饭后时间到院落开“三无坝坝会”（没有固定会议程序、没有正规场所、没有照本宣科发言），通过与群众拉家常、话乡情，让群众在潜移默化中受到教育，“美丽我家、美丽我院”成为当地群众的自觉行动。

全镇散居院落综合治理千人动员会后，金龙村2、3组黄家大院110户群众开始动起来。“几十个人硬是整整干了1个星期。”3组组长李亚君感叹，黄家大院房前屋后林盘里，居然清理出100多车各种垃圾。清理结束，镇上配套资金，把院落的入户道路统一硬化，配置一些运动器械。黄家大院焕然一新，一位年过半百的老人由衷感叹：“我活了60多岁，从来没有觉得自家林盘这么安逸。”

黄家大院的变化深深刺激了其他的村民们，原本计划用一年时间完成在全镇推广的院落整治，结果一下子就铺开了。各个院落比、学、赶、超，争当“最美院落”。

如今，行走在柳街镇，可以看到散居院落的面貌焕然一新，清新宜人的村庄、整洁美观的路面、郁郁葱葱的林带，处处皆是景。

“走基层、解难题、办实事、惠民生”成为常态之举

柳街镇在推进散居院落整治中，摸索出一套“自己家园自己管”的长效机制。

柳街镇按每个大院约100户的规模，划出167个大院，引导每个大院成立院落管理委员会，成员由本院村民自己选出，代表院落村民行使管理权限，以强化村民的自我管理、自我服务、自我监督的自治意识。“村民对业委会成员的选举非常重视。”柳街镇副镇长陈宇曦介绍，他负责包片的叶家院子选业委会成员时，村民们还专门开辟出了单独的填表房间，防止受到干扰。

院委会聘用1—3名本院落困难群体人员作为卫生保洁员，并把居住区划成若干个卫生清扫“板块”，每户就近负责一块，由卫生保洁员对垃圾进行分类集中处理，对烂树叶、烂蔬菜等进行填埋作为生物肥料，做到院落环境卫生科学治理。通过开展住户卫生评比，以“面子”来影响大家争先创优。而全镇则以院落为单位展开评比。

经过干群齐心、认真整治的方家坎院子，在去年12月被评选为柳街镇20个最美院落之一。大院为此专门召开“业委会”，请村民们讨论如何使用奖金，最终大家一致要求，将奖金滚入大院环境治理基金，用于聘请卫生保洁员及增添各种设施等。

“柳街镇用一把扫把扫出了农村社会管理创新的新天地”。从院落环境整治入手，找到了散居农户社会管理服务的创新载体，推动农村社会管理，形成了以“党委领导、支部主导、群众主体”的群众共建、共享、共参与的散居院落“四自管理”（自己动手、自筹资金、自主管理、自我监督）模式，变单纯行政命令为群众自觉行动，变政府的被动管理为群众的“我要管理”，切实改善和加强了农村社会管理，形成了新型散居院落自治管理机制。

“院落环境发生翻天覆地的变化，老百姓和干部的真心话越来越多，很多问题都好解决了。”五一社区支部书记左久春笑称，每天走院子，心情都很舒畅，就像“每天喝心灵鸡汤。”在柳街的院落整治中，领导干部和党员包片到户，镇、村、组三级干部以院落整治工作为主线，同时关心到群众生产、生活情况，主动获取矛盾纠纷和信访事项，分类梳理记入台账进行定期研究，并根据轻重缓急，采用“三步化解法”进行处置。最终点燃了干部与群众，共建美丽家园的热情与激情。有效地实现了院落环境卫生、群众文明素质、社会治安水平、干群和谐关系、社会管理创新“五个提升”。

一组数据可以作为这种转变的注脚。2013年，柳街全镇共收集群众意见建议1260余条，解决突出问题1100余件，报上级部门协调解决40余条，群众满意率达95%以上。

“都江堰方程式”的延伸

都江堰实施的农村院落整治，不仅还农村群众一个整洁、美丽的居住环境，圆了老百姓的环境梦，而且更为重要的是把基层民主的政治理念融合到基层治理中，真正理解了支持人民当家做主的内涵，准确把握了群众的主体作用，充分尊重群众发展意愿，帮助支持、指导促进农村实行比较充分的基层自治。

现在，都江堰各乡镇积极推广“柳街经验”，深入“走基层、解难题、办实事、惠民生”活动。

翠月湖镇党委、政府抓住“群众主体”作用这个核心，用活群众工作方法，从机制上重新构建管理制度。每个集中区通过一户一票形式，民主选举出小区管委会，全面负责农集区日常管理工作。所需的保洁、治保、设施维护等公共服务人员，由小区管委会优先从本社区人员中招聘，调动了小区群众参与社区管理的热情，形成“小区是我家，管理靠大家”的共识。

盆景之乡安龙镇因地制宜，引导村民自愿联合打造了园艺景观特色小院，建起了两条景观路，吸引更多的客户和游人。

据悉，今年，都江堰市将进一步推广“柳街经验”，努力推进成功经验的全民参与、全域实践、全面提升，逐步将成熟的政策、经验、做法以标准、规范的方式固化下来，坚持下去，努力形成创新散居院落综合治理的“都江堰方程式”。

■专家点评

刘益飞（成都市委党校党建专家）：

都江堰实施的农村院落打造，不仅还农村群众一个整洁、美丽的居住环境，圆了老百姓的环境梦，而且更为重要的是把基层民主的政治理念融合到基层治理中，真正理解了支持人民当家做主的内涵，准确把握了群众的主体作用，充分尊重群众发展意愿，帮助支持、指导促进农村实行比较充分的基层自治。

都江堰市的全域探索实现了三大突破：实现城乡环境综合治理的突破；实现社会管理方式的突破；实现基层治理建设的突破。如果成功从“柳街经验”总结提炼出“都江堰方程式”，可与成都中心城区的模拟拆迁模式媲美。模拟拆迁是中心城区基层民主的创造，“都江堰方程式”则是农村基层自治的积极创新。

中国地方政府改革创新成果发布

《中国日报》中文网 2015 年 12 月 15 日

由华中师范大学中国农村研究院、教育部《高校智库专刊》社会发展编辑室、华中师范大学中国城市治理研究院联合创办的“第二届中国地方改革创新经验发布会暨基层治理创新发展地方经验报告会”（以下简称“经验发布会”）15 日在北京召开。广东省东莞市、四川省都江堰市以及湖北省秭归县的地方改革代表分别作了经验分享与成果汇报。

面对经济和社会转型的双重压力，东莞市以农村综合改革为契机，积极探索农村发展转型升级之道，以“激活内动力”为核心，即以经济转型、服务完善、治理升级为三大动力，通过“统筹、分治、合作”三步走，实现经济和社会协同发展，在盘活资产中提升经济水平，在治理改善中促进社会转型，多管齐下、全面突围。都江堰在统筹城乡发展过程中，以“美丽我院、美丽我家”环境整治为契机，探索出一条以院落为单元，党引民治的基层治理创新的新路子。地处三峡工程坝上库首的秭归县改变治理思路，创新治理方式，通过划小村落范围，推选“二长八员”，借此激发群众自治的内在动力，破解了当前的村民自治发展困局。

据悉，本次中国地方改革创新经验发布会是在 2014 年首届发布会成功举办的基础上所进行的进一步推广和提升，并将形成年度性新闻发布模式。

第二届中国地方改革创新成果新闻发布会召开

中新网 2015 年 12 月 15 日　记者：陈岩

2015 年 12 月 15 日，由华中师范大学中国农村研究院、教育部《高校智库专刊》社会发展编辑室、华中师范大学中国城市治理研究院联合主办的第二届中国地方改革创新经验发布会暨基层治理创新发展地方经验报告会在北京召开。长江学者、中国农村研究院院长徐勇教授和来自广东东莞、四川都江堰、湖北秭归的政府负责人出席，国内外 52 家新闻媒体记者参加。发布会由中国农村研究院副教授郝亚光主持。

中国农村研究院执行院长邓大才教授介绍地方改革创新实践总体情况。他指出，此次经验发布会主要面向地方市、县级和市县级以下政府单位及其组成部门，根据自愿性、无偿性、公正性原则，由专家评审委员会和筹备委员会两大机构评审、遴选出具有创新典型性和重要推广价值的地方改革实践进行重点挖掘并予以发布。邓大才说，举办发布会的目的是"牵线搭桥"，促进中央精神与地方探索的积极互动，推动创新实践的经验推广和理论提升，更好地展示中国特色社会主义实践成就，实现国家治理体系和治理能力现代化。

邓大才分别介绍了三地的改革实践活动和创新经验。他认为，广东省东莞市"激活内动力"对农村综合改革的有益探索、四川省都江堰市"党建引领，院落自治"的地方改革创新实践、湖北省秭归县"村落自治"探索村民自治有效实现形式，对十八届三中全会的战略部署作出的积极回应，并与十八届五中全会精神中的"坚持创新发展，必须把创新摆在国家发展全局的核心位置，不断推进理论创新、制度创新、科技创新、文化创新等各方面创新"遥相呼应，为我国全局性的进一步深化改革与创新提供了实践参考，为治理决策提供了经验范本，并对“十三五”时期的目标实现有一定的促进作用。

广东东莞市农业局局长张永忠介绍了东莞改革创新经验。他说，面对经济和社会转型的双重压力，东莞市以农村综合改革为契机，积极探索农村发展转型升级之道，以“激活内动力”为核心，即以经济转型、服务完善、治理升级为三大动力，通过“统筹、分治、合作”三步走，实现经济和社会协同发展，在盘活资产中提升经济水平，在治理改善中促进社会转型，多管齐下、全面突围。

四川都江堰市委组织部部长刘嘉聪介绍了都江堰改革创新经验。她说，都江堰在统筹城乡发展过程中，基层面临着“上面管不着、下面难自治、服务难到位”的困境。为此，都江堰以“美丽我院、美丽我家”环境整治为契机，探索出一条以院落为单元，党引民治的基层治理创新的新路子。都江堰的改革实践对中央提出的“激发社会组织活力”和“改进社会治理方式”的具体要求做出了积极探索，打造了当前基层善治的“都江堰样本”。

湖北秭归县委组织部部长赵万华介绍了秭归的改革创新经验。他说，地处三峡工程坝上库首的秭归，是集老、少、边、穷、库、坝区于一体的山区农业大县，在基层治理中面临着诸如“村服务半径过大，公共服务难落地”、“行政村事务繁重，干部较少难承担”、“行政村利益多元，集体行动难实现”等困境。该县改变治理思路，创新治理方式，通过划小村落范围，推选“二长八员”，借此激发群众自治的内在动力，破解了当前的村民自治发展困局。

中国农村研究院地方改革研究团队与广东东莞、四川都江堰、湖北秭归相关负责人回答了记者提问。

徐勇总结说，召开中国地方改革创新经验发布会的目的是为改革加油，为创新鼓劲。此次发布会的关键有两个，一个是动力，另一个支点。改革的动力在于地方、基层和民众。发布经验的三个基层共同点是找到了支点，支撑改革的突破点，把中央的改革政策落地了。徐勇指出，改革过程中，必然会出现不少难题，如何破解？这三个基层“先行一公里”，即改革探索“先行一公里”，破解了“最后一公里”，即关键性问题，他们的好经验可推广复制。三个地方是改革创新，不仅解决了现实问题，而且探讨了治理规律，是一种长远发展的改革思维。

第二届中国地方改革创新经验发布会在京举行

中青在线 2015 年 12 月 15 日　记者:雷宇

今天上午,“第二届中国地方改革创新经验发布会暨基层治理创新发展地方经验报告会”在京举行。广东省东莞市、四川省都江堰市、湖北省秭归县三地农村改革试点经验成为中外媒体关注的焦点。

创造了“经济奇迹”的广东省东莞市,面对近年经济、社会转型的双重压力,积极探索农村发展转型升级之道,在盘活资产中提升经济水平,在治理改善中促进社会转型全面突围,为寒冬中的中国经济找到了发掘“内生动力”的标本。

四川省都江堰在统筹城乡发展过程中,以“美丽我院、美丽我家”环境整治为契机,探索出一条以院落为单元,党引民治的基层治理创新的新路子,催生了我国“农村产权制度改革第一村”。

地处三峡工程坝上库首的湖北省秭归县改变治理思路,创新治理方式,通过划小村落范围,推选“二长八员”,激发群众自治的内在动力,破解了当前的村民自治发展困局。

发布会主办方、华中师范大学中国农村研究院执行院长邓大才教授点评,东莞等三地改革是对十八届三中全会的战略部署做出的积极回应,与十八届五中全会精神中的“坚持创新发展,必须把创新摆在国家发展全局的核心位置,不断推进理论创新、制度创新、科技创新、文化创新等各方面创新”遥相呼应,为我国全局性的进一步深化改革与创新提供了实践参考,为治理决策提供了经验范本。

针对社会上有人感觉“基层改革似乎越来越少”的疑惑,中国政治学会副会长、教育部首批文科“长江学者”特聘教授徐勇回应,地方改革正凸显新动向，就是基于中央的顶层设计，不仅强调问题导向，而且在探寻基层治理规律，三地的改革就是最好的注解，需要各方“为改革加油，为创新鼓劲”。

第二届地方改革创新成果新闻发布会暨基层治理创新发展地方经验报告会在京召开

央广网 2015 年 12 月 15 日　记者：吴菁

今天上午，由华中师范大学中国农村研究院、教育部《高校智库专刊》社会发展编辑室、华中师范大学中国城市治理研究院联合创办的“第二届中国地方改革创新经验发布会暨基层治理创新发展地方经验报告会”在北京召开。

华中师范大学中国农村研究院执行院长邓大才教授代表会议主办方，作了地方改革创新实践总体情况汇报。首先，邓大才教授就经验发布会的评审标准与会议目标作了介绍。他指出此次经验发布会主要面向地方市、县级和市县级以下政府单位及其组成部门，根据自愿性、无偿性、公正性原则，由专家评审委员会和筹备委员会两大机构评审、遴选出具有创新典型性和重要推广价值的地方改革实践进行重点挖掘并予以发布。会议主办方希望通过此次发布会来“牵线搭桥”，促进中央精神与地方探索的积极互动，推动创新实践的经验推广和理论提升，更好地展示中国特色社会主义实践成就，实现国家治理体系和治理能力现代化。其次，邓教授分别介绍了三地的改革实践活动及当前地方实践总体进展情况。他认为，广东省东莞市“激活内动力”对农村综合改革的有益探索、四川省都江堰市“党建引领，院落自治”的地方改革创新实践、湖北省秭归县“村落自治”探索村民自治有效实现形式，对十八届三中全会的战略部署做出的积极回应，并与十八届五中全会精神中的“坚持创新发展，必须把创新摆在国家发展全局的核心位置，不断推进理论创新、制度创新、科技创新、文化创新等各方面创新”遥相呼应，为我国全局性的进一步深化改革与创新提供了实践参考，为治理决策提供了经验范本，并对“十三五”

时期的目标实现有一定的促进作用。

接下来，来自广东省东莞市、四川省都江堰市以及湖北省秭归县的地方改革代表分别作了经验分享与成果汇报。

“激活内动力”：新时期农村综合改革的“东莞突围”

面对经济和社会转型的双重压力，东莞市以农村综合改革为契机，积极探索农村发展转型升级之道，以“激活内动力”为核心，即以经济转型、服务完善、治理升级为三大动力，通过“统筹、分治、合作”三步走，实现经济和社会协同发展，在盘活资产中提升经济水平，在治理改善中促进社会转型，多管齐下、全面突围。其主要特点是：第一，以激活“内动力”寻求经济可持续发展，主要途径是拓展多元化渠道，探索统筹化开发，促进规范化经营；第二，以健全服务促进城乡统筹发展，包括通过政府统筹促进公共服务均衡化，通过简政强镇推动行政服务高效化，通过放权市场主体推动社会服务常态化；第三，以创新治理推动社会稳定发展，主要包括健全组织载体（党组织、自治组织、社会组织）建立机制保障（参与机制、激励机制、监督机制）和搭建平台基础（协商平台、综合服务中心、政务服务平台）。东莞立足农村发展的内在动力，通过内生外动的改革实践，探索了一条农村综合改革的有效途径，推动了东莞城乡发展一体化的实现，为全国的农村改革提供了可靠经验。总体而言，东莞市的创新是对十八届三中全会提出的“赋予农民更多财产权利”、“完善城镇化健康发展体制机制”、“改进社会治理方式”和“激发社会组织活力”要求的回应，并与十八届五中全会中的“培育发展新动力，优化劳动力、资本、土地、技术、管理等要素配置，激发创新创业活力，推动大众创业、万众创新，释放新需求，创造新供给，推动新技术、新产业、新业态蓬勃发展”高度契合，最终实现了新时期农村综合改革的“东莞突围”。

“党建引领，院落自治”：打造基层善治的“都江堰样本”

都江堰在统筹城乡发展过程中，基层面临着“上面管不着、下面难自治、服务难到位”的困境。为此，都江堰以“美丽我院、美丽我家”环境整治为契机，探索出一条以院落为单元，党引民治的基层治理创新的新路子。其主要做法是：坚持深化“一核多元、合作共治”基层治理机制，积极探索以融入式党建为治理牵引，以院落（小区）基本单元为治理依托，以培育多元社会组织为治理支撑，以院落环境整治和城乡物业管理全覆盖为治理载体的“党组织领导、村（居）委会管理、群众主体、多元支撑、依法治理”基层治理体系和治理能力现代化的新路子，找到了以适度规模的院落（小区）作为公共服务、群众自治、社会组织协同参与、有机融合和有效落地的基本单元和互动平台，完善了“院落—小组”功能互补、“社区—小区—楼栋”三级互动和“乡镇（街道）—村（居）”有机协同的基层治理体系，弥补了城乡治理缺失的最基础环节，畅通了服务群众“最后一公里”和群众自治“最先一公里”，初步形成了党建引领、多元共治的基层善治新格局。都江堰的改革实践对《改革决定》“激发社会组织活力”和“改进社会治理方式”的具体要求做出了积极探索，打造了当前基层善治的“都江堰样本”。

“二长八员，村落自治”：村民自治有效实现形式的“秭归探索”

地处三峡工程坝上库首的秭归，是集老、少、边、穷、库、坝区于一体的山区农业大县，在基层治理中面临着诸如“村服务半径过大，公共服务难落地”、“行政村事务繁重，干部较少难承担”、“行政村利益多元，集体行动难实现”等困境。

该县改变治理思路，创新治理方式，通过划小村落范围，推选“二长八员”，借此激发群众自治的内在动力，破解了当前的村民自治发展困局。其主要做法是：以村落为单元，以村落理事会为平台，以“二长八员”为桩脚，探索出了一种“双线运行，三级架构”的基层治理新格局，形成了“自治主体有激活，自治能力有提升，自治体系有完善”的良好局面。秭归的改革是对《改革决定》中“改进社会治理方式”和2015年中央一号文件“探索不同情况下村民自治的有效实现形式”等文件精神的创新实践，探索出了村民自治有效实现形式的“秭归模式”。

据悉，本次中国地方改革创新经验发布会是在2014年首届发布会成功举办的基础上所进行的进一步推广提升，并将形成年度性新闻发布模式。通过召开高水平新闻发布会的方式，广泛邀请海内外知名广播电视媒体、平面媒体、互联网媒体，对各地经济、政治、社会、文化、生态等领域的体制改革及实践创新进行全方位、立体式的宣传报道，以促进地方改革创新经验的宣传推广与理论提升，展示中国特色社会主义实践成就，并以期为“十三五”时期的改革提供一定的地方经验。

第二届地方改革创新成果新闻发布会在京召开

中国经济网 2015 年 12 月 16 日　记者：赵晶

2015 年 12 月 15 日上午，由华中师范大学中国农村研究院、教育部《高校智库专刊》社会发展编辑室、华中师范大学中国城市治理研究院联合创办的“第二届中国地方改革创新经验发布会暨基层治理创新发展地方经验报告会”（以下简称“经验发布会”）在北京成功召开。来自全国的地方治理改革创新的先行者、探索者以及六十余家国内外媒体参加了此次会议。

华中师范大学中国农村研究院执行院长邓大才教授代表会议主办方，作了地方改革创新实践总体情况汇报。首先，邓大才教授就经验发布会的评审标准与会议目标作了介绍。他指出此次经验发布会主要面向地方市、县级和市县级以下政府单位及其组成部门，根据自愿性、无偿性、公正性原则，由专家评审委员会和筹备委员会两大机构评审、遴选出具有创新典型性和重要推广价值的地方改革实践进行重点挖掘并予以发布。会议主办方希望通过此次发布会来“牵线搭桥”，促进中央精神与地方探索的积极互动，推动创新实践的经验推广和理论提升，更好地展示中国特色社会主义实践成就，实现国家治理体系和治理能力现代化。其次，邓教授分别介绍了三地的改革实践活动及当前地方实践总体进展情况。他认为，广东省东莞市“激活内动力”对农村综合改革的有益探索、四川省都江堰市“党建引领，院落自治”的地方改革创新实践、湖北省秭归县“村落自治”探索村民自治有效实现形式，对十八届三中全会的战略部署做出的积极回应，并与十八届五中全会精神中的“坚持创新发展，必须把创新摆在国家发展全局的核心位置，不断推进理论创新、制度创新、科技创新、文化创新等各方面创新”遥相呼应，为我国全局性的进一步深化改革与创新提供了实践参考，为治理决策提供了经验范本，并对“十三五”时期的目标实现有一定的促进作用。

东莞都江堰秭归基层治理创新成果在京发布

光明网—理论频道 2015 年 12 月 16 日

2015 年 12 月 15 日，由华中师范大学中国农村研究院、华中师范大学中国城市治理研究院、教育部《高校智库专刊》社会发展编辑室联合举办的“第二届中国地方改革创新成果发布会暨基层治理创新发展地方经验报告会”（以下简称“经验发布会”）在京召开。会上，广东东莞市就深化农村综合改革、四川都江堰市围绕以党建引领基层治理、湖北秭归县就推选“二长八员”落实村民自治进行了分享。华中师范大学中国农村研究院院长、“长江学者”徐勇教授认为，三地基层治理的探索，是以“先行一公里”的精神破解“最后一公里”的问题，是中央顶层设计与地方主观能动的结晶，具有可复制、可推广的价值。

华中师范大学中国农村研究院执行院长邓大才教授，首先介绍了经验发布会的评审标准与会议目标。他指出，中国地方改革创新经验发布会，主要面向地方市、县级和市县级以下政府单位及其组成部门，根据自愿性、无偿性、公正性原则，由专家评审委员会和筹备委员会评审、遴选出具有创新典型性和重要推广价值的地方改革实践进行重点挖掘并予以发布。会议主办方希望借此促进中央精神与地方探索的积极互动，助力国家治理体系和治理能力现代化。来自三地的地方改革代表分享了本市县的探索经验。

“激活内动力”：农村综合改革的“东莞突围”

东莞市委农办主任、农业局局长张永忠介绍，面对经济和社会转型的双重压力，东莞市以农村综合改革为契机，以“激活内动力”为核心，即以经济转型、服务完善、治理升级为三大动力，通过“统筹、分治、合作”，实现经济和社会协同发展，在盘活农村集体资产中提升经济水平，在治理改善中促进社会转型。

张永忠指出，东莞市的主要做法如下：一是以统筹城乡规划激活内动力，推动农村社会形态向城市社会形态转变；二是以优化产权制度激活内动力，促使沉睡农村资产向增量资产转变，推动农村产权管理进入“互联网+”时代；三是以加快创新驱动激活内动力，推动粗放型经济向创新型经济转变，促进发展方式集约化、物业经济优质化、投资方式多元化；四是以创新社会治理激活内动力，推动农村管理体制向城市管理体制转变；五是以统筹城乡公共服务激活内动力，推动传统农民向现代市民转变。

与会学者认为，东莞通过内生外动的改革实践，探索了一条农村综合改革的有效途径，推动了东莞城乡发展一体化。总体而言，东莞市的创新是对十八届三中全会提出的“赋予农民更多财产权利”、“改进社会治理方式”和“激发社会组织活力”要求的回应，并与十八届五中全会中的“培育发展新动力，优化劳动力、资本、土地、技术、管理等要素配置，激发创新创业活力，推动大众创业、万众创新”高度契合，实现了新时期农村综合改革的“东莞突围”。

“院落单元，党引民治”：地方善治的“都江堰样本”

都江堰市委常委、组织部部长刘嘉聪介绍，汶川地震后的重建和开展统筹城乡改革试点，给都江堰的生产、居住、生活形态带来重大变化。基层面临着“上面管不着、下面难自治、服务难到位”的困境。为此，都江堰以“美丽我院、美丽我家”环境整治为契机，探索出一条以院落为单元，党引民治的基层治理创新的路子。

刘嘉聪指出，都江堰积极探索以融入式党建为治理牵引，以院落（小区）基本单元为治理依托，以培育多元社会组织为治理支撑，以院落环境整治和城乡物业管理全覆盖为治理载体的“党组织领导、村（居）委会管理、群众主体、多元支撑、依法治理”的路子，找到了以适度规模的院落（小区）作为公共服务、群众自治、社会组织协同参与、有机融合和有效落地的基本单元和互动平台，弥补了城乡治理缺失的最基础环节，畅通了服务群众“最后一公里”和群众自治“最先一公里”。

徐勇教授认为，都江堰市近年来着力“院落单元，党引民治”推动地方善治的实践，探索出了一条融党的领导、人民参与和依法治理为一体的中国基层治理之道。邓大才教授认为，都江堰“一核多元、合作共治”内核的“党建引领，院落自治”模式，是对党和党员工作方式、组织方式的有益探索，抓准了平原地区的基本治理单元。堪称当前基层善治的“都江堰样本”。

“二长八员，幸福村落”：村民自治有效实现形式的“秭归探索”

秭归县委常委、组织部长赵万华介绍，秭归是集老、少、边、穷、库、坝区于一体的山区农业大县。在基层治理中存在“村服务半径过大，公共服务难落地”、“行政村利益多元，集体行动难实现”、“跑断干部的腿，堵不上埋怨的嘴”等困境。

赵万华指出，秭归县依托“幸福村落”的创建，积极开展探索。三年多来，秭归县以“二长八员”为桩脚，探索出了一种“双线运行，三级架构”的基层治理新格局，形成了“自治主体有激活，自治能力有提升，自治体系有完善”的良好局面。

邓大才教授认为，秭归的探索，找到了村民自治的最基本单元，创新了村民自治的有效形式，拓展了“村庄—村落—家庭”的村民自治体系，探索出了村民自治有效实现形式的“秭归模式”。

与会学者纷纷表示，三地的基层治理探索，是对十八大以来系列全会倡导的改革创新精神的呼应和具体化。它们又一次以事实胜于雄辩地证明，地方有不竭的改革动力，尊重和鼓励地方改革创新，是全面深化改革的重要原动力。

都江堰“村规民约”规定
红白喜事份子钱，只给100元

《四川日报》2015年12月16日　记者：罗向明

2015年12月15日，由华中师范大学中国农村研究院等单位联合创办的“第二届地方改革创新成果新闻发布会暨基层治理创新发展地方经验报告会”在北京举行。

会上，都江堰市作为地方治理改革创新的探索者，介绍了“党建引领，院落自治”的创新实践。都江堰市相关负责人向与会的专家学者，地方政府和媒体介绍，通过社区自治机制，都江堰向峨乡棋盘社区破除了千年随礼陋习，通过开会，村民们决定遇红白喜事随礼都只给100元，每桌宴席不超过300元。

都江堰市相关负责人介绍，当地农村遇红白喜事，有办“九大碗”的习俗，要吃三天流水席。多年下来，群众送礼和宴席标准相互攀比，水涨船高。“各方都苦不堪言。”市委常委、组织部长刘嘉聪说，“办完酒一算账，办酒的和吃酒的都吃亏。”都江堰市人大代表也在“两会”提出，要整治农村红白喜事大摆宴席攀比随礼的不良风气。

基层村（社区）随礼的负担到底有多重？都江堰向峨乡棋盘社区党支部书记李天平深有感触。棋盘社区是远近闻名的猕猴桃种植基地，经济发展让农民手里越来越有钱了，加之社区集中居住，大小红白喜事不断，社区700多人，谁家有事李天平都得去，“一年两万多元的工资，全部送礼都不够，礼钱少了还会得罪人。”

彼时，都江堰市正积极推进统筹城乡发展，以“美丽我院、美丽我家”环境整治为契机，探索出一条以院落为单位、党引民治的基层治理创新的路子，推动基层民主自治，意在打造当前基层善治的“都江堰

样本”。

在棋盘社区的一次村民大会上，就有村民提出：“能否修一个宴会场地，解决吃九大碗成本高的问题?”建议一提出，近270户村民全票通过，大家随即探讨出一系列约定，如“一桌宴席不超过300元”、“礼钱不超过100元”。83岁的村民李柏良建议：“既然定了规矩，就要写进‘村规民约’里，让大家执行，我这个老头子带头执行规矩。”“随礼、摆宴，毕竟是居民自己的权利。如果用行政命令去控制，不但不好落实，反而会引起村民反感。”华中师范大学中国农村研究院院长徐勇评价：都江堰棋盘社区的“村规民约”，充分运用基层自治、善治，值得其他地区学习。

第二届中国地方改革创新经验发布会举行

《中国青年报》2015 年 12 月 16 日　记者:雷宇

为改革加油，为创新鼓劲。今天上午，“第二届中国地方改革创新经验发布会暨基层治理创新发展地方经验报告会”在京举行。广东省东莞市、四川省都江堰市、湖北省秭归县等三地农村改革试点经验成为中外媒体关注的焦点。

东莞市面对近年经济、社会转型的双重压力，积极探索农村发展转型升级之道，在盘活资产中提升经济水平，在治理改善中促进社会转型全面突围，为中国经济找到了发掘“内生动力”的标本。都江堰市在统筹城乡发展的过程中，以农村环境整治为契机，探索出一条以院落为单元、“党引民治”的基层治理创新的新路子，催生了我国“农村产权制度改革第一村”。地处三峡工程坝上库首的秭归县通过划小村落范围，推选“二长八员”，激发群众自治的内在动力，破解了村民自治发展困局。

发布会主办方、华中师范大学中国农村研究院的执行院长邓大才教授表示，东莞等三地的改革为我国全局性的进一步深化改革与创新提供了实践参考，为治理决策提供了经验范本。

针对社会上有人感觉“基层改革似乎越来越少”的疑惑，中国政治学会副会长、教育部首批文科“长江学者”特聘教授徐勇回应，地方改革正凸显新动向，就是基于中央的顶层设计，不仅强调问题导向，而且在探寻基层治理规律，三地的改革就是最好的注解，更需要各方“为改革加油，为创新鼓劲”。

政府治理创新推出“地方样本”

《中国国土资源报》2015 年 12 月 17 日

记者：乔思

2015 年 12 月 15 日，由华中师范大学中国农村研究院在京举行第二届中国地方改革创新经验发布会，重点展示一批地方改革创新典型案例，为其他地区提供参考样本。广东省东莞市“激活内动力”对农村综合改革的探索、四川省都江堰市“党建引领，院落自治”的改革实践、湖北省秭归县“村落自治”探索村民自治有效实现形式等入选此次展示活动，土地红利释放、城乡一体化、基层群众自治等内容引起与会者关注。

东莞市委、都江堰市委、秭归县委有关负责人介绍了有关经验成果。以东莞为例，当地农村综合改革聚焦激活“内动力”，其中，优化产权管理体制、赋予农民更多集体财产权益方面的探索成效显著。东莞市采取“直接确地”和“确股确地”让农村土地产权更加明晰，以创建全国城乡土地生态综合利用试点城市为契机，通过置换、回购、转让、整体包租、合作入股等方式，整合形成连片建设用地，并通过“三旧”改造等政策，鼓励农村集体自主引进上规模的优质项目。截至今年 10 月，东莞成功开展集体资产交易项目 2.3 万宗，成交额达 294 亿元，为集体带来直接经济效益 24.4 亿元。另外，都江堰市以环境整治为契机，探索出一条以院落为单元、党“引”民“治”的基层治理创新的新路子，以院落环境整治和城乡物业管理全覆盖为治理载体，实行党组织领导、村（居）委会管理、群众主体，多元支撑，依法治理。秭归通过划小村落范围，以村落理事会为平台，激发群众自治的内在动力，破解农村发展困局。

华中师范大学中国农村研究院院长徐勇认为，3 个市县各具特色的创新探索，是对中央提出的“赋予农民更多财产权利”、“完善城镇化健康发展体制机制”、“改进社会治理方式”、“探索不同情况下村民自治的有效实现形式”等精神的实践，为农村改革提供了可靠经验，对推进地方善治具有借鉴意义。

“党引民治”理念是都江堰打造基层创新的重要抓手

《人民之声报道》2015 年 12 月 17 日

近日，“第二届中国地方改革创新成果发布会暨基层治理创新发展地方经验报告会”在京召开。会上，广东东莞市就深化农村综合改革、四川都江堰市围绕以党建引领基层治理、湖北秭归县就推选“二长八员”落实村民自治进行了分享。三地基层治理的探索以“先行一公里”的精神破解“最后一公里”的问题，是中央顶层设计与地方主观能动的结晶，具有可复制、可推广的价值。（2015 年 12 月 16 日光明网）

“党引民治”作为都江堰市农村院落环境的基层治理样板，它出现在都江堰市绝非是偶然的。我们知道，虽然 2008 年汶川大地震给都江堰的自然环境和人民生命财产带来了巨大灾难。但是，在党中央的正确领导下，在全国人民的大力支援下，都江堰人民团结一致、众志成城，开始艰苦的重建岁月，经过几年的重建，现在走进都江堰农村的田野阡陌，早已不见断壁残垣，展现在眼前的是环境优美、安居乐业、乡风淳朴的农村新画图。一条条宽敞平坦的通村水泥路，一户户饱含川西风韵、幽静雅致的农家小院，一片片满载收获喜悦的蔬菜基地，一个个充满浓郁文化气息的农家书屋，一个个器械齐备的健身广场……

可以说，都江堰的重建过程中向世人展现了共产党的领导和社会主义制度优越性的同时，也让灾区群众深深地感受到人间的温暖，感受到爱心的传递。

然而，崭新的农居和宽敞的水泥路与周边“脏、乱、差”环境却很不和谐，面临着“上面管不着、下面难自治、服务难到位”的困境。

因此，都江堰巧妙结合统筹城乡改革试点，以“改革开放”思维和基层党建"创新理念"，找准"美丽我院、美丽我家"环境整治与群众利益的结合点，不等不靠，有所作为，带领群众积极投入到各家各户的院落环境治理中，为基层治理开了一个好头。"党引民治"理念，成为都江堰打造基层治理创新发展的重要抓手。

解放思想，实事求是，是"党引民治"的第一要义。要有敢于创新的思维，以适应时代的飞速发展，并转化为全面建设小康的新动力，为此，必须要建立基层的党员自信、院落整洁和农民自豪，引领基层农村政治经济和社会生态的全面进步。

毋庸置疑，都江堰市近年来着力"院落单元，党引民治"推动地方善治的实践，探索出了一条融党的领导、人民参与和依法治理为一体的中国基层治理之道，是对党和党员工作方式、组织方式的有益探索，更是都江堰基层农村党员干部的智慧结晶，具有创新驱动发展的标杆意义，相信在这张品牌效应的示范下，越来越多的基层组织将在基层治理这个舞台上展示一道道亮丽的风景。

“党引民治”书写基层善治新样本

中国网—传媒经济 2015 年 12 月 18 日

记者：沂宣子

2015 年 12 月 15 日，第二届中国地方改革创新成果发布会暨基层治理创新发展地方经验报告会在京召开。会上，广东东莞市、四川都江堰市、湖北秭归县就基层治理的探索经验进行了分享。华中师范大学中国农村研究院院长、“长江学者”徐勇教授认为，这些经验是中央顶层设计与地方主观能动的结晶，具有可复制、可推广的价值。（2015 年 12 月 16 日光明网）

三地探索经验都以“先行一公里”的精神破解了“最后一公里”的问题，为推进基层治理提供了经验样本。但逐一分析，笔者认为，都江堰市的“党引民治”更符合村级基层治理实际，抒写了基层善治的新样本。

党的领导是基层善治的前提。都江堰市以“融入式党建”为治理牵引，坚持党的核心领导，将党建工作主动融入社会之中，通过改进党的领导方式和工作方式，不断强化基层党组织的政治引领和服务引领功能，这是推进基层治理的前提条件。为什么如此说，因为随着经济社会发展，群众也成了个体人，用一盘散沙来形容也不为过，基层治理也面临着方方面面的问题，如何打开局面？就必须坚持党的领导，必须发挥基层党组织政治引领和服务引领功能，协调各方面力量，进一步拉近党群干群关系，如此方能夯实基层治理基础。

有了治理基础，如何将群众真正发动起来？关键是找准一个载体。都江堰市基层党组织从群众最关心最紧迫的城乡环境入手，积极回应群众改善环境、发展经济等方面需求，找到了基层治理与群众需求的切合点。但要真正发动群众积极参与基层治理中，一个村（社区）太大，一个自然院子又太小，无法充分调动群众积极性。对此，都江堰以适度规模划分院落（小区）为基本治理单元，以群众实际需求为导向，完善基础设施配套，提升公共服务，让群众自治真正落了地。这样也就激活了群众参与基层治理的内生动力。

习近平总书记指出，加强和创新社会治理，关键是机制体制，核心是人。因此，群众组织化程度就是基层善治的一个关键核心。都江堰市大力培育发展多元社会组织（包含一些草根组织），把在点上的个人有效串联起来成为一个整体，并通过购买公共服务等方式支持各类社会组织，使之在基层治理中发挥积极作用，这就有效撬动了社会组织力量，有效提高了群众组织化程度，为群众参与基层治理搭建了有效平台，让群众真正成为基层治理的主体，让基层善治有了持续动力。

当然，在依法治国的大环境下，基层治理必须坚持依法治理。都江堰市各村级党组织通过广泛召开院落会、坝坝会等方式，民主制定了合法合规的“村规民约”、“院规院约”、“自治组织章程”，群众自己定的规则制度，群众也就自觉遵守，如此一来这些“小规则”便成为法律的有效延伸，既规范了群众行为，又让法治得以实现。

那么，从以上解说可以看出，都江堰市的“党引民治”真正践行了“改进党的领导和工作方式、激发社会组织活力和改进社会治理方式”要求，真正将中央顶层设计与基层具体探索实践紧密结合了起来，抒写了基层善治的新样本。正如专家所说的那样，具有可复制性，值得推广。

“党引民治”院落里写出创新大文章

中国文明网 2015 年 12 月 17 日　记者：杨金祝

日前“第二届中国地方改革创新成果发布会暨基层治理创新发展地方经验报告会”在京召开。会上，广东东莞市就深化农村综合改革、四川都江堰市围绕以党建引领基层治理、湖北秭归县就推选“二长八员”落实村民自治进行了分享。三地基层治理的探索以“先行一公里”的精神破解“最后一公里”的问题，是中央顶层设计与地方主观能动的结晶，具有可复制、可推广的价值。（2015 年 12 月 16 日光明网）

或许有人认为一个小小的院落治理如何能够提炼出高大上的基层治理样板？毕竟农村散居院落受各种条件限制，即便召开一次完整的会议也难上加难，如何在这种语境下完成所谓的基层治理样本？如何把村民聚合起来，并进行院落治理，这本身就是一个难题。但都江堰市却没有就此沿用老传统，固守老办法，而是在小小的院落单元中做起了创新大文章。

巧抓机遇找准切入点是都江堰样本的关键。客观而言在广袤的农村，农忙时可能看得到一些人影，农闲时更是清清静静，即使有人，也是一些“386061”部队（妇女、老人和儿童）。没有人脉的农村，如何来实施所谓的基层治理？都江堰市巧妙地抓住了汶川地震后的重建和统筹城乡改革试点的机遇，如何在重建美好家园的过程中实现基本的民主管理，这是一个天赐良机。当一家一户建立了漂亮房子之后，周边的院落环境和治理始终不搭调。为此，都江堰以“美丽我院、美丽我家”环境整治为契机，一下就找到了切入点，大家都有积极性和自觉性，自然就为后续的基层治理开了一个好局。

党建引领是都江堰样本的支点。不要看一个小小的院落单元治理很简单，其实是最艰难。比如就一个环境卫生，大家都是各扫门前雪，自己家的门前是干干净净，但一些卫生死角和一些公共区域却杂草丛生，苍蝇乱飞。简而言之就是村民自由散漫惯了，听谁的，怎样干，大家都各自为政，缺乏主心骨和权威性。在这种情况下，要推进院落治理也是一句空话。但发挥党员和基层党组织的示范引领作用之后就不同了。美丽院落经过治理，基层党组织和党员干部首先登门入户，进行意见收集，在确定了大体方向和思路之后，由党员干部进行带头示范，让院落治理按照既定方向进行。关键时刻党员干部发挥主心骨作用，让基层群众既有了一种归属感，同时也尝到了院落规范治理带来的甜头。

群众自治是都江堰样本的落脚点。党建引领并不是要当家做主，而是起到抛砖引玉作用，在确定方向和思路之后，关键还需要群众自己登台唱戏。比如成立院落小组，院落（小区）物业管理委员会。这个院落的卫生费咋收取，环境卫生咋清扫，安全防盗如何管理等问题，这些都由村民自己说了算，通过民主推选出来的管理委员会进行集中统一的规范管理，大家都心服口服。同时通过管委会制定相应的文明公约和自律公约，对相关文化礼仪和生产生活习惯进行规范约束，让院落治理走上了文明法治的轨道。基层群众一旦感受到了久违的主人翁责任感之后，自然就提高积极性和主动性，一些基层治理难题也就自然化解。

菜园子里种牡丹，结果也能开出富贵花。面对新一轮的全面深化改革，我们不能老是在高大上的问题上进行过多纠缠，贴近工作实际，眼睛向下，多注重日常工作的反思与创新，善于注重基层实践，一样可以破题改革发展。

鼓励地方积极探索推动基层治理创新

《农民日报》2015 年 12 月 26 日　记者：施维

党的十八届三中全会《决定》提出，推进国家治理体系和治理能力现代化。治理体系和治理能力现代化，不仅要加强顶层设计，进行整体谋划和战略布局，而且要大胆创新，开展具体的实践探索。作为国家治理的重要组成部分，地方治理体系是否科学完备、治理能力高低好坏，直接影响着国家治理体系效能的发挥和治理能力的提升。

近日，由华中师范大学中国农村研究院、教育部《高校智库专刊》社会发展编辑室、华中师范大学中国城市治理研究院联合举办的“第二届中国地方改革创新经验发布会暨基层治理创新发展地方经验报告会”在北京召开。会上，华中师范大学中国农村研究院执行院长邓大才教授代表会议主办方，作了地方改革创新实践总体情况汇报，并分别介绍了广东东莞、四川省都江堰、湖北秭归县三地的改革实践活动。

“激活内动力”——新时期农村综合改革的“东莞突围”。面对经济和社会转型的双重压力，东莞市以农村综合改革为契机，积极探索农村发展转型升级之道，以“激活内动力”为核心，即以经济转型、服务完善、治理升级为三大动力，通过“统筹、分治、合作”三步走，实现经济和社会协同发展，在盘活资产中提升经济水平，在治理改善中促进社会转型，多管齐下、全面突围。其主要特点是：第一，以激活“内动力”寻求经济可持续发展，主要途径是拓展多元化渠道，探索统筹化开发，促进规范化经营；第二，以健全服务促进城乡统筹发展，包括通过政府统筹促进公共服务均衡化，通过简政强镇推动行政服务高效化，通过放权市场主体推动社会服务常态化；第三，以创新治理推动社会稳定发展，主要包括健全组织载体（党组织、自治组织、社会组织）、建立机制保障（参与机制、激励机制、监督机制）和搭建平台基础（协商平台、综合服务中心、政务服务平台）。

“党建引领，院落自治”——打造基层善治的“都江堰样本”。都江堰在统筹城乡发展过程中，基层面临着“上面管不着、下面难自治、服务难到位”的困境。为此，都江堰以“美丽我院、美丽我家”环境整治为契机，探索出一条以院落为单元，党引民治的基层治理创新的新路子。其主要做法是：坚持深化“一核多元、合作共治”基层治理机制，积极探索以融入式党建为治理牵引，以院落（小区）基本单元为治理依托，以培育多元社会组织为治理支撑，以院落环境整治和城乡物业管理全覆盖为治理载体的“党组织领导、村（居）委会管理、群众主体、多元支撑、依法治理”基层治理体系和治理能力现代化的新路子，弥补了城乡治理缺失的最基础环节，畅通了服务群众“最后一公里”和群众自治“最先一公里”，初步形成了党建引领、多元共治的基层善治新格局。

“二长八员，村落自治”——村民自治有效实现形式的“秭归探索”。地处三峡工程坝上库首的秭归，是集老、少、边、穷、库、坝区于一体的山区农业大县，在基层治理中面临着诸如“村服务半径过大，公共服务难落地”“行政村事务繁重，干部较少难承担”“行政村利益多元，集体行动难实现”等困境。该县改变治理思路，创新治理方式，通过划小村落范围，推选“二长八员”，借此激发群众自治的内在动力。其主要做法是：以村落为单元，以村落理事会为平台，以“二长八员”为桩脚，探索出了一种“双线运行，三级架构”的基层治理新格局，形成了“自治主体有激活，自治能力有提升，自治体系有完善”的良好局面。秭归的改革是对2015年“中央一号”文件“探索不同情况下村民自治的有效实现形式”等文件精神的创新实践。

会议认为，这三地的实践探索，是对十八届三中全会的战略部署作出的积极回应，并与十八届五中全会精神中的“坚持创新发展，必须把创新摆在国家发展全局的核心位置，不断推进理论创新、制度创新、科技创新、文化创新等各方面创新”遥相呼应，为我国全局性的进一步深化改革与创新提供了实践参考，为治理决策提供了经验范本，对“十三五”时期的目标实现有一定的促进作用。

据悉，本次中国地方改革创新经验发布会是在2014年首届发布会成功举办的基础上所进行的进一步推广提升。会议主办方希望通过此次发布会来“牵线搭桥”，促进中央精神与地方探索的积极互动，推动创新实践的经验推广和理论提升，更好地展示中国特色社会主义实践成就，实现国家治理体系和治理能力现代化。

后 记

当前我国正处在由“管”到“治”的转型时期，经济社会的转型带来了前所未有的治理难题。基层治理是国家治理的基础，从基层入手推进治理创新成为当下乃至未来相当长时期内国家治理的重要着力点。党的十八届三中全会提出了“创新社会治理体制”的改革要求，作为地方治理创新的领先者，都江堰市根据地方特点积极实践、勇于创新，探索出了“党引民治”的基层治理新模式。本书就是对都江堰市改革实践进行的理论提升。

受都江堰市委、市政府的邀请，徐勇教授、邓大才教授带领研究团队深入都江堰，通过走访观察、深入访谈全面了解都江堰市改革的整体情况。为了总结都江堰经验，徐勇教授亲自前往都江堰进行调研、授课、互动。两位教授直接参与了理论总结，并指导和参与设计了后期的都江堰基层治理改革完善方案。同时，2015 年 7 月华中师范大学中国农村研究院派出由 6 名博士生和 6 名硕士生构成的研究团队赴都江堰市开展实地调查与研究，得到了都江堰方面的热情接待和积极支持与协调。在一个月的时间里，课题组成员深入村庄和社区，全面了解和梳理都江堰的改革历程，与基层群众和干部座谈交流，总结经验，收集一手资料，撰写研究个案，进行理论思考，为本书的写作打下了坚实基础。

本书是在都江堰市各级领导干部及都江堰市人民的大力支持下完成的。都江堰市委张余松书记、组织部刘嘉聪部长、任明德副部长、文凤春副部长等领导同志，以及都江堰市各乡镇、社区的领导干部为课题组进行驻点观察和实地调研创造了良好的条件，对课题组成员的生活起居进行悉心安排，为研究工作的顺利开展奠定了良好的基础；勤劳智慧、勇于创新的都江堰市人民也给予课题组极大的支持与帮助，使课题组深受启发。如果没有都江堰广大干部群众的不懈探索和努力，很难想象能完成这样一本研究成果！

中国农村研究院徐勇教授、邓大才教授对本书的写作倾注了大量的心血。徐勇教授在百忙之中对本书的提纲架构进行了精心的指导，多次提出详细的意见建议，使课题组有了清晰的方向和思路，同时对书稿的内容和质量也严格把关，力求完美；邓大才教授全程参与本书的写作，对具体的写作思路、写作重点等进行详细指导，对课题组的不足之处及时匡正，并时常对课题组进行勉励督促。正是两位老师的辛勤付出使得本书能够高质量地呈现在读者面前。

本书序言由中国农村研究院院长、“长江学者”徐勇教授赐稿。全书共包括三部分：第一部分是理论篇；第二部分是个案篇；第三部分是经验篇。全书具体的写作任务由中国农村研究院课题组的博士生和硕士生承担。导论由史亚峰完成，第一章由李华胤完成；第二章由刘思和杨明完成；第三章由郭瑞敏撰写；第四章由唐丹丹完成；第五章由方帅撰写；第六章由崔杰完成；第七章由邓佼完成；结论由邓佼、史亚峰写作；个案篇和经验篇分别由白雪娇、史亚峰、刘思、李华胤、郭瑞敏、唐丹丹、崔杰、杨明、何昭青、李灏哲、马文婕、邓佼、方帅等同学完成；最后由史亚峰进行全书的修改和统稿。此外，还要感谢中国农村研究院杨明、吴闯等硕士生参与本书的校稿。

由于编著者水平有限，不当之处在所难免，请各位读者多多批评指正！